Inhalt

Für Krystyne, Ehefrau, Gefährtin
und Kopilotin

Teil eins

Ex Africa semper aliquid novi.
Afrika bringt immer etwas Neues.
PLINIUS

1 Flug in die Dunkelheit

Die Nacht war tiefschwarz, kalt und bedrohlich. Meer und Himmel waren zu einer ungeheuren tintigen Leere verschmolzen. Die Dunkelheit, die meine Cessna 180 umgab, enthielt keine Erde, keine Sterne, keinen Ausgangspunkt, kein Gefühl der Bewegung – eine Welt in der Schwebe. Nur der warme Schein der Instrumentenbeleuchtung und das Dröhnen des Motors ließen darauf schließen, dass sich das Flugzeug allmählich durch den langsamen Herzschlag des Raumes voranarbeitete. Ich, ein bloßes Pünktchen über dem kalten Atlantik, griff nach dem Unbekannten. Es war das erste Mal, dass ich den Zustand des Vertigo verspürte.

Das Cockpit war zum Bersten voll, wie das Innere einer Raumkapsel, fragil und klaustrophobisch. Mein Atem ging schneller und heizte meine Fantasie an. Im Notfall wäre eine Rettung unmöglich. In einen Überlebensanzug aus Gummi gequetscht, an meinen Sitz geschnallt und bei verriegelten Türen flog ich einen Sarg ohne jede Fluchtmöglichkeit. Ströme von digitalen Informationen spiegelten sich in der Perspex-Frontscheibe: Höhe, Windgeschwindigkeiten und nautische Wegpunkte reflektierten meine Angst mit der Präzision von Sekundenbruchteilen und katapultierten sie tief in die sternlose Nacht.

Es war 2 Uhr 10. Ich verspürte eine leichte Panik, als die Küste von Neufundland unter meiner rechten Tragfläche hinwegglitt und ich in den Luftraum über dem offenen Meer vordrang. Ich war kurz davor, die Nerven zu verlieren, und suchte nach einem legitimen Grund, um eine Kurve einzuleiten und in die Sicherheit des St.-John's-Flughafens zurückzukehren. Ein Navigationsfehler, ein Bedienungsfehler oder eine Fehlentscheidung konnten von diesem Punkt an zu einer vorzeitigen Erschöpfung des Treibstoffvorrates führen, zu mechanischem Versagen oder Richtungsverlust, was mich zu einer Notlandung auf dem furchterregenden Meer zwingen würde. Trotz all der sorgfältigen Planung, all den Vorbereitungen, war ich irgendwie noch nicht wirklich bereit, allein und bei Nacht den 1400 Meilen langen Flug über den Ozean zu den Azoren anzutreten. Aber wie sollte ich diese plötzliche Nervenschwäche erklären? Mit jeder verstreichenden Minute glitt ich, Zentimeter für Zentimeter, weiter hinaus über das eiskalte Wasser, tiefer hinein in die Welt meiner Ängste.

Die Küste war meine Rettungsleine. Wie ein Ertrinkender beobachtete ich, wie die schwachen Umrisse des Ufers in der Dunkelheit verschwanden. Dies war die letzte Chance, mich in Sicherheit zu bringen. Wenn ich weiterflog, würde ich nicht mehr in der Lage sein, ein gerissenes Steuerseil zu ersetzen, heimtückische Luftblasen aus der Treibstoffleitung zu entfernen, die Ursachen für einen unerwarteten Ausfall der Lichtmaschine oder eines Funkgerätes festzustellen, oder – und das wäre der schlimmste Fall – einen Motorschaden zu beheben. Die Minuten verrannen, verloren sich unaufhaltsam in der Nacht. Ich hatte das überwältigende Bedürfnis, mich nur einen Moment lang auszuruhen, mich zu sammeln, alles zu überdenken, bevor ich die Reise fortsetzte. Dämonen des Zweifels bedrängten mich. War dieses Vorhaben nicht wahnwitzig, brachte ich mich nicht unnötig in Gefahr? War das fair gegenüber meiner Frau Krystyne, die sich Sorgen machte und auf eine Nachricht von mir wartete? Sollte ich nicht umkehren, solange die Küste in Reichweite war? Ich überlegte. Dann spürte ich ganz plötzlich, tief in meinem Inneren, einen unbeirrbaren Willen und wusste, dass mein Kurs feststand. Ich wollte die Azoren erreichen und damit den ersten Abschnitt meines Solofluges von Toronto nach Afrika bewältigen, ganz gleich, wie groß das Risiko war.

Das war 1996, und ich war kurz davor, einen zweijährigen Dienst bei dem Flying Doctors Service von Afrika anzutreten. Ich hatte mich entschieden, mit meinem eigenen Flugzeug von Toronto nach Nairobi, Kenia, zu fliegen. Mir war bewusst, dass es bei einem Alleinflug mit einer einmotorigen Maschine über den Atlantik wenig Spielraum für Fehler gab. Doch wenn ich erst einmal dort wäre, würde es ein unvergessliches Erlebnis sein, Afrika mit meiner vertrauten Maschine zu erkunden. Es war ein kalkuliertes Risiko, eines, von dem ich das Gefühl hatte, es eingehen zu können.

Der Tower von St. John's übermittelte per Funk letzte Instruktionen und verabschiedete sich. Um 5:00 Uhr, zwei Flugstunden von der Küste entfernt, hatte ich den Bereich der normalen UKW-Funkreichweite verlassen. Ich versuchte Gander über das Kurzwellen-Funkgerät zu rufen – ein Langstreckenfunk, der bei transozeanischen Flügen benutzt wird –, aber ohne Erfolg. Verblüfft darüber, dass ich nicht in der Lage war, den Kontakt herzustellen, drehte ich fünf Minuten lang halbherzig an den Knöpfen herum und gab dann auf. Auf die Kommunikation könnte ich mich später konzentrieren; jetzt musste ich meine Aufmerksamkeit der Navigation zuwenden.

Ich hatte geplant, über dem Ozean per Hand zu navigieren, wollte meine Position stündlich mittels Koppelnavigation errechnen und mich nicht nur auf das GPS (Global Positioning System) verlassen, für den unwahrscheinlichen Fall, dass es nicht richtig funktionierte. Manuelle Berechnungen erfordern eine Interpretation der Richtung und Stärke des Windes, um bestimmen zu können, wie weit das Flugzeug vom Kurs abgetrieben wird. Gander versorgt St. John's mit detaillierten Höhenwindvorhersagen, die für Piloten eine Stunde vor Abflug ausgedruckt werden. Bei Tageslicht können Windstärke- und Richtung durch das Beobachten der Größe von Wellen und ihrem Winkel im Verhältnis zur Flugrichtung bestimmt werden, doch nachts muss man diese Vorhersagen zugrunde legen. Zudem sind wegen der Änderung der magnetischen Ortsmissweisung stündlich Kurskorrekturen notwendig. Pflichtbewusst trug ich meine Berechnungen, und auch jene Zeiten und Positionen, die das GPS ermittelt hatte, in mein Flugbuch ein. Ein Vergleich der Daten zeigte, dass sie während der ersten fünf Stunden bemerkenswert dicht beieinanderlagen.

Im Cockpit war es überaus eng. Hinter dem Vordersitz ließ der Zusatztank, in dem sich 450 Liter Treibstoff befanden, keinen Platz, um einen Teil meiner Ausrüstung unterzubringen. Auf dem Sitz des Kopiloten lag das Rettungsfloß und auf ihm das Kurzwellen-Funkgerät, und der Boden des Cockpits wurde von der Treibstoffpumpe des Zusatztanks beansprucht. Wo sollte ich Taschenlampe, Not-Signalraketen, Frischwasserbehälter, EPIRP (Peilsender für Seenotfälle), Handfunkgerät und Thermosflasche verstauen? Und, noch wichtiger, ich brauchte Platz für die Navigationskarten, die speziellen Karten für die Koppelnavigation über dem Meer, für Taschenrechner, Kursdreieck, Lineal, Bleistifte und für die Listen mit den Kurzwellenfrequenzen, Pflichtmeldepunkten und der von mir geschätzten Ankunftszeit. Und wohin mit dem Jeppesen-Handbuch, den Anflugkarten und der Ersatz-Lesebrille? All diese Dinge mussten in Reichweite sein. Und da ich weder über einen Auto- noch einen Co-Piloten verfügte und keinen Wing Leveller hatte, konnte ich den Steuerknüppel nicht loslassen, um nach wichtigen Ausrüstungsgegenständen oder Informationen zu suchen.

Drei Stunden und zwanzig Minuten von St. John's entfernt, war ich das erste Mal mit einem ernsthaften Problem konfrontiert. Ich flog durch eine dicke Wolke; außerhalb des Cockpits hatte ich keine Sicht, und so konnte ich mich weder an einem Stern noch am Horizont orientieren. Als die Navigationslichter der Maschine von Wolkenschwaden reflektiert wurden, befand ich mich in einem Meer aus Lichtblitzen. Der Motor dröhnte in verschiedenen Tonlagen, während sich das Flugzeug durch immer stärker werdende Turbulenzen hindurcharbeitete. Plötzlich erlosch die LED-Anzeige (Light Emitting Diode) meines Funkgerätes Nummer eins. Es funktionierte wahrscheinlich immer noch, war jetzt aber nutzlos, weil ich die Frequenzen nicht mehr ablesen konnte. LEDs beziehen ihre Leuchtkraft aus Gas emittierenden Dioden und sind normalerweise verlässlich. Dies war ein ebenso unerwarteter wie unbegreiflicher Zwischenfall. Besonders besorgniserregend war die Aussicht, mich auf mein Funkgerät Nummer zwei verlassen zu müssen, ein 23 Jahre altes Modell mit der Bezeichnung »Cessna 120«. Wegen seiner geringen Reichweite war es nur in der Nähe von Flugplätzen nützlich. Und mein Kurzwellen-Funkgerät war zwar für die transozeanische Kommunikation über große Entfernungen ausgelegt, doch seit dem Start vom St. John's Airport hatte es nicht mehr funktioniert. Der Gedanke daran, den ganzen Weg bis zu den Azoren auf ein Handfunkgerät angewiesen zu sein, das für Notfälle gedacht war und nur über eine geringe Reichweite verfügte, war entnervend.

Sollte ich umkehren oder den elf Stunden langen Flug ohne Kommunikationsmöglichkeit fortsetzen? St. John's, dessen Kontrollgebiet ich inzwischen verlassen hatte, würde annehmen, dass ich mit voll funktionstüchtiger Ausrüstung über dem Ozean war. Doch die Lotsen in Gander, die alle Transatlantikflüge überwachten, würden darauf warten, dass ich Kontakt mit ihnen aufnahm. Ich erinnerte mich, in einer Luftfahrtzeitschrift gelesen zu haben, dass Dioden auf Druckveränderungen reagieren. Vielleicht war es einen Versuch wert, und ich sollte meine Höhe ändern. Ich sank von 12 000 Fuß auf 9000 Fuß, notierte mir die letzte Frequenz auf meiner Navigationskarte und wandte mich wieder dem Kurzwellen-Funkgerät zu.

Das Kurzwellen-Gerät warf verschiedene Fragen auf. Waren der Empfänger und das Antennensystem falsch installiert, oder war meine Unfähigkeit, mit den vielfältigen Möglichkeiten des neuen Kenwood Receivers zurechtzukommen, die Ursache des Problems? Ich fühlte mich wie ein Anfänger, der zum ersten Mal mit der Komplexität eines Computers konfrontiert ist. Doch ich saß nicht vor einem Computer – ich flog ein Flugzeug, bei Nacht, über Wasser, ohne Bezugspunkte oder einen Horizont. 500 Meilen vor der Küste Neufundlands, unfähig, Gander, Halifax oder irgendeinen anderen Tower zu erreichen, wurde mir klar, dass dies – wenn ich weiter auf die Azoren zusteuerte – ein Flug ohne Kommunikation mit der Außenwelt sein würde.

Immer dichter werdende Haufen von Kumuluswolken reduzierten die Sicht bis zu den Tragflächenspitzen. Die Turbulenzen wurden intensiver, entwickelten sich von leicht zu mittelschwer. Das Fliegen wurde schwieriger, erforderte meine ganze Konzentration. Lautlos registrierte das GPS eine immer größer werdende Zahl von Seemeilen, die nun zwischen mir und dem nordamerikanischen Kontinent lagen. Ich war zu einem kleinen Punkt geworden, der sich langsam immer weiter auf den Atlantik hinaus bewegte, allein und verwundbar.

Aber ich hatte Vertrauen in meine Maschine und letztlich auch in meine Fähigkeit, die Azoren und schließlich Afrika zu erreichen. Möglicherweise handelte es sich um blindes Vertrauen, aber es reichte aus, um mich auf Kurs zu halten. Wenn Vertrauen blind ist, so grübelte ich, dann gleicht es mehr dem Instinkt, und damit wird es zu etwas sehr Subtilem. Gottvertrauen, Selbstvertrauen – entweder man hat es, oder nicht. Für mich war es Trost spendend. Nicht, dass ich Gott darum bitten konnte, auf mich aufzupassen, Er sollte mich nur nicht im Stich lassen. Das Gleichnis von dem verlorenen Schaf hatte mich schon immer fasziniert. Der Teil der Geschichte, die von dem Lamm berichtet, das sich verirrt hatte und dennoch nie allein war, ist unendlich viel beruhigender als der Teil, in dem das

Lamm gerettet wurde. Vertrauen ist sehr viel mehr als Schicksalsergebenheit. Ich wusste, dass man sich Gottes Gnade nicht verdienen kann, dass sie nicht einklagbar ist, und ich hatte nie den Gedanken, dass Gott bestimmte, wie mein Flug ausgehen wird. Vertrauen beinhaltet viel mehr; es spendet die Kraft, die notwendig ist, etwas zu ertragen, um zu überleben, was immer auch passieren mag. Mein Vertrauen ließ mich voller Hoffnung weiterfliegen, und Hoffnung kennt keine Grenzen.

Plötzlich, ohne Vorzeichen, klarte der Himmel auf. Der Planet Jupiter hing unter dem sanften Licht eines schimmernden Mondes. Mir wurde leichter ums Herz, und während ich in die sternenklare Nacht flog, freute ich mich darüber, dass ich der Versuchung widerstanden hatte, umzukehren. Die Milchstraße breitete sich wie ein Juwelenteppich am Himmel aus, dessen Reflexion auf dem Ozean einem silbernen Pfad glich. Sterne der ersten Magnitude kreisten auf ihren vorgeschriebenen Bahnen am Firmament, wie Teile eines riesigen Uhrwerks, welches das langsame Hinscheiden der Nacht anzeigte. Wie viele Navigatoren, fragte ich mich, hatten über wie viele Jahrhunderte hindurch genau denselben Sternen vertraut? Seefahrer des Altertums, Nomaden der Wüste, Erforscher der Arktis, sogar die Astronauten unserer Tage – alle verließen sich auf diese himmlischen Wegpunkte. Die Himmelskarte, ein Werk von äußerster Güte, ist außerordentlich schön, mathematisch präzise und durch und durch göttlich; in meinen Augen verkörpert sie die Versöhnung zwischen Gottvertrauen und der säkularen Wissenschaft.

Die LED-Anzeige meines Funkgeräts Nummer eins flackerte, erwachte wieder zum Leben und füllte das Cockpit mit ihrem orangefarbenen Licht – die Änderung der Flughöhe zeigte Wirkung. UKW-Funk funktioniert auf einer geraden Linie, und durch die Erdkrümmung ist seine Reichweite limitiert. Doch Kurzwellen prallen von der Ionosphäre ab, und somit ist ihre Reichweite so gut wie unbegrenzt, obwohl das Signal mit zunehmender Entfernung und durch atmosphärische Interferenzen schwächer wird. Ich war also wegen des defekten oder funktionsuntüchtigen Kurzwellen-Geräts ohne Kommunikationsmöglichkeit, aber ich konnte doch zumindest im Bereich der Azoren über UKW-Funk senden und empfangen. Ich brachte ein stilles Dankgebet dar, zog die Maschine wieder auf die mir zugewiesene Flughöhe von elftausend Fuß hoch und zwang die LEDs mit Willenskraft dazu, durchzuhalten.

Inzwischen war es 5:30 Uhr morgens. Ich war vor dreieinhalb Stunden gestartet. Höchste Zeit, auf den linken Tank umzuschalten und damit zu beginnen, Treibstoff aus dem Zusatztank zur Steuerbord-Tragfläche zu pumpen. Als ich die elektrische Pumpe eingeschaltet und die Augen fest auf die Treibstoffanzeigen geheftet hatte, dachte ich an Dave McDevitt, meinen Mechaniker in Toronto. Dave hatte mir geholfen, die Reise vorzubereiten; er hatte die Tankanlage installiert – dieser Moment gehörte ihm. Wahrscheinlich schlief er jetzt in der Gewissheit, dass auf seine Arbeit Verlass war. Und als ob seine dicken Stummelfinger Druck auf die Nadeln der Treibstoffanzeigen ausübten, kletterten diese brav bis auf die Höchstfüllmarken. Ich würde die Tragflächentanks noch zweimal auffüllen müssen, bevor ich die Azoren erreichte. Daves Motto, »Treibstoff und Motor sind die einzigen Dinge, auf die es da draußen ankommt«, echote durch meinen Kopf wie ein Mantra.

Die Dämmerung brach an und goss Licht unter die Backbord-Tragfläche. Ein schläfriger grauer Himmel zog einen Schleier aus Zirruswolken über das vage Versprechen des Morgens. Als die letzten Schatten der Nacht über das Heck der Maschine glitten, fasste ich neuen Mut. In diesem Augenblick konnte ich mir nicht vorstellen, irgendwo lieber zu sein als in meinem Cockpit, allein, Hunderte von Meilen von meinem Ausgangspunkt entfernt über dem

Atlantik, die Azoren in Reichweite, auf dem Weg nach Afrika. Ich goss mir eine Tasse Kaffee ein und beobachtete, wie die Sonne sich vorsichtig über den rasiermesserscharfen Horizont erhob, der, 10 000 Fuß unter mir, Meer und Himmel zerschnitt. Ich hatte mich nie lebendiger gefühlt.

Seit meinem nächtlichen Start von St. John's hatte ich zum ersten Mal das Gefühl, dass ich – gestützt auf den festen Entschluss, nach Afrika zu fliegen – mein Schicksal in der Hand hatte. In diesem Moment der Ruhe rekapitulierte ich, warum ich hier war, auf halbem Wege über dem Atlantik, allein in einem einmotorigen Flugzeug.

Jahrelang hatte ich mein Leben in Toronto geschäftlichen und persönlichen Zielen gewidmet. So war Toronto: Geld, Karriere, Macht, Beziehungen; all das schien so wichtig zu sein. Geld zu machen hatte mich nie wirklich interessiert, und ich war diesbezüglich auch nie besonders erfolgreich. Aber ich hatte mich immer wieder bemüht, etwas beiseitezulegen, genug, um unabhängig zu sein. Ich war Direktor eines kleinen öffentlichen Unternehmens gewesen, gut bezahlt und abgesichert. Bis zum Jahre 1995 war die Firma Meridian Technologies Inc. expandiert, doch neben guten Zukunftsaussichten hatte es zwei internationale Großaktionäre gegeben, die eine feindliche Übernahme planten. Dies hatte zu Rangeleien im Vorstand geführt, aus denen ich als Verlierer hervorgegangen war. Man hatte mir eine gute Abfindung zugestanden, doch die Amtsenthebung war schmerzhaft: Menschen, von denen ich geglaubt hatte, dass ich auf sie zählen konnte, hatten mir unvermittelt ihre Unterstützung entzogen. Im Dezember 1995 war ich plötzlich arbeitslos, und von diesem Tiefpunkt an lockte das leise Raunen Afrikas.

Die Vorstellungen, die ich von Afrika hegte, faszinierten mich schon seit langer Zeit. Das Wort Afrika beschwor in mir alles herauf, was ursprünglich, roh und machtvoll war, mit einer tiefen Unterströmung des Geheimnisvollen. Der schwere Trommelschlag dunkler afrikanischer Nächte suggerierte Begierde, Gefahr und Furcht. Afrika war Teil meines romantischen Inventars. Ich war schon früher einmal dort gewesen und hatte immer vorgehabt, dorthin zurückzukehren. Jetzt war die Zeit gekommen.

Dennoch war diese Reise mehr als nur ein zweiter Besuch. Ich hatte als Geschäftsmann Karriere gemacht und war trotzdem ruhelos geblieben. Viele Jahre hatte ich davon geträumt, die Geschäftswelt zu verlassen und etwas völlig anderes zu machen – ich wollte Abenteuerlust und altruistisches Engagement für ein unterentwickeltes Land miteinander verbinden. Aber irgendwie hielt mich das Leben in einer Welt gefangen, die allzu bequem war. Ich strebte nach etwas Höherem, wollte mehr als nur Geld verdienen; irgendetwas zerrte an meiner Seele. War das eine Midlife-Krise oder eine respektable Flucht aus der Welt, die ich kannte? Schwer zu sagen, aber zum ersten Mal seit vielen Jahren lag eine Herausforderung direkt vor mir. Einerseits konnte ich mir unbezahlten Urlaub kaum leisten, andererseits war ich frei von häuslichen Pflichten – meine drei Kinder aus erster Ehe waren erwachsen, und mein viertes, eine Tochter, studierte an der Concordia University in Montreal. Wenn ich jemals den Traum wahr machen wollte, aus der Business-Karriere auszusteigen, dann war das der beste Zeitpunkt.

Ich hatte eine Zahl von NGOs (nichtstaatliche Organisationen) kontaktiert: Action Aid, CARE, Ärzte ohne Grenzen und World Vision, aber sie waren verständlicherweise an Leuten interessiert, die über bestimmte Fähigkeiten verfügten, von denen ich keine besaß. Einen im Ruhestand befindlichen Direktor aus der Geschäftswelt schien niemand zu brauchen.

Zum Glück stolperte ich über die African Medical and Research Foundation (AMREF), eine Organisation mit Hauptsitz in Nairobi, die Eigentümer und Betreiber des Flying Doctors Service von Ostafrika ist. Bei der Arbeit von AMREF schien es sich um ein gutes Werk zu handeln, und, was noch wichtiger war: Sie brauchten jemanden, der ihnen half, den Flying Doctors Service neu zu organisieren und in eine stabilere, sich selbst tragende Organisation umzuwandeln, und man hatte das Gefühl, dass ich über die notwendigen Qualifikationen verfügte.

Zufällig hatte der Generaldirektor von AMREF, Michael Gerber, im September 1996 in Toronto zu tun. Wir trafen uns zum Frühstück und kamen gleich zur Sache. Gerber ließ durchblicken, dass er meine Hilfe gerne in Anspruch nehmen würde, dass es sich der Flying Doctors Service zwar nicht leisten konnte, mir ein Gehalt zu zahlen, man mir aber meine Auslagen erstatten würde. Ich war mit der Finanzlage von Wohltätigkeitsorganisationen vertraut und hatte Verständnis, und so verpflichtete ich mich für zwei Jahre. Ich ließ Gerber wissen, dass ich mit meinem einmotorigen Flugzeug nach Nairobi fliegen wollte und in ungefähr einem Monat in Kenia sein könnte. Er war wie ich der Ansicht, dass ein eigenes Flugzeug großartige Möglichkeiten eröffnen könne, Ostafrika zu erforschen, zeigte sich aber besorgt angesichts meines Plans, allein dorthin zu fliegen.

Später an diesem Tag spazierte ich mit meiner Frau durch einen Park in unserem Viertel. Krystyne zeigte damals nicht nur Verständnis, sie unterstützte sogar meinen Plan, die Zelte in Toronto abzubrechen und zwei Jahre in Nairobi zu verbringen – vorausgesetzt, sie würde nicht mit mir über den Atlantik fliegen müssen. Dabei gab sie mehr auf als ich. Ihr Leben war in Ordnung, sie war zufrieden. Krystyne war erfolgreich, hatte Karriere als Beraterin für Mode-Design gemacht, und nun kam ich und schlug ihr vor, das angenehme Leben in Toronto, das wir seit 20 Jahren führten, gegen etwas einzutauschen, das sich allzu leicht als Sackgasse erweisen konnte. Wir waren Ende 50, also nicht mehr jung, und hatten keine Pensionen zu erwarten. War das ein weiser Schachzug? Ich werde diesen

Tag nie vergessen: Wir folgten wortlos dem Weg am Rande eines Abhangs, Hand in Hand, Gedankenstürme in unseren Köpfen. Ein sanfter Sprühregen vermischte sich mit dem schwindenden Licht des Septembernachmittags. Ein kühler Hauch war zu spüren, erstes Anzeichen des herannahenden Herbstes. Zweifel drohten die stumme Verheißung von Abenteuer zu ersticken. Waren die Verlockungen Afrikas groß genug, würden sie uns dazu bringen, unser Leben in Toronto über den Haufen zu werfen? Ich blickte Krystyne an und lächelte, als sich ihre Hand fest um meine schloss. Damit war die Entscheidung gefallen.

Ich war jetzt sieben Stunden in der Luft, und alle Kontrollinstrumente für den Motor waren im grünen Bereich. Mit dem Tageslicht war mein Selbstvertrauen zurückgekehrt. Das Cockpit hatte sich ausgeweitet, hinein in die größere Welt des Morgenlichts. Das taubengraue Meer lag ruhig unter einem dünnen Schleier aus Zirruswolken, die an einem milchigen Himmel hingen. So weit das Auge reichte, gab es kein Anzeichen menschlichen Lebens, und es gab kein Geräusch, außer dem vibrierenden Dröhnen des Motors.

Plötzlich hörte ich zu meinem Erstaunen eine Stimme, die über die UKW-Notfrequenz 121,5 hereinkam. Es war Jerry Childers, ein Berufspilot, den ich am Abend vor meinem Abflug am St. John's Airport kennengelernt hatte. Er flog eine Maschine, die sechzig Knoten schneller war als meine, und nun war Jerry im Begriff, mich zu überholen, obwohl er drei Stunden später gestartet war als ich. Es war tröstlich, in dieser endlosen Weite von Ozean und Himmel einer anderen Seele zu begegnen, doch angesichts seiner Geschwindigkeit würde die Funkverbindung nach maximal zwei Stunden abbrechen. Jerry ermöglichte mir den Kontakt zur Außenwelt. Er teilte Gander meine Position mit und informierte die Fluglotsen darüber, dass mein Kurzwellen-Funkgerät defekt war.

Jerry und sein Partner saßen in einer alten zweimotorigen Nordo, die weder eine Druckkabine noch eine Heizung hatte, was das Fliegen in einer Höhe von 15 000 Fuß nicht gerade angenehm machte. Aber sie mussten so hoch fliegen, um bei ihrer hohen Geschwindigkeit möglichst wenig Treibstoff zu verbrauchen, und ihre Unannehmlichkeiten wurden durch die geringere Flugzeit zu den Azoren kompensiert. Es war November, und sie wollten den Atlantik möglichst schnell überqueren; das Wetter war bisher stabil, doch um diese Jahreszeit konnte sich das schnell ändern.

Die Stunden verrannen in dem voranschreitenden Tag. Allmählich verdunkelte sich der Himmel, und das Wetter wurde bedrohlich. Wellen von heranströmenden Wolken verschmolzen zu sanften, wallenden Wirbeln aus grauer Wolle, welche die weiß gekrönten Wellen unter mir verdeckten. Bald zog eine dickere Decke aus Stratuswolken heran, kohlrabenschwarz und unheilvoll. In einiger Entfernung umschloss ein Riff aus Zirruswolken einen Streifen gelben Himmels. Aus dem Nachmittag wurde ein verfrühter Abend, ein untrügliches Zeichen für ein bevorstehendes Unwetter. Gewaltige, mit Feuchtigkeit gesättigte Kumulonimbuswolken verursachten einen leichten Raureifüberzug, der sich langsam auf den Vorderkanten der Tragflächen und der Propellerblätter verdichtete. Mit immer größer werdender Intensität schien der Himmel sich aufzutürmen. Atemberaubende Blitze beleuchteten Beschriftungen auf der Außenhaut des Flugzeugrumpfes, und ein unerbittlicher Regen prasselte gegen die Windschutzscheibe.

Ich funkte Jerry an und bat ihn Gander zu fragen, ob ich auf eine größere Flughöhe gehen dürfe, um die Schlechtwetterzone zu überfliegen. »Warte nicht auf Erlaubnis, geh einfach hoch«, war sein nützlicher, aber nicht zu befolgender Rat. Ich versuchte nach Leibeskräften, die Maschine auf eine Höhe von 13 000 Fuß zu bringen, doch das Gewicht des zusätzlichen Treibstoffs und das Eis, das sich sehr rasch auf dem Rumpf ansammelte, zogen mich abwärts. Zudem kam es wiederholt zu Fehlzündungen, was auf eine Vereisung des Vergasers schließen ließ. Turbulenzen machten es zunehmend schwieriger, auf Kurs zu bleiben und die Kontrolle über das Flugzeug zu behalten. Der Gedanke daran, dass Jerry einfach über das Unwetter hinwegflog, während ich dazu verdammt war, durch das Zentrum des Gewitters zu fliegen, machte mich neidisch. Nur zu gerne hätte ich meine Heizung gegen eine größere Höhe eingetauscht.

»Jerry, ich komme nicht höher. Ich muss tiefer fliegen, damit das Eis am Rumpf abtaut.« Eine Turbulenz machte es fast unmöglich, den Sendeknopf des Funkgeräts gedrückt zu halten.

»Die Verbindung reißt immer ab, ich verstehe dich nicht«, war alles, was ich Jerrys Antwort entnehmen konnte, der Rest war verzerrt. Die Maschine sank tausend Fuß pro Minute – ich hatte den Funkkontakt verloren und war wieder allein.

Während der folgenden Stunde musste ich mich voll darauf konzentrieren, den Kurs zu halten. Die Turbulenzen steigerten sich von mäßig zu schwer. Ich klinkte den Beckengurt ein und zog den Schultergurt fest. Immer wieder wurde das Flugzeug unvermittelt von heftigen Stößen erschüttert, sodass ich die Knöpfe des Funkgeräts und der Navigationsinstrumente nicht mehr anzufassen wagte, da ich befürchtete, sie versehentlich aus den Halterungen zu reißen. Die Nadeln der Instrumente schnellten vor und zurück, was mir Übelkeit verursachte. Jeder Anschein von Ordnung war aus dem Cockpit gewichen. Lose Gegenstände hatten den ihnen zugedachten Platz verlassen und flogen wie besessen durch die Kabine.

Ich war allein in der Dunkelheit, unfähig zu kommunizieren; mir wurde klar, dass ich gezwungen sein könnte, notzuwassern. Würde die Maschine der Belastung trotzen, die durch diese erbarmungslosen Stöße entstand? Ich hatte Visionen von einer Tragfläche, die sich vom Rumpf löste, von meinem Flugzeug, das einen schwindelerregenden Moment lang in der Luft hing, ins Trudeln geriet und schließlich in den weit aufgerissenen Rachen des tosenden Meeres stürzte. Erstaunlicherweise sah ich diesem Schicksal gelassen entgegen. Ich wusste, dass ich kaum mehr tun konnte, als zu versuchen, mit den Pedalen zu steuern; den Querrudern ließ ich freien Lauf, damit sie selbst ihr Gleichgewicht finden konnten.

Plötzlich überkam mich ein starkes Bedauern wegen der unbekümmerten Art, mit der ich mich von Krystyne verabschiedet hatte. Wir hatten uns nicht richtig auf Wiedersehen gesagt. Ich hatte Toronto in voll erblühtem Selbstvertrauen verlassen, konnte den Start meines Fluges nach Afrika nicht erwarten und hatte ein Nachdenken über eine Notlandung für ein schlechtes Omen gehalten, mit dem ich das Undenkbare nur anziehen würde.

Blitze zuckten weißglühend durch Wolken, jede elektrische Entladung überzog das Stormscope mit Myriaden kleiner Kreuze. Es gab ein jähes, schockierendes Geräusch, wie ein Pistolenschuss. Ein Blitz war in das Cockpit eingeschlagen und hatte das ADF-Gerät (Peilfunkempfänger) außer Gefecht gesetzt. Die Kabine füllte sich mit dem beißenden Geruch verschmorter Elektronik. Von irgendwo unter dem Armaturenbrett stieg eine dünne Spirale blauen Rauches auf, der sich unter dem konkaven Oberteil der Windschutzscheibe sammelte. Ich war eher überrascht als erschrocken. Die Wucht des Sturmes stand in keinem Verhältnis zu der klar definierten Kältefront, die auf der Siebenhundert-Millibar-Höhenwetterkarte verzeichnet war, die man neun Stunden zuvor in Gander angefertigt hatte. Hoch über dem Atlantik hatten sich die winzigen Isobaren in Naturgewalten verwandelt und drohten nun, mich abwärts zu ziehen, hinein in den tobenden Ozean, mit einer nur geringen Überlebenschance.

Auf der Suche nach höheren Temperaturen, die sich dem Schmelzpunkt näherten, ging ich auf viertausend Fuß runter. Die dicke Eisschicht taute allmählich und geriet in Bewegung. Große Eisklumpen, die sich vom Propeller lösten, verursachten einen Furcht einflößenden Lärm, als sie, wie Garben aus einem Maschinengewehr, gegen den Rumpf der Maschine prallten. In dieser wärmeren Luftschicht war der strömende Regen teilweise so dicht, dass ich dachte, das Wasser würde in die Luftansaugstutzen des Motors eindringen. Die Frontscheibe wurde zu einem Fluss; es war, als wäre ich an der Unterseite eines Wasserfalls gefangen.

Ich hatte den Punkt überschritten, an dem es noch möglich gewesen wäre, umzukehren. Jetzt hatte ich nicht mehr genügend Treibstoff, um nach Neufundland zurückzufliegen. Ich würde in den Atlantik stürzen, wenn es mir nicht gelang, die Azoren zu erreichen. Eine fehlerfreie Navigation war nun zu einer Sache des Überlebens geworden. Ich musste die Kaltfront durchqueren, die Turbulenzen überstehen und gleichzeitig die Kontrolle über das Flugzeug behalten. Inzwischen zeichnete das satellitengesteuerte GPS-Instrument, von dem Chaos anscheinend vollkommen unbeeindruckt, zuverlässig die zunehmende Entfernung zwischen meiner Maschine und Nordamerika auf. Ich war zehn Grad nach links von meinem Kurs abgewichen und noch drei Flugstunden von den Azoren entfernt.

Meine Schultern schmerzten. Ich sehnte mich nach Entspannung. Der unablässige Kampf um die Herrschaft über das Flugzeug war zu einer Serie von aufeinanderfolgenden Krisen geworden. Es war wichtig, die Maschine mit leichter Hand zu steuern, denn ich fürchtete, dass die Seilzüge, infolge der Belastung durch die immer heftigeren Turbulenzen, reißen könnten. Theoretisch gesehen erreicht man irgendwann einen Punkt, an dem es am besten ist, dem Flugzeug seinen »Willen« zu lassen, Korrekturen zu minimieren und nur mit den Seitenruder-Pedalen zu fliegen. Die Maschine sank und stieg so unberechenbar, dass ich befürchtete, ich würde unfreiwillig in einen *Highspeed Stall* (Strömungsabriss bei hoher Geschwindigkeit) geraten. Ich kämpfte weiter, wurde zur Seite geworfen; das Flugzeug rollte zunächst nach Backbord und nach einem heftigen Stoß nach Steuerbord. Am Rande meiner Nerven, betete ich und hoffte, dass sich das Wetter bessern möge.

Eine Dreiviertelstunde später platzte ich übergangslos aus der Unwetterzone heraus und flog durch unbewegte Luftmassen. Eine unwirkliche Ruhe breitete sich aus. Auf einmal fühlte ich mich wie losgelöst, als würde ich durchs All schweben, wie ein Planet auf seiner Umlaufbahn. Nur das Dröhnen des Motors ließ auf Bewegung schließen. Die ersten blinzelnden Sterne und ein Dreiviertelmond tauchten hinter verbliebenen Wolkenstreifen auf. Mit der Anmut von Engelsflügelschlägen lösten sich die letzten Spuren des Sturmes auf.

Zu müde, um das Chaos im Cockpit zu ordnen, saß ich einfach nur da, starrte auf die Instrumente und genoss die Ruhe, während das letzte Licht des Tages in die Dunkelheit sickerte. Ein Hauch von Frieden legte sich über meine kleine Welt. Die Vertrautheit mit meiner Umgebung, mit den Instrumenten, dem kräftigen Geräusch des Motors und selbst mit dem Rauschen des am Rumpf entlangstreichenden Windes ließ neue Zuversicht in mir aufkeimen. Ich fühlte mich wohl in meinem Flugzeug, mit dem ich schon Tausende von Meilen zurückgelegt hatte, ich kannte all seine Eigenheiten, konnte sie instinktiv erahnen, wusste, welche Manöver es ausführen konnte, wo die Grenzen seiner Leistungsfähigkeit lagen. Und die Maschine kannte die Eigenheiten meines Flugstils, die guten wie die schlechten. Zwischen uns existierte eine Verbindung – wir konnten uns aufeinander verlassen.

Als ich in der Ferne nadelkopfgroße Lichter erblickte, machte mein Herz einen Freudensprung. Zweifellos, das musste Flores sein, die erste der kleinen Azoreninseln. Bis Santa Maria, der östlichsten Insel, waren es nur noch 300 Meilen. Ich staunte über diesen Körper, diese Seele und über diesen Motor, die ohne Zwischenlandung dreizehneinhalb Stunden lang über eine gewaltige Wasserfläche und durch unterschiedlichstes Wetter geflogen waren und die nun diese winzigen Inseln mitten im Atlantik gefunden hatten. Müdigkeit überkam mich, und dennoch konnte ich mich freuen. Ich hatte den ersten Abschnitt meines Siebentausend-Meilen-Fluges nach Afrika bewältigt. Die Erleichterung war spürbar.

Die Koordinaten von Santa Maria: 36 Grad, 58 Minuten und 04 Sekunden nördlicher Breite, 25 Grad, 10 Minuten und 03 Sekunden westlicher Länge – wie könnte ich sie je vergessen? Über 50 Jahre lang hatten Piloten ihren Verstand und ihre physische Ausdauer auf diesen Rastplatz hin ausgerichtet, auf diese Tankstelle für motorbetriebene Flugzeuge, die den Atlantik überquerten: von Amerika nach Europa, von Europa nach Südamerika und umgekehrt. Mit dem zunehmenden Luftverkehr wuchs während der ersten Hälfte des 20. Jahrhunderts die Bedeutung dieser kleinen vulkanischen Inselgruppe mitten im Atlantik. In einem Umkreis von tausend Meilen gab es keine andere Tankmöglichkeit. Doch mit der Inbetriebnahme der ersten Düsenjets in den 50-er Jahren des 20. Jahrhunderts und der Einführung der Nonstop-Flüge über den Atlantik verloren die Azoren ihre strategische Bedeutung.

Nach der Landung in Santa Maria ging ich hinüber zum Flughafenbüro, um Zollformulare auszufüllen und Landegebühren zu entrichten. Der Captain, der hinter einem altmodischen Eichenschreibtisch saß und dessen Kinn auf einer Hängematte aus verschränkten Fingern ruhte, sah Achtung gebietend und intelligent aus. Er las meine Papiere durch und zwirbelte dann die Enden seines Schnurrbarts. »Hier kommen nicht mehr viele Flugzeuge durch«, sagte er gedankenverloren in perfektem Englisch. Seine eisblauen Augen, die feinen Gesichtszüge und sein unaufdringliches

Verhalten verliehen ihm eine natürliche Autorität. »Darf ich Sie auf einen Drink einladen?«, fügte er hinzu. Er schloss die Schreibtischschublade, schob seinen Stuhl zurück und erhob sich.

Zufällig war meine Ankunft auf das Ende seines Arbeitstages gefallen. Ich zögerte, überrascht von dem ebenso unerwarteten wie großzügigen Angebot.

»Aber vielleicht sind Sie müde und möchten sich lieber ausruhen?«

»Nein, es wäre mir ein Vergnügen«, antwortete ich, »aber vorher möchte ich ins Hotel gehen und ein Bad nehmen.«

»Ja, natürlich, Sie haben einen langen Flug hinter sich. Ich warte unten auf Sie, in der Bar. Bitte lassen Sie sich Zeit, nur keine Eile.«

Ich hatte Captain Helder Fernando da Silva Borges Pimental kennengelernt, den Chef der Flugleitung. Er hatte auf dem Flugplatz Karriere gemacht; nachdem er zunächst bei der Flugsicherung und dann als Immigrationsbeamter gearbeitet hatte, war er schließlich Captain bei der Flugleitung geworden. Im Laufe der Jahre war er vielen Piloten begegnet, die auf den Azoren zwischengelandet waren. Nachdem ich ein Zimmer genommen und geduscht hatte, ging ich hinunter in die Bar und fand dort Helder, über ein Glas Whiskey gebeugt. Ich setzte mich zu ihm, bestellte ein Bier und bat ihn, mir von legendären Flügen im Bereich der Azoren zu erzählen. Er gab die Geschichte von Clarke Wood zum Besten, einem großartigen Piloten, den alle Woody genannt hatten. Woody war Amerikaner gewesen, ein professioneller Ferry-Pilot, der sich seinen Lebensunterhalt damit verdient hatte, anderer Leute Flugzeuge über den Atlantik zu überführen – ein riskantes Geschäft. Vor neun Monaten war er, zweihundert Meilen vor den Azoren, mit einer Lake Amphibian, einem Wasserflugzeug, verunglückt. Es war eine stürmische Nacht gewesen, mit bis zu sechs Metern hohen Wellen. In so einem tosenden Meer hatte man keine Chance. Helder war damals der diensthabende Fluglotse, als Woody um 18:00 Uhr über Funk meldete, dass er Probleme mit dem Motor hätte und die Höhe nicht halten könne. Merkwürdigerweise meldete Woody kurz darauf, dass der Motor sich gefangen hatte und alles wieder normal funktionierte. War der Vergaser vereist gewesen? Zwanzig Minuten später tauchte das Problem erneut auf und Woody musste notwassern. Nachdem er Breiten- und Längengrad durchgegeben hatte, herrschte Stille.

Mich fröstelte, als ich mir vorstellte, wie Woody, mitten in der Nacht, da draußen gegen die Naturgewalten gekämpft hatte. Helder erzählte mir, dass er zwei Flugzeuge losgeschickt hatte, in der Hoffnung, sie würden nahe der zuletzt gemeldeten Position vielleicht ein Licht sehen. Doch es war eine undurchdringlich dunkle Nacht, und die See war windgepeitscht – eine Rettung war unmöglich. Am nächsten Morgen hatten Aufklärungsflugzeuge in der Nähe der zuletzt gemeldeten Position Zusatztanks gesichtet, die dicht unter der Wasseroberfläche trieben, und Teile des Wracks. Von Woody fehlte jede Spur. Für Helder stand fest, dass Woody in jener Nacht ums Leben gekommen war. Es ist nicht leicht, mit einer Lake Amphibian, die viel Treibstoff an Bord hat und deren Motor oberhalb des Rumpfes angebracht ist, auf einem aufgewühlten Meer zu landen. Es ist sogar möglich, dass er das Wasser erst gesehen hat, als er in die erste Welle raste, die sich so hart angefühlt haben muss wie Zement.

Nach einem Drink drehte sich alles in meinem Kopf. Ich brauchte Schlaf. Helder bestand darauf, dass wir uns am nächsten Tag wiedertrafen. Ich willigte ein, sagte gute Nacht und stolperte in Richtung meines Hotelzimmers davon. Es gelang mir, Krystyne anzurufen, die erleichtert klang, als sie meine Stimme hörte, obwohl sie weit weg zu sein schien – wie am anderen Ende eines Traumes. Ich erzählte ihr, dass der Rest meines Fluges nach Afrika ungefährlich sei, aber ihre Intuition sagte das Gegenteil, und so blieben wir in unseren Gedanken verfangen. Minuten später fiel ich in einen tiefen Schlaf und begann sofort damit, durch Wolken aufzusteigen; Quer-, Höhen- und Seitenruder geleiteten mich durch ein Gespinst aus Träumen.

Der Morgen dämmerte, ungewiss, durch einen perlgrauen Dunstschleier aus Licht. Über die Startbahn 36 von Santa Maria pfiff ein Zwanzig-Knoten-Wind. Der Asphalt erstreckte sich 900 Meter nach Norden und endete abrupt an einer Klippe, die steil in das 15 Meter tiefer liegende kobaltblaue Meer abfiel. Die Nase des Flugzeugs deutete himmelwärts, die Maschine war startbereit, der Motor im Leerlauf und der zweiblättrige Propeller verwischten den Ausblick auf einen sorgenvollen Himmel, in dem Wolkenfetzen vor dem Nordwind dahinjagten.

Ich hatte beabsichtigt, früher zu starten, aber das Hotel war leer, und das schwache Augenlicht des alten Nachtportiers erlaubte ihm nicht, die Formalitäten zu erledigen. Ich schwor, Rechnungen in Zukunft am Abend vor der Abreise zu begleichen. Helder hatte mir geholfen, einen Techniker zu finden, der meine Kurzwellen-Funkausrüstung reparieren konnte. Für den Flug nach Europa war ein funktionierendes Kurzwellen-Funkgerät ein absolutes Muss. Es stellte sich heraus, dass ein Haarriss in dem Verbindungsstück zwischen Antenne und Kurzwellen-Empfänger die Fehlfunktion verursacht hatte. Die Reparatur war einfach. Der chaotische Zustand des Cockpits und die langwierigen Bemühungen, mich in meinen übergroßen Gummi-Überlebensanzug zu quetschen, verursachten eine weitere Verspätung. Ich lag nun zwei Stunden hinter dem Zeitplan. Mein Flugzeug war das einzige auf der ganzen Insel, dennoch dauerte die Startfreigabeprozedur unendlich lange.

Bei Tageslicht über das offene Meer zu fliegen war weitaus angenehmer, als um 3:00 Uhr nachts von der Küste Neufundlands aus in die Dunkelheit einzutauchen. Obwohl ich mit Verspätung gestartet war, schätzte ich, dass ich bis zum Abend in Lissabon sein würde. Der leichte Rückenwind sollte laut Wettervorhersage den ganzen Tag über anhalten und erst vor der europäischen Küste allmählich abflauen. Ich sah einem problemfreien Flug entgegen.

Die Navigation während der zweiten Hälfte des Fluges über den Atlantik, von den Azoren nach Portugal, wird im Gegensatz zu der Strecke St. John's–Santa Maria als Kinderspiel betrachtet. Anders als beim ersten Abschnitt, als es darum ging, kleine Inseln inmitten des Ozeans anzusteuern, musste ich jetzt nur die östliche Richtung beibehalten, um unweigerlich irgendwo in Europa zu landen. Dennoch sollte man einen neunstündigen 800-Meilen-Flug über das offene Meer nicht auf die leichte Schulter nehmen; wenn man mit einem Flugzeug unterwegs ist, kann alles Mögliche passieren, und aus einer dieser Möglichkeiten wird meistens Realität. Der Funkfrequenzen würden voll belegt sein von nordamerikanischen Verkehrsmaschinen, die Europa anflogen, von Piloten, die ihre Positionen durchgaben, und von Fluglotsen, deren Job es war, Hunderte von Verkehrsmaschinen zu koordinieren, die zweimal täglich den Atlantik überquerten. Ich würde die Anweisung erhalten, mich auf einer niedrigeren Höhe in den Flugverkehr einzuordnen.

Ich war zehn Meilen von Santa Maria entfernt, da tönte die Stimme eines Fluglotsen aus dem Kurzwellen-Funkgerät – ein unverwechselbares Geblubber, als würden die Worte durch ein Rohr übertragen, das sich unter Wasser befand. Ich freute mich darüber, dass ich das Glück gehabt hatte, mit Helder Freundschaft zu schließen. Meine Maschine mit dem Rufzeichen CF-WMJ (Charlie Foxtrot Whiskey Mike Juliet) war für einen langen, langsamen Steigflug getrimmt. Mit dem zusätzlichen Treibstoff und meiner umfangreichen Ausrüstung konnte es nur zweihundert Fuß pro Minute bewältigen. Da ich mit 500 Kilo über dem zulässigen Höchstgewicht gestartet war, musste ich, bis sich die Treibstoffmenge etwas reduziert hatte, während der ersten zwei, drei Stunden ständig den Ladedruck und die Öltemperatur im Auge behalten und sehr behutsam manövrieren.

Stunden vergingen, ohne dass etwas geschah. Kaum wahrnehmbare Wetterveränderungen, die der Vorhersage entsprachen, malten dünne Wolkenstreifen an den Himmel, und gelegentlich gingen harmlose Regenschauer zwischen den vom Meer reflektierten Sonnenstrahlen nieder. Bestimmte Handlungsabläufe waren inzwischen zur Routine geworden: das Umpumpen von Treibstoff in die Tragflächentanks, das regelmäßige Aktualisieren der Position, die Kommunikation mit den Fluglotsen und das Berechnen der voraussichtlichen Ankunftszeit unter Berücksichtigung von Geschwindigkeit und Abdrift.

Nach sechs Stunden Flug kam das erste Mal Land in Sicht: die europäische Küste. Die transozeanische Flugleitung übergab mich an die portugiesischen Fluglotsen, deren Job es war, ganze Ströme von Luftverkehr in die großen Flughäfen des Landes zu leiten. Verzerrte Stimmen erteilten knappe Anweisungen über Funk. Piloten aus allen Herren Länder kommunizierten mit den Fluglotsen auf Englisch – die internationale Sprache der Luftfahrt –, und dieser Umstand machte eine professionelle Einhaltung des Funksprechverfahrens und eine militärische Disziplin bei der Ausführung von Instruktionen unabdingbar.

Während ich mich der Küste näherte, verschlechterte sich das Wetter rapide. Konvektive Aktivitäten des späten Nachmittags über dem warmen Festland ließen massive Wolkenbänke und Gewitter entstehen. Die Flugsicherung versuchte, diversen Bitten von Verkehrsflugzeugen kommerzieller Luftlinien zu entsprechen, die das Schlechtwettergebiet umfliegen wollten. Doch ich befand mich in weitaus geringeren Höhe, und mir blieb nichts anderes übrig, als direkt durch die dichten Wolken und Turbulenzen hindurchzufliegen. Infolge des sich verändernden Luftdrucks dehnte sich der Zusatztank hin und wieder aus und produzierte dabei einen lauten Knall. Es war zermürbend, denn ich dachte jedes Mal, dass ich einen Teil der Rumpfverkleidung verloren hätte.

Regen prasselte auf die Windschutzscheibe und auf den Rumpf, was den Lärmpegel in der Kabine erhöhte. Turbulenzen machten es zunehmend schwieriger, die Maschine von Hand zu fliegen. Angesichts der vielen Umleitungsgesuche, die an die Fluglotsen gerichtet wurden, mochte es den Verkehrspiloten auf ihren größeren Höhen auch nicht viel besser ergehen. Bis zu einer Höhe von 30000 Fuß herrschte schlechtes Flugwetter, und das war weit höher, als meine Maschine steigen konnte.

Ich wurde in eine Warteschleife dirigiert, während diverse Jumbojets die Erlaubnis für den Landeanflug auf den Lissabon International Airport erteilt wurde. Ich spürte, dass der Fluglotse Schwierigkeiten hatte, ein Zeitfenster für eine Maschine zu finden, die so langsam war wie meine. Dass ich nach einem neunstündigen Flug über den Ozean in einer Warteschleife geparkt wurde, obwohl ich keine Sicht hatte und nach Instrumentenflug-Regeln flog, konnte ich nicht verstehen. Ich war kurz davor, mich zu beschweren, als ich die Freigabe für einen ILS-Anflug auf die Landebahn 21 erhielt.

Als ich aufsetzte, stellte ich zu meiner Überraschung fest, dass die linke Bremse nicht reagierte. Mein Flugzeug ist ein »Tail Dragger«, es hat also ein Heckspornfahrwerk, und kann daher auf dem Boden nur mit den Bremsen der beiden Haupträder gesteuert werden. Ich versuchte verzweifelt die Richtungskontrolle zu behalten, kam aber von der Landebahn ab. Nachdem sich das Flugzeug fast überschlagen hatte, raste es auf einen grasbewachsenen Hang rechts neben der Piste zu, schlitterte das sanfte Gefälle hinunter und kam in einen leuchtenden Teppich aus wildem Mohn zum Stehen.

Nachdem ich mich erholt hatte, sah ich sofort, dass der übergroße Gummifuß meines Überlebensanzuges sich unter dem Bremspedal verkeilt hatte. Ein wenig beschämt schaffte ich es, mit Vollgas wieder auf die Landebahn zu kommen. Unter den eindringlichen Anweisungen des Fluglotsen dirigierte ich meine Maschine unverzüglich auf den nächsten Rollweg, um einer Boing 747 Platz zu machen, die sich im Landeanflug befand.

Ich war bis auf die Knochen erschöpft. Mein Plan, die Altstadt von Lissabon zu erkunden, verflüchtigte sich, nachdem ich es ins nächste Hotel geschafft hatte. In dem Qualm und der Wärme des bevölkerten Restaurants sehnte ich mich nur noch nach Schlaf. Trotzdem ich konnte ein leises Gefühl des Triumphes genießen. Immerhin hatte ich den Atlantik überquert. Afrika war in Reichweite.

2 Afrika

Als der Morgen kam, ergoss sich ein heftiger Regen auf die aus dem 16. Jahrhundert stammenden Dächer der Altstadt Lissabons. Wasser strömte von den Terrakottatraufen, schwappte durch die Rinnsteine der engen Kopfsteinpflastergassen und strudelte in die kleinen vergitterten Siele der städtischen Kanalisation. Fußgänger eilten an altertümlichen Hauseingängen vorbei und schlängelten sich durch ein Feld von schwarzen Regenschirmen. Menschen mit grimmigen Gesichtern waren auf dem Weg zur Arbeit. Was scherte sie das Flugwetter? Sie waren unter Lissabons trostlosem Himmel nur damit beschäftigt, ins Büro zu gelangen. Wir bewohnten verschiedene Welten.

Ich linste aus dem kleinen Dachbodenfenster meines Hotelzimmers und schätzte, dass die Nullgradgrenze irgendwo bei 5000 Fuß lag, vielleicht ein wenig höher. Ein nervöser Wind rüttelte an den hölzernen Fensterläden, die an ihren Verankerungen zerrten. Wolken wälzten sich über die Skyline der Stadt. Der Tag schrie danach, im Bett zu bleiben oder am Kamin ein Buch zu lesen. Ich nahm an, dass ich auf meiner geplanten Route – nach Süden, über Algerien nach Malta – so niedrig fliegen konnte, dass eine Vereisung ausgeschlossen war, und dass der Himmel weiter im Süden aufklaren würde. Jedenfalls war es den Versuch wert, zum Flughafen zu gehen, um sich dort einen detaillierten Wetterbericht zu verschaffen.

Es stellte sich heraus, dass man am Lissabon International Airport wenig Zeit für die Wettersorgen eines Privatpiloten hatte. Düsenflugzeuge flogen auch bei schlechtem Wetter. Die Piloten und Passagiere einer Verkehrsmaschine mögen während des Steigfluges nach dem Start zehn unangenehme Minuten zubringen, aber sobald sie auf einer Höhe von 30 000 Fuß sind, kehrt Ruhe ein. Aber ein Propellerflugzeug muss die Schlechtwetterzone durchfliegen, denn es darf eine Höhe von 5000 bis 7000 Fuß nicht überschreiten, da der Pilot unter der Nullgradgrenze bleiben muss, um zu vermeiden, dass sich ein tödliches Potenzial an Eis ansammelt.

Trotz aller Widrigkeiten entschied ich mich, zu fliegen. Wie vorausgesehen, geriet ich Minuten nach dem Start in starke Turbulenzen und hatte keine Sicht mehr. Nun bedauerte ich meinen Entschluss. Ich war müde von den vielen Flugstunden der letzten beiden Tage und spielte mit dem Gedanken, Lissabon um die Erlaubnis zu bitten, umkehren zu dürfen. Aber das hätte Erklärungen notwendig gemacht und einen Instrumenten-Anflug. Es schien leichter, einfach auf Kurs zu bleiben. Nach einem zweistündigen Flug mit einer durch die Last des zusätzlichen Treibstoffs schwerfälligen Maschine war ich vollkommen durchgerüttelt und mit den Nerven am Ende. Doch plötzlich, ohne jedes Vorzeichen, fand ich mich unter einem klaren Himmel und über dem expansiven Blau des Mittelmeeres wieder.

Das Fliegen von Kleinflugzeugen und die damit verbundenen ständig lauernden Gefahren machen süchtig. Ein unwiderstehliches Verlangen zieht den Piloten wieder und wieder ins Cockpit zurück, um noch einmal den süßen Rausch der Geschwindigkeit zu erleben. Die Macht, die man mit den Fingerspitzen ausüben kann, ist körperlich angenehm, ein geradezu sinnliches Vergnügen, und das ganz besonders in jenen Augenblicken, in denen ein Flugzeug völlig unvermittelt aus dichten Wolkenschichten in einen strahlend blauen Himmel hineinschießt. Die Enge des Cockpits wird dann zu einer unendlichen Weite, die dazu einlädt, Steilkurven, Loopings und Rollen zu fliegen und den Gesetzen von Schwerkraft und Balance zu trotzen. Der Traum vom nicht reglementierten Fliegen –

die Piloten der ersten Stunde, sie konnten ihn ausleben. Es waren waghalsige Teufelskerle, die nach einem Sturzflug unter Brücken hindurchsausten, umherreisende Kunstflieger und Kampfpiloten des Zweiten Weltkrieges, die ihre unsicheren Maschinen mit schwindelerregender Verwegenheit geflogen hatten. Die Versuchung lag in der Freiheit des Himmels, doch die geringste Spur von Selbstüberschätzung konnte für einen Piloten den Tod bedeuten.

Ein spanischer Fluglotse unterbrach meine Gedankengänge jäh mit der Anweisung, die Funkfrequenz zu ändern und mich bei der algerischen Flugleitung zu melden. Ich war im Begriff, den spanischen Luftraum zu verlassen. Wiederholt versuchte ich, die Algerier zu kontaktieren. Ergebnislos. Möglicherweise war meine geringe Flughöhe der Grund, weshalb es mir nicht gelang, den Funkkontakt herzustellen. Ich flog weiter und hielt den Kurs, ohne mit den spanischen oder den algerischen Fluglotsen kommunizieren zu können.

Als ich es zehn Minuten später noch einmal probierte, antwortete der algerische Fluglotse. Mein erster Kontakt mit Afrika verlief unfreundlich. Er wollte die Nummer meiner Einfluggenehmigung, die mich dazu autorisierte, den algerischen Luftraum zu durchfliegen. Ich hatte keine. Er fragte, ob ich mir meiner gegenwärtigen Position bewusst sei, und befahl mir, den algerischen Luftraum sofort zu verlassen, andernfalls würde man mich abschießen.

Schnell führte ich meine Berechnungen durch. Den algerischen Luftraum zu meiden bedeutete 400 zusätzliche Meilen, da ich, um nach Malta zu gelangen, nach Norden und Osten um Algerien herumfliegen musste. Ein Umweg von dieser Größenordnung würde den Flug um zweieinhalb Stunden verlängern. Ich dachte daran, Einspruch zu erheben, doch der Fluglotse klang kompromisslos. Schnell verdrängte ich die flüchtige Versuchung, tiefer zu fliegen, in der Hoffnung, vom Radar unentdeckt zu bleiben. Der Gedanke daran, abgeschossen zu werden oder in einem algerischen Gefängnis zu landen, ließ mich die Angelegenheit zugunsten des Umweges entscheiden.

Der Flug um Algeriens nördlichen Luftraum herum schien endlos zu sein. Seine Grenze erstreckte sich über Afrikas nördlichste Halbinsel hinaus bis fast zur italienischen Insel Pantelleria in der Straße von Sizilien. Das blinde Festhalten des Fluglotsen an nationalistischen und bürokratischen Vorschriften wurmte mich, doch schließlich wurde ich von einem 60 Knoten starken Rückenwind getröstet.

Der Spätnachmittag endete in einem apricotfarbenen Sonnenuntergang, der Feuer fing. Spiegelglatt lag das Mittelmeer unter mir, überflutet von orange- und pinkfarbenen Bändern aus Licht. Der schwache, geduckte Umriss von Malta erschien am Horizont, dessen westliches Ende im Gold der untergehenden Sonne badete. Ich flog nach Sicht in die Linksplatzrunde und landete auf dem Luka Airport, als die Nacht die Insel in Dunkelheit hüllte.

Noch eine letzte Etappe trennte mich von Afrika. Am nächsten Morgen kletterte ich ins Cockpit und begann mit den vertrauten Vorbereitungen für den zwölfstündigen Flug nach Luxor, Ägypten. Die Sonne erhob sich schnell über den brettflachen Horizont des Mittelmeers, als ich mit dem langen, schleppenden Steigflug auf 10000 Fuß begann. Ein leichter Gegenwind würde meine geschätzte Ankunftszeit vermutlich um eine Stunde verzögern. Ich hatte Treibstoff für mehr als 17 Flugstunden, mehr als genug für diese Strecke. Bei einer Geschwindigkeit von ungefähr 120 Knoten konnte ich – je nach Windverhältnissen – annähernd 3000 Meilen ohne Zwischenlandung fliegen.

Ich hatte jetzt mehr als die Hälfte der Strecke Toronto–Nairobi zurückgelegt, und die Navigation und das Fliegen selbst waren zur Routine geworden. Ich war zunehmend vertraut mit den Gegebenheiten im Cockpit, und obwohl ich von den drei aufeinanderfolgenden Langstreckenflügen erschöpft war, freute ich mich über den langsamen Countdown der Instrumente, der mich immer näher an den afrikanischen Kontinent heranzog.

Bei einem Blick durch das Seitenfenster sichtete ich, 10 000 Fuß unter mir, einen alten Frachter, der gegen eine schwere See ankämpfte. Er befand sich auf Südwestkurs – vielleicht war er auf dem Weg nach Alexandria. Meine Gedanken drifteten in den Albtraum jedes Piloten: Was war im Falle eines Motorversagens über Wasser zu tun? Ich würde in der empfohlenen Reihenfolge verfahren: Sinkflug einleiten – Maschine für einen stabilen Gleitflug austrimmen – einige Male über dem Frachter kreisen – an Höhe verlieren, aber die Ruhe bewahren – ständig Ausschau nach Rettungsmöglichkeiten halten – den Bug des Frachters fünfzig Fuß über der Wasseroberfläche kreuzen – die Flugsicherung per Funk kontaktieren und Längen- und Breitengrad melden – auf eine Notlandung auf dem Wasser vorbereiten. Man muss einfach wissen, was in einem solchen Fall zu tun ist.

Plötzlich drang, von ganz weit her, die Stimme des Fluglotsen in mein Bewusstsein. Einen Augenblick lang war ich verwirrt. Er wiederholte seine Anweisung, zur Flugverkehrskontrolle von Kairo umzuschalten. Ich näherte mich der Küste Afrikas und war kurz davor, in den ägyptischen Luftraum einzufliegen. Unbemerkt waren Stunden vergangen, und der Frachter, meine einzige Rettung im Fall eines Absturzes, bahnte sich vierhundert Meilen hinter mir seinen Weg durch das Wellengebirge.

Unter mir ein feiner, rötlicher Nebel, kaum wahrnehmbar. Endlich flog ich über afrikanischen Boden. Alexandria, die alte Stadt, tauchte aus dem flirrenden Dunst der Mittagshitze auf. Unter mir mäanderte der träge fließende Nil durch sein gewaltiges Delta und spie Schlick und Geschichte ins Mittelmeer.

Ich flog direkt nach Süden, über eine sanft hügelige Wüste und den Ballungsraum Kairo, der einer riesigen Blase glich, die sich über den rauchigen Dunst der Slums gestülpt hatte, über Industrieanlagen, Lagerhäuser und Gleiskörper. Wie eine Schlange wand sich der grüne Nil durch den Sand, bis hin zur Wüstenstadt Luxor, wo ich tanken musste.

Das sonnengegerbte Luxor war in einen üblen Geruch gehüllt. Als ich den Motor abstellte, hörte ich den klagenden Gebetsruf des Muezzins. In der Innenstadt überwog das chaotische Geklapper der Busse, die Dieselabgase in die Luft rülpsten, welche sich mit dem Gestank von Urin und verrottendem Abfall vermischten. Männer in weißen, fließenden Dschellabas versammelten sich in kühlen Hauseingängen, und Frauen in schwarzen Bui-Buis huschten wie Krähen durch enge Straßen, über die sich Stromkabel und Wäscheleinen schlangen. Esel, Karren und Straßenkinder drängten sich zwischen Ständen mit süß duftenden Gewürzen, die sich ockerfarben, grün und blutrot in geflochtenen Körben türmten. Verkäufer schrien nach Käufern, jaulende Stimmen drangen durch den Lärm – der alltägliche Handel am Nil schien zeitlos und unveränderlich.

Ich ging am Fluss entlang. Eine Flottille, die aus schlecht gewarteten und knallbunt erleuchteten »Bateaux-Mouche« bestand, war an den Kais festgemacht. Die Boote lagen Seite an Seite mit eleganten Nil-Feluken, die älter waren als die Geschichte. Luxor, so schien es, hatte das schäbige Geschäft des Massentourismus entdeckt. Nur in verborgenen Gassen, fern von Straßenhändlern und neonbeleuchteten Nahrungsmittel-Ständen, im moslemischen Viertel, wo baufällige, mehrstöckige Gebäude enge Straßen bedrängen, kann man den Hilferuf der verarmten Stadt vernehmen.

Ich wechselte auf die Westseite des Nils: das Tal der Könige und das kleinere Tal der Königinnen, wo Hügel in der glasigen Hitze der Wüste schimmerten, beeindruckend reglos. Dort suchen die Toten die Lebenden heim. Nur die Zeit sah das Kommen und Gehen der Zivilisationen: die Phönizier, Syrer, Griechen, die Römer unter Cäsar, die Türken, Mamelucken, die Franzosen unter Napoleon und die Engländer unter Kitchener – sie alle kamen und wurden in den Bann dieser Begräbnisstätte gezogen.

Auf der Ostseite des Nils standen die Tempel von Luxor, dem antiken Theben: Karnak, Dendora und Kom Ombo. Gewaltige Blöcke aus rosa Granit, die in würdevoller Anmut Touristen, Fremdenführer und Bettler überragten. Die Statuen von Hatschepsut und Ramses blicken über den Fluss, nahtlose Übergänge in die Vergangenheit. Das alte Ägypten ist unvergänglich.

Noch beeindruckender ist der nächtliche Himmel über der Wüste bei Luxor. Er regt die Fantasie an. Hinter den Hügeln im Westen der Stadt färbt die in einer Feuersbrunst versinkende Sonne die Wüste rot und orange. Mit dem plötzlich vorherrschenden Mitternachtsblau erscheinen die Sterne der ersten Magnitude – die Vorboten. Wenn sich später ein Vorhang aus Dunkelheit über den Himmel ausbreitet, wird eine große Zahl von geringeren Sternen sichtbar; sie sind die kleineren Nahtlöcher des Himmels. Sternbild nach Sternbild gleitet über den Horizont und beschreibt bei dieser nächtlichen Prozession seinen Bogen am Firmament.

In der Wüste wird es nun kühl. Die Kamele sind frisch, sie können nachts lange Strecken bewältigen. Zelte werden abgebaut, und das Bellen und Blöken des Aufbruchs signalisiert, dass die Karawanen ihren langen Marsch durch den Sand antreten. Nomadenstämme, die Wanderer der Wüste, ziehen auf gut ausgetretenen Pfaden über einen Ozean aus wogenden Dünen. Die Sterne über ihren Köpfen dienen als Wegweiser, sind ständige, ganz persönliche Begleiter, von denen sich Kameltreiber durch die Dunkelheit geleiten lassen. Erzählungen werden vom Vater an den Sohn weitergegeben, von Generation zu Generation. Unter einem sternenklaren

Himmelsgewölbe werden die Wanderer der Wüste älter und kommen Gott näher und näher.

Kurz nach Tagesanbruch stieg ich in ein klappriges Ford-Taxi, das sich zentimeterweise seinen Weg aus der Stadt bahnte, vorbei an Eseln, Kamelen und Bussen, die das betriebsame Chaos der Märkte ansteuerten. Ich hatte gehofft, drei Stunden nach dem Aufwachen in der Luft zu sein, doch das war in Ägypten ein zu optimistisches Ziel. Nicht enden wollende Formalitäten behinderten qualvoll meinen Abflug. Beamte drückten ihre Stempel in meinen Reisepass und prüften Visa, Ein- und Anfluggenehmigung sowie meine Landeerlaubnis. Auf den Pfaden dieser akribischen Prozeduren wandelte ich zwei Stunden lang durch die deprimierenden Hallen des Flughafens. Wie Spinnen webten die Beamten ihre Netze aus Verordnungen und warteten auf Gelder, die unter der Hand gereicht wurden.

Um neun Uhr morgens brannte die Sonne auf die Wüste herab. Hinter den östlich von Luxor gelegenen Hügeln winkte das Zyanblau eines wolkenlosen Himmels. Vor mir lag ein langer Flug, und ich war spät dran. Ich hatte mich entschieden, den Sudan, das größte Land Afrikas, wegen des andauernden Bürgerkriegs und der extrem hohen Überfluggebühren, die von Khartum erhoben wurden, nicht zu überfliegen. Stattdessen hatte ich eine Route gewählt, die über die östliche Wüste Ägyptens und dann nach Süden, am Roten Meer entlang, nach Dschibuti führte.

Die Bodentemperatur war auf 49 Grad Celsius geklettert. Die Elektronik meines Flugzeuges, für weit niedrigere Temperaturen ausgelegt, streikte, und so war ich ohne Navigationsinstrumente und Kommunikationsmöglichkeit. Nach dem Start befand ich mich eineinhalb Stunden im Steigflug. Ich navigierte mit dem Kompass, bis ich meine Flughöhe von 11 000 Fuß erreicht hatte und die niedrigeren Temperaturen meine Instrumente wiederbelebten.

Das Leitwerk des Flugzeuges schien durch das Gewicht der vollen Tanks und durch die dünne Luft an Wirkung eingebüßt zu haben zu haben, und ich wurde von der Thermik, von bis zu 18 000 Fuß über der Wüste steigenden Aufwinden, hin und her geworfen. Ohne Funkkontakt verließ ich den Luftraum von Luxor. Nur das Dröhnen des Motors und ein gelegentliches, durch den veränderten Luftdruck verursachtes Knallen des Zusatztanks ließen ahnen, dass ich auf meiner Reiseroute, die Hunderte von Meilen über eine menschenleere Wüste führte, allmählich vorankam.

Ich beobachtete, wie die Maschine ihrem über den Sand gleitenden Schatten folgte. Allmählich wurden ein paar verstreute Adern aus schwarzem und rotem Lavagestein sichtbar, die auf das östliche Vorgebirge bei Kosseir zuliefen. Nirgendwo waren Zeichen menschlichen Lebens zu erkennen.

In der Ferne, an der Westküste des Roten Meeres, ballten sich bedrohlich dunkle Wolken zusammen. Elektrische Entladungen ließen winzige Warnkreuze auf meinem grün beleuchteten Stormscope sprießen. Eine sich nähernde Wolkenbank wurde allmählich schwarz und dann gelblich-grün. Die heiße Luft über der Wüste kollidierte mit den kühleren Luftmassen über dem Meer; die Folge waren Blitze, die wiederholt über den Rumpf zuckten.

Ich wich von dem Südkurs ab, um eine Begegnung mit den bedrohlichsten Wolken zu vermeiden. Die Gewitterfront verursachte Aufwinde, die so stark waren, dass sie einem Flugzeug die Tragflächen abreißen konnten. Da ich keine Erlaubnis besaß, den saudiarabischen Luftraum zu durchfliegen und der Sudan auch nicht in Frage kam, blieb mir wenig Spielraum, um zwischen den Gewittern hindurchzumanövrieren, die über dem ganzen Roten Meer bis zum Breitengrad von Port Sudan tobten.

Um 5:30 Uhr hatte die untergehende Sonne einen Schatten über meine Backbord-Tragfläche geworfen. Der schwache Schimmer der

Instrumentenbeleuchtung war ein Zeichen dafür, dass sich der Tag seinem Ende zuneigte. Je tiefer ich in die Nacht eintauchte, desto mehr breitete sich das warme Licht, mit dem Zahlen und Messwerte angezeigt wurden, im Cockpit aus. Das GPS zeigte vier weitere Flugstunden nach Dschibuti an. Ich hatte das Funkgerät jetzt seit neun Stunden nicht benutzt. Infolge des Bewegungsmangels war mein Köper so steif, dass er schmerzte. Ich musste mich ausruhen.

Zwei Stunden später sah ich zwei stecknadelkopfgroße Lichter am Horizont der eritreischen Küste, nördlich von Dschibuti. Der topografischen Karte zufolge war die Küste von steilen Bergen gesäumt – ich musste sofort an Höhe gewinnen.

Die majestätischen, zerklüfteten Küstengebirge Eritreas erheben sich abrupt aus dem Meer und bilden die östliche Wand des Great Rift Valley. Das Tal ist Teil einer enormen geologischen Verwerfung, die sich von Madagaskar, durch Ostafrika und Äthiopien, bis zum Roten Meer erstreckt. Sie ist das ebenso gewaltige wie atemberaubend schöne Rückgrat Afrikas.

An den Flanken der eritreischen Berge wird feuchte Warmluft aus dem Roten Meer nach oben gedrückt. Die abkühlende Feuchtigkeit bildet dichte Kumuluswolken, die Turbulenzen produzieren und die Gefahr der Vereisung in sich bergen. Es raubte mir die Sicht, als kurze Zeit später die Navigationslichter des Flugzeuges von der ersten Wolkenbank reflektiert wurden. Ich ging höher, stieg weit über 13000 Fuß, um den Gebirgszug nördlich von Dschibuti sicher überfliegen zu können. Luftströmungen und dichte Wolken warfen die Maschine hin und her. Scharfe, ruckartige Bewegungen durchliefen die Seilzüge, die abwechselnd schlaff durchhingen und dann mit einem Knall zum Zerreißen gespannt wurden. Fliegen wurde mehr und mehr zur Herausforderung.

Plötzlich begann der Motor zu stottern. Das konstante Vibrieren und die vertraute Tonhöhe seines Laufgeräusches drohten zu ersterben. Einen Augenblick lang war ich starr vor Schreck, konnte es nicht glauben. Alle Nerven und Muskeln bis aufs Äußerste gespannt, konzentrierte ich mich auf dieses unerwartete und lebensbedrohliche Geschehen. Ich aktivierte die Vergaservorwärmung. Der Motor stotterte weiterhin, war dem Absterben gefährlich nahe. Instinktiv klammerte ich Vereisung als Ursache des Problems aus, denn dieses Phänomen war den ganzen Tag über nicht aufgetreten. Der Motor hustete wieder, bäumte sich noch einmal wacker auf und wurde dann still. Nun war nur noch das Rauschen des Windes zu hören, der über den Rumpf strich. Die plötzliche Ruhe verblüffte mich.

Ich ging schnell in einen Gleitflug über und starrte auf das Variometer, das einen Höhenverlust von 800 Fuß pro Minute anzeigte. Ich konnte es nicht fassen. Dies war keine Übung, ich saß nicht in einem Flugsimulator. Allein, ohne Funkverbindung und ohne Sicht, raste ich, bei völliger Dunkelheit, auf einen mir unbekannten, unbewohnten Gebirgszug zu. Das war ein Flieger-Albtraum – einer von der schlimmsten Sorte.

Schnell ging ich im Geiste alle Optionen durch und stellte fest, dass ich nicht viele Möglichkeiten hatte. Bei Nacht und ohne Sicht in eine abgelegene Bergregion zu stürzen bedeutet, dass die Überlebenschancen gering sind. Die Angst vor der bevorstehenden Katastrophe wurde gedämpft, als mich plötzlich eine starke Müdigkeit überkam. Resignation machte sich breit, der Tod war unvermeidlich. Dabei war ich so kurz davor, die Reise zu vollenden. Alle Bemühungen, das Abwägen von Gefahren, die Vorbereitungen, die vielen Flugstunden – dass es so enden sollte, erschien mir sinnlos. Ich dachte an Krystyne. Wie sollte sie je erfahren, was passiert war? Eine Welle des Bedauerns überkam mich angesichts dieser Ungerechtigkeit. Passierte das alles wirklich?

Ich zwang mich dazu, mich zusammenzureißen, mich zu konzentrieren und bis zur letzten Sekunde, bis die Maschine in eine

Bergwand raste, um mein Leben zu kämpfen. Es gibt empfohlene Verfahrensweisen bei Motorversagen. Man beginnt mit einer Überprüfung der Instrumente, eines nach dem anderen, von links nach rechts. Ich folge methodisch den Anweisungen und war mir gleichzeitig des Drucks bewusst, der durch die verrinnende Zeit und den ständigen Höhenverlust entstand.

Die Anzeige für den Backbordtank war auf dem Nullpunkt ... Allmächtiger Gott, ich hatte vergessen, auf den Steuerbordtank umzuschalten! Der Motor war ohne Treibstoffzufuhr. Wie hatte das passieren können? Während ich auf den vollen Tank umschaltete, stellte ich das Gemisch her, das der Motor braucht, um wieder anzuspringen. Der Cessna Continental Motor 047 J säuft leicht ab, wenn er heiß ist, er braucht viel Fingerspitzengefühl. »Bitte, Gott, lass ihn anspringen.« In voller Erwartung eines Berghanges, der urplötzlich die Windschutzscheibe ausfüllen könnte, griff ich, während das Flugzeug seinen Sturz durch die Dunkelheit fortsetzte, nach der Zündung.

Der Motor sprang an. Ich zog den Steuerknüppel zurück, um die 3500 Fuß wettzumachen, die ich in den letzten vier Minuten verloren hatte. Ich befand mich unterhalb der höchsten Gipfel und war in Gefahr, blindlings und mit voller Kraft in einen der vielen Berge zu fliegen, die sich 9000 Fuß hoch in die Nacht emporreckten. Ich gab Vollgas, um die Geschwindigkeit für den besten Steigwinkel zu erreichen, und hielt während des dreiminütigen Steigfluges, bis ich auf 11000 Fuß und somit in Sicherheit war, den Atem an. Die Zeit reichte aus, um über meinen Fehler nachzudenken, der ein klares Zeichen von Müdigkeit war. Ich musste schnellstens nach Dschibuti, brauchte dringend festen Boden unter den Füßen.

Eine Stunde später begann ich mit dem Sinkflug auf Dschibuti, durch einen Korridor aus Bergen. Ein Minimum an Navigationshilfen machte den Anflug, den jeder Pilot lieber bei Tag absolviert hätte, äußerst schwierig. Mit frischer Konzentrationskraft begann ich mit dem Instrumentenanflug. Ich überflog das Funkfeuer mit dem Flugplatz im Rücken, leitete nach einer Minute eine Wendekurve ein und flog im Sinkflug auf die Piste zu. In einer Höhe von nur noch 300 Fuß kam ich aus den Wolken, und die Anflugbefeuerung lag wie eine Kette aus Diamanten vor mir.

Als ich schließlich am Boden war, über den Asphalt wankte und mich noch einmal zu meinem Flugzeug umdrehte, dachte ich daran, dass dieser Flug unser letzter hätte sein können. Dort stand meine Maschine, die Nase in die Luft gereckt. Wir hatten so viele gemeinsame Flugstunden absolviert, waren einander treue Begleiter gewesen. Wie hatte ich uns durch so eine Schlampigkeit in Gefahr bringen können? Ich wandte mich ab und ging, die Dokumente in der Hand, auf den mit Stacheldraht eingezäunten Flughafen-Tower zu.

Der ganze Flugplatz von Dschibuti war verlassen, bis auf einen einsamen Fluglotsen, der mit seinen Instrumenten aus dem Zweiten Weltkrieg und einer Hängematte im Tower eingeschlossen war. Es war 22 Uhr 30, und es gab keine Beamten, keine Taxis und keine Ruheräume. Dazu verdammt, die Nacht auf einer Flughafenbank verbringen zu müssen und von Moskitos zerstochen zu werden, war ich dennoch dankbar, am Leben zu sein. Die summenden und flackernden Neonröhren, die von der Decke hingen, füllten die riesige Halle mit einem grünlichen Licht, das an Leichenschauhäuser denken ließ. Ein brennender Durst hatte mich dazu gebracht, Leitungswasser zu trinken, das verunreinigt schmeckte und roch. Ich hatte einen dreizehneinhalbstündigen, anstrengenden Flug hinter mir und endete nun auf einer Flughafenbank. Doch ich war in Sicherheit, und mein Ziel, Nairobi, war jetzt nur noch einen Langstreckenflug entfernt.

Eine Stunde später fuhr ein Wagen auf das Flughafengelände. Nach langwierigen Verhandlungen konnte ich den Fahrer überreden, mich in die Stadt zu bringen, zum Hotel du Ciel. Zu müde, um nach einem Restaurant zu suchen, fiel ich ins Bett und freute mich darüber, in Dschibuti, Afrika, angekommen und am Leben zu sein.

Dschibuti ist ein seltsames Land. In die Falten sich überlappender Gebirgszüge geklemmt, bewacht es die Meerenge bei Bab al-Mandeb (Tor der Tränen), dem engen Eingang am südlichen Ende des Roten Meeres. Nur 56 Kilometer trennen diesen Teil Afrikas von Arabien, und an einem klaren Tag sind beide Ufer sichtbar.

Eigentlich ist Dschibuti ein Stadtstaat, eine Grenzstadt zwischen Nord- und Subsahara-Afrika, wo Islam und christlich-koptische Religionen nebeneinander existieren. Die jüdische Gemeinde hat sich weitgehend aufgelöst. Nordafrikanische Araber verkehren mit Schwarzafrikanern, tauschen Waren und Dienstleistungen auf Arabisch, Französisch und Suaheli. In den meist leeren Restaurants wird immer noch gutes Essen zubereitet, der Einfluss der französischen Küche ist spürbar. Äthiopische Mädchen in grellfarbenen Röcken werfen Besuchern kecke Blicke zu und sind gerne zu einem Rendezvous in der Bar bereit. Prostitution ist weit verbreitetet, doch es mangelt an zahlenden Kunden. Vereinzelt anzutreffende, deplatziert wirkende europäische Rucksacktouristen wandern verloren und schmutzig über die kaputten Bürgersteige der Hauptstraße. Dschibuti, so scheint es, ist eine kosmopolitische Müllhalde menschlichen Elends.

Historisch gesehen war die Stadt eines der beiden wichtigsten Eingangstore Afrikas. Mit dem Monsun kommen auch heute noch mit Waren beladene arabische Dhaus, um Geschäfte zu machen. Doch die Zeiten sind hart, und der Handel floriert nicht. Dennoch wandern riesige Mengen von billigen Gütern, die aus so fernen Ländern wie China kommen, von einem Händler zum anderen, bis sie schließlich auf dem weitläufigen Markt von Dschibuti landen. Die

Preise steigen und fallen mit dem Monsun, wie so vieles andere entlang der Küste des Indischen Ozeans. Ankünfte und Abreisen, Glück und Elend scheinen von den Passatwinden abhängig zu sein.

Die Stadt erwachte kurz vor dem Morgengrauen. Ich streifte durch die an den Markt grenzenden Gassen, in denen Äthiopier, Somalier und Araber versuchten, sich in dieser Welt der kundenlosen Verkäufer mehr schlecht als recht durchzuschlagen. Bleistiftdünne Männer hockten mit gekreuzten Beinen hinter Haufen von Holz, Wellblech, Computerhardware, Elektroartikeln, Töpfen und Pfannen und Plastikwaren. Frauen mit kunstvoll arrangierten Pyramiden aus Orangen, Datteln, Limonen, Gewürzen und Nüssen, deren Farbenpracht und Form Käufer anlocken sollten, waren in lächerlich kleine Verkaufsstände gepfercht. Feuchte, rehähnliche Augen spähten aus den Schlitzen der allgegenwärtigen Schleier. Der Markt, eine wimmelnde Menschenmasse, dehnte sich aus, so weit das Auge reichte.

Ein sanfter Regen überzog die rote Erde mit Flüssen aus Matsch. Ich lavierte mich durch die rutschigen, engen Durchgänge zwischen den Ständen und begutachtete das reichhaltige Spektrum des Angebots. Schweigend duldeten die Anbieter, dass von alten Regenschirmen und Plastikfetzen Wasser auf ihre Waren tröpfelte. Der Mangel an Käufern war augenscheinlich und spürbar. Dschibuti war ein kleines, verzweifeltes und im Stich gelassenes Universum, das die einstigen Kolonialherren, die Franzosen, vergessen hatten – ein Land, das für die Welt nicht mehr von Nutzen war.

Mein altes Renault-Taxi sauste durch Pfützen über die Hauptstraße in Richtung Flughaufen. Aus dem Autoradio wimmerten arabische Gesänge, und die am Rückspiegel hängenden Perlen und Bommel tanzten wie trunken durch das Sichtfeld des Fahrers. Als der Wagen an einer prächtigen Reihe großer und anmutiger Doum-Palmen vor dem Dschibuti Airport hielt, schoss Regenwasser aus den Rissen des alten Zementgebäudes. Bäche aus braunem Wasser flossen über die *murram* (Schlammstraße) in übervolle Gräben. Die Luftfeuchtigkeit war erdrückend. Ich konnte es nicht erwarten, Dschibuti zu verlassen und wieder in der Luft zu sein.

Das mit Akten vollgestopfte Büro der Flughafenverwaltung war feucht und roch nach Schimmel. Zwei Soldaten fläzten sich auf Drehstühlen, rauchend und schwatzend, Gewehre über den Oberschenkeln. Sie beäugten mich desinteressiert, als ich versuchte, eine verschlossene Tür nach der anderen zu öffnen, um zu meinem Flugzeug zu gelangen. Wenig hilfsbereit und mürrisch zuckten sie auf meine Bitten hin mit den Schultern. »*Le capitaine vient bientôt. Il faut l'attendre.*« Ich zwang mich zur Ruhe und wartete.

Selbstdisziplin und Geduld waren vonnöten, als ich eine Dreiviertelstunde auf die Ankunft des Captains wartete. Endlich platzte ein aufgeblasener kleiner Mann mit kurz geschorenem Haar und einem imposanten Schnurrbart durch die Tür und schritt, ohne nach links oder rechts zu sehen, direkt in sein Büro. Unfähig, mich länger zurückzuhalten, klopfte ich fünf Minuten später an seine Tür und erbat die Freigabe meines Fluges nach Nairobi. Er ließ mich wissen, dass er sich dringenden Angelegenheiten widmen müsse und ich zu warten hätte. Wütend kehrte ich an meinen Platz zurück und sann auf Rache. Zwanzig Minuten vergingen, ohne dass etwas geschah.

Zwei schwedische Piloten und ein Leutnant der kanadischen Streitkräfte reihten sich in die Warteschlange ein. Die Schweden, die eine King Air flogen, waren unterwegs nach Mogadischu, und der Kanadier wollte das Auftanken einer Herkules 130 organisieren, die im Laufe des Tages landen sollte. Jetzt wurde mir klar, warum Piloten es hassten, nach Dschibuti zu fliegen, wo man sich mit Polizei, Grenzschutz und den Flughafenbeamten herumschlagen musste. Wir vier beschlossen, unsere Kräfte zu vereinen und uns den Captain vorzuknöpfen.

Wir marschierten in sein Büro und weigerten uns, es zu verlassen, bevor er unsere Freigaben bearbeitet hatte. Er rief sofort nach seinen Soldaten, die gleich darauf durch die Tür geschlurft kamen und angesichts des starren Gesichtsausdrucks ihres Vorgesetzten erschraken. Wir blieben standfest und weigerten uns zu gehen. Die Optionen des Captains waren begrenzt: Er konnte uns entweder erschießen lassen, oder musste nach einem gesichtswahrenden Kompromiss suchen. Schließlich wies er einen seiner analphabetischen Soldaten an, uns zu Diensten zu sein, damit er sich wieder seinen wichtigen militärischen Aufgaben zuwenden konnte. Es endete damit, dass wir die Formulare selbst ausfüllen mussten.

Auf dem Vorfeld entdeckte ich, dass ein Tankverschluss fehlte, und dass man Treibstoff aus meinen Tragflächentanks abgesaugt hatte. Außer mir vor Wut ging ich zurück, um mich beim Captain zu beschweren, der mein Unglück mit enormer Genugtuung belächelte. Mit größtem Vergnügen erklärte er mir den Weg zum Hangar an der Ostseite, wo ich zum Preis von $1,75 pro Liter Treibstoff aus unversiegelten Fässern tanken konnte. Es war gut möglich, dass ich meinen eigenen Treibstoff zurückkaufte, aber mir blieb nichts anderes übrig, als den Preis zu zahlen und Dschibuti mit einem ganz besonderen Fluch zu belegen.

Kurz nach dem Start wurde ich angewiesen, auf Level 140 (14000 Fuß) zu fliegen, so hoch, wie mein voll beladenes Flugzeug gerade steigen konnte. Ich kreiste eine Stunde lang, bevor ich die vorgeschriebene Flughöhe erreichte. Alles, was darunter lag, war südlich von Dschibuti für Piloten, die nach Instrumentenflugregeln flogen, verbotener Luftraum. Als ich durch Wolkenlöcher einen kurzen Blick auf das bergige Terrain werfen konnte, das weniger als 4000 Fuß unter mir lag, verstand ich diese Vorschrift.

Die äthiopischen Berge mit ihren atemberaubenden Kämmen und Graten wachsen in diesem Teil bis zu 10 000 Fuß über dem Meeresspiegel in den Himmel. Ich war erstaunt, in den oberen, fast in den Wolken liegenden Regionen klare Anzeichen von Ackerbau zu entdecken. Was für Menschen mochten in dieser großen Höhe leben?

Durch dieses undurchdringliche Gebiet war 1868 Sir Charles Napier, der britische General, mit einer Armee von 32 000 Mann gezogen. Königin Victoria hatte General Napier mit dem Auftrag entsandt, Kaiser Theodore zu besiegen, den abessinischen Kriegerkönig, dessen empörende Herausforderung des britischen Königreichs und Ihrer Majestät, der Königin, als intolerabel erachtet wurde. General Napiers Feldzug, an dem auch 35 000 Tiere beteiligt waren – unter anderem aus Indien eingeschiffte Elefanten – hatte ihn genau über jene Bergrücken geführt, die nun unter mir lagen, durch das wohl unwirtlichste Gebiet der Erde.

Ein britischer Gesandter namens Charles Cameron, der fünf Jahre lang als Geisel von Kaiser Theodore gefangen gehalten worden war, war der *Casus Belli* für diese unglaubliche Expedition. Um die Strecke von der Küstenstadt Magdala nach Zentraläthiopien zu bewältigen, hatte Napier fast sechs Monate gebraucht; doch die Schlacht, die dann stattfand, dauerte nur 20 Minuten. Kaiser Theodore verlor den Kampf, sein Königreich und sein Leben. Die Briten retteten ihren Gesandten, ihre Ehre und ihren Ruf und verließen Äthiopien, das nun seinen eigenen Weg in die Zukunft finden musste, durch Stammesfehden und eine landesübliche Anarchie – zu einer Zeit, in der Flugzeuge noch nicht einmal erfunden waren.

Bei Mandera flog ich in den kenianischen Luftraum. Nach einem zehnstündigen Flug näherte ich mich endlich meinem Ziel. Scherben aus Sonnenlicht durchlöcherten sich auftürmende Wolken, die an Baumwolle erinnerten. Unterhalb der Berge gab es Waldlichtungen, auf denen vereinzelt *makuti* (Dächer) und der Qualm von

Feuerstellen zu sehen waren, deren dünne Rauchfahnen sich in den bläulichen Dunst des afrikanischen Himmels emporkräuselten. Die Zahl der Siedlungen nahm zu; sie waren durch roterdige Pfade verbunden, die durch ein Flickwerk von kleinen Farmen und ihren *bomas* (Dornbusch-Pferche, in denen Ziegen gehalten werden) hindurchführten. Durch das Smaragdgrün der Tee- und Kaffeeplantagen glitzerten Wellblechdächer in der Sonne. In der Ferne hob sich Nairobi schwach gegen den verschmutzten Himmel über der Stadt ab. Mein Herz schlug schneller.

Der Instrumentenanflug auf den Wilson Airport, den kleineren der beiden Flughäfen Nairobis, ist mit dem Anflug auf den größeren, den Kenyatta Airport, gekoppelt. Die Anfluginstruktionen sind verwirrend. Auf halbem Wege zum Kenyatta muss der Pilot den Landeanflug abbrechen und Kurs auf den Wilson Airport nehmen – eine sehr ungewöhnliche Prozedur, die einem Piloten nach einem zehnstündigen Flug auf einer Höhe von 14 000 Fuß eine Menge abverlangt.

Mein Kopf schmerzte infolge der Dehydration und des Sauerstoffmangels. Die begrenzte Geduld des Fluglotsen wurde ziemlich strapaziert, als ich versuchte, seinen Anweisungen zu folgen. Schließlich setzte ich auf der Landebahn 07 des Wilson Airports auf, überquerte das ganze Rollfeld, kreuzte die Landebahn 14 und hielt vor dem Hangar des Flying Doctors Service.

Ein paar Piloten des Flying Doctors Service hatten sich vor dem Hangar versammelt und sahen zu mir herüber, als ich den Motor abstellte und mich aus dem Cockpit schwang. Ich war zerzaust, schmutzig und übermüdet, und nach so vielen Flugstunden gehorchten mir meine steif gewordenen Beine nur zögernd. Ich stakste auf die Piloten zu, die in einem respektvollen Abstand zum Flugzeug warteten. Das war also der Berater, der helfen sollte, den Flying Doctors Service zu reorganisieren. Zumindest beeindruckte sie, dass ich in einem einmotorigen Flugzeug von Nordamerika nach Afrika geflogen war. Das war ein guter Anfang.

Wir schüttelten uns die Hände, und nach einer kurzen Unterhaltung ließ ich sie wissen, dass ich Hunger hatte und Schlaf brauchte. Die Beantwortung ihrer Fragen musste bis zum nächsten Morgen warten. Sie zeigten Verständnis, boten an, meine Maschine im Hangar zu parken, und halfen mir, ein Taxi zu rufen.

Während das Taxi in Richtung Stadt die Milimani Road entlang schlingerte, plapperte der Fahrer, der sich als Michael vorstellte, ununterbrochen. Er überredete mich, die Nacht im Nairobi Club zu verbringen, der perfekten Unterkunft für einen Gentlemen aus Kanada, wie er behauptete. Er würde für mich bürgen – ich sollte getrost alles ihm überlassen. Außerdem wollte er am nächsten Morgen wiederkommen, um mir die Stadt zu zeigen.

Abwesend starrte ich durch das Fenster und nahm die Stadt in Augenschein, die groß und geschäftig war, und zugleich so friedvoll schien. Ich war die 8000 Meilen von Toronto nach Nairobi in 76 Stunden geflogen. Das Abenteuer eines Solofluges nach Kenia, den ich unternommen hatte, um bei einer Hilfsorganisation mitzuarbeiten, schien auf einmal seinen romantischen Beigeschmack zu verlieren, wurde zu etwas ganz Prosaischem. Doch ich war müde, sehr müde. Ich brauchte Schlaf. Morgen, dachte ich, würden meine Lebensgeister sich erholt haben, und dann würde meine Lust auf Abenteuer in Afrika und auf alles, was in den nächsten zwei Jahren vor mir lag, zurückkehren.

Teil zwei

3 Stadt der Tränen

Ich erinnere mich an die Jacaranda-Bäume, die meinen ersten Eindruck von Nairobi prägten. Die Vorboten der Regenzeit tüpfelten die Hügel wie Wattebäusche aus blauem Rauch. Zarte Blüten, wie Splitter von Tansaniten, sprenkelten jeden Morgen die blutrote Erde. Die Stadt liegt fünf Grad südlich des Äquators, 1600 Meter über dem Meer, badet tagsüber im strahlenden Sonnenlicht und bedeckt sich nachts mit einer feuchten Kühle. Wie könnte ich je die frühen Sonnenaufgänge vergessen, die grandiosen Mischfarben des afrikanischen Himmels, deren Licht sich über die Stadt ergießt, oder die majestätischen purpurnen Strahlen, wenn die Sonne am Ende des Tages in das Rift Valley sinkt?

Nairobi muss einst ein wunderschöner Ort gewesen sein. Doch als ich dort eintraf, bedurfte leider alles in Kenias Hauptstadt der Geduld und des Mitgefühls. Die Infrastruktur der Stadt war zerbröckelt; Telefone und staatliche Einrichtungen waren unzuverlässig, konnten jederzeit kollabieren. Gigantische Schlaglöcher zernarbten die übervollen und gefährlichen Straßen. Schlecht bezahlte Bürokraten, entmutigt und hilflos, konnten die Existenz eines Öffentlichen Dienstes nicht einmal mehr vortäuschen. Bürgerliche Pflichten schienen eine Sache der Vergangenheit zu sein. Die Straßen in der Innenstadt waren nachts unbeleuchtet, was einer Einladung an Plünderer, streunende Gaunerbanden, Prostituierte und Obdachlose gleichkam. Ständig wachsende Berge von nicht abtransportiertem Müll bildeten einen permanenten Bestandteil der Landschaft. Es war deprimierend zu sehen, dass diese ehemals herrliche Stadt dem Verfall und der Verwahrlosung preisgegeben war.

Michael, mein Taxifahrer-Freund, hatte vorgeschlagen, dass ich die erste Nacht im Nairobi Club bleiben sollte, und ich folgte seinem Rat. Wir fuhren einen der sieben Hügel Nairobis hinauf und hielten vor einem stattlichen, weitläufigen Gebäude aus grauem Stein mit weißen Säulen, das auf einem wunderschönen, zehn Morgen großen Grundstück thronte. Der Klub war 1921 von Kaufleuten gegründet und erbaut worden, als Gegenstück zu dem exklusiven Muthaiga Club der weißen Siedler aus dem Landesinneren, welcher sich am anderen Ende der Stadt befand. In den Zeiten der Kolonialherrschaft repräsentierten die beiden Klubs verschiedene Klassen. Die streng eingehaltene Trennung gab beiden Seiten Anlass zu viel schneidendem Spott und Missbilligung.

Wie ich bald bemerken sollte, war der Muthaiga Club mit seinem Golfplatz, Krocket-Rasen, den Sqash Courts, Swimmingpools und dem Tanzsaal immer der elegantere von beiden gewesen. Von indischen Kunsthandwerkern aus großen Steinblöcken erbaut und mit dorischen Säulen verziert, verfügte er über eine grandiose Fassade. Polierte Böden und tiefe, weiche Sessel, die mit geblümtem Chintz bezogen waren, verbreiteten ein Flair von englischer Vornehmheit, das seit mehr als 80 Jahren all die Vorurteile, Skandale und die internen Streitereien der Klubmitglieder übertünchte. Die sonntäglichen Mittagsmahlzeiten, die aus Currygerichten und Roastbeef bestanden, waren zu einer dauerhaften Tradition geworden. Die Mitglieder verhielten sich so, als wenn das Britische Imperium immer noch bestünde und sich nie etwas ändern würde.

Im Gegensatz dazu war der Nairobi Club heruntergekommen und schäbig. Seine Mitgliedschaft bestand zu 95 Prozent aus Schwarzafrikanern, von denen viele der Regierungspartei Kenias angehörten. Die hohen Räume des Klubs brauchten einen frischen Anstrich, und die Teppiche waren abgelaufen. Wenn es um das Begleichen ihrer Rechnungen ging, waren die Mitglieder notorisch nachlässig, und das Personal, das routinemäßig mit Flüchen belegt und beschimpft wurde, revanchierte sich mit einem mittelmäßigen Service. Der Nairobi Club hatte zwar keinen Golfplatz, doch er verfügte über Tennis- und Squashanlagen und konnte auch mit vielen anderen Einrichtungen aufwarten, die im Muthaiga Club vorhanden waren. Trotzdem war er immer der arme Vetter geblieben. Nur das Kricketfeld des Nairobi Clubs war dem seines Konkurrenten überlegen. Es wurde liebevoll von Gardesoldaten gepflegt, die ihr Leben der perfekten Bügelfalte und dem schweren Schlag eines Weidenschlägers auf einen lederbezogenen Ball gewidmet hatten.

Ich war von der Ungezwungenheit überrascht, die im Nairobi Club herrschte, und von der Tatsache, dass seine Mitglieder die seit langem in Kenia lebenden Europäer mieden. Von den Fenstern des Zimmers, das ich gewählt hatte, blickte ich auf den Kricketrasen. Der schlichte Raum war mit einem Doppelbett, einem Sessel und einem kleinen Schreibtisch möbliert. Der einzige Luxus war das Badezimmer mit der 1,80 Meter langen Badewanne und dem fließend warmen Wasser, das von einem holzbefeuerten Ofen erhitzt wurde, der in einem Schuppen hinter dem Klub stand.

Als ich meinen ersten Sonnenuntergang erlebte, beobachtete ich, wie die Fahnen auf der Terrasse zeremoniell gesenkt wurden – das Signal dafür, dass für den Aufenthalt im Teezimmer und im Speiseraum angemessene Abendbekleidung erforderlich war: Jackett und Krawatte für Männer, Kleider für Frauen. Die Fahne des Klubs, auf der eine gelbe Sonne und die Worte »Licht und Freiheit« prangten – man hatte sie dem Emblem der Imperial British East Afrika Company entlehnt – wurde mit Regimentsstolz behandelt. Essen und Trinken wurden mit verschiedenfarbigen Gutscheinen bezahlt, eine antiquierte Hinterlassenschaft der Briten, deren Bräuche von den Afrikanern nicht hinterfragt wurden, auch wenn diese Traditionen in England längst in Vergessenheit geraten waren.

Am Ende des herrschaftlichen, mit Holzpaneelen getäfelten Treppenhauses entdeckte ich eine muffige, alte Bibliothek, eine Schatzkammer mit 7000 Büchern, unter denen afrikanische Titel waren, die schon lange nicht mehr gedruckt wurden. Die Bibliothek hatte 170 eingeschriebene Benutzer, wurde aber während unseres zweijährigen Aufenthaltes von nicht mehr als zehn Leuten aufgesucht. Der afrikanische Vollzeit-Bibliothekar Stephen Mukuna, der Bücher über Afrika liebte und bemerkenswert viel über sie wusste, saß unter den Bleiglas-Fenstern hinter seinem Schreibtisch und las. Wie ein alternder Prophet in einem Käfig aus Sonnenstrahlen verschlang er, umgeben von Partikeln uralten Staubes, Tag für Tag das geschriebene Wort.

An der Umzäunung des Nairobi Clubs patrouillierten die ganze Nacht über *askaris,* oder Wachen. Diese armen Seelen mussten bei Regen und Kälte draußen sein und verdienten im Monat weniger als 1300 Kenianische Schillinge (ungefähr 250 Dollar). Es war den *askaris* verboten, Feuer zu machen, um sich zu wärmen. Ihre Kleidung, die aus gefundenen oder gestohlenen Lumpen, Baumwollfetzen oder Wollresten bestand, ließ sie nachts wie Gespenster aussehen.

Michael, der Taxifahrer, war mein erster Freund in Nairobi. Wenn ich darüber nachdenke, wird mir klar, dass er mich zu *seinem* Freund gemacht hat. Ein gerade angekommener *muzungu,* ein weißer Mann, bedeutete in diesem Teil der Welt eine Gelegenheit, die man nutzen musste. Ich hatte nichts dagegen, denn ich kannte in Nairobi nur wenige Leute, und da Krystyne nicht bei mir war, genoss ich die Aufmerksamkeit, die er mir schenkte. Ich stimmte zu, Michael während meiner ersten Woche in Nairobi als Privatchauffeur zu engagieren. Mit den 20 Dollar, die er pro Tag verlangte, war er für afrikanische Verhältnisse teuer – aber für mich war es dennoch ein gutes Geschäft.

Michaels Gefährt war in einem ziemlich schlechten Zustand, aber die Tatsache, dass er im Alter von 22 Jahren ein eigenes Taxi besaß, machte ihn unter seinen neidischen Freunden zum Star. Die Kosten, die ihm durch seinen Wagen entstanden und der Mangel an Kunden bewirkten eine ständige Ebbe in seinem Portemonnaie. Seine Standardbegrüßung, »Hallo, Scott, gib mir was«, war frech, aber seine unverhohlene Freude über einen Kugelschreiber oder eine billige Sonnenbrille war liebenswert – zu Anfang. Mit der Zeit änderte sich das. Aber auch nachdem ich ein eigenes Auto erstanden hatte und seine Dienste nicht mehr benötigte, blieben wir lange loyale Freunde.

Mein erster Tag in Nairobi war ein Sonntag, und der größte Teil der Mitarbeiter des Flying Doctors Service hatte frei. Ich hatte mich entschlossen, in die Innenstadt zu gehen und Michael am Nachmittag vor dem Stanley Hotel zu treffen, ein wenig darauf gefasst, dass er nicht auftauchen würde. Aber Michael war dort. Er lehnte lässig an einem Zeitungsstand vor dem Hotel, ein breites Grinsen im Gesicht. Mit einem Arm beschrieb er schwungvoll einen weiten Bogen, der in ein afrikanisches Händeschütteln mündete – die Handflächen klatschen zusammen, man fasst sich bei den Daumen und schüttelte sich anschließend die Hände. Sein rundes, jungenhaftes Gesicht, das unter der New-York-Yankees-Baseballkappe hervorlugte, ließ auf ein warmherziges, sanftes Gemüt schließen. Michael war ein Kikuyu und gehörte somit dem größten der 48 Stämme Kenias an. Er war unbekümmert und immer offen für einen Extra-Schilling, vor allem dann, wenn er sich dafür nicht besonders anstrengen musste.

»Eh, Mann, wo bist du gewesen?« Seine Frage wurde von einem trägen Schulterzucken begleitet. In Nairobi wimmelte es von Leuten wie Michael, die vom Lande kamen und verzweifelt nach Arbeit suchten. Über 55 Prozent der Bevölkerung Nairobis lebten in

Slums, die nicht weniger als 16 Prozent des Stadtgebietes einnahmen. Diese Elendsquartiere waren wirklich entsetzlich: überfüllt, dreckig und unhygienisch. Michaels Bruder Isaiah lebte in Kibera, dem größten Slum, nicht weit vom Wilson Airport entfernt. Da ein *muzungu* nicht gut daran tat, diesen Bezirk ohne Begleitung aufzusuchen, bot Michael mir an, mich dort hinzufahren und mir seinen Bruder vorzustellen. Ich wollte unbedingt sehen, wie ein afrikanischer Slum aussah, und so stimmte ich zu.

Kibera beherbergte fast eine Million Menschen, die in winzigen Lehmhütten hausten. Diese Masse war für einen Außenstehenden erdrückend. Abwasser rann durch Gassen, die so eng waren, dass die Leute kaum aneinander vorbeigehen konnten. Widerliche Gerüche von brennendem Dung, Müll und Fäulnis durchdrangen die stinkende Luft. Nachdem wir den Wagen verlassen hatten, bemerkte ich, dass ich mich an Michaels Jacke festhielt, und während wir uns durch die rempelnde Menge drängten und durch Flüsse von Dreck und Fäkalien wateten, kämpfte ich gegen einen Anfall von Klaustrophobie.

Isaiah lebte mit fünf anderen Männern einer Hütte, die mit zwei Klappbetten und einem Stuhl möbliert war und nicht mehr Platz bot als ein begehbarer Schrank. Die Hälfte der Bewohner arbeitete in der Nachtschicht, was den anderen erlaubte, sich in einem zweistündigen Rhythmus mit der Nutzung der beiden Betten und dem Stuhl abzuwechseln – auf vier Stunden Schlaf folgte eine Stunde Sitzen. Isaiah machte ein großes Spektakel, als wir eintrafen.

»Kommt rein, kommt rein, ihr seid in meinem Haus willkommen«, sagte er enthusiastisch. In der verrauchten Hütte gab es kein Licht. Der Geruch von altem Schweiß und dreckigen Füßen war überwältigend. Isaiah warf seine Zimmergenossen aus den Betten und schob die benommen schlurfenden Männer durch die Tür, um Sitzgelegenheiten für uns zu schaffen.

»Raus mit euch, raus, seht ihr nicht, dass ich Gäste habe?«, rief er, als sie, ohne sich zu beschweren, in das blendende Tageslicht wankten. Dann machte er sich daran, uns zuckersüßen Tee in Blechbechern zu servieren.

»Sie hätten Ihre Mitbewohner nicht stören sollen«, warf ich ein, beschämt darüber, dass er ein so großes Trara wegen unseres Besuchs machte.

»Machen Sie sich keine Sorgen um die«, antwortete Isaiah schnell. Hier in Kibera haben wir nicht jeden Tag einen *muzungu* zu Besuch.« Isaiah und Michael lachten und gingen sofort dazu über, sich auf Kikuyu zu unterhalten. Die meiste Zeit redete Michael, während Isaiah nur alle paar Sekunden ein »Aha, aha«, wiederholte.

Ich ließ meine Augen, die sich langsam an den Lichtmangel gewöhnten, durch den Raum schweifen. Die Lehmwände waren nackt, außer einem gesprungenen, ungerahmten Spiegel und einem Kalender, auf dem ein Mädchen zu sehen war, das sich Strümpfe anzieht.

Der Gedanke tauchte auf, dass Michael und Isaiah vermutlich die Frage erörterten, ob ich Geld hätte. Ich entschied, mich nicht darüber zu ärgern. Ich saß einfach da, trank Tee und versuchte mir vorzustellen, wie sechs ausgewachsene Männer Monat für Monat auf so engem Raum zusammenleben konnten.

Schließlich unterbrach ich ihr Gespräch. »Was arbeiten Sie, Isaiah? Die beiden Brüder drehten sich um, als wären sie überrascht, dass ich noch da war.

»Oh, im Augenblick habe ich keinen Job, *bwana*«, gestand Isaiah. Michael fügte schnell hinzu, dass es sehr schwierig sei, in Kibera Arbeit zu finden. Ich ahnte, dass die Unterhaltung mit einer Bitte um Geld enden würde, ignorierte Michaels Bemerkung und wandte mich wieder an Isaiah.

»Haben Sie Familie?«

»Oh ja, er hat eine Familie in Nakuru«, sagte Michael, entschlossen, das Gespräch wieder an sich zu reißen. »Es ist sehr hart für meinen Bruder. Er muss seiner Familie jeden Monat Geld schicken.«

Ein lautes Pfeifen von einem Zug, der von Westkenia nach Mombasa fuhr, unterbrach unsere Konversation. Die Bahnstrecke führte mitten durch Kibera, direkt durch die Menschenmassen und vorbei an Gestellen mit billiger Kleidung, die an beiden Seiten des Gleises an Pfählen hingen.

Ich hatte mich jetzt damit abgefunden, dass man mich um Geld bitten würde, und fragte Isaiah, wie er denn seiner Familie Geld schicken könne, wenn er keinen Job habe. Unbeeindruckt nahm Michael die Gelegenheit wahr, während Isaiah schweigend dasaß und eine Abfuhr erwartete.

»Isaiah hat seinen Job bei dem asiatischen Boss in Biashara verloren. Er hat seinen Laden geschlossen und sich geweigert, den Lohn für die letzten Wochen zu zahlen. Jetzt kann mein Bruder die Miete nicht zahlen. Er ist in einer schwierigen Lage, verstehst du, Scott?« Michaels Beharrlichkeit war gnadenlos.

»Wie hoch ist die Miete?« Ich konnte mir nicht vorstellen, dass für so eine Behausung ein Entgelt verlangt wurde, aber jetzt war die Falle zugeschnappt.

Triumphierend gab Michael Auskunft: »1800 Kenianische Schillinge pro Monat. Isaiah muss heute Abend 300 Schillinge zahlen, das ist sein Anteil, Scott. Nur 300 Schillinge. Kannst du ihm helfen?«

Ich zog meine Brieftasche und gab Isaiah das Geld, der angesichts des wundersamen Ereignisses fassungslos zu sein schien. Ohne ein Wort zu sagen, nahm er das Geld an. Michael sagte schnell: »Gott segne dich und deine Familie, Scott.« Dann wandte er sich an seinen Bruder und sagte etwas auf Kikuyu, das wie eine Zurechtweisung klang. Isaiah blieb stumm. Das Geschäft war abgewickelt, es war Zeit zu gehen. Isaiahs Mitbewohner hatten sich an der Tür versammelt und warteten sehnsüchtig darauf, in ihre Kojen zurückkehren zu können. Wir bahnten uns einen Weg durch die Menschenmassen zum östlichen Ende des Slums, wo Michael seinen Wagen geparkt hatte.

Etwas beeindruckte mich an Kibera: Trotz des Schmutzes, der Armut und der unhygienischen Zustände existierte dort eine soziale Ordnung, die ich außergewöhnlich fand. Die Intensität und Lebhaftigkeit der engen Wohnverhältnisse, das geteilte Leid und die Mischung von Generationen machten Kibera zu einer Kommune. Diese enorme Menschenansammlung, die im Schmutz versank und ohne Polizei und Regierung zurechtkam, war durch den täglichen Überlebenskampf zu einer Zweckgemeinschaft geworden. Kibera war anders als alles, was ich während meines zweijährigen Aufenthaltes in Nairobi kennenlernen sollte.

Kurz darauf erfuhr ich von Freunden in Westlands, einem gehobenen Vorort, dass ihr afrikanisches Personal – obwohl es im Vergleich zu Kibera in palastartigen Quartieren wohnte – sich einsam fühlte, das Leben in Kibera vermisste, deprimiert war angesichts des Wohlstandes, der in den Westlands herrschte und wegen des Mangels an zwischenmenschlichen Kontakten. Hilfsorganisationen wie der Flying Doctors Service berichteten Ähnliches, wenn von Flüchtlingen die Rede war, die sich wegen des intensiven sozialen Zusammenhaltes weigerten, große Flüchtlingslager zu verlassen, ganz gleich, wie schwierig die Lebensumstände waren, und die ihr Leben dort nicht gegen die Umstände, die mit einer Umsiedlung verbunden waren, eintauschen wollten. Michael und ich gingen an den Bahngleisen entlang, die an den Slum grenzten. Berge von verrottendem Müll, die sich mehre Stockwerke hoch auftürmten, veränderten das Landschaftsbild. Ich sah zuerst nur eines, dann zwei und bald ein halbes Dutzend Kinder, die sich sammelnd und sortierend einen Weg durch die schleimige Masse bahnten, nach etwas suchten, das irgendwie von Wert war und von dem sie hofften, es in einen Schilling verwandeln zu können. Ihre Augen waren auf den Boden geheftet, immer wachsam in Bezug auf Gefahren und Gelegenheiten, und so blieben wir von diesen kleinen Müllmännern gänzlich unbemerkt.

Am Montag, dem 18. November 1996, ging ich morgens über den Lateritpfad, der zwischen der Hauptstraße und dem Wilson Airport lag und in ein Gebiet führte, wo attraktive Bauten im Bungalowstil sich um einen undefinierten Büroklotz rankten. Ein großer afrikanischer Tulpenbaum hatte rötliche, goldgeränderte Blüten auf die dunkle Erde gestreut. Dort, hinter dem Parkplatz, der im Laubschatten lag, fand ich die mit Tupfern von Sonnenlicht gesprenkelte Rezeption des Hauptsitzes von AMREF, der African Medical and Research Foundation. Ich war angenehm überrascht. Die Atmosphäre im Inneren des Gebäudes wirkte professionell und effizient. Auf den Gängen herrschte rege Betriebsamkeit: Ärzte, Krankenschwestern, Sekretärinnen und Boten eilten, mit Bündeln von Papieren in den Händen und auf AMREF-Angelegenheiten konzentriert, zielbewusst von Büro zu Büro. Eine kleine Gruppe Afrikaner wartete geduldig auf Neuigkeiten bezüglich eines erkrankten Verwandten oder einer Bewerbung um einen Job. Telefone klingelten pausenlos. Als ich näher hinsah, bemerkte ich, dass das Gebäude ein paar kleinere Reparaturen und einen Anstrich nötig hatte, aber für eine NGO (Nichtstaatliche Organisation), die auf private Spenden angewiesen war und ihren Hauptsitz in Afrika hatte, machte das Anwesen einen sehr guten ersten Eindruck.

Die African Medical and Research Foundation war das geistige Kind des plastischen Chirurgen Sir Michael Wood, der für seine Arbeit in Afrika zum Ritter geschlagen worden war. 1919 geboren, hatte Wood in Winchester studiert und als Assistenzarzt im Middlesex Hospital in England praktiziert. Nach dem Zweiten Weltkrieg waren er und seine Frau Susan nach Ostafrika ausgewandert. Zwei andere plastische Chirurgen, der Neuseeländer Sir Archibald McIndoe und der Amerikaner Dr. Thomas Rees, kamen 1957 nach Nairobi. Die drei Männer hatten AMREF gemeinsam gegründet, doch Sir Michael Wood blieb als Generaldirektor bis zu seinem frühen Tod im Jahre 1987 die treibende Kraft hinter der Organisation.

Sir Michael Wood, ein Mann von Charisma, Charme und Fantasie, war ebenfalls Pilot gewesen. Er hatte erkannt, dass es für Kranke oft unmöglich war, die großen Krankenhäuser von Städten wie Nairobi aufzusuchen, und dass medizinische Versorgung in den entlegenen Gebieten möglich gemacht werden musste, dort, wo die Leute lebten – ein Konzept, das 1978 mit der Deklaration der Weltgesundheitskonferenz in Alma-Ata befürwortet wurde.

Anfänglich ließ er AMREF mit Lkws arbeiten, die mit Operationsutensilien, eine Arzneimittelausgabe und Funkgeräten ausgerüstet waren. Doch er hatte bald bemerkt, dass diese Fahrzeuge, angesichts der unpassierbaren afrikanischen Straßen, zu schwerfällig und unpraktisch waren, insbesondere in der Regenzeit.

Die Antwort waren kleine Flugzeuge, die mit Kurzwellen-Funkgeräten ausgestattet waren und die auf unbefestigten Pisten starten und landen konnten. So wurde der Flying Doctors Service als eine Abteilung von AMREF ins Leben gerufen. Michael Woods Flugzeuge, eine Cherokee 180 und eine zweimotorige Piper Aztec, die von Arthur Godfrey gespendet worden war (dem Moderator von *The Arthur Godfrey Show,* 1950 von dem Sender ABC ausgestrahlt), waren die ersten Maschinen der Flugzeugflotte der Flying Doctors.

Jahre harter, selbstloser Arbeit folgten, in denen zahllose unbefestigte Pisten gebaut, ein teures Langstrecken-Funknetz installiert, Kliniken in abgelegenen Regionen gegründet und Spendengelder in

Europa und Nordamerika gesammelt wurden. 40 Jahre später war der Flying Doctors Service zu einem wesentlichen Teil der medizinischen Infrastruktur Kenias geworden.

Ich klopfte an die Tür von Dr. Michael Gerber. Sein Büro im zweiten Stock war groß und geschmackvoll eingerichtet. An den Wänden hingen Fotos von Ärzten und Schwestern, die schwarzen Frauen und ihren Kindern halfen – typische NGO-Werbung, darauf abzielend, die Brieftaschen von Spendern zu öffnen. Michael Gerber saß über einen Computer gebeugt hinter seinem Schreibtisch, vom dem aus er eine Organisation mit siebenhundert Angestellten leitete. Er war verantwortlich für die Ausbildungsprogramme, die Durchführung der klinischen Basisversorgung in ganz Kenia und großen Teilen Ostafrikas. Außerdem leitete er den Flying Doctors Service, der für medizinische Evakuierungen zuständig war.

Michael Gerber machte mich von Anfang an zu seinem Vertrauten, teilte mir persönliche Ansichten mit und redete über seine Frustrationen, ohne dass er sich je Gedanken über mögliche Konsequenzen dieser Indiskretionen zu machen schien. In den folgenden zwei Jahren sprachen wir während unserer wöchentlichen Treffen über Themen, die weit über meinen Auftrag hinausgingen, den Flying Doctors Service zu reorganisieren. Gerber war für die Zusammensetzung und Führung des AMREF-Vorstandes und für Personalfragen zuständig – alles politische Minenfelder, die ihn in den Wahnsinn trieben.

Doch an diesem ersten Tag sprachen wir über meine Aufgabe. Er schoss los, bevor ich die Chance hatte, mich zu setzen.

»Scott, ich habe ein verdammt großes Problem mit dem Flying Doctors Service. Er ist schlecht geführt, verliert Geld und zieht Ressourcen aus der Organisation ab. Die Mitglieder des Vorstands sind verärgert. Sie erwarten, dass etwas geschieht.«

Gerber hatte ein Unternehmen mit schwieriger Struktur geerbt, dessen Inhaber und Betreiber AMREF war. Die Gelder, mit denen die

Flying Doctors operierten, stammten aus Fonds, die von der Flying Doctors Society gespeist wurden. Der einzige Zweck dieser eigenständigen, meist nur »Society« genannten Organisation war es, Geld für den Flying Doctors Service zu beschaffen.

Die Society bestand aus ehrenamtlich arbeitenden Damen; die meisten von ihnen meinten es gut, aber sie hatten keine Vorstellung von den Anforderungen, die mit der Arbeit der Flying Doctors verbunden waren. Das konstitutionelle Mandat der Society war es, Gelder für den Flying Doctors Service aufzubringen, indem sie einjährige Society-Mitgliedschaften zu einem Preis von 30500 Kenianischen Schillingen (65 Dollar) pro Mitglied verkaufte. Mit der Mitgliedschaft erwarb man das Recht auf medizinische Evakuierungen durch den Flying Doctors Service, und zwar aus jedem Sumpf, von jedem Berg und aus jeder Wüste Ostafrikas. Diese ausgezeichnete Fundraising-Idee war bei Reiseveranstaltern und Touristen durchaus populär. Das einzige Problem war, dass die Society eifersüchtig über die Fonds wachte und sich nicht durch Regulierungen verpflichtet sah, das Geld unverzüglich an die Flying Doctors weiterzureichen. Der Vorstand der Society fühlte sich in erster Linie seinen Mitgliedern verpflichtet und wollte sicherstellen, dass die gesammelten Gelder zweckgemäß ausgegeben wurden.

Die Society vertraute Mike Gerber nicht mehr, und da man das Gefühl hatte, der Flying Doctors Service werde schlecht geführt, betrachtete man das Zurückhalten der Fonds als gerechtfertigt. Obwohl die Kritik nicht ganz aus der Luft gegriffen war, hatte niemand im Vorstand eine Vorstellung davon, wie ein medizinischer Notdienst, der mit Flugzeugen Rettungsdienste leistete, funktioniert. Dieser Umstand führte immer wieder zu heftigen Auseinandersetzungen und zu großer Verbitterung.

Da die Society kaum Ausgaben und wenig Verpflichtungen hatte, war es gelungen, ein beträchtliches Kapital zu akkumulieren. Der

Vorstand traf sich unregelmäßig zu einer Revision der Bankkonten, und die Mitglieder debattierten darüber, ob man eine »Spende« an den Flying Doctors Service machen sollte oder nicht. Es handelte sich dabei um erbärmlich kleine Summen, die in keinem Verhältnis zu den tatsächlichen Betriebskosten standen. Die Lage wurde noch durch die Tatsache verschärft, dass die Society beklagenswert wenig neue Mitgliedschaften verkaufte; da man so viel Geld auf der Bank hatte, war der Ansporn gering. Der Flying Doctors Service hingegen, der alle Kosten für den medizinischen Evakuierungsdienst allein tragen musste, war indessen mittellos und wurde von aufgebrachten Gläubigern gehetzt, die mit gerichtlichen Schritten drohten.

Gerber war frustriert und nervös wegen der unmöglichen Zustände und seiner heiklen Beziehung zu seinem eigenen Vorstand. Ein Teil des Problems war die Prägung von AMREF durch seine Vorgänger: Sir Michael Wood, dessen Ruf inzwischen mythische Dimensionen angenommen hatte, und sein jüngerer Bruder Christopher Wood. Sir Michaels charismatische Persönlichkeit war für alle, die mit AMREF in Verbindung standen, äußerst attraktiv gewesen, und es war nicht leicht für Gerber, diesem Vorbild gerecht zu werden.

Gerber, ein in New York City aufgewachsener Amerikaner, hatte an der New York University in Asiatischen Studien promoviert und war dann zum Profi in Sachen Hilfsorganisationen avanciert. Nachdem er einige Jahre auf den Philippinen und in Indien verbracht hatte, wurde er Mitarbeiter des amerikanischen AMREF-Büros in New York. Er war groß, warmherzig und gesellig, aber er schien bei AMREF nicht am richtigen Platz zu sein. Man war fast einhellig der Ansicht, dass er das komplette Gegenteil von dem legendären Sir Michael Wood war.

Im Laufe der Jahre hatte sich die Arbeit des Flying Doctors Service auf medizinische Evakuierungen konzentriert, die von professionellen Piloten und Krankenschwestern durchgeführt wurden.

Schwer kranke Patienten wurden aus entlegenen Regionen nach Nairobi geflogen, um in einem der großen Krankenhäuser von Ärzten behandelt zu werden. Da es sich bei den Patienten meist um mittellose Afrikaner handelte, wurde der Flying Doctors Service, der an das Kapital der Society nicht herankam, in finanzieller Hinsicht zu einem Schwarzen Loch, das AMREF nicht zu stopfen vermochte. Meine Aufgabe war, Gerber den Rücken frei zu halten, damit er sich auf AMREF konzentrieren konnte, und die Reorganisation des Flying Doctors Service; ich sollte diese Abteilung effizienter gestalten, Zielvorgaben neu definieren und, noch wichtiger, ihre finanziellen Verluste minimieren.

Mike Gerber und ich wurden uns schnell einig, dass ich ein paar Wochen im Hangar der Flying Doctors verbringen sollte, um die Betriebsabläufe zu studieren. Daraufhin sollte ich eine Liste von ersten Empfehlungen schreiben, nach Diskussionen mit den zuständigen Leuten einen Geschäftsplan erstellen und schließlich das Ergebnis meiner Arbeit dem Vorstand zur Prüfung vorlegen.

»Gut, auszeichnet, Scott«, war sein Kommentar. »Es ist schön, dass Sie bei uns sind. Ich brauche Ihre Unterstützung und freue mich auf Ihre Empfehlungen.«

Plötzlich schien ihm bewusst zu werden, dass er vergessen hatte, sich höflich danach zu erkundigen, wann ich in Nairobi angekommen war und ob ich gut untergebracht sei. Nachdem wir uns ein paar Minuten diesem Thema gewidmet hatten, bestand er darauf, dass ich mit ihm und seiner Frau zu Abend aß. Auf dem Rückweg wurde mit klar, dass ich Mike tatsächlich eine Hilfe sein konnte. Seine tägliche Arbeit war, erschwert durch die Politik des Vorstands und durch eine widerspenstige Society, äußerst mühselig geworden. Ich hatte das Gefühl, dass man ihn vorzeitig in den Ruhestand schicken würde.

Am nächsten Tag kaufte ich einen gebrauchten Nissan, und bald darauf entdeckte ich, dass Autofahren in Nairobi ein Kampfsport ist. Das liegt nicht so sehr daran, dass die Leute zu schnell fahren, was sie tatsächlich tun; die Hauptursache ist, dass sich praktisch alle auf den Straßen befindlichen Fahrzeuge in einem gefährlich schlechten Zustand befinden. Es sind Wracks, die von einem grotesken Flickwerk aus Blech und Spachtelmasse zusammengehalten werden. Doch ganz gleich, wie heruntergekommen die Wagen sind, sie bleiben eine potenzielle Beute für Diebe. Das Angebot von Diebstahlsicherungen rangiert von massiven Ketten, Stangen, die durch das Steuerrad gesteckt werden, bis hin zu rot blinkenden Lichtern, die vor elektronischen Sirenen warnen – welche meistens nicht funktionieren. Dennoch war und ist der Handel mit Sicherungssystemen in Nairobi ein blühendes Geschäft. Auf beliebten Aufklebern steht: »Dieses Auto wird durch das Blut von Jesus beschützt.« Teure Land Cruiser oder Mercedes-Benz werden zusätzlich von Chauffeuren beschützt, die mit Knüppeln oder Pistolen bewaffnet sind, von denen sie zweifellos auch Gebrauch machen.

Als ich dort lebte, waren die Straßen in Nairobi und Umgebung eine Katastrophe. Die zahlreichen Schlaglöcher, die von einigen Leuten »schlafende Polizisten« genannt wurden, dienten als Geschwindigkeitsbegrenzer. Mein Nissan kam gelegentlich abrupt zum Stehen, wenn der Fahrzeugrahmen auf dem Rand eines Loches aufsaß und die Vorderräder in der Luft hingen. Den Wagen aus solchen Kratern zu befreien bedeutete, eine Bande von Jugendlichen herumzukommandieren, die das Auto mit Muskelkraft aus dem Abgrund zog, und danach das unvermeidliche Feilschen um ihre Bezahlung zu ertragen.

Sich nachts auf unbeleuchteten Straßen einen Weg durch wogende schwarze Abgaswolken zu bahnen war nervenaufreibend. Die Straßenverkehrsordnung bestand aus simplen Richtlinien. Bei

Grün über eine Kreuzung zu fahren war genauso gefährlich wie bei Rot. Fernlicht wurde als Waffe eingesetzt, und Überholen galt als Herausforderung.

Für die *matatus,* von Privatleuten betriebene Busse, gibt es heute gesetzliche Vorschriften, die während unseres Aufenthaltes in Afrika noch nicht existierten. Die Busse trugen erheblich zu dem Chaos bei. Die *matatu*-Fahrer – gewöhnlich junge Männer in den Zwanzigern – wurden nach der Zahl der Passagiere bezahlt, die sie an einem Zehnstundentag beförderten. Die Fahrgäste wurden von »touts«, eine Art von Schleppern, wie Sardinen in die *matatus* gequetscht oder dazu ermuntert, sich an die Seiten oder aus den Fenstern zu hängen, auf dem Dach zu sitzen oder sich auf Stoßstangen zu stellen – wo immer ein Fuß oder eine Hand Halt finden konnte. Sobald die Passagiere an Bord waren, fühlten sich die Fahrer und die »tout boys« nicht mehr für ihre Sicherheit verantwortlich.

Im Gegensatz zu den schleichenden, unzuverlässigen öffentlichen Bussen fuhren die *matatus* schnell und häufig, aber sie waren gefährlich. Sie wetteiferten um Fahrgäste mit schwachsinnigem Gehupe, Neonlichtern, psychedelischen Bemalungen und coolen Namen wie: »Muscat Candy«, »The Undertaker«, »Shaggy by Nature«, »The Smasher«, »Brown Baby«, »Bad Manners«, oder »Fly Baby Fly«.

Matatu-Unfälle waren häufig und furchtbar. In einem typischen Montagmorgen-Artikel in der kenianischen Zeitung *The Nation* wurde berichtet, dass ein *matatu*, der für 16 Fahrgäste zugelassen war, das Geländer einer Brücke durchbrochen hatte und in den Fluss Athi gestürzt war. Der Fahrer und alle 43 Passagiere waren dabei ums Leben gekommen.

Mein armer alter Nissan musste während meiner zwei Jahre in Nairobi unsäglich leiden. Aggressives Fahren schien ein Muss zu sein, und ich warf mich mit unerschrockenen Enthusiasmus ins

Getümmel. Einmal war ich in der Innenstadt in schwere Unruhen geraten, die durch politische Spannungen während der Wahlen im Jahre 1997 geschürt worden waren. Umgeben von einem wütenden, Steine und Flaschen werfenden Mob, wurde mir klar, dass ich den Wagen eventuell stehen lassen musste. Tränengas und knüppelschwingende Polizisten hatten die Menge zur Raserei getrieben. Die Straße war an beiden Enden blockiert. Fahrer hatten ihre Autos verlassen und rannten in Deckung. Ich riss das Steuerrad herum, fuhr den Bordstein hoch, registrierte einen erschreckenden Schlag gegen den Unterboden, fuhr über ein Blumenbeet, schlängelte mich zwischen den Bäumen hindurch, die den Uhuru Park säumen, und raste bis zur Haile-Selassie-Kreuzung. Ich entkam mit nur einem kleinen Ölleck, das während der nächsten 13 Monate Aufschluss über die von mir in und um Nairobi gefahrenen Wege gab.

Im November war die Regenzeit zu Ende gegangen, die Nairobi mit frischen Blumen geschmückt hatte. Krystyne war immer noch in Kanada, und ich erwartete sehnsüchtig ihre Ankunft. Ich hatte inzwischen einen Langzeit-Mietvertrag für unser Zimmer im Nairobi Club ausgehandelt und ein paar Erkundungsstreifzüge nach Thika und Karen unternommen. Ich war dabei, mich einzuleben, kannte mich allmählich in Nairobi aus, hatte ein paar Freunde gewonnen und konnte die Größe und den Umfang meiner Aufgabe beim Flying Doctors Service einschätzen.

David Huntington, ein attraktiver und intelligenter Engländer Ende vierzig, war mein spezieller Freund geworden. Er war im Rahmen einer dreijährigen Mission für die Vereinten Nationen in Kenia. David liebte Afrika und hoffte, unbegrenzt bleiben zu können, wollte sich eventuell für immer in Kenia niederlassen. Doch seine junge Frau Amanda empfand das Leben in Nairobi als schwierig und hatte offensichtlich Heimweh nach England. Diese Diskrepanz war für die beiden zu einem Problem geworden. David und ich hatten uns auf einer von den Vereinten Nationen gesponserten Konferenz zum Thema Hilfsaktionen in Nairobi kennengelernt. Er nahm mich unter seine Fittiche und half mir dabei, zu lernen, wie die Dinge in und um Nairobi herum abliefen.

David hatte eine gesunde Abneigung gegen all jene im Hilfe-Geschäft entwickelt, von denen er das Gefühl hatte, dass sie von Afrikas Misere profitierten. Nairobi diente einer Vielzahl von Hilfsorganisationen, von denen die meisten ihren Hauptsitz in Europa oder den Vereinigten Staaten hatten, als Basis. Die Vereinten Nationen besaßen ein privates, eingezäuntes Gelände, das im Nordwesten von Nairobi lag, auf dem sich eigene Supermärkte, Theater, Sporteinrichtungen und Schulen befanden. Dort lebte eine große Ausländergemeinde in relativem Wohlstand, bezog steuerfreie Einkommen, wohnte mietfrei, zahlte keine Schulgelder, fuhr teure Fahrzeuge mit Vierradantrieb und genoss Verbilligungen in Läden für Ausländer, zu denen Afrikaner keinen Zutritt hatten. Man fragte sich, ob diese Organisationen zum Wohle der Hilfe-Empfänger geschaffen worden waren oder zum Nutzen der Helfer. David hatte diesbezüglich radikale Ansichten, und mit der Zeit brachte er eine verwandte, wenn auch weniger zynisch gestimmte Saite in mir zum Schwingen, wenn es um das komplizierte Geschäft der Hilfeleistung in unterentwickelten Ländern ging. Er sollte ein enger Freund werden, an den ich mich wenden konnte, wenn ich bei der Reorganisation des Flying Doctors Service einen Rat brauchte.

Am 10. Dezember, dem Abend von Krystynes Ankunft, blieb ich, auf dem Weg zum Kenyatta International Airport, im Feierabendverkehr stecken. Der Verkehr auf der Kenyatta Avenue war vollkommen zum Erliegen gekommen. Wellen von Fußgängern strömten an meinem Nissan vorbei und umwogten die reglose Autoschlange.

Ein Dunstschleier aus erstickenden Abgasen hing wie ein schmutziges Tuch über der Straße. Es dauerte ewig, bis Nairobis Ampeln umschalteten, und die frustrierten, in ihren Autos hockenden Fahrer starrten grimmig in die dreckige Luft, die vor Hitze flimmerte.

Plötzlich riss mich ein lauter Knall aus meinen Tagträumen. Ein verbeulter Opel hatte meinen Nissan von hinten gerammt. Die Rücklichter meines Wagens waren zertrümmert, und der Kofferraum hatte eine hässliche Beule. Der Fahrer des Opels war ein älterer Afrikaner. Seine verängstigte Frau zeterte aufgeregt auf Kikuyu, während er mit den Armen gestikulierte und auf den freien Platz vor meinem Auto deutete. Offenbar hielt er mich für den Schuldigen, da ich nicht schnell genug aufgerückt war. Es war ein hoffnungsloser Streit. Schließlich stieg ich wieder in mein Auto und setzte, laut fluchend, das frustrierende Gekrieche in Richtung Kreisverkehr fort.

Ein in Lumpen gekleideter kleiner Junge rannte vor den Wagen, kam an mein Fenster und streckte mir eine Hand entgegen: »Bitte, Mister, geben Sie mir etwas.« Ich hatte für solche Fälle immer eine Tüte mit Süßigkeiten im Handschuhfach. Innerhalb von Sekunden war ich von einer ganzen Bande von Straßenkindern umgeben. Flehende Augen, Finger, die gegen die Fenster klopften, begierig, einen Schatz zu bergen.

Betteln ist in Nairobi eine Kunstform. Kinder, die in den Straßen arbeiten, werden aus einiger Entfernung von ihren Müttern beaufsichtigt. Sechs Jahre alte, in Lumpen gekleidete Mädchen mit *totos* (kleinen Babys) auf den Rücken werden dazu ausgebildet, in den dichten Verkehr zu rennen, um einen Schilling von einer weißen Fahrerin zu erbeuten, die an einer Ampel steht. Die Jungen sind aggressiver. Sie arbeiten in Rudeln, warten auf ein offenes Autofenster und greifen sich alles, was auf dem Rücksitz liegt, reißen Uhren von Handgelenken, oder erleichtern arglose Fahrer um Ohrringe, Sonnenbrillen und sogar Halsketten. Die Älteren ziehen an den Autoschlangen entlang und verkaufen Zeitungen, Zeitschriften und diverse Artikel, von großen Spiegeln, Kosmetik, Toastern, Hämmern bis hin zu Toilettenpapier. Das meiste davon ist auf dem Beutezug in der Nacht zuvor gestohlen worden. Der fieberhafte Handel und das Verkehrsgewühl auf den Straßen vermitteln ein Gefühl von pulsierender Energie. Jeder versucht, sich etwas zu erkämpfen, Hände und Augen sind aktiv, kein Trick wird ausgelassen.

Als ich endlich aus dem Stau heraus war, umrundete ich den Kreisverkehr und holperte, die blendenden Scheinwerfer des Gegenverkehrs im Gesicht, die Valley Road in Richtung Mombasa Highway hinunter. Meine Aufregung steigerte sich, als ich in einen Parkplatz einbog und zum internationalen Terminal eilte, um Krystyne abzuholen.

Krystyne, elegant und groß (sie ist knapp unter 1,80 Meter), stand abseits des Touristengetümmels und der drängelnden Afrikaner, die ihre Taschen vom Gepäckband zerrten. Sie sah atemberaubend aus, wie sie dort, in Leinen gekleidet, unter dem grellen Neonlicht des Ankunftsterminals stand. Ich schlüpfte, an der Wache vorbei, in den Gepäckausgabebereich. Wir beugten uns über einen Berg von Gepäck – unsere erste Umarmung in Afrika.

Die Nacht war abrupt über das Hochland von Nairobi hereingebrochen, und wir tauchten aus der Helligkeit des Flughafens in das Dunkel des unbeleuchteten Parkplatzes. Der verbeulte Kofferraum meines Nissans ließ sich nicht öffnen. Ich stellte Krystynes Gepäck auf den Rücksitz, und wir reihten uns in den chaotischen Verkehrsstrom Richtung Innenstadt ein. Die entgegenkommenden Autos, die auf uns zurasten, glichen fremdartigen Meteoriten auf einem Computerbildschirm. Krystyne klammerte sich an die Armlehne, um sich gegen potenzielle Unfälle zu wappnen. Während der Fahrt erzählte sie mir Neuigkeiten von zu Hause, doch sie wurde zunehmend zurückhaltend und nervös. Als wir den Nairobi Club betraten, wurde mir wieder bewusst, wie schäbig unsere Unterkunft war. Farbe schälte sich von der Decke, Lederstühle offenbarten Teile ihres Innenlebens, Teppiche waren abgetreten und unfähig, die knarrenden, wachsverkrusteten Böden zu tarnen.

Wir gingen hinauf zu unserem kleinen Zimmer und quetschten uns in den verfügbaren Raum zwischen dem Bett, dem mit Chintz bezogenen Sessel und dem kleinen Schreibtisch. Für Krystyne war das ein krasser Gegensatz zu den Annehmlichkeiten von Toronto, wo große Zimmer und ein Garten nicht als Luxus, sondern als selbstverständlich erachtet werden.

»Stell dir vor, es ist eine Schiffskajüte«, sagte ich enthusiastisch. »Weißt du, Platz ist etwas Relatives«, fügte ich hinzu. »Wusstest du, dass Nelson, nachdem er die Franzosen ein Jahr lang kreuz und quer über den Atlantik gejagt hatte, in Toulon nicht von Bord gehen wollte? Er ist lieber in der kleinen Kajüte geblieben.« Krystyne nahm diese Anekdote wortlos hin. Jedenfalls wurde aus unserem kleinen Zimmer bald ein richtiges Zuhause. Und es brachte uns auf eine seltsame Weise einander näher – näher, als wir es uns an diesem Abend, ihrem ersten in Afrika, hätten vorstellen können.

4 Der Hangar

Als ich am Dienstagmorgen, nach meinem ersten Treffen mit Gerber, den Hangar des Flying Doctors Service betrat, fand ich ein Chaos vor. In jeder Ecke lagen überflüssige Dinge, um die sich niemand kümmerte. An den Wänden hingen beschädigte Propeller, und in den hintersten Winkeln des Lagerraums waren alte Motorblöcke zu Staubfängern geworden. Überall lag Werkzeug herum. Mehr als die Hälfte des Erdgeschosses wurde von zwei »Hangar-Königinnen« beansprucht – partiell demontierte Flugzeuge, die inzwischen zum ständigen Inventar gehörten, obwohl sie schon seit Jahren nicht mehr geflogen wurden und den Flying Doctors nicht einmal gehörten. Tragflächen, Teile von Flugzeugrümpfen, Pilotensitze, beschädigte Armaturenbretter – die Liste war endlos. Ersatzteile waren bis zur Decke hoch gestapelt. Es herrschte eine Packratten-Mentalität, die in Afrika verständlich war, denn Ersatzteile zu beschaffen schien hier fast unmöglich zu sein. Zudem war der ganze Hangar seit Jahren nicht mehr richtig sauber gemacht worden.

Auf dem Zwischengeschoss machte ich eine Tour durch die Büros des Managers, des Chefpiloten und des Dispatchers. Dann besichtigte ich den Aufenthaltsraum der Piloten. Am anderen Ende des Ganges entdeckte ich die Flugaufzeichnungen, die man seitlich neben eine Kurzwellen-Funkanlage gestopft hatte. Platz gab es mehr als genug, und daher hatte man nie etwas weggeworfen. Lose Papiere und Akten quollen aus Schränken und Hängeregistern, und Regale bogen sich unter dem Gewicht von Luftfahrthandbüchern.

Die Technik- und die Wartungsabteilung waren, samt eigenen Akten und einem großen Berg von Ersatzteilen, im Erdgeschoss des

Hangars untergebracht. Allein das detaillierte Flugrecht beanspruchte einige Ordner, die ihren Teil zu der Verdopplung von Papieren, Ersatzteilen und Werkzeugen beitrugen. Die Desorganisation hatte zu Müllbergen geführt, zu Ineffizienz und Geldverlusten.

Der Umfang der Aufgabe, den Flying Doctors Service in ein effizientes, sich selbst tragendes Unternehmen zu verwandeln, traf mich wie ein Vorschlaghammer. Das Aufräumen allein würde schon eine monumentale Aktion werden, um von den notwendigen Verhaltensänderungen des Personals ganz zu schweigen. Diese Arbeit hatte etwas Hoffnungsloses.

Trotzdem war ich zuversichtlich, dass ich den Flying Doctors helfen konnte, denn bezüglich der Führung von Kleinunternehmen war ich sehr erfahren. Die Herausforderungen, vor die man in einem expandierenden Unternehmen gestellt wird, ähneln sich fast überall, und der Flying Doctors Service stellte keine Ausnahme dar. Doch das hier war Afrika, und ich war nur als Berater hier, und nicht als leitender Direktor – zwei bedeutsame Unterschiede. Ich musste das Management und die Arbeiter im Hangar für mich gewinnen, bevor ich Empfehlungen aussprach. So verbrachte ich die ersten Tage damit, mir Beschwerden und Ratschläge anzuhören, die von allen Seiten auf mich niederregneten.

Der Mangel an Organisation belastete die Angestellten, die ohnehin schon bei schlechter Bezahlung viele Stunden arbeiteten, mit unmäßigen Anforderungen. Die schlechte Stimmung, die unter den Mitarbeitern herrschte, führte gelegentlich zu Krisen, bei denen die Arbeit zum Stillstand kam. Jim Heather Hayes, der Manager des Flying Doctors Service, hatte der Belegschaft schon oft mit Entlassungen gedroht. Die anschließenden Verhandlungen endeten unvermeidlich mit nur geringen Zugeständnissen, und so blieben die Arbeiter weiterhin unterbezahlt und überarbeitet.

In seiner Jugend war Jim Heather Hayes ein gut aussehender, kühner Bursche gewesen. Er hatte sich als Rallyefahrer einen Namen gemacht und war ein außergewöhnlich talentierter Pilot. In seinen besten Tagen war er in Afrika das gewesen, was man in Amerika unter einem »Barnstorming Stunt Flyer«, einem waghalsigen Stuntpiloten, versteht. Seine akrobatischen Heldentaten waren legendär: Er war auf dem Dach eines fahrenden Land Rovers gelandet, hatte Hydroplaning auf dem Wasser vorgeführt, war unter Überlandstromleitungen hindurchgeflogen und auf dem Rasen vor einer Safari Lodge gelandet, direkt vor den erschreckten Touristen. Doch in diesen Tagen war Jim ein geplagter Mann. Eingepfercht in sein kleines Eckbüro unter dem schrägen Dach des Hangars, verbrachte der Kettenraucher Stunden am Telefon und versuchte, eine Flut von Problemen zu lösen. Er war groß und mürrisch, hatte sandblondes Haar und ein rötliches Gesicht, das fleckig war von Sonnenbränden und wiederholten Malaria-Attacken. Ich hatte das Gefühl, dass sowohl die Society als auch AMREF seine Tätigkeit als Manager des Flying Doctors Service zu Unrecht kritisierten. Der Flying Doctors Service war zu einem praktischen Schuttabladeplatz für die unangenehmsten Probleme von AMREF geworden. Jim, früher einer der besten Rallyefahrer Ostafrikas, hatte die Verantwortung für die Wartung der 150 Fahrzeuge der Organisation übernommen. Doch die Werkstatt im hinteren Bereich des Hangars beanspruchte nicht nur zu viel von Jims Zeit und Aufmerksamkeit, sie war auch ein Verlustbringer, stahl wertvollen Platz und zog Ressourcen vom Flying Doctors Service ab.

»Was hat die Wartung von Fahrzeugen mit dem Flying Doctors zu tun?«, wollte ich von ihm wissen.

»Wer soll das denn sonst machen?«, antwortete Jim mit stolzem Blick. »Außerdem ist das ein Zusatzeinkommen für den Flying Doctors Service.« Diese Haltung, die für engagierte Mitarbeiter in Kleinunternehmen typisch war, war zwar bewundernswert, führte aber zu einem organisatorischen Chaos. Aus dem rückwärtigen Bereich des Hangars war eine schmutzige, ölverschmierte Werkstatt geworden, in der alte Autos und Ersatzteile den Platz einnahmen, den Krankenwagen als Zufahrt zur Rückseite des Hangars brauchten. Jims Neigung, sich nur auf aktuelle Probleme zu konzentrieren, hatte dazu geführt, dass er unter der Last von zahllosen unbeantworteten Anrufen und defekten Flugzeug- und Autoteilen erstickte.

Als Manager des Flying Doctors Service war Jim in erster Linie für die Piloten, das Funknetzwerk und für die Wartung der Flugzeuge im Hangar verantwortlich – und für all die technischen Dinge, die bei einer kleinen Airline anfallen. Der Service besaß sieben verschiedene Flugzeugtypen, für die separate Ersatzteile benötigt wurden, und die unterschiedliche Flugeigenschaften aufwiesen. Um die Karten und Listen mit den Landebahnen und Funkfrequenzen für Kenia, Äthiopien, Sudan, Somalia, Uganda, Tansania, Ruanda und Burundi auf dem Stand zu halten, benötigte man eine umfangreiche Datenbank mit aktuellen Informationen. Die Arbeitslast war erdrückend.

Colin Davies, ein enger Freund von Jim, war Flugzeugbauingenieur und der strenge Herrscher im Erdgeschoss des Hangars. Colin vertraute mir nicht, und das sollte sich erst viel später ändern, als ich ihn besser kennen und schätzen gelernt hatte. Er betrachte mich als Eindringling, als blauäugigen Nordamerikaner, der, voll von naivem Optimismus, glaubte, die Strukturen des Flying Doctors Service verändern zu können.

Colin war hart im Nehmen, schroff, glücklos und neurotisch. Obwohl er schüchtern war, gab er sich in der Öffentlichkeit aggressiv. Er war permanent damit beschäftigt, sich aus Gruben zu befreien, die er sich selbst gegraben hatte – und irritiert wegen seiner Pechsträhne. Kleinwüchsig und streitlustig, war es ihm trotz allem gelungen, sich einen Hauch seiner ehemals attraktiven Erscheinung zu bewahren. Er hatte zu jenem Typ von Männern gehört, die Frauen, die sich in sie verliebt hatten, das Herz brechen konnten – und vor Jahren hatten sich viele in Colin verliebt. Er verkörperte den Typ des waschechten Weißafrikaners. Er schrieb seine Probleme dem allgemeinen Niedergang Kenias nach der Unabhängigkeitserklärung von 1963 zu, und er wies sehr gerne darauf hin, dass seine Pechsträhne nicht zufällig mit der Machtergreifung von Präsident Moi und dem Abgleiten des Landes in die Korruption begonnen hatte.

Man konnte diese Art von weißen Kenianern, zu denen Colin gehörte, einfach geringschätzig abtun, doch sie waren im Land geboren und betrachteten sich als Teil Afrikas, waren emotional engagiert. Sie akzeptierten, dass Schwarze, die demokratisch gewählt waren, die Regierung bildeten, solange sie sich an parlamentarische Traditionen und geltendes Recht hielten. Doch die weißen Kenianer erlebten jedes Jahr mehr Korruption, eine wachsende Kriminalität und eine Zunahme von Vorurteilen gegenüber den asiatischen und weißen Minderheiten. Letzteres nahmen sie sehr übel. Es war zu spät für sie, das Land zu verlassen und woanders neu anzufangen. Ihre Lebenszeit verstrich, und sie nahmen widerwillig an der – wie sie es sahen – immer schneller werdenden Talfahrt Kenias ins Chaos teil.

Was Flugzeuge betraf, war Colin ein Genie. Jemanden wie ihn hatte ich noch nicht kennengelernt. Sein Gespür war außergewöhnlich. Er kannte sich mit Flugzeugen aus, konnte sich in Design, Bauweise und Bedienung einfühlen, obwohl er kein Pilot war. Er lief in kurzen Hosen im Hangar herum, mit blitzenden Augen, das Kinn vorgereckt, und verfluchte unablässig das inkompetente Personal. Es kam vor, dass er völlig unvermittelt eine Maschine, die gerade von der Rampe zur Piste rollte, mit einem Startverbot belegte. Wenn Colin das Laufgeräusch nicht gefiel, wurden David Matuva, der Chefmechaniker, oder sein Assistent Stanley Gakure, angewiesen, dem Piloten zu sagen, dass er den Motor abstellen sollte. Und mit Sicherheit fand man dann irgendetwas, was nicht in Ordnung war und Colins Ahnung bestätigte. Er herrschte im Erdgeschoss des Hangars wie ein Diktator; niemand wagte ihm in die Quere zu kommen, nicht einmal Jim.

Ebenfalls legendär war Colins Fähigkeit, die notdürftige Reparatur eines Flugzeugs zu improvisieren, das im Busch abgestürzt war. Mit vereinten Kräften konnten Jim und er jedes Flugzeug bergen, ganz gleich, wo sich die Absturzstelle befand. Kein Fehler eines Piloten hatte die beiden bisher in Verlegenheit gebracht. Jim fiel natürlich die Aufgabe zu, die Maschinen zu fliegen, nachdem Colin die Wracks behelfsmäßig zusammengeschustert und in eine flugzeugähnliche Form gebracht hatte. Eine Wand in Colins Büro war mit Fotos von geretteten Maschinen gepflastert, die von Landrovern aus dem Dschungel oder aus einer Sanddüne gezogen worden waren. Ein Wrack hatte man sogar auf einem Floß aus Einbaum-Kanus über ein Gewässer transportiert.

Jim verließ sich ganz auf seinen Chefpiloten Benoit Wangermez, einem Profi, der von seinen Piloten verlangte, dass sie vor ihm salutierten. Benoit war den meisten Leuten bei den Flying Doctors ein Rätsel. Außer, dass er in der Fremdenlegion gewesen war und Zeit in Nord- und Westafrika verbrachte hatte, wusste niemand etwas über seinen Werdegang. Er war ein schweigsamer Bursche, der sich weigerte, über seine Vergangenheit zu sprechen – was sein Auftauchen in Nairobi im Jahre 1984, als er hierherkam, um sich um einen Pilotenjob zu bewerben, noch mysteriöser erscheinen ließ. Es gab nicht viele Piloten, die berechtigt waren, eine DC 3 zu fliegen, und so hatte er schnell sein Zertifikat erhalten und einen Job bei Air Kenia ergattert. Schon nach kurzer Zeit hatte Benoit zum festen Inventar des Wilson Airports gehört.

Nachdem Jim ihn 1986 als Piloten für die Flying Doctors angeheuert hatte, wurde schnell offensichtlich, dass Benoit das Zeug zum Chefpiloten hatte. Er war ein attraktiver Junggeselle, nachdenklich und ernsthaft, und lebte allein. Benoit hatte eine Schwäche für verheiratete Frauen, und es ging das Gerücht um, dass er seine Geliebte in Algerien in großer Eile verlassen hätte, doch eigentlich wusste niemand wirklich etwas über sein Privatleben. Er war ein ausgezeichneter Chefpilot, gut organisiert, ein Mann, der sich streng an die Vorschriften hielt. Seine Liebe zum Detail war erstaunlich; er schuf eine wertvolle Datenbank für den Flying Doctors Service, die Koordinaten und Einzelheiten von Tausenden von Landebahnen in ganz Ostafrika enthielt. Benoit genoss nicht nur den Respekt der Piloten des Flying Doctors Service, sondern wurde von allen Piloten geachtet, deren Heimatflughafen der Wilson Airport war.

Ich kam sehr gut mit Benoit aus. Er betrachtete mich als Verbündeten, dem es wirklich darum ging, die dringend erforderlichen Veränderungen bei den Flying Doctors in die Tat umzusetzen. Er hatte einen beißenden Humor und konnte den in Quebec gesprochen Dialekt »Joual« nachäffen. Ich war sicher, dass er meine fliegerischen Großtaten mit Skepsis betrachtete, aber da ich einer seiner Piloten war, behielt er seine Gedanken diskret für sich.

Benoits Piloten waren fast alle jung, enthusiastisch und romantisch: Grégoire Tallot, ebenso Franzose, erst 25 Jahre alt, gut aussehend und versessen auf jede Art von Einsatz, je gefährlicher, desto besser – Trevor Jones, lässig, ein guter Pilot, immer die Risiken abwägend, tat lieber zu viel als zu wenig – Ahmed Ali, Somalier, älter, erfahrener, hatte mehr Stunden in seinem Logbuch als alle anderen. Ahmed war der Bruder des berühmten Models Iman, verlor jedoch nie ein Wort darüber.

Während der Einsätze wurden die Piloten von Krankenschwestern begleitet – sie waren das Rückgrat des Flying Doctors Service. Ihre Vorgesetzte, Betty Vadera, war eine junge, attraktive, blonde Ärztin, die in Deutschland das Licht der Welt erblickt hatte. Sie widmete sich ganz den Schwestern und verlangte nie etwas von ihnen, was sie nicht auch selbst getan hätte. Alle Krankenschwestern waren Afrikanerinnen, gut ausgebildet und kompetent. Unter ihnen waren: Rose, die Älteste, eine alleinerziehende Mutter, weise und versiert – Judy, ihre beste Freundin, verantwortlich für die Ausbildung der Neulinge, die frisch von der Schwestern-Schule kamen – und Rebecca, die mit ihrer zurückhaltenden Art, mit ihrer Anmut und Freundlichkeit all die noblen Charakteristiken des Krankenschwesternberufs verkörperte.

Die Schwestern beaufsichtigten rund um die Uhr die Kurzwellen-Notfunkstation, die im Hauptsitz von AMREF untergebracht war. Dieses medizinische Funknetz erstreckte sich über ganz Ostafrika und diente der Armee als verlässliche Reserve, wenn ihr eigenes Kommunikationssystem ausfiel. Die Flying Doctors leisteten vielen Menschen in Ostafrika medizinische Hilfe, die andernfalls während ihres ganzen Lebens nie einen Arzt oder eine Krankenschwester zu Gesicht bekommen hätten.

Trotz der Geldfluss-Probleme, der Klüngeleien und der Intrigen, die für die meisten der auf ehrenamtliche Mitarbeit angewiesenen Organisationen typisch sind, wurde der Flying Doctors Service als erstklassige Organisation angesehen, die für Kenia von großer Wichtigkeit war. In dem Glauben, einer guten Sache zu dienen, setzten sich sowohl die Piloten als auch die Schwestern auf heroische Weise ein, was von der Öffentlichkeit meist unbemerkt blieb.

Die Männer, die im Erdgeschoss des Hangars arbeiteten, unterstanden dem Chefmechaniker David Mutava. Er verehrte Jim Heather Hayes, mit dem er viele Jahre geflogen war. David deutete manchmal mit einem knorrigen Finger auf seinen Kopf und sagte: »Sieh dir meine Haare an. Warum, glaubst du, sind die weiß geworden? Weil ich mit Jim geflogen bin.« Gerne gab er Geschichten über spektakuläre Flüge von Jim zum Besten. »Er war ein außergewöhnlich guter Pilot, der die Leistungsgrenzen seines Flugzeugs kannte und ständig darüber hinausging. Er hat es oft geschafft, dass ich mir vor Angst in die Hosen machte.«

David vermittelte zwischen dem permanent schimpfenden Colin und den Männern, die im Erdgeschoss des Hangars arbeiteten. Sie vertrauten ihm. Er hatte die untrüglichen Instinkte eines älteren Afrikaners und war weise geworden, nachdem er jahrelang die Lebensweise der *muzungus,* der weißen Männer, beobachtet und sich ihr angepasst hatte, ohne dass er sein natürliches Gespür und seine Gewitztheit verloren hätte.

David und seine Männer versammelten sich regelmäßig zu Teepausen. Sie tranken eine Mischung aus heißer Milch und Schwarztee, ein Überbleibsel aus der britischen Kolonialherrschaft. In dem Pausenraum wurden innerbetriebliche Angelegenheiten auf Suaheli diskutiert, und Leute vom Hangar-Management hatten dort keinen Zutritt – eine Regel, an die sich selbst Colin hielt.

Nach dem Mittagessen schlenderten die Männer hinaus auf die Rampe und legten sich dort unter die Tragflächen einer ihrer Maschinen. Sie genossen die kühle Brise, die über das Rollfeld wehte, und beobachteten die Stewardessen von Air Kenia, die auf dem Weg zum Osthangar an der Rampe vorbeigingen. Bei all der Schufterei kam das Necken und Scherzen nicht zu kurz, und so hatten alle, die im Hangar arbeiteten, das Gefühl, zu einer großen Familie zu gehören.

Das galt in vieler Hinsicht für den gesamten Wilson Airport. Das Flugpersonal, die Charterflug-Gesellschaften, Mechaniker, die Läden für Elektrotechnik und die Flugschulen bildeten eine enge Gemeinschaft. Die Inhaber der privaten Firmen waren ausschließlich weiße Kenianer oder Asiaten. Schwarzafrikaner arbeiteten als Angestellte und kamen nur selten über die Position eines Mechanikers hinaus. Doch trotz dieser Hackordnung gab es keine Feindseligkeiten, und es wurde nie bewusst auf Hautfarbe oder Herkunft Bezug genommen. Die Briten hatten ein Klassensystem hinterlassen, das auf dem Flughafen fest verankert war und einfach akzeptiert wurde.

Die meisten Fluggesellschaften befanden sich am Rande des Bankrotts. Die Betreiber versuchten Tag für Tag, mit dem Mangel an Ersatzteilen und der Ebbe in ihren Kassen zurechtzukommen. Die enge Gemeinschaft befand sich in einer permanenten Krise – jeder schuldete jedem ein Ersatzteil, Geld oder irgendeine Dienstleistung. Und wenn ein Schuldner Pleite ging und seinen Verpflichtungen nicht mehr nachkam, löste dies eine Welle von wechselseitigen Beschuldigungen aus, auf die ein langes Wundenlecken folgte.

Der Gemeinschaftsraum der Piloten befand sich, von verstaubten Büros eingerahmt, im Zwischengeschoss des Hangars. An den Wänden hingen Fotos von Mädchen, Karikaturen und eine gigantische Landkarte von Kenia, auf der Hunderte von Landebahnen mit bunten Fähnchen gekennzeichnet waren. Entfernungen wurden mittels einer Schnur gemessen, die im Zentrum Nairobis angeheftet und an deren Ende ein alter Nagel geknotet war. In einer Ecke am Fenster quäkte und krächzte ein Kurzwellen-Funkgerät, und vor einer Wand stand ein lädiertes, fleckiges Sofa, auf dem meistens ein paar Piloten herumlümmelten, die Kaffee tranken und die sich über die neusten vom kenianischen Verkehrsministerium erlassenen Flugbestimmungen aufregten. Die Luft, geschwängert von Zigarettenqualm und »Fliegergarn«, war abgestanden und ungesund.

Eines Morgens betrat ich den Raum und hörte den Piloten Trevor Jones fragen: »Wie wär's mit einem Frühstück im Aero Club?« An diesem Morgen waren keine Flüge angesetzt, und die Piloten hatte alle einen Piepser. So konnten sie vom Funkraum alarmiert werden – vorausgesetzt, sie entfernten sich nicht weiter als zehn Meilen vom Flughafen. Im Aero Club zu frühstücken schien weitaus besser zu sein, als im Hangar herumzuhängen und auf einen Notfall zu warten. Ich sollte am Vormittag das Forderungen-Hauptbuch mit dem Buchhalter Steven Mugungo prüfen, aber die Vorstellung, mit Trevor und Grégoire im Club zu sitzen, erwies sich als unwiderstehlich. Wir stiegen in Trevors Range Rover und fuhren die Airport Road hinunter, vorbei an den Charterflug-Gesellschaften, den Lagern für Flugzeugteile und passierten einen ganzen Wald von Schildern, aufgestellt zwischen den Bougainvillea-Büschen, die entlang der Einzäunung wuchsen.

Der 1927 gegründete Aero Club von Ostafrika ist der zweitälteste Fliegerklub der Welt. Er rangiert gleich hinter dem Aero Club de France, der sich ursprünglich außerhalb von Paris befand und von Ballonfahrern ins Leben gerufen worden war. Das Klubhaus, ein weißes, mit Stuck verziertes und mit Schindeln gedecktes Gebäude, beherbergte einen großen Salon, einen Speisesaal, Büros und eine schöne, mit Holzpaneelen getäfelte Bar. Angrenzend an das Klubhaus befanden sich Squash-Plätze, ein kleiner Swimmingpool und Übernachtungsgelegenheiten für Piloten, die aus entlegenen Landesteilen kamen.

Die Hauptattraktion der Klubs war die Bar. Dort konnte man Schwarz-Weiß-Fotografien und Souvenirs von afrikanischen Piloten der ersten Tage bewundern, unter denen viele Frauen waren: Florence Kerr Wilson, Beryl Markham, Connie Johnston und Maia Carberry (1928 ums Leben gekommen) standen vor ihren herrlichen Flugmaschinen. Die Atmosphäre dieses Raumes war geprägt von jener Romantik, die man mit der frühen Zeit der Fliegerei in Ostafrika verbindet. Über der Bar hing ein riesiger, sehr gut erhaltener zweiblättriger Holzpropeller. Den Klubmitgliedern wurde nachgesagt, sich zügellos zu verhalten, und in der Bar taten sie notorisch und mit großer Ausdauer ihr Bestes, um diesem Ruf gerecht zu werden. Obwohl es weitaus riskanter gewesen war, die Maschinen aus den

Gründerzeiten des Klubs zu fliegen, legten die Piloten immer noch die alte Nonchalance und Teufelskerl-Attitüde an den Tag – besonders an Freitagabenden, wenn das Bier wie Wasser floss.

Ich bemerkte Sir Malin Sosbies Foto, das über dem Eingang zum Restaurant hing. Er war einst Mitglied der Royal Canadian Mounted Police gewesen und hatte später bei Imperial Airways gearbeitet. Während des Zweiten Weltkriegs hatte er ein Kampfflugzeug von Takoradi in Westafrika über die Wüste nach Kairo geflogen. Unterwegs war er in Khartum zwischengelandet, um seine Maschine aus Fässern aufzutanken, die von Kamelen dorthin transportiert worden waren.

Trevor bestellte Eier, Schinken und Würstchen mit Kartoffelbrei, während Grégoire und ich uns mit einer Cola zufriedengaben. Außer uns befanden sich nur ein paar gelangweilte Kellner im Speisesaal, die sich darüber erleichtert zeigten, dass der morgendliche Andrang von Frühstücksgästen vorüber war. Als meine Begleiter sich Zigaretten anzündeten, rückte ich meinen Stuhl vom Tisch ab, um dem Qualm zu entgehen, der in meine Richtung zog. Das ständige Dröhnen der Flugzeuge, die gleich hinter dem Haus von der Startbahn 07 abhoben, übertönte den größten Teil ihrer Konversation über Gleitschirmfliegen und Wasserskifahren auf dem Baringosee – Themen, die mich wenig interessierten.

Ich starrte auf das Farbfoto von Sir Michael Wood, das direkt vor mir an der Wand hing. Seine adlerähnlichen Züge, die dunkelblauen Augen und das warme Lächeln ließen den Eindruck eines sympathischen, tatkräftigen Mannes entstehen. Ich wünschte, ihn kennengelernt zu haben. Seine Gattin Susan, eine selbstbewusste Frau von kräftiger Statur, deren Energie und Unterstützung wesentlich zu seinem Erfolg beigetragen hatten, lebte immer noch in Karen. In einer Lehmhütte geboren, war sie das erste weiße Baby, das im Dschungel des Kongos zur Welt kam.

Der Ton, der plötzlich aus Trevors Piepser kam, schreckte uns auf. Der Hangar rief den diensthabenden Piloten, um einen Touristen abzuholen, der im Tsavo-Ost-Nationalpark von einem Elefanten verletzt worden war. Wir eilten zurück und meldeten uns beim Dispatcher, der bereits nach Trevor gesucht hatte. Jim stand am Geländer des Zwischengeschosses. Er war wütend und murmelte, dass diensthabende Piloten in Zukunft ihren Posten nicht verlassen dürften, ohne ihren Aufenthaltsort bekannt zu geben.

Bettina war 15 Minuten vorher aus der AMREF-Zentrale eingetroffen und half Judy, die Cessna Caravan mit Medikamenten, Sauerstoffflaschen und Blutkonserven zu beladen. Über das Funkgerät des Safari Camps war berichtet worden, dass der Patient sofort eine Bluttransfusion brauchte, und Bettina wollte Judy für den Fall begleiten, dass eine Operation vor Ort notwendig werden würde. Trevor konzentrierte sich inzwischen auf die Flugvorbereitungen. Er versorgte sich mit Karten von Landebahnen und Anfluginformationen, vervollständigte den Flugplan und führte die Vorflugkontrolle an seiner Maschine durch. Sobald er an Bord war, gab er dem Rampen-Mann ein Zeichen. Die Turbinen begannen sich langsam zu drehen, spotzten kurz und liefen dann auf vollen Touren. Zwei Minuten später hob die Caravan ab und flog nach Südosten auf eine Mission, die ein weiteres Menschenleben retten sollte.

Von den Ärzten, die 1959 den Flying Doctors Service gegründet hatten, war nur noch Dr. Anne Spoerry aktiv, die von den Afrikanern »Mama Daktari« genannt wurde. Sie war einst die Jüngste unter den Gründungsmitgliedern gewesen und flog nun, in ihren Achtzigern, immer noch mit ihrer einmotorigen Piper Cherokee Lance PA-32 in entlegene Gebiete Kenias. Dort verteilte sie Medikamente und hielt bei weit entfernt lebenden Stämmen Sprechstunden ab, die keine andere Möglichkeit hatten, sich medizinische Hilfe zu verschaffen.

In ihrer Arbeitsweise entsprach sie genau jener Tradition, die einst von Sir Michael Wood geprägt worden war.

1918 in Cannes geboren, die Eltern Elsässer, war Spoerry die Urenkelin von Henry Schlumberger, dem Begründer einer großen französischen Textilfirma. Sie erhielt ihre Ausbildung in England und Frankreich und machte kurz vor dem Ausbruch des Zweiten Weltkriegs ihr Examen als Medizinerin. Ihr Bruder und sie schlossen sich der französischen Résistance an. Spoerry wurde verraten, gefangen genommen und in das Konzentrationslager Ravensbrück gebracht. Von dieser Erfahrung psychisch gebrandmarkt, ließ sie Freunde und Familie in Europa zurück, machte einen kurzen Abstecher in den Jemen und widmete sich dann als fliegende Ärztin voll und ganz Afrika. Ihre Memoiren mit dem Titel »Sie nennen mich Mama Daktari« erschienen ein paar Jahre vor ihrem Tod. Sie starb 1999.

Ich wollte mich unbedingt mit ihr anfreunden und ihre Unterstützung bei der Verschmelzung von Society und Flying Doctors Service gewinnen, denn ich wusste, dass Spoerry als älteste Ärztin großen Einfluss auf den Vorstand der Society hatte. Als ich sie um ein Treffen bat und Spoerry vorschlug, dass ich sie bei einem ihrer Einsätze in die Nähe des Turkanasees begleiten sollte, sagte ich freudig zu.

Am Morgen unseres Rendezvous war der Himmel mit Wolken beladen, die niedrig über den Horizont dahinjagten. Der Wind änderte permanent seine Richtung, sprang auf dem Kompass innerhalb eines ganzen Quadranten nervös hin und her, unsicher, wie er sich entscheiden sollte. Die Flugbedingungen waren alles andere als ideal. Ich wartete an der Rampe und fragte mich, ob sie den Flug annulliert und vergessen hatte, mich zu benachrichtigen. Sie war immerhin über achtzig, und es stand ihr zu, Dinge zu übersehen, die sie als unwichtig betrachtete. Ein Jahr zuvor hatte der Flying Doctors Service darauf bestanden, dass Spoerry nur noch mit einem

Kopiloten fliegen sollte, was sie in Rage gebracht hatte. Nachdem sie schließlich eingewilligt hatte, engagierte sie einen Flugschüler, der zwar auf dem Platz des Kopiloten sitzen, aber kein Wort sagen durfte.

Ich erkannte sie an ihrem Gang, als sie sich dem Hangar näherte. Sie verschmähte die Uniform der Flying Doctors und trug einen abgetragenen blauen Overall. Ihren Kopf bedeckte eine Toronto-Blue-Jays-Baseballkappe; ein Geschenk, das man ihr während einer Fundraising-Aktion in Kanada gemacht hatte.

»Sie sind Pilot, richtig?«, fragte sie mich streng. Als ich andeutete, dass dem so sei, sagte sie: »In diesem Fall müssen wir den Jungen nicht mitnehmen. Steigen Sie ein, ich checke das Flugzeug.« Ich kannte ihre Maschine nicht und hatte keine Ahnung, wohin genau die Reise gehen sollte. Kurz dachte ich daran, etwas einzuwenden, aber ihre einschüchternde Art hielt mich davon ab. Spoerry warf den Motor an, und wenig später waren wir in der Luft. Ihr Sitz war so weit zurückgestellt, dass sie kaum aus der Frontscheibe sehen konnte. Zunächst beobachtete ich jede ihrer Bewegungen, bis ich erkannte, dass sie, obwohl ihre Reaktionen langsam und methodisch waren, mit schlafwandlerischer Sicherheit flog. Ich begann, mich zu entspannen.

Nachdem wir den Zuständigkeitsbereich der Flugsicherung Nairobis verlassen hatten, wandten wir uns nach Nordwesten und flogen hoch über das Rift Valley. Ich fragte nach unserem Ziel.

»Marsabit«, lautete die Antwort, »südöstlich vom Turkanasee.« Dieses Gewässer war mir bekannt. Sie sah mich nicht an, während sie mit mir sprach, sondern blickte starr geradeaus, als ob sie Angst hätte, das Flugzeug würde durch einen Seitenblick ins Trudeln geraten. Unser Flug über den Großen Afrikanischen Graben, über Isiolo und das Losai-Nationalreservat war lang und ereignislos. Wir entschieden uns, zu schweigen – es war einfacher. Spoerry war ein wenig schwerhörig, und durch die Störschallunterdrückung hatten wir nur ein statisches Rauschen im Kopfhörer, wenn keiner von uns sprach.

»Wie weit ist es noch, Anne?«, wagte ich irgendwann zu fragen. Ich riskierte, sie zu verärgern, indem ich sie beim Vornamen nannte. »Wir sind fast da«, antwortete sie. »Das da unten ist Rendille-Land. Die Rendille sind wundervolle Menschen.« Sie trimmte die Maschine für einen langsamen Sinkflug. »Die Piste befindet sich eine Meile nördlich von Marsabit.« Ich fragte mich, wie wir in die Stadt gelangen würden, erfuhr dann aber von ihrem Plan, die Sprechstunde direkt an der Landebahn unter einem *mugumu,* einem Feigenbaum, abzuhalten. Für die Bantu war der Platz, an dem ein *mugumu* stand, ein Ort für Gebete und Heilzeremonien.

Anne war ein sehr sachlicher Mensch. Sie behandelte ihre Patienten mit großem Geschick und gesundem Menschenverstand, gestützt auf eine felsenfeste Überzeugung und große Autorität. Hinter ihrer barschen Fassade verbarg sich ein freundliches Wesen, das ihr eine Gefolgschaft von treuen Schützlingen beschert hatte, die hauptsächlich aus einst von ihr behandelten Schwarzafrikanern bestand. Einige dieser Menschen unterstützte sie finanziell, drei von ihnen hatte sie sogar adoptiert.

Wie einst Sir Michael Wood, hatte auch Anne großen Respekt vor afrikanischen Traditionen. Viele Bantu-Stämme nehmen die alten Bräuche sehr ernst und verehren den Ahnengeist Ngoma, der großen Einfluss auf den Gesundungsprozess eines Patienten haben soll. Viele der von den Eingeborenen praktizierten Heilprozeduren hatten sich als wirksam herausgestellt, vielleicht, weil ein starker Glaube die beste Medizin ist. Wood und Spoerry waren immer bereit gewesen, mit dem *m'ganga,* dem Medizinmann, zusammenzuarbeiten. Der *m'ganga* hatte offensichtlich Macht über die Geistesverfassung seiner Patienten, und Anne Spoerry schrieb in ihrem Buch:

»Meine medikamentöse Behandlung war bei körperlichen Symptomen sehr viel effizienter, doch der M'ganga versetzte die Kranken in einen tief entspannten Zustand, was sowohl die Patienten als auch meine Behandlung äußerst positiv beeinflusste.« Die Medikamente der Flying Doctors heilten den Patienten, und der Medizinmann verbuchte den Erfolg auf sein Konto, doch für Anne war das absolut in Ordnung.

Die Landebahn, eine sichtbare Narbe in der verdorrten, mit Felsbrocken übersäten Landschaft, lag nun direkt vor uns. Eine große Zahl von Afrikanern wartete auf die Ankunft des *ndege* (Suaheli für Vogel oder Flugzeug). Unsere Anfluggeschwindigkeit war zu hoch, und ich stemmte unwillkürlich die Füße gegen das Paneel unter dem Armaturenbrett, um abzubremsen.

Wir setzten auf und holperten über die Piste – es war die härteste Landung, die ich in meiner fünfzehnjährigen Zeit als Pilot erlebt hatte. Ich wischte mir den Schweiß von der Stirn und erwartete eine Entschuldigung von ihr, aber sie schwang wortlos die Beine aus dem Cockpit und befahl mir, den Tisch und den Campingstuhl aufzustellen, die wir im Gepäckfach mitführten. Sie begrüßte die Wartenden namentlich auf Suaheli, und obwohl ich kaum etwas verstand, konnte ich klar erkennen, dass die Menschen große Achtung vor ihr hatten.

»*Jambo, jambo, Mama Daktari, karibu sana.*« (»Hallo, hallo, Mutter Ärztin, willkommen.«) Eifrig darauf bedacht, behandelt zu werden, stellten sich die Patienten schnell in einer Reihe auf. Anne untersuchte jeden methodisch, verabreichte Medikamente, impfte und schaute in aufgerissene Münder oder in Ohren. Einmal befahl sie einem Mann, die Hosen herunterzulassen, damit sie sein Geschlechtsteil inspizieren konnte. Fliegen und Staub wetteiferten mit warmen Böen, die durch den *mugumu* fegten und seine Blätter wie Schwärme von kleinen, silbernen Fischen aussehen ließen, die in dem wogenden Geäst hin und her schwammen. Die Sonne schien erbarmungslos auf die Hilfe suchenden Patienten, die ihre ganze Hoffnung in Mama Daktaris Medizin setzten. Inzwischen war es Nachmittag, und ich saß, von der Hitze gelähmt, unter einer Tragfläche ihrer Maschine und zählte die Stunden.

Ich wurde aus meinen dumpfen Tagträumen gerissen, als ich hörte, dass Anne mich rief, weil sie meine Hilfe brauchte. Vor ihr stand ein sehr großer Mann, dünn wie ein Stock, dessen geschwollenes Gesicht schmerzverzerrt war. Er hatte einen Abszess, verursacht durch einen verfaulten Zahn, der sofort gezogen werden musste. Anne erhob sich aus ihrem Campingstuhl und wies den Mann an, sich zu setzen. Ich sollte hinter ihm knien, meine Arme um seine hagere Brust schlingen und ihn auf dem Stuhl festhalten. Anne kletterte auf den Tisch und ließ sich darauf nieder, setzte an dem entzündeten Zahn eine große Zange an, platzierte abwechselnd je einen Fuß auf die Schultern des Patienten und begann, mit ausgestreckten Armen zu ziehen. Der Mann jaulte markerschütternd, als Anne die Zange drehte und nach Leibeskräften zog. Aber der Zahn – so fest im Zahnfleisch verwurzelt, wie ein Baum in der Erde – gab nicht nach.

Die Patientenschlange hatte sich inzwischen aufgelöst und war zu einem Auflauf von Interessierten geworden, die das eigenartige Tauziehen fasziniert beobachteten. Jedes Mal, wenn Anne die Zange drehte, wand sich der Mann vor Schmerzen. Mit ärgerlicher Stimme bat sie einen anderen männlichen Patienten, den Kopf des Mannes festzuhalten. Dann machte sie sich erneut an die Arbeit, während ich den armen Kerl auf den Stuhl presste. Als der Zahn plötzlich nachgab, schoss ein Strahl Blut aus seinem Mund und ergoss sich auf Annes Overall. Die Erleichterung war sofort spürbar, und als der Mann sein Gesicht zu einem unappetitlichen Grinsen verzog, liefen Blut und Schleim aus seinem Mund.

»Asante sana, asante sana, Mama Daktari!« (Danke, danke, Mutter Ärztin!«), rief er und sprang wie vom Teufel besessen herum. Dann drehte er sich um und rannte durch die Akazienbüsche in Richtung seiner Behausung, um seiner Familie von dem Ergebnis des Arztbesuches zu berichten und die Befreiung von dem höllischen Schmerz zu feiern.

Die ersten grauen Schatten auf den Hügeln von Marsabit signalisierten das Ende des Tages, doch die Reihe der wartenden Patienten war noch genauso lang wie bei unserer Ankunft. Obwohl der Abend nahte, war die Hitze immer noch erdrückend. Die Achselpartie von Annes Overall war von Schweiß durchtränkt. Der endlose Strom von Patienten hatte sie sichtlich ausgelaugt. Mit ihrer winzigen, ordentlichen Schrift hatte sie die Details jeder einzelnen Behandlung in einem Notizbuch festgehalten.

Plötzlich stand sie auf und erklärte, dass die Sprechstunde vorbei sei und dass sie in zwei Wochen wiederkäme. Enttäuschung machte sich auf den Gesichtern jener breit, die sie noch nicht untersucht hatte, aber Anne nahm das ungerührt hin. Während wir die Medikamente zusammenpackten und den Tisch und den Stuhl einluden, versammelte sich die Menge um das Flugzeug. Ohne Vorankündigung begannen die Menschen zu singen, eine spontane Würdigung von Mama Daktaris Besuch. Von dieser herzlichen Bezeugung von Zuneigung offensichtlich gerührt, hielt sie inne und lauschte. Sie sah müde, aber freudig aus, und erst in diesem Moment entdeckte ich Spuren einer Schönheit in ihrem Gesicht, die sie aus ihrer Jugend ins Alter herübergerettet hatte.

Während des langen Rückfluges nach Nairobi dachte ich über Anne Spoerrys fantastisches Leben nach. In den fünfzig Jahren, in denen sie hier gelebt hatte, war sie immer mit ihrem eigenen Flugzeug in die entlegensten Landesteile geflogen, um Kranke zu versorgen. Sie war ein Relikt aus einer romantischen Ära, in der Einzelkämpfer großartige Dinge vollbracht hatten. Es stimmte mich traurig, zu sehen, dass die Arbeitsweise der älteren Ärzte, wie sie einer war, nun immer weniger effektiv wurde. Die Bevölkerungsexplosion machte Veränderungen zwingend notwendig. Kenia erlebte, seit es 1963 unabhängig geworden war, einen enormen Bevölkerungszuwachs; laut Schätzungen werden im Jahre 2010 mehr als 60 Millionen Menschen in diesem Land leben. Um effizient sein zu können, mussten sich Institutionen wie der Flying Doctors Service von individualistischen Kleinunternehmen zu professionellen Organisationen transformieren. Die alten Einzelgänger wie Spoerry, Wood, Rees und McIndoe hatten Afrika gute Dienste geleistet, doch ihre Zeit war vorbei. Sie konnten die Arbeit nicht länger alleine tun.

Es gefiel mir, Michael Gerber einmal wöchentlich in seinem Büro in der AMREF-Zenrale zu besuchen. Es war eine willkommene Pause von dem Lärm und dem Staub im Hangar. Das leise Summen der Computer, das gedämpfte Klingeln der Telefone und das Vorhandensein einer Klimaanlage schufen eine angenehme Atmosphäre, die im Hangar fehlte. Margaret, seine Sekretärin, servierte uns Tee und wimmelte alle Anrufer ab. Ich betrachtete diese Zusammenkünfte als köstliche Intermezzos.

»Setz dich, setz dich«, sagte Michael bei einem unserer Treffen, »ich möchte ein wichtiges Thema ansprechen, ein Problem, das schnell gelöst werden muss.« Und dann berichtete er von einem Interessenkonflikt, in den Jim Heather Hayes und Colin Davies verwickelt waren.

Die beiden hatten heimlich eine eigene Flugzeugwartungs-Firma gegründet, direkt neben dem Aero Club. Offensichtlich war Jim nur Teilhaber, während Colin das neue Unternehmen führte. Colin rannte nun den ganzen Tag zwischen zwei Hangars hin und her. Bei den Flying Doctors arbeitete er als Flugzeugingenieur, und bei der neuen Firma war er der Boss. Zwischen den beiden Unternehmen waren Ersatzteile und Dienstleistungen ausgetauscht worden, was zu einem Buchhalter-Albtraum und zu einem Berg von unbezahlten Rechnungen geführt hatte.

»Scott, diese Burschen sind seit vielen Jahren bei uns angestellt. Sie beziehen Gehälter vom Flying Doctors Service und betreiben gleichzeitig eine eigene Firma. Das ist ein ungeheuerer Interessenkonflikt!« Verständlicherweise platzte Mike fast vor Wut. »Zwei meiner Manager haben mir von diesem inakzeptablen Zustand berichtet. Dies beweist eindeutig, dass bei den Flying Doctors alles drunter und drüber geht.«

Ich musste zugeben, dass ich überrascht war. Auf dieser Basis würde es schwer werden, die Empfehlungen, die ich Mike unterbreiten wollte, plausibel zu machen.

»Hör zu, Mike«, warf ich ein, »ich kann dir versichern, dass Jim eine ehrliche Haut ist. Was Colin angeht, weiß ich das nicht so genau.« Ich hatte Jim im Laufe der letzten Wochen gut kennengelernt und war von meiner Einschätzung überzeugt. Colin war distanzierter, es war schwer, ihm näherzukommen, aber mein Gespür sagte mir, dass auch er eine ehrliche Haut war – etwas naiver vielleicht, aber ehrlich. Dennoch hatten sich die beiden in einen Interessenkonflikt hineinlaviert.

Unsicher, was ich noch vorbringen konnte, sagte ich: »Mike, gib mir 24 Stunden, dann werde ich dir ein paar Vorschläge machen.« Ich wollte die Chance haben, zunächst mit Jim zu reden. Mike war einverstanden, denn damit war das Problem für ihn zunächst vom Tisch. Er blickte mürrisch drein, da er sich von Jim und Colin betrogen fühlte.

»Mike«, ich versuchte nun, auf meine Empfehlungen zu sprechen zu kommen, »ich war drei Wochen im Hangar. Ich bin bei einigen Einsätzen mitgeflogen, habe mit den Piloten geredet, mit den Mechanikern gearbeitet und die Buchhaltung geprüft.« Mike starrte mich von seinem Platz aus an. Er war im Vorteil, denn er saß höher als ich.

»Wir wissen beide, dass beim Flying Doctors Service Veränderungen notwendig sind, aber die Leute im Hangar sind okay, und sie arbeiten hart. In meinen Augen ist die schwerfällige Unternehmensstruktur das Problem.« Mike hörte mir zu, ohne ein Wort zu sagen. »Der Flying Doctors Service wird nie eine finanziell unabhängige Organisation werden, solange nicht alle Bereiche – Ärzte, Krankenschwestern, die Klinik, Funkgeräte, Piloten, Flugzeuge und auch die Society – unter einem Dach zusammengefasst, von einem Manager geführt und als separate Kostenstellen betrachtet werden. Das ist es, was ich empfehle.« Mike sah skeptisch drein, aber ich fuhr fort: »Bevor ich einen Geschäftsplan erstelle, will ich wissen, ob ich deine Unterstützung habe, und wir müssen uns auf einen Manager einigen. Ich glaube, dass Jim sich für diesen Job eignet, aber er braucht jemanden, der ihm hilft.«

Mikes Gesichtszüge verrieten, dass er kaum glauben konnte, was er da hörte. Ich sprach schnell weiter, bevor er mich unterbrechen konnte. »Im Moment hat Jim keine Kontrolle über die Einnahmen, die er erwirtschaftet, er ist unfähig, Rechnungen zu bezahlen. Zudem beansprucht die Wartung der Fahrzeuge viel zu viel von seiner Zeit. So kann er dem Posten, den er jetzt hat, unmöglich gerecht werden.«

An diesem Punkt schnitt mir Mike, der offensichtlich aufgebracht war, das Wort ab. »Scott, hast du vergessen, dass Jim es war, der uns in diese Lage gebracht hat?« Seine unverhohlene Frustration entlud sich in Zorn über den Mann, der in meiner Planung eine wichtige Rolle spielte. Mike wusste natürlich, dass er Schwierigkeiten mit seinem Vorstand bekommen würde, wenn er sich hinter Jim stellte, und ich war wiederum in Gefahr, Mikes Vertrauen zu verlieren.

Wir diskutierten eine Stunde lang über dieses Thema. Am Ende versprach mir Mike widerwillig, dass er Jim unterstützen werde, unter der Bedingung, dass man sechs Monate nach der Restrukturierung entscheiden müsse, ob Jim die ihm anvertraute Position behalten könne oder nicht. Er schlug vor, dass ich mit dem Geschäftsplan weitermachen sollte. In zwei Monaten, bei dem Treffen im Februar, könnte ich ihn dann den Vorstandsmitgliedern präsentierten. Ich hatte einen kleinen Sieg errungen.

Nachdem ich Mikes prinzipielle Zustimmung hatte, brauchte ich noch die Unterstützung der Society. Es ergab keinen Sinn, dass sie weiterhin getrennt vom Flying Doctors Service existierte. Beide Organisationen hatten dieselben Ziele: die Durchführung von medizinischen Evakuierungen für Menschen, die keine Krankenhäuser in der Nähe hatten, und der Transport von Ärzten und Krankenschwestern, die im Rahmen des »Clinical Outreach Program« an entlegene Orte gebracht wurden, um dort medizinische Hilfe zu leisten. Mike war damit einverstanden, dass der Flying Doctors Service seine Bankkonten in Zukunft selbst verwalten und als eigenständige Kostenstelle betrachtet werden sollte. Wenn es gelingen würde, dem Service Zugriff auf die von der Society kontrollierten Gelder zu verschaffen, bestünde eine Chance, finanziell unabhängig zu werden.

Doch die Society hielt argwöhnisch an der Rolle des Spendensammlers fest. Man war dort tief davon überzeugt, dass der Flying Doctors Service es nur darauf abgesehen hatte, sich die Fonds unter den Nagel zu reißen. Beide Organisationen glaubten, nur sie hätten das Recht, die Gelder zu verwalten. Er war ganz klar eine Herausforderung, Society und Service zu überreden, ihre Aktivitäten unter der Leitung von Jim Heather Hayes zu koordinieren.

Im folgenden Jahr verbrachte ich lange, ergebnislose Stunden in der Society, in denen ich mir endlose Predigten über die stümperhafte Führung des Flying Doctors Service, über Jims Misswirtschaft und über Mikes heimliche Motive anhören musste. Die Wunden, die in der Vergangenheit geführte Auseinandersetzungen geschlagen hatten, waren tief, und beide Seiten schienen nicht von ihren Positionen abrücken zu wollen. Ich versuchte, vernünftig mit dem Vorstand der Society zu reden, aber man ließ kein Argument gelten. In der Society hatte man einfach kein Vertrauen zu Mike Gerber und Jim Heather Hayes. Und so musste ich mich, als meine zwei Jahre in Afrika zu Ende gingen, geschlagen geben. Die Vereinigung von Society und Flying Doctors Service musste irgendwann in der Zukunft stattfinden. Auch Kämpfe, die mit großem Einsatz geführt werden, enden nicht immer mit einem Sieg.

Ich empfahl Mike, den Rest des Planes trotzdem umzusetzen, in der vagen Hoffnung, dass wir einen Weg finden könnten, die unnachgiebige Haltung der Society vor der nächsten Vorstandssitzung aufzuweichen. Gerbers Frustration, die noch größer war als meine, bewog ihn, mein Vorhaben zu unterstützen, und seine zögernde Einwilligung war alles, was ich brauchte, um weitermachen zu können.

5 Helfende Engel

Was mich während meiner Zeit im Hangar am meisten erstaunte, war das Engagement der Angestellten des Flying Doctors Service. Ihre Gehälter waren erbärmlich, und sie konnten sich keine persönlichen Vorteile von ihrem außergewöhnlichen Einsatz erhoffen. Irgendwie ließ ihr Wunsch, anderen zu helfen, mein Vertrauen in die Menschheit wiederauferstehen. Er gab eine höhere Ordnung und eine Moral, die von den afrikanischen Schwestern, Mechanikern und Krankenwagenfahrern verstanden wurde und nach deren Regeln sie lebten.

Tag für Tag gingen über Funk Notrufe ein, weil Menschen dringend Hilfe brauchten: Opfer von schweren Autounfällen, die im Straßengraben zu sterben drohten – fiebernde Kinder, die von dem Erreger Plasmodium falciparum befallen waren, der die Killer-Malaria verursachte – Menschen, die das gefürchtete Dengue-Fieber hatten, auch Knochenbrecher-Fieber genannt, oder die an Elefantiasis oder Aids erkrankt waren. Permanent wurden Einsätze geflogen, um Leuten zu helfen, die sich an niemand anders wenden konnten, wenn sie krank wurden oder ein Unglück sie traf. Der Flying Doctors Service reagierte auf jeden Notruf, auch wenn die Patienten den Einsatz nicht bezahlen konnten. Ich beschloss, diese Institution tatkräftig zu unterstützen, solange ich ihr irgendwie von Nutzen sein konnte.

Die Erfolgsrate der Flying Doctors war ungewöhnlich hoch. Trotz der Desorganisation, die bei der Arbeit im Hangar, aber auch im Gespräch mit den Schwestern, Funkern, Piloten und mit den klinischen Diensten offensichtlich wurde, konnte der Service seinen außergewöhnlich guten Ruf, den er sich mit seiner selbstlosen Arbeit in ganz Ostafrika erworben hatte, aufrechterhalten.

Die Geschichte eines Einsatzes, der vor meiner Ankunft stattgefunden hatte, ist mir unvergesslich. Der Pilot hätte dabei fast seinen Job verloren. Sie illustriert die Probleme, mit denen die Piloten des Service zu kämpfen hatten, und zeigt, mit welcher Hingabe sich das Personal seinen Aufgaben widmete.

Es begann, wie mir erzählt wurde, an einem Samstagnachmittag. Im Hangar war es still, aus den Funkgeräten kam nur ein statisches Rauschen. Trotzdem mussten sie Tag und Nacht überwacht werden – eine ermüdende Routinearbeit, die man den Krankenschwestern zugewiesen hatte. Plötzlich knisterte der Lautsprecher des Hauptfunkgeräts. »Foundation, Foundation, hier Sabarei Polizeiwache, hören Sie uns?« (Der Flying Doctors Service wurde auch »Foundation« genannt, eine kürzere Bezeichnung, die im Funkverkehr benutzt wurde.) Durch das statische Rauschen waren die Worte kaum verständlich. Rose, die diensthabende Schwester, beugte sich über das Funkgerät, das aus dem Jahre 1950 stammte und längst seine kalibrierten Markierungen verloren hatte, und konzentrierte sich auf die Botschaft des Anrufers. Sie presste einen Finger auf den Knopf für die Rauschunterdrückung und sprach in das Handmikrofon.

»Sabarei, hier Foundation, ich höre Sie nur schwach. Bitte fahren Sie fort. Over.« Das grünliche Neonlicht verbreitete eine unheimliche Atmosphäre in dem stickigen Funkraum. Rose war schon seit sechs Stunden im Dienst. Ihre Schultern schmerzten, und sie machte sich Sorgen um ihren Sohn Moses, der nach einer Blinddarm-Operation im Kenyatta Hospital lag. Dieses Krankenhaus war kein guter Ort für Patienten; es gab zu viele Skandale wegen mangelnder Fürsorge, unhygienischen Zuständen, unglaublicher Inkompetenz und folgenschweren Fehlern. Die Regierung hatte einen

Ausschuss eingesetzt, der die alarmierende Zahl von unerwarteten Todesfällen im Kenyatta Hospital untersuchen sollte, aber natürlich war nichts dabei herausgekommen.

»Foundation, wir haben eine junge Frau mit starker Hämorrhagie nach einer Geburt. Wir brauchen Hilfe, sie verliert sehr viel Blut … Over.« Der letzte Teil der Botschaft war unverständlich, da die Signalstärke sehr stark schwankte.

Rose versuchte, weitere Informationen zu erhalten, aber da am anderen Ende Verwirrung herrschte und der Empfang schlecht war, blieben die letzten Worte des Anrufers ein Rätsel. Es war 16:00 Uhr, und somit blieb wenig Tageslicht für einen Flug. Sie beschränkte die Kommunikation auf das Nötigste, und rief Michael, den Piloten vom Dienst, über seinen Piepser. Sabarei liegt dicht an der Grenze zu Äthiopien, und es war fraglich, ob eines der Flugzeuge der Flying Doctors dort eintreffen konnte, bevor es dunkel wurde.

Michael griff nach seinem Piepser, der an seinem Gürtel hing. Er saß in seinem roten, gebrauchten Suzuki, und der Piepser war vom Sicherheitsgurt eingeklemmt. Um das Gerät zu befreien, musste Michael seine Hand so verdrehen, dass er fast von der Straße abgekommen wäre. Er war auf dem Weg zu seiner Freundin in Karen, was noch innerhalb der vorgeschriebenen Zehnmeilenzone lag, die er nicht verlassen durfte, solange er Bereitschaftsdienst hatte. Der Suzuki, der nach einer großen Reparatur frisch aus der Werkstatt kam, ratterte und vibrierte, als er die N'gong Road hinunterfuhr; der Rahmen war verzogen, und die Räder liefen nicht spurgetreu. Michael hatte sich vor drei Wochen mit dem Wagen überschlagen, als er volltrunken und mit hoher Geschwindigkeit durch einen Kreisverkehr gerast war – ein Vorfall, durch den er seinen Job riskiert hatte. Nun versuchte er, Benoit zu beweisen, dass er genau so reif war, wie die anderen Piloten des Flying Doctors Service, die alle mindestens zehn Jahre älter waren als er. Doch Michael musste sich keine großen Sorgen machen; seine Kollegen hatten sich köstlich über sein Missgeschick amüsiert.

Michael war ein attraktiver Kerl, der jünger aussah, als er war, und aus dessen Gesicht ein jungenhafter Enthusiasmus strahlte. Er war immer sauber rasiert, und seine leuchtend blauen Augen und das blonde Haar vervollkommneten eine Aura von Unschuld. Da er zudem über einen gallischen Charme verfügte, war er einfach unwiderstehlich. Seine Schüchternheit maskierte eine stille Entschlossenheit und eine Charakterstärke, die, wenn man ihn noch nicht gut kannte, leicht unterschätzt wurde. Wenn er seine Pilotenuniform trug, sah er aus, als wäre er einer Postkarte entsprungen, und wo immer er ging, drehte man sich nach ihm um. Er war bei allen beliebt, auch wenn der Kreis seiner Freunde und Bekannten klein war.

Michael trat aufs Gas. Er hatte beschlossen, den Flying Doctors Service von der Wohnung seiner Freundin aus anzurufen, die nur 20 Minuten entfernt war. Er dachte, man wolle ihn für den Flug zum Kilimandscharo instruieren, der für den kommenden Tag angesetzt war. Einmal im Moment flog er ein medizinisches Team aus zu einer *outreach clinic,* einer sozialen Gesundheitsstation, die sich am Fuße des Berges befand. Dort wurde eine weit abseits lebende Gemeinde medizinisch versorgt. Ihm stand ein langer Tag bevor; unter einer Tragfläche sitzend, würde er das Team dabei beobachten, wie es eine nicht enden wollende Schlange von Patienten behandelte. Doch er liebte seine Arbeit. Er war erst 25 Jahre alt, flog ein Flugzeug und war Mitarbeiter eines Rettungsdienstes in Ostafrika – war das zu übertreffen?

Michael war glücklich – und er hatte das Glück, Franzose zu sein. Benoit Wangermez war ebenfalls Franzose, und dieser Vorteil hatte Michael Tür und Tor geöffnet, als er versuchte, einen Termin für ein Bewerbungsgespräch zu bekommen. Den Rest hatte er sich selbst zu verdanken, denn er glänzte beim Flugtest. Er wusste, dass er ein guter Pilot war, und Benoit war zu streng, als dass er sich bei seinen Entscheidungen von nationalistischen Gefühlen hätte leiten lassen. Dennoch dachten die anderen Piloten insgeheim, dass Michael den Job nur bekommen hatte, weil er Franzose war.

Rose wartete inzwischen auf einen Anruf von Michael. Sie wunderte sich darüber, dass das Schicksal es so eingerichtet hatte, dass ausgerechnet der jüngste Pilot, der erst seit zwei Monaten ihr Kollege war, an diesem Abend Bereitschaftsdienst hatte. Sie wusste, dass ihnen ein schwieriger Flug bevorstand, falls der Pilot sich wirklich dafür entschied zu starten. Die Wanduhr tickte unbarmherzig, und die ersten langen Schatten zeigten, dass der Spätnachmittag sich seinem Ende zuneigte. Warum rief er nicht an? Rose konnte den Gedanken nicht verdrängen, dass sie schon längst ihre Anweisungen hätte, wenn einer der älteren Piloten Dienst gehabt hätte. In diesem Moment klingelte das Telefon, und sie hörte Michaels unverkennbaren fröhlich zwitschernden Tonfall. Sie erzählte ihm, was der Polizeichef von Sabarei berichtet hatte, dass die junge Frau stark blutete und man um ihr Leben fürchtete. In Sabarei gab es keine medizinischen Einrichtungen, nur einen Erste-Hilfe-Kasten und einen *m'ganga*.

»Gut, Rose, wir starten. Ich bin in 15 Minuten bei dir, okay?« Michael war außer Atem, aber er dachte keine Sekunde daran, nicht zu fliegen. »Sag Sabarei, sie sollen entlang der Piste Feuer entzünden, alle 30 Meter, auf beiden Seiten, aber keine großen. Wir nehmen die Cessna 206.« Rose blickte zur Uhr und merkte sich die Zeit: Es war 15 Uhr 55, die Sonne würde um halb sieben untergehen. Vor einer Stunde würden sie nicht in der Luft sein, und der Flug würde zwei Stunden dauern. Ja, sie würden im Dunkeln landen. Eine Regel der Organisation lautete, dass Sandpisten bei Dunkelheit zu meiden sind, aber man stellte die Anweisungen eines Piloten nicht in Frage, der sich außerdem noch immer weigern konnte, zu landen. Insgeheim freute sie sich über Michaels Entscheidung. Sie wusste, dass die meisten der anderen Piloten sich an diese Regel gehalten hätten. Vielleicht war der Junior-Pilot genau die richtige Wahl. Gottes Wege sind seltsam, und sie hatte Vertrauen in den göttlichen Willen.

Rose übergab die Funkwache an Judy. Beide waren seit mehr als zehn Jahren bei den Flying Doctors und hätten die nachfolgende Prozedur mit verbundenen Augen durchführen können: Den Hangar anrufen, damit das Flugzeug startbereit gemacht wurde – die Liste der mitzuführenden Medikamente, Sanitätsartikel und Instrumente durchgehen – Bettina von dem Einsatz informieren.

Bettina bestand darauf zu entscheiden, wer bei einem Einsatz mitfliegen durfte, und nicht selten begleitete sie die Schwestern – nicht nur, um ihnen zu helfen, sondern auch, um ihr Team anzuleiten. Aber angesichts der dürftigen Informationen und des Platzmangels in der Cessna 206 fragte sie Rose, ob es für sie okay wäre, allein zu fliegen. Sie dachte zudem, dass Michael, wenn er die Piste von Sabarei erst einmal gesehen hätte, dort nicht landen und unverrichteter Dinge umkehren würde. Bettina hatte keine Lust auf einen vierstündigen, ergebnislosen Rundflug und nahm sich vor, stattdessen am folgenden Tag das Team auf dem Flug zum Kilimandscharo zu begleiten.

Daniel Lomoni, der Krankenwagenfahrer, hatte schon die Tore des Hangars geöffnet und eine Bahre, Kissen und Decken beim Flugzeug bereitgestellt, als Michael durch die Hintertür stürmte und das Flying-Doctors-Abzeichen an seiner Hemdtasche befestigte. Während er die Treppen hinaufrannte, gab er Anweisung, die Cessna zu beladen. Dann zog er die Karte mit den Landeinformationen für Sabarei heraus – die Instruktionen wollte er während des Fluges lesen, denn in diesem Augenblick musste er seinen Flugplan machen. Dann lief er die Treppe wieder herunter, um die Vorflugprüfung durchzuführen und das Beladen der Maschine zu überwachen. Rose wollte anscheinend ganz sicher gehen, denn sie hatte Blutkonserven und Kästen mit chirurgischer Ausrüstung mitgebracht. Er fragte sich, wie das alles in die Maschine passen sollte.

Die Cessna 206 mit dem Kennzeichen »5Y FDS« war das älteste einmotorige Flugzeug des Flying Doctors Service. Die hinteren Sitze waren entfernt worden, um Platz für die Bahre zu schaffen. Sie kletterten an Bord und hoben um 17:00 Uhr vom Wilson Airport ab. Als sie nach einer Linkskurve in den Nordost-Korridor flogen, der um den großen Kenyatta International Airport herumführt, versank die Sonne hinter den N'gong-Bergen. An der nordöstlichen Grenze des Kontrollbereichs von Kenyatta verabschiedete er sich von der Flugsicherung Nairobis, schaltete auf die Frequenz 118,2 um begann mit dem langsamen, langen Steigflug auf 12000 Fuß. Rose und er flogen an der Ostseite des Mount Kenya vorbei, über das Laikipia-Plateau und nahmen Kurs auf die Kaisut-Wüste.

Es wurde schnell dunkel. Dieser Teil Afrikas liegt direkt am Äquator, und die Nacht kommt wie ein sich schnell schließender Vorhang, so schwarz wie Ruß. Michael starrte aus dem Seitenfenster auf die winzigen Lichtpunkte der Kochfeuer, die weit unter ihm brannten. Es waren die einzigen Hinweise darauf, dass das Land von Menschen bewohnt war. Rose war im hinteren Teil des Flugzeuges immer noch mit der Bahre und den Kästen beschäftigt, in denen sich ihre Ausrüstung befand. Schließlich kletterte sie nach vorne und setzte sich auf den Platz des Kopiloten. Michael kannte sie nicht sehr gut, obwohl die beiden sich jeden Tag sahen. Es war eine reine Arbeitsbeziehung. Die Schwestern, die Klinik und der Funkraum befanden sich in verschiedenen Gebäuden, weit entfernt vom Gemeinschaftsraum der Piloten. Dies war ein Problem, denn dieser Umstand führte bei Rettungseinsätzen zu längeren Reaktionszeiten. Außerdem konnte eine Abteilung so nicht verstehen, warum und wann eine andere unter Stress geriet. Außer bei gemeinsamen Einsätzen kommunizierten die Piloten und Krankenschwester kaum miteinander.

Michael hatte mit Rose schon einmal eine Evakuierung durchgeführt, aber da Bettina sie begleitet und neben ihm gesessen hatte, konnte er damals nur ein paar Worte mit Rose wechseln. Rose redete ohnehin meistens nur dann, wenn man sie ansprach. Sie war eine bescheidene, unauffällige Frau und erst Ende 30, obwohl sie älter aussah. Als fromme Baptistin verbrachte sie ihre Zeit hauptsächlich damit, anderen Menschen Gutes zu tun. Ihre undurchdringlichen Augen hatten einen entrückten Blick, der die Härten ihres Lebens widerspiegelte: Ihre Eltern hatten sich an die Bräuche ihres Stammes gehalten, als junges Mädchen war sie in ein Kloster gekommen, der Ehemann hatte sie vor langer Zeit verlassen, und ihr Sohn lag mit einer schweren Blinddarmentzündung im Krankenhaus. Und nun flog sie in einer Höhe von 12000 Fuß über das Laikipia-Plateau, starrte hinaus in die Nacht, war krank vor Sorge und mit ihren Gedanken allein. Am liebsten wäre sie zu Hause geblieben.

Die nächsten eineinhalb Stunden vergingen, ohne dass ein Wort gesprochen wurde. Die alte Cessna 206 ächzte und stöhnte unter dem stampfenden Dröhnen des 260 PS starken Continental-Motors, der schon mehr als 10 000 Stunden den harschen afrikanischen Flugbedingungen getrotzt hatte. Selbst bei fachgerechter Wartung konnte niemand sagen, wie lange eine Maschine wie diese noch flugtauglich sein würde. In diesem Teil der Welt endete die Existenz eines Flugzeuges meistens mit einem Absturz. Die Reparaturkosten und das verfügbare Geld entschieden dann darüber, ob es auf einem Friedhof landete oder nicht. Bis es so weit war, taugte jede Maschine zumindest für noch einen weiteren Flug.

Ein Blick auf das GPS verriet Michael, dass sie noch 20 Meilen von Sabarei trennten. Er trimmte die Maschine für einen allmählichen Sinkflug in das rabenschwarze Nichts unter ihm und schaute noch einmal kurz auf das Blatt mit den Instruktionen für die Landung. Die Informationen waren nicht gerade beruhigend: Es gab eine Sandpiste, die als kurz und – dies betraf hauptsächlich das südliche Ende – als weich beschrieben wurde. Die Landebahn endete in Norden an einem steilen Hügel und konnte nur von Süden her angeflogen werde. Ein Durchstarten nach einem Fehlanflug würde ein äußerst schwieriges Manöver sein. Benoit hatte in seiner unverwechselbaren präzisen Handschrift hinzugefügt: »Äußerste Vorsicht walten lassen. Beim Anflug können starke Turbulenzen auftreten. Die erste Hälfte der Piste steht oft unter Wasser.« Wenn Michael diese Informationen vor dem Start in Nairobi gelesen hätte, wäre seine Entscheidung vielleicht anders ausgefallen, aber nun behielt er seine Gedanken für sich. Er hatte zwar noch immer die Möglichkeit, umzukehren, aber wie sollte er die Kosten des Fluges gegenüber Benoit rechtfertigen? Er begann, sich Sorgen zu machen. Der Moment, an dem er sich entscheiden musste, rückte näher, und in seinem Magen bildete sich ein Knoten.

Wenige Minuten später zeigte das GPS an, dass sie über der Piste waren, und tatsächlich sichteten sie, direkt unter ihnen, drei oder vier Feuer. Aber sie schienen wahllos platziert und nicht in einer Linie mit der Landebahn. Michael flog so tief wie möglich und schaltete die Landescheinwerfer ein, aber sie behinderten die Sicht auf den Boden. Er zog die Maschine hoch, schaltete die Scheinwerfer wieder aus und bereitete sich auf einen zweiten Versuch vor. Er leitete eine Linkskurve ein, fuhr die Klappen maximal aus und verringerte die Geschwindigkeit, bevor er auf 200 Fuß runterging Jetzt konnte er den Verlauf der Piste erkennen und die Schatten der Menschen, die sich am südlichen Ende versammelt hatten. Es war schwierig, den Abstand zum Boden einzuschätzen, und die Maschine war kurz vor einem *stall,* einem Strömungsabriss. Bei Nacht so niedrig zu fliegen war gefährlich.

Michael musste landen oder die Maschine sofort hochziehen. Er war emotional aufgewühlt. 60 Meter unter ihm war eine junge Frau in Lebensgefahr, aber eine Landung unter diesen Umständen bedeutete ein enormes Risiko. Andererseits würde er die Kosten für den Flug rechtfertigen müssen, wenn er ohne Patient zurückkehrte. Er sah kurz zu Rose hinüber. Sie saß unbeweglich da, starrte aus dem Fenster und wartete.

»Wir gehen runter«, sagte er und schaltete die Scheinwerfer wieder ein. Rose hatte weitaus mehr Einsätze hinter sich als er und wusste, dass sein Vorhaben gefährlich war. Sie wollte instinktiv protestieren, doch sie war für die Arbeit auf dem Boden zuständig, und es stand ihr nicht zu, mit dem Piloten über seine Entscheidungen zu diskutieren. Sie betete zu Jesus, er möge seine Hand über Michael, sie und ihren Sohn in Nairobi halten und dachte über ein angemessenes Opfer nach, das sie, wenn ihr Gebet erhört werden sollte, darbringen könnte, aber da war es schon so weit. Das Flugzeug befand sich im Endanflug, die Räder waren kurz davor, den Boden zu berühren.

Plötzlich sah Michael, dass das Licht der Landescheinwerfer reflektiert wurde. »*Merde,* wir landen auf Wasser!« Das Hauptfahrwerk setzte auf, und die Cessna begann sofort zu schlittern. Aquaplaning. Es war unmöglich, die Richtung zu kontrollieren. Um das Bugrad in der Luft zu halten, zog Michael den Steuerknüppel mit aller Kraft zurück. Sobald es den Boden berührte, würde es sich in den Matsch eingraben, und die Maschine würde sich überschlagen. Sie hatten die Piste zur Hälfte überquert, und das Fahrwerk rutschte über weichen Schlamm und durch Pfützen schwarzen Wassers. Die Bremsen waren blockiert und absolut wirkungslos. Sie glitschten über den matschigen Boden wie über Schmiere, und das Ende der Landebahn näherte sich schnell. Es war unmöglich, das Flugzeug rechtzeitig zu bremsen.

Michael trat auf die linke Bremse und riss den Steuerknüppel ebenfalls nach links, in der Hoffnung, die Querruder würden die Maschine auf die Seite drehen und so die Bremswirkung verstärken. Rose stieß einen Entsetzensschrei aus, als die Cessna zunächst holperte, dann wieder ins Schlittern geriet und fünf Meter hinter dem Ende der Piste, dicht vor einem Gestrüpp aus Akazienbüschen, abrupt stehen blieb. Der Motor schüttelte sich und erstarb. Keiner sprach ein Wort. Zumindest waren sie heil gelandet.

Michael saß reglos auf dem Pilotensitz, wischte sich den Schweiß vom Gesicht und nahm nur vage das Geräusch des langsam auslaufenden Kurskreisels wahr. Die Wartenden liefen auf das Flugzeug zu. Zitternd wurde ihm bewusst, dass sie knapp an einer Katastrophe vorbeigeschrammt waren. Er brauchte Zeit, um sich zu erholen. Wie, zur Hölle, sollte er von dieser Piste starten? Sollte er es überhaupt versuchen? Es würde am sichersten sein, wenn sie einfach sitzen blieben und das Tageslicht abwarteten. Aber wie sollte er das Benoit erklären? Die Piste war sicher genug, um zu landen, aber zu gefährlich, um zu starten? Warum war er dann gelandet?

Aufgeregte Stimmen drangen an sein Ohr, was ihn noch mehr verwirrte. Rose war inzwischen ausgestiegen und hatte organisiert, dass ein paar Männer die Patientin vom anderen Ende der Landebahn zum Flugzeug trugen. Sie würden jeden Moment eintreffen.

Michael wurde aktiv. Er schnappte sich seine Taschenlampe und schritt die Landebahn ab, um festzustellen, wie viel davon beim Start brauchbar war – maximal 300 Meter. Das war auch für eine Cessna 206, dem Buschflugzeug von Afrika, ziemlich wenig. Und er musste das Gewicht eines weiteren Passagiers einkalkulieren.

Rose traf ihn, als er zum Flugzeug zurückkehrte. »Sie ist noch ein Mädchen, nicht älter als fünfzehn. Ihr Baby ist tot. Wir müssen sie schnellstens nach Nairobi bringen. Sie blutet sehr stark, und ich bin nicht sicher, ob wir genügend Konserven dabeihaben.« Jeder Gedanke daran, die Nacht auf dem Boden zu verbringen, verblasste. Das Mädchen wurde bereits in die Maschine gehoben. Rose begann, ihre Ausrüstung auszupacken, um ihr eine Transfusion zu geben.

Mit Hilfe von anderen schwang Michael die Cessna herum. Sie hebelten das Bugrad vom Boden und drückten gegen das Heck der Maschine, bis die Nase nach Norden zeigte. Rose überwachte die Männer, als sie den zarten Körper des Mädchens auf die Bahre im hinteren Teil des Flugzeugs legten. Michael blickte kurz in das verängstigte Gesicht der Kleinen und machte dann mit dem Instrumentencheck weiter.

Die Maschine war von vorne bis hinten mit Schlamm bedeckt. Michael musste die Frontscheibe von außen mit dem Ärmel seiner Pilotenjacke säubern, um aus dem Cockpit sehen zu können.

»Rose, das wird eng werden, es gibt nur ein kleines Stück trockene Piste.« Ihm wurde klar, dass er von ihr hören wollte, ob sie nun starten sollten oder nicht, aber sie war vollauf mit der Versorgung ihrer Patientin beschäftigt und antwortete nicht. Der Puls des Mädchens war sehr schwach; manchmal hatte sie den Eindruck, dass es bereits gestorben war. Rose versuchte, den Blutverlust zu minimieren, aber die Blutungen waren innerlich. Jede Minute zählte, und Rose hatte das Gefühl, die Startvorbereitungen würden ewig dauern. Sie sah den verlorenen Blick in den angsterfüllten Augen des Mädchens. Das arme Ding war noch nie aus seinem Dorf herausgekommen, geschweige denn in einem Flugzeug geflogen. Der Lärm des Motors, dem sie nichts entgegenzusetzen hatte, schien sie in die Ohnmacht zu treiben, als wäre er eine mysteriöse Kraft, die ihren Lebenswillen schwächte.

Rose versuchte, mit ihr in Kontakt zu treten, und redete mit dem Mädchen auf Suaheli, obwohl die Patientin eine Gabbra war und diese Sprache nicht verstand. Rose sprach flehende und tröstliche Worte, um sie davon abzuhalten, wegzudriften. Es war eine erschöpfende Anstrengung, permanent den Kopf des Mädchens zu halten, ihr über die Stirn zu streichen und sie mit viel Gespür wieder und wieder vom Rande der Bewusstlosigkeit zurückzuholen. Sobald Rose sich entspannte, zeigte sich in den dunkelbraunen Augen der Kleinen ein weit entrückter Blick, der Gefahr bedeutete.

Michael setzte die Klappen auf 20 Grad und brachte den Motor auf 2850 Umdrehungen pro Minute, bevor er die Bremsen löste. Die Cessna schlingerte die Piste hinunter und wurde schneller, als sie sich dem dicken Schlamm und den Pfützen am anderen Ende näherte. Bei einer Geschwindigkeit von 80 Knoten trafen die Räder auf Wasser – die Gefahr des Aquaplaning war groß. Er riss den Knüppel zurück und zog die Räder aus der Oberflächenspannung des Wassers. Das Flugzeug stieg in den mit Sternen gefüllten Himmel und ließ die Hügel von Sabarei weit unter sich.

Michael beendete den Steigflug auf 12000 Fuß und meldete der Foundation per Funk, dass die Patientin an Bord sei und dass alle Instrumente normal funktionierten. Er war allein im Cockpit, denn Rose saß an der Seite des Mädchens. Allmählich entspannte er sich. Er wusste, dass er von Glück reden konnte, dass er diesen riskanten Einsatz bewältigt hatte. Aber hatte er nicht allen Grund, sich zu gratulieren? Sicher, es war knapp gewesen, aber er war ein verdammt guter Pilot, und außerdem – hatte er der jungen Frau nicht das Leben gerettet? Zufrieden, dass er die richtige Entscheidung getroffen hatte, stand ihm klar vor Augen, was die Arbeit bei den Flying Doctors bedeutete. Um Leben zu retten, musste man einfach Risiken eingehen. Aber er wusste auch, dass er sich eine gute Geschichte ausdenken musste, bevor er am Montagmorgen Benoit traf. Der Chefpilot, der sich immer an die Regeln hielt, würde einen detaillierten Bericht fordern.

Die große Höhe beschleunigte den Herzschlag der Patientin, und damit verstärkten sich die inneren Blutungen. Rose befestigte zusätzliche Druckverbände an den Genitalien des Mädchens. Die geschwollenen, dunkelroten Narben, die von der Beschneidung herrührten, ließen darauf schließen, dass die primitive Operation erst kürzlich durchgeführt worden war und dass sich die Wunde infiziert hatte. Es war verhängnisvoll für Mutter und Kind, dass die Geburt so kurz nach diesem Eingriff erfolgt war.

Rose stellte die Beschneidungen nicht in Frage. Dieses Ritual war bei den Stämmen in den Dörfern ein Teil des Lebens. Ihre Mutter und ihre ältere Schwester waren ebenfalls beschnitten. Die Familie von Rose war verärgert gewesen, als sie sich geweigert hatte, diese Qual auf sich zu nehmen, und glaubte, dass das Missionskloster einen schlechten Einfluss auf sie gehabt hatte. Aber das war jetzt Vergangenheit. Heute war ihre Mutter stolz darauf, dass Rose Krankenschwester war, und ihr Vater nahm gerne das Geld an, das sie ihm schickte. Es hob seinen Status unter den Dorfältesten.

Das Flugzeug ratterte durch die Nacht, eine kleine, in sich abgeschlossene Welt. Michael, der sich nicht ganz des Überlebenskampfes bewusst war, der hinter ihm stattfand, ließ seinen Gedanken freien Lauf. Er genoss es, nachts zu fliegen. In Afrika ist man dann allein, es gibt keine Fluglotsen und keine Kommunikation mit anderen Maschinen. Man ist nur vom Nachthimmel und den Sternen umgeben, und unter einem ist alles rabenschwarz, außer wenn gelegentlich ein großes Feuer in der Dunkelheit flackert. Vor der Regenzeit zünden die Leute das Gras an und lassen es unkontrolliert brennen. Manchmal steht ein ganzer Berghang in Flammen – ein atemberaubender Anblick, obwohl dies aus ökologischer Sicht keine gute Art der Landkultivierung ist. Michael beschloss, seine Freundin Margie zu besuchen, sobald er gelandet war. Nach einem Flug wie diesem konnte er nicht einfach nach Hause gehen – er würde die ganze Nacht in seiner Wohnung auf und ab gehen, wie ein Löwe in seinem Käfig.

Zwei Stunden später tauchten die Lichter Nairobis in der Ferne auf. Der Wilson Airport war nach 16:00 Uhr geschlossen, was bedeutete, dass man den Kenyatta International anfliegen musste. Der Krankenwagen des Flying Doctors Service würde dort auf sie warten, die Patientin in eine Klinik bringen und die Ausrüstung zum Hangar transportieren. Michael würde am Montag die Maschine zum Wilson Airport fliegen – ein fünfminütiger Flug, der ihn, bis er den ganzen Papierkram erledigt und den Flugplan erstellt hätte, den ganzen Vormittag kosten würde. Als er Rose informieren wollte, dass sie nicht auf dem Wilson Airport landen würden, sah er, dass sie reglos dasaß und mit abwesendem Blick das Mädchen anstarrte.

»Rose!« Er musste brüllen, um das Motorgeräusch zu übertönen. »Wir müssen Kenyatta anfliegen. Ich habe die Foundation informiert, der Krankenwagen steht dort bereit.« Rose reagierte nicht. Das junge Mädchen war gestorben. Die Krankenschwester hockte neben der Leiche, und die Hand der Kleinen ruhte immer noch auf ihrem Schoß.

Rose war furchtbar müde. Jeder Teil ihres Körpers schmerzte, und die Sorge um ihren Sohn hatte sich wieder in ihr Bewusstsein gedrängt. Sie saß neben einem Mädchen, dass sie noch nie zuvor gesehen hatte und dessen Leben sie nicht hatte retten können, während ihr eigener Sohn, der sich in einem kritischen Zustand befand, im Kenyatta Hospital lag. Sie durfte jetzt nicht in Panik geraten.

Daniel, der Fahrer, wartete am Kenyatta International mit dem Krankenwagen. Die Leiche des Mädchens wurde umgeladen, ohne dass ein Wort fiel. Ihr Tod ließ die riskante Landung in Sabarei als sinnlos erscheinen. Der bedingungslose Einsatz von Rose und Michael war nun zu einer undankbaren Arbeit geworden, die bald kritisiert werden würde, zu einer Pflichtverletzung, bei der klare Regeln gebrochen worden waren. Michael fühlte sich zunehmend unwohl, wenn er an das Treffen mit Benoit dachte. Ihm wurde klar, dass alle im Hangar die total verdreckte Cessna 206 sehen würden, wenn er sie am Montagmorgen zurückflog, und allein das würde schon eine detaillierte Erklärung erfordern.

Niemand sprach, als der Krankenwagen den Mombasa Highway hinunterkurvte. Die blendenden Scheinwerfer des entgegenkommenden Verkehrs machten das Fahren gefährlich, aber Daniel war die Strecke schon tausendmal gefahren. Er kannte alle Schlaglöcher und wusste, wie man sie vermied. Der Pilot stieg am Hangar aus. Autotüren schlugen zu, man wünschte sich oberflächlich eine gute Nacht, und Michael machte sich auf den Weg zu seiner Freundin.

Rose und Daniel fuhren zur Leichenhalle. Erst jetzt wurde Rose bewusst, dass sie nicht einmal den Namen des Mädchens kannte. Sie würde am nächsten Morgen zurückkehren müssen, um die Papiere zu unterschreiben. Offensichtlich konnte niemand den Rücktransport der Toten zu ihrem Dorf bezahlen, sie musste also in der N'gong-Leichenhalle bleiben. Man würde den Köper entsorgen, als ob er Müll wäre.

Daniel sah, dass Rose total erschöpft war. Sie arbeiteten schon jahrelang zusammen, und er gehörte zu den wenigen, die wussten, dass ihr Sohn schwer krank war. Er bot ihr an, sie nach Hause zu fahren, aber sie wollte lieber direkt ins Krankenhaus. Er bog in die Haile Selassie Avenue und fuhr über die N'gong Road zur Hospital Road. Obwohl Daniel schon seit 15 Stunden im Dienst war, sagte er ihr, er würde auf sie warten, aber Rose hatte vor, die Nacht im Kenyatta Hospital zu verbringen. Zu müde, um ein Wort des Abschieds über ihre Lippen zu bringen, trennten sie sich. Daniel ging zu dem Wagen zurück und zündete sich eine Zigarette an.

Über dem eindrucksvollen Krankenhausgebäude hing eine niedrige Wolkendecke. Es regnete leicht. Die Neonlampen, die den Weg zum Parkplatz wiesen, warfen ihr kaltes Licht in die schwarze Nacht. Das Innere des Hospitals zeigte alle Anzeichen der Vernachlässigung – defekte Glühbirnen, Farbe, die von den Wänden abblätterte, Fliesen, die sich von dem Betonboden gelöst hatten. Für die Instandhaltung war seit Jahren kein Geld mehr ausgegeben worden. Menschen schlurften durch die schwach beleuchteten Korridore; manchmal war es er schwierig, zwischen Patienten und Personal zu unterscheiden. In den 60er-Jahren des letzten Jahrhunderts hatte das Kenyatta Hospital den Ruf genossen, das beste Krankenhaus Afrikas zu sein. Doch das war lange her. Jetzt war dieser Ruf dahin. Das Krankenhaus war ein Schandfleck, wie vieles andere in Kenia.

Rose ging den Korridor hinunter, der zu dem Zimmer ihres Sohnes führte, vorbei an Operationssälen, der Intensivstation, bis zu zur Krankenstation. Das flaue Gefühl im Magen steigerte sich zu einem Schwindelanfall, als sie das leere Bett sah, in dem Moses noch am Morgen gelegen hatte. »Mutter Gottes, bitte, wo ist mein Sohn!« Sie rannte von Bett zu Bett, von Patient zu Patient und flehte die Leute an, ihr zu sagen, was passiert war. Niemand rührte sich, keiner ließ sich auch nur ein Wort entlocken, einige verhielten sich völlig teilnahmslos. Verzweifelt rannte sie durch die Halle, suchte hysterisch nach einem Arzt, einer Schwester, nach irgendjemandem, der ihr Auskunft über ihren Sohn geben konnte.

Als sie plötzlich Judy von AMREF auf sich zukommen sah, wusste Rose, was passiert war. In diesem Moment war ihr alles klar. Judy konnte zu dieser Stunde nur aus einem einzigen Grund im Krankenhaus sein. Ihr entfuhr ein kaum hörbarer Schrei, ein Schrei, der weniger als ein Wimmern war. Der ganze Schmerz, der sich in den letzten 15 Jahren in ihr angesammelt hatte, stieg in ihr hoch. Judy nahm Rose in die Arme und wartete, bis aus den ersten zaghaften Lauten Schluchzer wurden, die sich schließlich in ein ungezügeltes Klagegeschrei verwandelten.

Schwankend standen die beiden Frauen da, wie zusammengeschweißt. Fast hätte Judy die Balance verloren. Wie durch einen

Schleier nahm sie wahr, dass Judy mit getrocknetem Blut bedeckt war und nach Tod roch. Sich immer noch fest umarmend, sanken die beiden Krankenschwestern zu Boden. Rose weinte hemmungslos, während ein Mann in einem schäbigen Overall einen Wagen mit schmutziger Leinenwäsche durch die Schwingtüren schob.

6 Der vergiftete Speer

Als wir im Dezember 1996 unser erstes Weihnachtsfest in Afrika erlebten, dachten wir an Toronto. Wir hatten ein seltsames Gefühl, wenn wir uns Kanada vorstellten, wo Menschenmassen die Läden stürmten, um in letzter Minute Geschenke zu kaufen. Wir vermissten diese Jahreszeit der anstrengenden Feste, nach denen man seine Sachen packte, um in den Laurentischen Bergen Urlaub zu machen. Das schien nun alles weit weg zu sein.

Im Gegensatz zu Kanada stand Nairobi jetzt in Blüte, und nach dem großen Regen war das Wetter einfach prächtig. Diejenigen, die es sich leisten konnten, fuhren aufs Land, um Weihnachten mit ihren Familien zu verbringen. Solche Reisen konnten, angesichts der überfüllten *matatus* und der schlechten Straßen, einige Tage dauern. Aber der Besuch bei den Eltern, der Familie, dem Klan und dem Stamm wurde als obligatorisch betrachtet.

Krystyne und ich beschlossen, Nairobi zu verlassen und mit unserm Flugzeug zum Turkanasee zu fliegen. Das Gewässer lag im Northern Frontier District nahe der äthiopischen Grenze. Geografisch vom Rest Kenias abgeschnitten, war dieses Gebiet politisch nicht ungefährlich. Der Turkana-Stamm galt als gesetzlos, und die Region war so abgelegen, dass es für die Regierung schwierig war, dieses Nomadenvolk zu kontrollieren. Dennoch war der Landstrich aus geologischer und soziologischer Sicht höchst interessant.

Es war unsere erste große »Luft-Safari« seit meiner Ankunft in Afrika vor drei Monaten. Von Shaba aus führte uns der zweistündige Flug über Ndoto-Berge und über die Korante-Ebene, und dann ging es hinunter in die von Lavagestein geprägte Mondlandschaft des

Turkanasees. Der große, mysteriöse See, der mitten in der nördlichen Wüste liegt, hatte im späten 19. Jahrhundert eine lange Liste von weißen Afrikaforschern fasziniert.

Der Turkanasee, früher Rudolfsee, wurde 1888 von dem Grafen Samuel Teleki de Szek und seinem Begleiter Leutnant Ritter Ludwig von Hohnel nach dem Habsburger Kronprinzen Rudolf von Österreich benannt. Sie waren die ersten weißen Forscher, die diesen spärlich besiedelten Teil Afrikas bereisten. An dem einzigartigen Gewässer spuken die prähistorischen Geister der Vergangenheit des Menschen. In »*Eyelids of Morning*«, einem Buch, dass Alistar Graham mit seinem Koautor Peter Beard verfasste, beschreibt Graham den See als »288 Kilometer lang und 9,6 bis 48 Kilometer breit. Ein schlickiges grünes Wasser, so brackig, dass man sich übergeben könnte, und so rachsüchtig, dass es Hassgefühle weckt. Der See kann von unschuldiger Schönheit sein und im Morgenlicht verführerisch glitzern. Und er kann üble Ahnungen wecken, wie eine braune Nacktschnecke, die durch die lähmende Nachmittagshitze kriecht, wenn sogar die Fliegen erstarrt sind.« Der Turkanasee, für die Arglosen unheilvoll, für die Furchtsamen erschreckend, ist zudem der Lebensraum für eine der größten Krokodilpopulationen der Welt.

Hier, an den Ostufern, bei Koobi Fora, fanden Louis und Mary Leakey zwischen den ältesten Steinen der Erde den Schädel eines *Homo habilis,* eines drei Millionen Jahre alten Australopithecus, den sie Lucy nannten. Das Turkanaland war zu dieser Zeit das Ossarium der Menschheit. In diesem desolaten und ungastlichen Teil der Welt wurde das älteste Habitat der Vorfahren des Menschen entdeckt.

Der See grenzt an die Wüsten Chalbi und Kasuit und ist eine wichtige Wasserquelle für die Wüstenbewohner. An seinen Ufern findet man wandernde Nomaden und auch Siedlungen von Stämmen – den benachbarten Samburu, Rendille, Turkana, El Molo, Gabbra,

Boran und Dasenech, deren nilotische und kuschitische Ahnen sich verschwören und für Spannungen unter den einzelnen Gruppen sorgen, die sich regelmäßig in Viehdiebstahl oder Stammesfehden entladen.

Der Überlebenskampf ist in dieser Region eine Vollzeitbeschäftigung und hat zu einer Spezialisierung geführt, die sich über Jahrtausende entwickelt hat. Die unablässig herabbrennende Sonne bleicht den Himmel aus und pulverisiert die Erdkruste zu wirbelndem Sand und Staub. Nur Tollkühne wagen sich zu Fuß in diesen Schmelzofen. Manche behaupten, dass die Turkana, die durch diese Wüsten wandern, geistesgestört seien – zumindest aber sind sie Gesetzlose.

Weiter südlich beginnt die Halbwüste, die gesprenkelt ist von isolierten Oasen, in denen Doum-Palmen, Stachelgras und dichtes Gestrüpp einen Hauch von Feuchtigkeit in den dünnen Wolkenfetzen suchen, die von den warmen Winden aus dem Rift Valley herübergeweht werden. Hier zerren heiße Thermalwinde, die über das ausgedörrte Land fegen, an den gelben Halmen des Wüstengrases. Feuchtigkeit wird aus jeder Spalte gesaugt, und die Erde platzt auf und zeigt gigantische Risse, die wie klaffende Wunden anmuten. Aus dieser brennenden Hölle gibt es kein Entkommen. Die Trockenzeit ist endlos und kennt keine Gnade; es gibt nur Resignation und Warten, ein endloses Warten auf den Regen.

Die Rinder erliegen zuerst dem quälenden Kampf. Während sie ausgetrocknete Wasserlöcher umkreisen, blöken sie dem sich verflüchtigenden Geruch von Feuchtigkeit hinterher. Ihre Schicksalsergebenheit führt zu einem langsamen, grauenvollen Ende. Die Tage vergehen, einer nach dem anderen. Die erbarmungslose Sonne peinigt den porzellanfarbenen Himmel. Nur die wenigen, die mit einem übernatürlichen Instinkt ausgestattet sind, machen sich auf die lange Wanderung durch den heißen Sand zum Turkanasee, ihrer letzten Hoffnung. Ausgebleichte Knochen säumen die Strecke, makabere Beweise für zu spät gefällte Entscheidungen.

Aus der Luft glich der Turkanasee einer Luftspiegelung von Wasser, das in eine Wüste gegossen worden war, in der heiße, trockene Winde kleine Staubteufel aus einem Meer von treibendem Sand aufwirbeln. Die Landschaft glich einem ausgebrannten Schlachtfeld. Im Sand verstreut lagen runde Lavabrocken, die an alte Kanonenkugeln erinnerten, an längst vergessene Überbleibsel eines Feldzuges aus ferner Vergangenheit.

Wir landeten auf der rauen Piste von Loiengalani, einer Oase, die an das Ostufer des Sees angrenzte. Einst stand hier eine von den Briten erbaute Festung, aber nun war Loiengalani eine spärlich eingerichtete Safari Lodge, die von einem exzentrischen Deutschen namens Wolfgang Dechter geführt wurde. Die glühende Hitze der Wüste, die Unpassierbarkeit der Berge und der Mangel an Infrastruktur hielt alle, außer Unerschrockene und Sonderlinge, davon ab, Loiengalani zu besuchen. Touristen reisten höchst selten so weit nach Norden, es sein denn, sie hatten ein Flugzeug gechartert.

Der Lärm, der unsere Ankunft ankündigte, hatte Wolfgang ein gutes Geschäft wittern lassen. Er schickte Miglia los, seine rechte Hand, der mit einem verbeulten Landrover die Landebahn heruntersauste und uns zur Lodge brachte. Dort servierte Wolfgang uns Getränke. Wir saßen auf einer offenen *makuti,* einer Veranda mit Grasdach, von der aus man den See überblicken konnte. Das Haupthaus war ganz angenehm, doch die trostlosen Schlafquartiere, die kleinen *bandas* oder Kabinen, schrien danach, renoviert zu werden.

Wolfgang war ein Träumer und ein Trinker. Er lief den ganzen Tag in einem dreckigen Unterhemd und in Shorts herum, war unrasiert und hatte immer ein warmes Tusker (kenianisches Bier) in Reichweite. Er kommandierte sein Personal auf eine dominante teutonische Weise herum, was dazu geführt hatte, dass seine Leute eine unendliche Geduld und eine heimliche Abneigung gegen ihn entwickelt hatten. Nachts schaltete er sein Amateurfunkgerät ein und unterhielt sich mit einsamen Stimmen, die durch das knisternde statische Rauschen mal besser und mal schlechter zu hören waren. Er schlief fast nie.

Mir wurde berichtet, dass Wolfgang die Lodge 1986 gekauft hatte. Der Vorbesitzer war ein Italiener, der nach einem Mord Pleite gegangen war, was das Haus in Verruf gebracht hatte. Wolfgang hatte seine junge und hinreißend schöne Frau – ein deutsches Model, das Margit hieß – überreden können, mit ihrer kleinen Tochter in diesem entlegenen Teil Afrikas zu leben. Die Ehe ging jedoch schief, sie verließ ihn, und er wurde bitter und einsam und trauerte seinen zerbrochenen Träumen und seinem scheiternden Unternehmen nach. Wenn seine adelige Mutter ihn gelegentlich besuchte, litt sie enorm unter der Hitze, den Fliegen und den permanenten Bitten um Geld.

Wir verbrachten den ersten Weihnachtstag in Loiengalani. Die Luft versengte unsere Kehlen, wir konnten kaum atmen. Um uns herum starb das ausgedörrte Land. Ich ging über einen Lavapfad von der Lodge zu meinem Flugzeug, das schimmernd auf dem Asphalt stand. Heiße Winde bliesen in das Stall-Warnhorn der Maschine und entlockten ihm ein klagendes Jaulen, wie von einem verwundeten Tier. Ich wurde von einem neunzehnjährigen Samburu-Krieger begleitet, der mir unbedingt seinen Speer verkaufen wollte.

»Dieser Speer hat fünf Löwen getötet. In ihm wohnen die Kraft und der Mut meines Vaters. Sie bekommen ihn zu einem Sonderpreis.« Ich antwortete nicht. »Ich habe fünfzehn Brüder«, fuhr er fort. »Sie können auch mein Bruder sein. Es wäre eine Ehre für mich, Sie meinen Bruder zu nennen. Mein Name ist Kipsoi. Ich bin Ihr Freund und Ihr Bruder.«

Hoch über uns flogen nubische Geier ganz gemächlich Achterfiguren, auf der Suche nach dem Tod.

»Tausend Schilling, das ist zu teuer für einen Speer. Außerdem gibt es hier keine Löwen mehr.«

Kipsoi blieb unbeirrt. »Wie viel wollen Sie zahlen?« Seine Augen tasteten mein Gesicht ab, suchten nach einer Regung. »Das ist ein sehr alter Speer, mein Vater hat ihn mir geschenkt, als ich ein kleiner Junge war. Es wäre eine Ehre für mich, wenn Sie ihn nehmen würden.«

Ich wollte den Speer haben, versuchte aber, es nicht zu zeigen.

Wir waren bei meiner Maschine angelangt. Ich öffnete die Tür und durchsuchte meine Flugtasche nach einer Landkarte vom Turkanasee. Kipsoi linste über meine linke Schulter und erstarrte ehrfürchtig beim Anblick des Cockpits. Sein Interesse brachte mich auf eine Idee.

»Wie wär's mit einem Rundflug als Gegenleistung für den Speer?« Krystyne und ich planten einen Flug zum südlichen Ende des Sees. Wir wollten uns den Krater des Teleki-Vulkans aus der Luft ansehen, und es würde keine Umstände machen, ihn mitzunehmen. Ein breites, kindliches Grinsen erhellte sein Gesicht. Ein Flug in einem *ndege* würde seine kühnsten Träume übertreffen und ihm die Bewunderung seiner Freunde sichern. Der Handel war abgeschlossen.

Kurz darauf ließen wir uns von heißen, trockenen Winden nach oben tragen. Krystyne, die auf dem Platz des Kopiloten saß, trug einen Badeanzug und hatte einen Sarong um ihre Hüften geschlungen. Kipsoi roch nach fermentierter Ziegenmilch und nach Blut. Er saß stocksteif und schweigend da und hielt sich an seinem Speer fest. Die Sonne, ein orangefarbener Ball, stand niedrig über den Loriu-Hügeln und verstrahlte Nachmittagslicht, das auf den grünen Wellen des Sees glitzerte wie verstreute Diamanten.

Wir erreichten das südliche Ufer und kreisten über dem klaffenden Schlund des Teleki-Kraters. Ich erinnere mich lebhaft an das seltsame Gefühl, das mich überkam, als wir diese Urlandschaft überflogen. Unser Samburu-Krieger starrte mit weit aufgerissenen Augen auf die elektronischen Instrumente und die digitalen Informationen, die über der ganzen Breite des Armaturenbretts blinkten.

Lange Schatten kündigten das Ende des Tages an. Es war Zeit, nach Loiengalani zurückzukehren. In diesen Breiten war es nicht leicht, einzuschätzen, wann die Nacht hereinbrechen würde, und die Piste von Loiengalani war unbeleuchtet. Obwohl Kipsoi weder verängstigt noch aufgeregt zu sein schien, blieb er weiterhin reglos und schweigsam, als ob eine einzige Bewegung den unbegreiflichen Zauber des Fliegens zerstören und zu einer Katastrophe führen könnte.

Vor uns lag die Silhouette von South Island: ein unbewohntes, abgelegenes und gefährliches Eiland, das im goldenen Licht der untergehenden Sonne badete. Die karge Vulkaninsel erhob sich majestätisch aus dem südlichen Teil des Turkanasees. Ich hatte viel über sie gehört.

South Island wurde 1972 unter der Schirmherrschaft des Kenya Wildlife Service zum Nationalpark erklärt. Die gespenstische Landschaft aus erstarrter Lava erinnerte an den Mond; hier gab es kein Leben, außer den Krokodilen, die an den Ufern lagen. Viele weiße Forscher, die sich auf die Insel gewagt hatten, waren auf mysteriöse Weise verschwunden. Ihr Schicksal wurde vielleicht von den plötzlich auftretenden und äußerst heftigen Fallwinden besiegelt, die von den Bergwänden des Rift Valley herabstürzten und über den See fegten. Ohne jede Vorwarnung konnten diese Winde eine unglaubliche Kraft entwickeln und das eben noch stille Gewässer mit einem Sturm überziehen, der die Holz- oder Fiberglaskanus, die in Zentral- und Ostafrika üblich waren, zum Kentern brachte.

Die unheilvollen und finsteren Geschichten, die ich über South Island gehört hatte, erregten meine Neugier. Jamie Roberts war der einzige Pilot, den ich kannte, der ein Flugzeug auf der Insel gelandet hatte. Er betrachtete sie als seinen privaten Schlupfwinkel und campierte dort gern mit seinen Freundinnen.

Jamie flog regelmäßig den Wilson Airport an. Er genoss den Ruf eines wilden Burschen, der gerne ein Auge auf Frauen wirft. Er war ein hervorragender Pilot, und seine kleine Firma bot Charterflüge und Safaris für gut betuchte Nordamerikaner an, die in Ostafrika ihren Erlebnishunger stillen wollten. Für diese Klientel war Jamie genau der Richtige. Er hatte sich darauf spezialisiert, seine Kunden zu ungewöhnlichen Orten zu fliegen, wie nach South Island, auf den Mount Kenya (eine schmale Landebahn auf einer Höhe von mehr als 3000 Metern), oder in isolierte Gebiete des Masai-Mara-Nationalparks. Er war der Archetyp des »Kenianischen Cowboys« (KC): attraktiv, wagemutig und unangepasst. Jamie hatte oft von der unvergleichlichen Schönheit South Islands geschwärmt, und nun lag das sagenhafte Eiland direkt auf unserem Kurs.

Wir überflogen die Insel ein paar Mal und suchten nach einem Landeplatz. Sie bestand hauptsächlich aus Bergen und ein paar unebenen Flächen erstarrter Lava. Dann sichtete ich auf der Westseite, an einem Strand aus schwarzem Vulkansand, einen schmalen Streifen, den ich für Jamies Landebahn hielt. Ich kreiste 100 Fuß über dem Wasser. Als wir die vermeintliche Piste ein zweites Mal überflogen, entschied ich mich impulsiv, zu landen. Ein leichter Seitenwind komplizierte den Endanflug und trieb uns auf den weichen, feinkörnigen Lavastrand. Die Reifen gruben sich sofort in den Sand. Zu spät wurde mir klar, dass ich in Schwierigkeiten war. Ich riss den Steuerknüppel zurück, damit der Schwanz der Maschine sich nicht aufstellte, doch als das Bugrad noch tiefer einsank, kippte die Nase nach vorne und pflanzte sich fest in den Boden.

Kipsoi wurde samt Speer ins Cockpit geschleudert, und mit ihm alle unbefestigten Gegenstände. Das Heck ragte jetzt steil gen Himmel, und unsere Körper befanden sich in Purzelbaumhaltung. Gegen die Windschutzscheibe gepresst, bemühten wir uns, aus dem Cockpit zu klettern. Wir waren benommen und hatten ein paar blaue Flecken, aber niemand war ernsthaft verletzt. Nur Kipsoi schien völlig unbeeindruckt zu sein. Da er noch nie geflogen war, glaubte er vielleicht, dass alle Landungen so endeten.

Ich war am Rande eines Schocks, als ich versuchte, mir die Konsequenzen meiner Fehleinschätzung bewusst zu machen. Nachdem ich durch ein Fenster ins Freie gekrochen war, strengte ich mich an, das Heck in eine horizontale Position zu bringen, hatte aber keinen Erfolg. Als die Sonne fast unbemerkt hinter dem Westufer des Sees versank, bedeckte das letzte Tageslicht die Loriu-Hügel mit purpurnen Schatten.

Ich hatte eine Bruchlandung auf einer verlassenen Insel hingelegt, die sich in einem der abgelegensten Gebiete Afrikas befand. Krystyne, die bewundernswert ruhig war, erkannte sofort, dass wir die Nacht dort verbringen mussten, dass wir keine Nahrungsmittel hatten und keine Möglichkeit, uns zu retten. Ich konzentrierte mich weiter auf das Flugzeug. Es gelang mir zwar, es wieder in Position zu bringen, doch der Propeller war stark verbogen, was bedeutete, dass auch die Kurbelwelle des Motors beschädigt sein konnte. Kurz dachte ich daran, die Blätter des Propellers wieder zu begradigen. Eine unsinnige Idee, denn sie waren aus Stahl und würden, wenn die Symmetrie nicht hundertprozentig war, bei 2700 Umdrehungen pro Minute auseinanderfliegen. Unsere Lage war nicht gerade ermutigend.

Ich wandte mich dem Kurzwellen-Funkgerät zu. Wolfgang schaltete jeden Abend um 18.00 Uhr sein Funkgerät ein, um die afrikanischen Frequenzen zu durchforsten, und wartete dann darauf, dass es Nacht wurde. Kurzwellen – besonders, wenn sie von Nordamerika ausgehen – sind nachts besser zu empfangen, weil es weniger atmosphärische Interferenzen gibt. Außerdem hörte er gerne zwischen 18:00 und 19:00 Uhr den Polizeifunk ab – ein Brauch, der von allen gepflegt wurde, die in den nördlichen Territorien lebten und einsam waren. Ich erreichte Wolfgang, konnte ihn aber kaum hören. Ich berichtete ihm, dass wir eine Bruchlandung gemacht hatten, und dass wir unverletzt waren und Hilfe brauchten. Die Übertragung brach gleich wieder ab, und es war unsere letzte Kommunikation mit der Außenwelt (Kurzwellen-Funkgeräte sollen nur bei laufendem Motor benutzt werden). Die Batterie war erschöpft, und die Dunkelheit umhüllte unsere kleine Welt nun wie eine dicke Decke. Wir waren allein.

Eine Stunde später sah ich am nördlichen Ende des Strandes ein Licht, und bald darauf eine Gruppe von Turkana-Fischern, die auf uns zukamen. Der Anblick von anderen Menschen, die ein Boot hatten, machte mir Hoffnung. Doch Kipsoi schlang panisch seine Arme um Krystyne und flehte sie an, ihn vor seinen Feinden zu beschützen. Er hatte Angst vor den Turkana, weil sie die Samburu hassten, und so glaubte er, sie wollten ihm etwas antun. Die Fischer lachten und winkten, was wir als freundliche Geste interpretierten. Der Anblick des verwundeten *ngede* faszinierte sie. Unsere Notlage war für sie ein weiteres unverständliches Beispiel für das wundersame Verhalten des weißen Mannes.

Die Fischer waren Ausgestoßene ihres Stammes. Trotz des Fischreichtums des Sees, in dem es von proteinreichen Nilbarschen und Petrusfischen wimmelte, waren die Turkana ein Nomadenvolk geblieben, das sich von dem Blut und der Milch ihrer Rinder ernährte – sie betrachteten Fisch als unrein. Die Rinder, der wertvollste Besitz des Stammes, wurden auf den unendlich langen Märschen durch die Halbwüste verkauft, getauscht oder gestohlen. Kein anderer Stamm im nördlichen Territorium war kriegerischer und unabhängiger als die Turkana, die keine Autorität anerkannten, insbesondere nicht die der kenianischen Zentralregierung in Nairobi.

Obwohl er sich fürchtete, mussten wir Kipsoi als Unterhändler einsetzen, der es schaffte, sich mit einer Mischung aus Samburu und Suaheli verständlich zu machen. Wir hatten die Neugierde der Fischer erregt, und so luden sie uns ein, ihnen zu ihrem Camp am anderen Ende des Strandes zu folgen. Als wir dort um ein kleines Feuer herumsaßen, beobachteten wir die jungen Männer, wie sie mit ihren nackten und glänzenden Körpern in das trübe Wasser hineinwateten und ein großes Schlagnetz auswarfen.

Während sie das Netz behutsam zum Ufer zogen, arbeiteten ihre Hände in den langsamen Rhythmus ihres leisen, gutturalen Gesangs, in den sie gelegentlich Grunzlaute einstreuten, mit denen sie wohl ihre Vorfreude ausdrückten. Das Resultat ihrer Bemühungen waren jedoch nur zwei Petrusfische, von denen wir einen für 50 kenianische Schilling erstanden (10 Cent). Die Tiere wurden auf heißen Steinen gebacken, und obwohl sie mager und voller Gräten waren, schmeckte unser Weihnachtsessen köstlich. Die älteren Männer aßen nichts; sie waren damit zufrieden, am Feuer zu sitzen und übelriechende Zigaretten zu rauchen. Zu unserer Überraschung hatten sich in der Zwischenzeit ein paar Jungen zu unserem Flugzeug geschlichen, um Treibstoff zu schnüffeln, den sie durch das Tankventil abgesaugt hatten.

Krystyne und ich sahen uns an; wir fragten uns, wie wir aus diesem Schlamassel herauskommen sollten. Unsere unheimliche Umgebung bewirkte, dass wir näher zusammenrückten. Der Nachthimmel, ein Schneesturm aus Sternen, färbte sich königsblau und wurde dann pechschwarz. Langsam kletterte der Vollmond über die dunklen Lavafelsen und überflutete den Stand mit seinem schmeichelnden Licht. Vom Wasser her trieben sanfte, warme Brisen über den Sand. Wir saßen am Strand und blickten auf den See, und unser Wunsch, gerettet zu werden, verblasste angesichts der Schönheit dieser Nacht. Wir verbrachten den Abend des ersten Weihnachtstages zwar nicht freiwillig auf South Island, fast 13 000 Kilometer von zu Hause entfernt, gefangen an diesem abgelegenen und wunderbaren Strand, aber wir waren am Leben und unverletzt, und wir erlebten vieles, was uns in Erstaunen versetzte und wofür wir dankbar waren.

Später, als es Zeit zum Schlafen wurde, luden uns die Fischer ein, die Nacht mit ihnen unter einem sichelförmigen Segel zu verbringen, das sie über den Sand gespannt hatten. Aber die angenehme Wärme und der Zauber des sternenbedeckten Firmaments bewirkten, dass wir es vorzogen, unter freiem Himmel zu schlafen, anstatt unter einem Leinentuch. Einer nach dem anderen krochen die Turkana unter das Segel, grunzend und drängelnd, um sich einen Platz zu sichern. Irgendwann kamen die Jungen von unserem Flugzeug zurück, setzten sich ans Feuer und redeten und lachten in aufgekratzter Stimmung, bis auch sie unter das Segel krochen und die letzten Plätze einnahmen. Innerhalb der nächsten Stunde wurde uns der Grund für dieses eigenartige Verhalten klar. Ganz unvermittelt kamen Winde auf, die bald Orkanstärke hatten und den Strand mit einem Sandsturm überzogen. Schutzsuchend zwängten wir uns unter das Segel und landeten in einem Gewirr aus Armen und Beinen. Elf Turkana-Fischer, Kipsoi, Krystyne und ich hockten nun unter einem Segeltuch, das nicht viel größer war als ein Bettlaken. Es wurde eine schlaflose Nacht.

Der Sturm tobte die ganze Nacht hindurch und ließ erst kurz vor der sehnsüchtig erwarteten Dämmerung nach. Die Enge, der Schweißgeruch und der Gestank des Segels trieben uns schließlich hinaus in das Licht des frühen Morgens. Die Vulkanlandschaft, nun von den Nachtschatten befreit, wirkte im ersten Sonnenlicht karg und nackt. Leider war der windgepeitschte See viel zu rau, um mit einem Boot zum Festland zu paddeln. Der Gedanke, dass wir noch eine Nacht – oder vielleicht sogar viele Nächte – auf dem ausgebrannten Eiland verbringen mussten, begann sich in unser Bewusstsein zu graben. Dass Wolfgang uns vielleicht retten könnte, war kaum mehr als ein frommer Wunsch. Ich erinnerte mich, auf dem Festland nichts Größeres gesehen zu haben als ein Kanu und ein Dory, bei dem ein paar Seitenteile fehlten. Mit keinem der beiden Boote hätte man eine Chance gehabt, das aufgewühlte Gewässer zu überqueren.

Zwischen South Island und dem Festland lagen ungefähr 16 Kilometer offenes Wasser. In diesem Teil des Großen Afrikanischen Grabens herrschten oft beständige Winde mit einer Geschwindigkeit von 25 bis 30 Knoten, die eine Woche oder länger anhielten. Wolfgang würde in tausend Jahren nicht den Versuch machen, den See zu überqueren, und wer sonst sollte es tun?

Unsere einzige Hoffnung, so schien es, waren die Fischer. Kipsoi übersetzte, als ich mit ihnen verhandelte, aber sie waren nicht dumm und sich unserer Lage voll bewusst, und so verlangten sie einen hohen Preis. Nach einer einstündigen Diskussion erklärten sie sich bereit, uns – sobald der Wind nachlassen würde – sechs oder sieben Stunden über den See zu paddeln, eben so lange, wie eine Kanufahrt nach Loiengalani dauert. Bis dahin konnten wir nichts anderes tun, als uns zu beruhigen und zu warten.

Wir hatten uns damit abgefunden, einen weiteren Tag der mörderischen Hitze ausgesetzt zu sein. Gegen neun Uhr zwang uns die Sonne, unter einer Tragfläche des Flugzeugs Schutz zu suchen. Als wir uns wie Flüchtlinge aneinanderdrängten, begann der Hunger an uns zu nagen. Wir hatten seit 24 Stunden nichts gegessen, außer dem kleinen Petrusfisch. Und, was noch mehr ins Gewicht fiel, wir hatten nichts mehr zu trinken. Hier gab es nur das Wasser des Sees, das uns mit ziemlicher Sicherheit krank machen würde. Unsere Lage war zwar nicht lebensbedrohlich, wurde aber immer unangenehmer.

Plötzlich hörten wir aus der Ferne ein wunderbares Geräusch: das *Twopp-twopp-twopp* von Armee-Hubschraubern, die sich der Insel näherten. Der Lärm nahm zu, und Minuten später tauchten zwei mit Raketen und Maschinengewehren bewaffnete Helikopter hinter den Lavafelsen auf und flogen Richtung Strand. Die erschrockenen Turkana ließen ihre Boote, Fischernetze und ihre persönliche Habe im Stich und flüchteten in alle Himmelsrichtungen. Die Hubschrauber schwebten eine Weile in der Luft und landeten dann auf dem Sand, ganz in der Nähe unserer Maschine. Ich gestehe, dass ich mich in diesem Moment ein wenig schuldig fühlte, da ich Wolfgang nicht zugetraut hatte, eine Rettungsaktion zu starten.

Die Rotoren der Helikopter wirbelten Wolken von Sand auf, durch die ein afrikanischer Major auf uns zuschritt. In eine makellose Khaki-Uniform gekleidet, informierte er uns, dass er gekommen sei, um Krystyne und mich nach Loiengalani zurückzubringen.

»Was ist mit unserem Samburu?«, wollte Krystyne wissen. »Kein Platz«, lautete die knappe Antwort des Majors. »Wir sind hier, um zwei *muzungus* (Weiße) abzuholen.« Er schien offensichtlich gerne Befehle zu geben und zu erwarten, dass diese ohne Widerrede befolgt wurden.

»Ich fliege nicht ohne den Samburu, und damit basta!« In ihrem Badeanzug hatte sich Krystyne vor dem Major aufgebaut und sah ihm fest in die Augen. Ich dachte, dass sie ihre Rolle als Kipsois »Mama« ein wenig zu ernst nahm, aber sie blieb beharrlich. Der Major war in Verlegenheit. Er hatte sich in Anwesenheit seiner Männer klar geäußert, und der durch die Rotoren entfachte Sandsturm und der Motorenlärm trieben zur Eile an. War Krystyne klar, dass der Major sich nur dafür entscheiden konnte, uns hierzulassen? Zu meiner Erleichterung drehte er sich aber zu mir um und fragte mich, ob wir für das Wohl des Samburu verantwortlich seien. Ich nickte entschuldigend.

Zwei Minuten später schwebten die Helikopter, mit den Soldaten, Krystyne, Kipsoi und mir an Bord, in einer Sandwolke über dem Ufer. Als wir hoch über der Gischt des Sees waren, warf ich einen letzten Blick auf mein Flugzeug, das ramponiert und traurig am Strand lag. Ich schwor feierlich, zurückzukommen und es zu retten, koste es, was es wolle.

Als wir wieder in Wolfgangs Lodge waren, schlossen sich uns der Major und seine Männer zu einem späten Frühstück an. Unsere Rettung war in Loiengalani ein großes Ereignis, besonders für Wolfgang, der sich in wohlverdientem Lob badete. Er hatte den Major überredet, vorübergehend seine Hauptaufgabe – die Unterdrückung von rebellischen Turkana-Gruppen – zu vernachlässigen und mit seinen Hubschraubern nach South Island zu fliegen. Für den Major und seine Soldaten, die ständig mit der Verfolgung der Turkana beschäftigt waren, war diese Aktion eine willkommene Abwechslung. Die Überfälle der Turkana, bei denen sie an der Ostküste des Sees Vieh stahlen und Unfrieden stifteten, waren schon seit Langem ein fester Bestandteil ihrer Lebensweise. Und die unbedachten und grundlosen Angriffe der Armee auf diesen Stamm verschärften nur all die Konflikte, die in diesem unruhigen Landesteil immer wieder aufflackerten.

Der Major, ein Kikuyu und gebildeter Mann, war nicht nur belesen und kultiviert, er besaß auch ein feines Gespür für soziale Zusammenhänge. In seinen Augen waren die Turkana, die sich weder von Nairobi aus noch von der Armee beherrschen ließen, ihrem

Wesen nach Gesetzlose. Er dachte, es wäre am besten, wenn man sie in Ruhe ließe. Diese Menschen hatten es über Hunderte von Jahren geschafft, ohne die Gesetzte und Vorschriften der föderalen Regierung zu überleben. Konnte das Militär ernsthaft hoffen, in den nördlichen Gebieten eine Disziplin zu etablieren? Doch der Major war Soldat und musste als solcher Befehle ausführen, obwohl er als Privatmann bezweifelte, dass es klug war, einem Nomadenstamm die Gesetze einer modernen Gesellschaft aufzwingen zu wollen. Dies führte unausweichlich zu Missverständnissen und menschlichen Tragödien.

Nach dem Frühstück befahl der Major seinen Männern, die Helikopter startklar zu machen. Wir tauschten Adressen aus und verabredeten ein Treffen mit ihm und seiner Frau in zehn Tagen. Es gab ein großes Händeschütteln, und nachdem der Major sogar zackig vor Krystyne salutiert hatte, wurden Familienfotos betrachtet. Dann verließ die Einheit Loiengalani. Die für die kenianische Armee ungewöhnliche Weigerung des Majors, sich die Rettungsaktion bezahlen zu lassen, war eine angenehme Überraschung.

Zwölf Minuten später kam Miglia in die Lodge gerannt und verkündete, dass ein Turkana-Rebell den Hubschrauber des Majors mit einer Kalaschnikow AK-47 abgeschossen hatte. Eine Kugel hatte den Treibstofftank getroffen, und der Helikopter war explodiert. In dem Feuerball waren alle umgekommen, auch der Major. Wir waren schockiert von dieser Nachricht, die sich bald verbreitete und die Turkana in Panik versetzte.

Die Männer des Stammes, die harsche Repressalien befürchteten, versteckten sich in der Wüste. Unmittelbar darauf wurde die Region um den Turkanasee zum Kriegsgebiet erklärt. Er war niemandem erlaubt, das Gelände der Loiengalani Lodge zu betreten oder zu verlassen. Wir waren wieder einmal Gefangene der Umstände, diesmal allerdings ohne unser Zutun.

Unsere Gefangenschaft in Loiengalani und der Schock, den ich erlitten hatte, da der Major, der Pilot und drei Soldaten ums Leben gekommen waren, hatten zur Folge, dass ich ruhelos und gereizt wurde. Ich war unfähig, etwas zu tun oder eine Entscheidung zu treffen. Der bislang unerfüllte Wunsch, mein Flugzeug zu bergen, steigerte meine Frustration und das Gefühl der Hilflosigkeit. Am Tage nach dem Anschlag gelang es mir, über Wolfgangs Kurzwellen-Funkgerät den Hangar des Flying Doctors Service zu erreichen und mit dem launischen Colin Davies zu sprechen. Mein Unfall schien ihn kaum zu überraschen, denn er tat, als ob so etwas zu erwarten gewesen wäre. Colin fragte nicht, warum ich, verdammt noch mal, versucht hatte, auf South Island zu landen. Er interessierte sich nur für den Umfang des Schadens und wollte eine Antwort auf die Frage, welche Ersatzteile – außer einem Propeller – aus Nairobi benötigt wurden. Er sagte, er könne in zwei Tagen mit seinem Freund, dem Piloten Pat Neylan, nach Loiengalani fliegen.

»Wie ist die Sicherheitslage da oben? Gibt es Probleme?« Colins Stimme klang über Kurzwellenfunk eindeutig mehr als nur besorgt. Die Zeitungen in Nairobi hatten bereits von dem Helikopterabsturz berichtet.

»Auf South Island ist es totenstill«, scherzte ich halbherzig. »Und wir werden dafür sorgen, dass die Piste von Loiengalani bei deiner Ankunft geöffnet ist.« Ich wollte nicht, dass er Komplikationen befürchtete, die ihn davon abhalten könnten, so schnell wie möglich zu kommen. Tatsächlich war das Sicherheitsrisiko, solange wir uns auf dem Gelände von Loiengalani oder auf South Island aufhalten würden, gering.

Die Aussicht, noch zwei volle Tage in Loiengalani gefangen zu sein, ließ mir die Zeit wie eine Ewigkeit erscheinen. Langeweile sorgte dafür, dass die Stunden dahinkrochen. Wir hatten nichts, um uns zu beschäftigen, außer einem Taschenbuch-Roman und eine Reihe von trostlosen Mahlzeiten, die uns bei erstickender Hitze und unter einem Schwarm von Fliegen serviert wurden. Die Tore der Lodge waren mit Vorhängeschlössern verriegelt und wurden von Soldaten bewacht, und außerhalb des erbärmlichen Stacheldrahtzauns durfte man sich nur in Begleitung einer bewaffneten Eskorte aufhalten. Die kleine Truppe wurde von einem gut aussehenden Afrikaner kommandiert, Second Lieutenant Robert Obomo. Er hatte Wolfgangs Funkgerät beschlagnahmt und ihn damit – das Bier ausgenommen – der einzigen Möglichkeit beraubt, sich zu zerstreuen. Zudem hatte die Armee für den Zeitraum, in der man den Angriff auf die Turkana vorbereitete, die Lodge zu ihrem Hauptquartier erklärt. Das Militär verlangte, dass Wolfgang die Soldaten kostenlos verpflegte, und ihm blieb keine Wahl.

Die Soldaten lümmelten in der Lodge herum. Sie hatten die Füße auf den Möbeln, rauchten, schwatzten und bestellten sich Drinks aus der Bar. Gleichzeitig zogen ganze Ströme von Turkanas, Frauen, Kinder, alte Männer, und auch Rinder langsam an der Lodge vorbei. Sie wanderten nach Norden, zum Ostufer des Sees. Diese Migration war ein Ablenkungsmanöver, das die Armee auf eine falsche Fährte locken sollte. Die Turkana-Männer, die den Hubschrauber abgeschossen hatten, waren inzwischen in die Berge entkommen. Zwei Tage lang beobachteten wir diese unendliche müde Prozession, die sich, in Sichtweite der Soldaten, die Angst vor den Turkana hatten und ihnen misstrauten, nordwärts bewegte. Die Soldaten wurden zunehmend unruhig; sie waren es müde, auf Befehle zu warten, herumzusitzen, zu fluchen und in der atemberaubenden Hitze Fliegen zu erschlagen. Die meisten von ihnen waren Kikuyu. Sie trugen Khaki-Uniformen, und da sie die strapaziösen Wüstentemperaturen nicht gewohnt waren, schwitzen sie ununterbrochen. Die Männer sehnten sich danach, zu ihren Farmen zurückzukehren, zu den kühlen, fruchtbaren Kaffee- und Teeplantagen im Hochland nördlich von Nairobi.

Es war demoralisierend für Lieutenant Obomo, widersprüchliche Befehle von regionalen Kommandos zu erhalten, die wiederum von Nairobi aus instruiert wurden. Kenias Hauptstadt, gut 500 Kilometer entfernt, war, was diese Region betraf, vollkommen weltfremd. Und die kenianische Armee war kein Gegner für die Turkana, die mit ihren Guerilla-Instinkten den zwangsrekrutierten, schlecht ausgebildeten jungen Soldaten weit überlegen waren. Tag um Tag folgten die Turkana-Familien den Pfaden, die zu den wenigen Wasserlöchern führten, die unter dem Sand verborgen lagen. In den Bergen warteten die Krieger indessen geduldig auf den Angriff, von dem jeder glaubte, dass er noch vor Neumond erfolgen würde.

Zwei Tage später trafen Colin Davies und Pat Neylan in Loiengalani ein. Sie waren mit Pats Cessna 180 geflogen, einer älteren Version meines Flugzeugs, das schon auf fast allen Pisten Kenias gelandet war. Sie hatten die Maschine mit Werkzeug, einem Secondhand-Propeller und Reservetreibstoff für den Notfall beladen und das zulässige Höchstgewicht um 250 Kilo überschritten. Pat galt unter den Piloten Afrikas als alter Hase. Er war schon einmal, vor zehn Jahren, mit seiner Cessna auf South Island gelandet, doch der Gedanke, ein zweites Mal dorthin fliegen zu müssen, machte ihn offensichtlich nervös. Colin hatte ihn überreden können, seine Blumenfarm in Naivasha für den Flug nach South Island zu verlassen, indem er ihm 200 Dollar versprochen hatte. Pat brauchte das Geld, konnte es sich aber eigentlich nicht leisten, seine Farm zu verlassen, und wollte daher so schnell wie möglich zurück.

Pat ging ruhelos auf der Veranda auf und ab, während Colin mich wieder und wieder ins Kreuzverhör nahm, um sich ein Bild von dem Schaden zu machen. Es war wichtig, genau festzustellen, welche

Ersatzteile und Werkzeuge nach South Island mitgenommen werden mussten, denn mit mir, als zweitem Passagier, würde das Flugzeug total überladen sein. Uns war allen klar, dass Krystyne in der Lodge bleiben und auf uns warten müsste.

Auf dem Flug nach South Island saß ich, mit dem Ersatzpropeller auf den Oberschenkeln, hinter Pat und Colin, die sich auf die Navigation und die bevorstehende Landung konzentrierten. Pat umkreiste die Insel zweimal und flog dann über ein kleines Plateau, das ungefähr einen Kilometer vom Strand entfernt lag. Er war extrem angespannt, als er die Maschine für den Endanflug auf ein schmales, mit Sand und Geröll bedecktes Felsgesims trimmte, das ungeschützt dem Wind ausgesetzt war. In meinen Augen war das alles andere als ein geeigneter Landeplatz. Doch gleich darauf erkannte ich, dass ich, in Bezug auf die Fliegerei in Afrika, noch einiges zu lernen hatte.

Wir setzten auf dem harten Boden auf und blieben nach einer Vollbremsung kurz vor einer Felswand stehen, die ein Durchstarten unmöglich gemacht hätte. Bäche aus Schweiß rannen Pats Nacken hinunter und verschwanden unter seinem Kragen; er war zu alt für solche Kunststücke. Als wir über die freie Fläche bis zum Rande eines Hangs rollten, mussten wir immer wieder Felsbrocken ausweichen, die im wogenden Wüstengras verstreut lagen. 100 Meter unter uns lag meine demolierte Maschine immer noch so da, wie ich sie verlassen hatte. Die Fischer waren inzwischen weitergezogen. Nur der Wind, der über den Steilhang pfiff, entbot einen trostlosen Willkommensgruß.

Wir schleppten den 20 Kilo schweren Propeller und eine Tasche mit Werkzeug in der Mittagshitze zum Strand und begannen sofort damit, den alten Propeller zu demontieren. Die Sonne brannte so erbarmungslos auf den schwarzen Vulkansand, dass wir kaum atmen konnten. Colin erledigte die meiste Arbeit. Außer, wenn er uns barsch anwies, ihm ein Werkzeug zu reichen oder ein Teil zu halten, sprach er kaum ein Wort. Pat, den Colins Detailbesessenheit nervös machte, tigerte ungeduldig über den heißen Sand.

Drei Stunden verstrichen. Unser Trinkwasservorrat war erschöpft, und Pat drängte nun noch mehr darauf, die Arbeit schnellstens zu beenden und die Insel zu verlassen. Die Schatten des Nachmittags wurden länger, der Tag neigte sich seinem Ende zu, und der Abend kündigte sich an. Colin musste fertig werden, bevor es dunkel wurde. Der Druck, der auf ihm lastete, hatte ihn noch mürrischer und wortkarger werden lassen. Pat erinnerte ihn immer wieder daran, dass er noch vor Anbruch der Nacht nach Naivasha zurückfliegen müsse, weil seine Piste auf der Blumenfarm unbeleuchtet war.

Der Ersatzpropeller war installiert, die Motorabdeckung wieder befestigt, und Colin hatte seine sorgfältigen Messungen wiederholt überprüft. Ich warf den Motor an. Sein beruhigend vertrautes sonores Laufgeräusch ließ darauf schließen, dass es keine Probleme mit der Kurbelwelle gab. Aber wie sollte ich mein Flugzeug am Strand starten, ohne dass sich das Fahrwerk in den weichen Sand eingrub? Colin hatte Luft aus den Reifen abgelassen, um die Reibungsfläche zu vergrößern. Ich ließ den Propeller auf vollen Touren laufen, und Colin und Pat umklammerten die Streben der Tragflächen und schoben. Zentimeterweise bewegte sich das Flugzeug auf das westliche Ende des Strandes zu; eine zeitraubende und erschöpfende Angelegenheit.

Danach kam es zu einer hitzigen Debatte: Wie gefährlich war es, vom Strand aus zu starten? Das war schwer zu sagen. Je länger wir diskutierten, desto unsicherer wurden unsere Einschätzungen, und umso ungehaltener wurde Pat, der mehr und mehr unter Zeitdruck geriet. Meine Vermutung war, dass sich – ab einer gewissen Geschwindigkeit, wenn die Tragflächen ein wenig Auftrieb erzeugten – der Druck auf die Reifen vermindern würde, und ich dann in der Lage wäre, das Flugzeug zunehmend zu beschleunigen. Aber die ersten 50 Meter würden problematisch werden. Der weitläufige Strand ermöglichte einen verlängerten Startlauf, aber ob die Maschine auf dem weichen Sand die erforderliche Mindestgeschwindigkeit von 53 Knoten erreichen oder die Nase sich erneut in den Sand bohren würde, blieb eine unbeantwortete Frage.

Letzten Endes obliegt es dem Piloten, eine Entscheidung zu treffen, und dies war mein Flugzeug, und ich war der Pilot. Zwei Augenpaare richteten sich auf mich, warteten auf einen Entschluss. Wortlos kletterte ich ins Cockpit, startete den Motor, und nachdem ich die Vorflugprüfung abgeschlossen hatte, bedeutete ich den beiden, dass sie zu schieben beginnen konnten.

Die Maschine walzte über den Sand; es ging viel langsamer voran, als ich erwartet hatte. Das Ganze erinnerte an eine Zeitlupe oder an einen dieser Träume, in denen man, trotz aller Anstrengungen, nicht von der Stelle kommt. Die Räder rollten nicht, sie pflügten durch den Strand, obwohl der Motor auf Hochtouren lief. Der Propeller peitschte Sand in die Gesichter meiner Begleiter, die sich mit ihrem ganzen Gewicht gegen die Streben der Tragflächen stemmten. Allmählich wurde Flugzeug schneller, aber das Tempo war zu gering, um einen nennenswerten Auftrieb zu erzeugen.

Dann geriet die Maschine plötzlich aus der Bahn, rollte den zum Wasser hin abfallenden Strand hinunter und auf den See zu. Mit der linken Bremse hätte ich den Richtungswechsel korrigieren können, doch ich fürchtete, dass sich die Reifen in den Sand eingraben und die Nase erneut nach vorn kippen würde, und so ließ ich dem Flugzeug freien Lauf. Ich war vom Kurs abgekommen, und nun blieb mir nichts anderes übrig, als weiter zu beschleunigen.

»Oh Gott, ich werde im See versinken!«, schoss es mir durch den Kopf. Meine einzige Hoffnung war, so schnell zu werden, dass die Maschine über das Wasser glitt, und dass ich dann die Geschwindigkeit beibehalten oder sogar steigern könnte, um das Flugzeug noch vor der Sandbank hochzuziehen, die unweit vom Strand aus dem See ragte.

Die Maschine traf auf das Wasser, begann zu gleiten und wurde, während sie sich der flachen Sandbank näherte, schneller. In letzter Sekunde riss ich den Steuerknüppel zurück, in der Hoffnung, das Hindernis überfliegen zu können. Es wäre fast einer der spektakulärsten Flug-Stunts aller Zeiten geworden. Doch das linke Rad streifte die Sandbank, das Fahrwerk knickte ein, die Maschine kippte vornüber, und der Propeller entfachte einen gigantischen Sprühnebel aus Schlamm, Sand und Wasser. Dann erfolgte ein dumpfer Schlag. Ich wurde in die Gurte gepresst, und mein Kopf wurde mit solcher Wucht nach vorn geschleudert, dass ich augenblicklich das Bewusstsein verlor. Das Nächste, woran ich mich erinnere, war der Anblick der Windschutzscheibe, die von Matsch und Wasser bedeckt war. Wie erstarrt hockte ich in dem dunklen Cockpit, fassungslos darüber, dass ich mich innerhalb einer Woche ein zweites Mal verschätzt hatte. Ich erinnere mich nur vage, die aufgeregten Stimmen von Colin und Pat gehört zu haben, als sie über den Strand zur Absturzstelle gerannt kamen.

Da sich die Tür des Cockpits nicht öffnen ließ, musste ich erneut durchs Fenster ins Freie klettern. Ich konnte kaum glauben, dass mir so etwas passiert war. Wie war das möglich? Ich hielt mich für einen kompetenten Piloten, für jemanden, der ein gutes Urteilsvermögen besaß.

Colin und Pat waren um die kleine Bucht herumgelaufen, um auf die Sandbank gelangen, auf der mein schwer beschädigtes Flugzeug lag. Auf der linken Seite der Aluminiumverkleidung des Kabinendachs zeigte sich eine tiefe Falte; ein schlechtes Zeichen, denn daraus ließ sich schließen, dass der Hauptholm der Backbord-Tragfläche verbogen oder gebrochen war. Das Fahrwerk war vom Rumpf abgerissen. Bevor dieser Vogel hoffen konnte, sich noch einmal in die Lüfte zu schwingen, waren umfangreiche Reparaturen notwendig. Schweigend stapften wir den Steilhang hoch, an dessen Rande Pats Maschine stand. Ich fühlte mich zutiefst gedemütigt.

Colin und Pat setzten mich in Loiengalani ab, bevor sie nach Naivasha weiterflogen. Es tat ihnen leid, dass sie uns zurücklassen mussten, aber all das Werkzeug und die Ersatzteile ließen nicht zu, dass Krystyne und ich mitfliegen konnten. Ich wollte jetzt ohnehin allein sein, um mich wieder zu sammeln. Ich musste nicht nur den Verlust meines Flugzeugs verkraften, ich fühlte mich auch in meinem Stolz verletzt. Und das mitfühlende Verständnis, das Krystyne mir entgegenbrachte, vermochte meinen Schmerz nur zu steigern.

Das Heulen des Windes und die gegen die Wand unserer *banda* klatschenden Blätter der Doum-Palmen hielten mich die ganze Nacht wach. Immer wieder wurde ich von Dämonen heimgesucht, als ich versuchte, mich von dem misslungenen Start zu erholen. Schweißgebadet wälzte ich mich in der drückenden Hitze unter dem Moskitonetz hin und her. Unter Abenteuern in Afrika hatte ich mir etwas anderes vorgestellt. Konnte es sein, dass die Malariatabletten, das Medikament Lariam, eine sinnestäuschende Nebenwirkung hatte und war es dadurch zu so groben Fehleinschätzungen meinerseits gekommen? 15 Jahre Fliegerei ohne einen einzigen Zwischenfall, und nun eine Bruchlandung und ein Absturz in nur einer Woche. Es musste eine vernünftige Erklärung geben. Das Kreuzverhör, in das ich mich selber nahm, wurde zunehmend gnadenloser.

Am nächsten Morgen herrschte in Loiengalani eine äußerst angespannte Atmosphäre. Ein deutscher Tourist, der versucht hatte, die Lodge mit einem Konvoi aus Landrovern zu erreichen, war von den Turkana erschossen worden. Der deutsche Botschafter war empört und übte Druck auf die kenianische Regierung aus. Ängstlich darauf bedacht, internationales Aufsehen zu vermeiden, befahl man der Armee, alle verbliebenen Touristen aus den Gebieten, in denen Turkana-Rebellen ihr Unwesen trieben, zu evakuieren. Über Kurzwellenfunk kamen hysterische Anweisungen aus Nairobi, die Lieutenant Obomos ohnehin schon schwierige Aufgabe komplizierten, die Rebellen mit unerfahrenen Soldaten in Schach zu halten. Nairobi ordnete Repressalien gegen die Turkana an – ein unsinniger Befehl, da eine weitere Eskalation den gesamten Northern Frontier District in einen Bürgerkrieg zu stürzen drohte.

An unserem vierten Tag in Loiengalani, inmitten des zunehmenden Chaos, hielt, zu unser aller Überraschung, ein weißer Suzuki vor den Toren der Lodge. Der Fahrer, ein unrasierter, mit Staub bedeckter französischer Fotograf, hatte anscheinend keine Ahnung von der gegenwärtigen Krise. Als wäre er einem Western entsprungen, betrat er mit lässigem Gang das Gelände und ignorierte die schwer bewaffneten Soldaten, die wissen wollten, wer er war und woher er kam. Sein unerwartetes Auftauchen machte sie nervös, da sie fälschlicherweise glaubten, dass alle Straßen blockiert waren und kein Fahrzeug ohne die Genehmigung der Armee passieren konnte.

Serge Petillon, ein großer, robust wirkender junger Mann aus der Bretagne, hatte gerade allein die Chalbi-Wüste durchquert – eine ziemlich gefährliche Unternehmung. Er war im Auftrag eines Reiseveranstalters drei Monate in Kenia unterwegs, um Fotos zu machen. Serge hatte einen drei Wochen alten Bart und war pausbäckig, und sein flaches Gesicht, das an einen Boxer erinnerte, strahlte eine Härte aus, die auf seltsame Weise attraktiv war. Der kräftige Körper hatte die Intensität einer zusammengedrückten Sprungfeder, die urplötzlich ungeahnte Kräfte entfalten konnte, und sein unangepasstes Verhalten ließ ihn gefährlich erscheinen, sodass man sich ihm vorsichtig näherte, wenn überhaupt.

Ich beobachtete mit Interesse, wie er sofort von Soldaten umringt wurde, deren Fragen er als unverschämt empfand. Ohnehin einen Kopf größer als seine Befrager, richtete er sich auf und ließ sich kaum eine Antwort entlocken, was ihn nur verdächtiger machte.

»Wo kommen Sie her?«, wollte ein junger Korporal wissen.

»Aus der Wüste«, lautete die geringschätzige Antwort.

»Die Wüste ist groß. Aus welcher Wüste? Wer sind Sie?«

»Ich bin Fotograf. Franzose«, fügte er hinzu, als ob die Tatsache, dass er aus Frankreich kam, einen großen Unterschied machte. Immer mehr Soldaten versammelten sich um ihn.

»Zeigen Sie mir Ihren Pass.«

»Der ist im Auto.« Serge machte keine Anstalten, ihn zu holen.

»Was wollen Sie hier? Ist Ihnen klar, dass Sie sich in einem Kriegsgebiet aufhalten?« Der Korporal wurde nun lauter, um die anderen zu beeindrucken.

»Kenia führt also Krieg gegen sein Volk?«, fragte Serge.

»Die Turkana sind schlechte Menschen, sie stehlen Vieh« argumentierte ein junger Soldat. »Wir müssen sie töten.«

»Die kenianische Regierung ist auch schlecht. Sie bestiehlt ihr Volk.« Wie die meisten Außenstehenden schien Serge die Zustände in Kenia mit einem gewissen Grad von Zynismus zu betrachten. »Hört zu, ich habe Durst und genug von euren Fragen.« Damit schulterte er seinen schmutzigen Rucksack, wandte den Soldaten den Rücken zu und begann, zur Lodge hinaufzuschlendern.

Der Korporal hob sein Gewehr, zielte auf Serges Rücken und bellte ein: »Halt!«

Serge ging unbeirrt weiter. An den Steintreppen angelangt, nahm er zwei Stufen auf einmal; dann betrat er die Lodge, ging geradewegs zur Terrasse, setzte sich an die Bar und bestellte ein Bier. Sein lässiger Umgang mit Autoritäten war beeindruckend. Wie war es ihm gelungen, die Region nördlich von Baragoi zu durchqueren?

Das war Kriegsgebiet, dort wimmelte es von Soldaten, und jede Straße war gesperrt. Als wir ihn danach fragten, zuckte er nur mit den Schultern und lächelte.

Wir waren die einzigen Touristen in der Lodge, und Krystyne spricht Französisch, und so dauerte es nicht lange, bis wir mit Serge ins Gespräch kamen. Er war einen Monat lang allein gewesen und hatte in abgelegenen Gebieten, die für den Normaltouristen nicht interessant waren, fotografiert und geschrieben. Serge war ein Einzelgänger. Wenn ihn eine Region oder ein Stamm interessierte, fuhr er dorthin, ohne eventuellen Hindernissen Beachtung zu schenken. Seine *banda* grenzte direkt an unsere, und so wurden wir bald Freunde und verschworen uns gegen unsere Bewacher. Gemeinsam überlegten wir, wie wir der unfähigen Armee und Wolfgang entkommen konnten, der unverschämterweise 130 Dollar pro Nacht verlangte und dafür heruntergekommene Unterkünfte und täglich drei Mahlzeiten bot, die aus Ziegenfleisch bestanden.

Schließlich konnten wir Lieutenant Obomo überreden, uns eine bewaffnete Eskorte zur Verfügung zu stellen, die uns über den Kibrot-Pass, durch Süd-Horr und über die El-Bartia-Ebene bis nach Baragoi begleiten sollte. Lieutenant Obomo hatte in den 1980ern der paramilitärischen Truppe des Kenya Wildlife Service von Richard Leakey angehört. Leakey, Sohn der berühmten Anthropologen Louis und Mary Leakey, hatte sich als Generaldirektor der Nationalparks einen guten Ruf erworben, weil er die Parks ohne Hilfe von außen vor dem Untergang gerettet hatte.

Entschlossen, der Wilderei ein Ende zu machen, hatte Leakey damals eine schlagkräftige und professionelle Truppe von Wildhütern aufgebaut, deren Mitglieder immer wieder nach Israel geschickt und dort militärisch ausgebildet wurden. Sie hatten die Anweisung, auf Wilderer zu schießen und sie zu töten – ohne ihnen eine zweite Chance zu geben.

Leakeys Idee, fünf Tonnen elfenbeinerne Stoßzähne öffentlich zu verbrennen, hatte Präsident Moi und Kenia zu internationalem Ansehen verholfen. Doch Leakey war so erfolgreich geworden, dass Präsident Moi ihn zu fürchten begann und ihn von seinem Posten entfernte. Nachdem Leakey gegangen war und seine private Armee sich größtenteils aufgelöst hatte, glitt das Management der Nationalparks wieder in die Inkompetenz zurück – ein Verfall, der mit dem Niedergang von Kenias Tourismusindustrie und Wirtschaft einherging.

Lieutenant Obomo war ein Soldat, der zum Kommandieren geboren war. Er war selbstbewusst und wachsam, hatte einen drahtigen Körper und die Energie eines Leoparden. Er war entschlossen, die drei Passagiere und die 25 Soldaten, für die er verantwortlich war, keinem unnötigen Risiko auszusetzen. Unter dem wehmütigen Blick von Wolfgang, der, in seinem Unterhemd, verloren im Halblicht des frühen Morgens stand, setzte sich der Konvoi in Bewegung. Obomo erteilte den strikten Befehl, ohne Zwischenstopp bis Baragoi durchzufahren. Die Kolonne bestand aus sechs Jeeps. Krystyne und ich saßen in dem Wagen des Lieutenants, eng zusammengedrängt, Schulter an Schulter mit Soldaten, die noch Kinder waren und die trotz ihrer automatischen Gewehre und Granaten mit angsterfüllten, weit aufgerissenen Augen einem ungewissen Schicksal entgegensahen. Serge, der von drei Soldaten begleitet wurde, fuhr seinen Suzuki, vor und hinter sich je ein Armeefahrzeug.

Die Jeeps holperten und schlingerten über die mit Geröll bedeckten Gebirgspässe, und unter unseren Nasen schwankten die Läufe von geladenen Gewehren. Während der Fahrt durch die Berge diente uns oft ein ausgewaschenes Flussbett als Fahrbahn. Auf dem steinigen Untergrund kamen wir nur langsam voran, und das änderte sich erst, als wir durch das Horr Valley fuhren, dessen Boden aus einer Mischung aus Sand und rotem *murram* bestand. Bald darauf wirbelten die Reifen unserer Fahrzeuge Staubwolken auf, die so dicht waren, dass sie das grelle Licht der Sonne verdunkelten. Wir husteten Staub. Die Jeeps waren nicht gefedert, und die harten Stöße und das heftige Schlingern zermürbten uns.

Lieutenant Obomos Jeep fuhr voraus. Er hielt Ausschau nach möglichen Hinterhalten und Heckenschützen und stand mit dem Rest der Kolonne in ständigem Funkkontakt. Seine Augen suchten die felsigen Abhänge, die die Straße säumten, nach Feindbewegungen ab. Nach jeder Kurve oder in jedem Engpass konnten wir in einen Hinterhalt geraten. Felsvorsprünge und Spalten boten Heckenschützen perfekte Verstecke, von denen aus sie uns mit einem Kreuzfeuer belegen konnten. Doch Kilometer folgte auf Kilometer, ohne dass etwas geschah.

Wir fuhren stundenlang und ohne Pausen über raue Pisten aus Sand und Gestein, doch nichts deutete auf die Anwesenheit von Turkana hin. Gelegentlich kamen wir durch Dörfer, in denen wir verlassene *matatus* und mit Lehm beworfene Hütten aus Flechtwerk sahen. Die Männer, Frauen und Kinder hatten sich in die Berge zurückgezogen und warteten darauf, dass die Fehden endeten und das Leben wieder normal wurde. Die Samburu und Rendille waren kriegerische Überfälle schon seit Langem gewohnt. Für sie waren die Turkana so etwas wie die Regenzeit – sie verschwanden genauso plötzlich, wie sie gekommen waren –, ein Phänomen, das man ertragen musste, Teil des Überlebenskampfes.

In Baragoi erklärte uns Robert Obomo, dass wir aus der Kriegszone heraus seien und nun gefahrlos allein weiterreisen könnten. Wir waren an der Südgrenze des Gebietes angelangt, für das er zuständig war, und er konnte uns nicht länger begleiten. Doch wir spürten, dass er sich zögernd, fast widerwillig von uns trennte. Die Pflicht rief ihn und seine Männer; sie mussten sich wieder der undankbaren Aufgabe widmen, den Turkana Paroli zu bieten, aber

Obomo tat das nicht von Herzen. Er salutierte zackig, wandte sich von uns ab und bellte einen Befehl, der den Konvoi auf den Rückweg durch die Kasuit-Wüste schickte.

Zu dritt standen wir auf der Hauptstraße Baragois, beäugt von neugierigen Kindern, die einen respektvollen Abstand wahrten und sich damit zufriedengaben, die merkwürdigen *muzungus* anzustarren, die ihre Plastikflaschen mit Trinkwasser umklammerten. Staubbedeckt, unsere Habe zu unseren Füßen, unfähig, uns zu verständigen, waren wir Aliens von einem anderen Planeten.

Krystyne und ich waren nun vollständig auf unsern neuen Freund Serge angewiesen, der uns mit seinem Suzuki nach Maralal bringen sollte, das 160 Kilometer nördlich von Nairobi liegt. Obwohl die Straße dorthin viel besser war, sorgte weicher Sand für eine anstrengende Fahrt. Serge, der am Steuer saß, machte unsere Reise durch seine manische Ungeduld nicht gerade angenehmer. Krystyne, die auf dem Rücksitz saß, hatte beide Arme und Beine weit von sich gestreckt, um Halt zu finden. Der Suzuki wurde wie verrückt von einer Seite zur anderen geschleudert und wirbelte dabei einen Tornado aus Staub auf, als wir die El-Barta-Ebene durchquerten und dann die Serpentinen eines steilen Berghanges hinuntersausten. Zwei Stunden später erreichten wir die Kleinstadt Maralal an der Nordkante des Laikipia-Plateaus. Nachdem wir Zimmer in einer kultivierten Safari Lodge ergattert hatten, gönnten wir uns den Luxus, zum ersten Mal seit acht Tagen zu duschen, bevor wir am nächsten Morgen nach Nairobi weiterreisten.

Die Sorge um mein Flugzeug, das verlassen auf South Island lag, nagte weiter an mir. Serge war davon überzeugt, dass man es mit einem Floß aus Kanus über den See und dann mit einem Lastwagen nach Nairobi transportieren könnte. Ich stand dieser Idee skeptisch gegenüber, da ich die starken Winde am eigenen Körper gespürt und die hohen Wellen auf dem See selbst gesehen hatte. In der Nähe von Loiengalani lag nur einziges Kanu am Ufer, das groß genug gewesen wäre, und das Flugzeug wog mehr als eine Tonne. Selbst wenn wir es schaffen würden, die Maschine zum Festland zu bringen – der Transport mit einem Lkw über mit Geröll bedeckte Pisten, wie jene, die wir gerade befahren hatten, würde es wahrscheinlich zerstören. Der Wunsch, meine Cessna zu retten, wurde zur Besessenheit. Konnte ich sie bergen? Es würde demütigend sein, ohne mein Flugzeug in den Hangar der Flying Doctors zurückkehren zu müssen, ich fürchtete mich davor. Krystyne sah das Ganze gelassener: Immerhin waren wir am Leben, und ein neues Flugzeug konnte innerhalb eines Tages gekauft werden. Doch sie konnte mich nicht von meiner Entscheidung abbringen: Irgendwie würde ich mein kaputtes Flugzeug zurückholen und meinen angeschlagenen Stolz wiederherstellen.

7 Reparaturen und Aufatmen

Ich glaube, ich weiß, wie Michael sich gefühlt haben muss, als er nach dem Flug nach Sabarei die Stufen zum Hangar hinaufschritt, um sich der Situation zu stellen. Die Nachricht von meinem missglückten Start war vor meiner Ankunft eingetroffen und im Gemeinschaftsraum der Piloten zum Hauptthema geworden. Eine wartende Menge war begierig zu erfahren, was genau am Turkanasee passiert war. Mir wurde ein Übermaß an Sympathie entgegengebracht, die schon von anderen schwer zu ertragen war, aber das Mitgefühl der Piloten, die sich im Hangar aufhielten, insbesondere das von Trevor Jones, stellte eine besondere Herausforderung dar. Es war erst zwei Wochen her, dass er fast abgestürzt wäre; Trevor sah mir an, dass ich unter dem Gesichtsverlust litt.

»Scott, es gibt keinen Piloten in Afrika, der nicht an irgendeinem Punkt seiner Fliegerlaufbahn abgestürzt ist«, versicherte er mir. Das stimmte. Jeder Pilot im Hangar hatte irgendwann mal einen Unfall gebaut. Selbst Benoit hatte vor zwei Jahren einen Teil des Fahrwerks einer Cessna 402 eingebüßt, doch es wurde als unklug erachtet, ihn darauf anzusprechen. In einer freundlichen Geste legte Trevor mir den Arm um die Schultern. Die versammelten Kollegen rieten mir zu akzeptieren, dass eine Bergung meiner Maschine unmöglich war. Man empfahl mir, die Elektronik aus dem Wrack auszubauen und mir in Kanada irgendwann ein neues Flugzeug zu kaufen. Dieser unbestreitbar vernünftige Vorschlag festigte aber nur meinen Entschluss. Ich war 2000 Stunden mit dieser Maschine geflogen und emotional an sie gebunden. Mein Flugzeug als ein Denkmal meiner Unfähigkeit auf South Island zu lassen war eine schlichtweg inakzeptable Option. Zudem könnte eine spektakuläre Bergungsaktion, vorausgesetzt, sie würde gelingen, mich zumindest teilweise von meiner Schmach befreien.

Die Maschine auf einer Insel zu reparieren, die in einem der entlegensten und feindseligsten Landesteile Afrikas lag, war nur ein Teil des Problems. Die kenianischen Luftfahrtbehörden würden den Vorfall untersuchen wollen. Die Bürokraten des Verkehrsministeriums waren berüchtigt für ihr obstruktives Verhalten, und je nachdem, mit wem man es zu tun hatte, auch für Korruption. Meine erste Aufgabe bestand also darin, die Beamten des Verkehrsministeriums, die auf dem Gelände des Kenyatta Airports arbeiteten, zu beschwichtigen. Gewappnet mit einer, wie ich hoffte, akzeptablen Geschichte, fuhr ich mit schwerem Herzen die Airport Road hinunter.

Ich meldete einen »kleinen Zwischenfall im Northern Frontier District, in den ein im Ausland registriertes Flugzeug involviert ist, das ich nach Nairobi zu fliegen beabsichtige, weil es am Wilson Airport leichter zu inspizieren ist.« Glücklicherweise hatte ich es mit einem vernünftigen Beamten zu tun. Zu meiner großen Erleichterung und Überraschung wurde diese harmlose Erklärung für bare Münze genommen. Vielleicht waren die logistischen Schwierigkeiten und die Reisekosten, die mit der Entsendung eines Regierungsinspektors verbunden waren, eine Nummer zu groß für einen kleinen Beamten. Jedenfalls war ich den Klauen des Verkehrsministeriums entkommen, welches darauf hätte bestehen können, dass der Vorfall untersucht wird und ich die Kosten dafür übernehme.

Während der nächsten zwei Wochen widmete ich einen Teil meiner Aufmerksamkeit der Arbeit beim Flying Doctors Service und den anderen dem Plan, mein Flugzeug zu retten. Obwohl ich den endgültigen Entwurf des Geschäftsplanes für das AMREF-Vorstandstreffen im Februar erarbeiten musste, waren meine Gedanken ständig auf South Island. Colin Davis hatte das Interesse am Schicksal meiner Maschine verloren, was, so nahm ich an, an dem Interessenkonflikt lag, der dadurch entstanden war, dass er für den Service arbeitete und gleichzeitig eine eigene Flugzeugwartungsfirma gegründet hatte. Inzwischen hatte man ihn gezwungen, seinen Job bei den Flying Doctors zu kündigen. Doch Colin war auf sein ehemaliges Gehalt angewiesen, und er glaubte, dass er sein Unglück mir zu verdanken hatte. Sein Groll war deutlich spürbar.

Ich wandte mich an Trackmark, eine Charterfluglinie, die Hilfsgüter von Lokichokio, einem NGO-Materialdepot, in den Süden des Sudans flog. Der Stellvertreter des Geschäftsführers meinte, man könne meine Cessna in Einzelteile zerlegen und diese mit ihrer Frachtmaschine vom Typ Caribou nach Nairobi fliegen. Doch die veranschlagten Kosten waren horrend. Und welcher Pilot würde je versuchen, ein Frachtflugzeug, das ungefähr fünfmal so schwer und so groß war wie meine Maschine, das eine Million Dollar kostete und für Pisten aus Asphalt gebaut war, auf South Island zu landen?

Ich überredete ein paar Trackmark-Piloten, bei ihrem nächsten Flug nach Lokichokio über die Insel zu fliegen und sich die Piste anzusehen, auf der Pat aufgesetzt hatte. Im Allgemeinen brüsteten sich alle Buschpiloten am Wilson Airport damit, dass sie waghalsige Flieger waren. Doch diese Kerle sagten, dass eine Caribou, die auf der Insel landen würde, zum letzten Mal geflogen wäre. Der Plan war lächerlich.

Und ein Hubschrauber? Es gab nur einen in ganz Ostafrika, der in der Lage war, ein Flugzeug zu heben: ein Helikopter des Verteidigungsministeriums, der bei der Armee stationiert war und, unter den strengen Blicken des Präsidenten von Kenia, von ihr genutzt wurde. Eine Nutzungsgenehmigung von Präsident arap Moi zu erhalten war undenkbar, und die Kosten waren unvorstellbar. Mir gingen die Ideen aus.

Fünf Tage später schöpfte ich neue Hoffnung. Pat Neylans Sohn Denis, der für Colin Davis in seinem umstrittenen Privatunternehmen arbeitete, besuchte mich. Er ratterte auf seinem Triumph-Motorrad in den Hangar der Flying Doctors, übermütig und voller Selbstvertrauen, im typischen Stil des »Kenianischen Cowboys«.

»Scott, lass mich versuchen, dein Flugzeug zu bergen.« Er hatte seine Daumen in die Gürtelschlaufen gehakt. Denis war 23 Jahre alt, und sein braun gebranntes, jungenhaftes Gesicht und seine kurzen Haare ließen ihn wie einen Collegeschüler aussehen. »Ich brauche 1500 Dollar für den Anfang.« Aus seinem Ton ging klar hervor, dass dies für ihn eine geringfügige Summe war. »Ich muss ein Flugzeug mieten und eine Campingausrüstung kaufen. Zwei Typen aus Colins Werkstatt wären bereit, mir zu helfen. Wir campen auf der Insel und arbeiten so lange an deiner Maschine, bis sie so weit ist, dass du sie zum Festland fliegen kannst.«

Denis und sein jungenhaftes Selbstvertrauen hatten etwas Liebenswertes, doch er war noch unerfahren darin, abgestürzte Flugzeuge zu bergen. Aber er war ein diplomierter Flugzeugbauingenieur, und ich konnte ihm den Wunsch, seine Fähigkeiten am Wilson Airport unter Beweis zu stellen, nicht abschlagen. Ich brauchte dringend einen Partner, der meine Besessenheit mit mir teilte, besonders einen, der glaubte, dass nichts unmöglich ist, und so erklärte ich mir gerne einverstanden. In dem Bewusstsein, dass er die Chance hatte, sich einen Ruf zu verschaffen, schüttelte er mir die Hand und sagte: »Scott, ich werde dich nicht enttäuschen.« Als er mit seinem Motorrad in einer Staubwolke verschwand, hatte ich das Gefühl, dass meine Einwilligung ein Akt der Verzweiflung war, der an Dummheit grenzte.

Denis stürzte sich mit Begeisterung auf seine Aufgabe. Die Campingausrüstung, Nahrungsmittel und das Sortiment von Werkzeugen und Ersatzteilen, die er beschaffte, wogen 500 Kilo. Zwei Tage später waren er und seine Begleiter bereit, mit einer gemieteten Cessna 206 nach South Island zu fliegen. Wir einigten uns darauf, dass ich – falls es ihm gelingen sollte, mein Flugzeug zu reparieren – nach Loiengalani fliegen würde; Denis wollte mich von dort aus nach South Island fliegen. Wir legten Zeiten für die tägliche Kommunikation über ein tragbares Kurzwellen-Funkgerät fest, und als ich ihn und seine beiden afrikanischen Helfer am Wilson Airport verabschiedete, waren die drei so aufgeregt wie kleine Jungen, die in ein Sommerlager fahren. Colin Davis, der sich darüber ärgerte, dass ich nicht mehr auf ihn angewiesen war, hielt die ganze Aktion für reine Zeit- und Geldverschwendung. Ich sah einer sorgenvollen Wartezeit von drei Tagen entgegen.

Am vierten Tag tönte Denis' begeisterte Stimme aus dem Funkgerät und verkündete eine fantastische Botschaft. Ihm und seinen Helfern war es gelungen, das Fahrwerk provisorisch am Rumpf zu befestigen, und mithilfe der Fischer, die inzwischen auf die Insel zurückgekehrt waren, hatten sie es geschafft, das Flugzeug den Hang hinaufzuschieben, bis zum Landeplatz. Nach Denis' Meinung konnte man die Maschine jetzt von der Insel fliegen. Es war kaum zu glauben.

Ich redete mit Jim und Colin, deren Erfahrungsschatz hinsichtlich der Bergung von Flugzeugen von unschätzbarem Wert war. Sie waren erstaunt. Colin, der Beste in diesem Bereich, hatte das Flugzeug ja nach dem missglückten Start gesehen. Seiner Einschätzung nach hatte die Maschine schwere strukturelle Schäden erlitten. Er bestand darauf, dass ich nicht startete, bevor er Denis' Arbeit inspiziert hatte.

Somit stand fest, dass eine zweite Expedition nach South Island notwendig war. Colin, in dem die Lust auf eine Bergungsaktion neu entflammt war, wurde zum inoffiziellen Leiter. Er überwachte die Beschaffung von Winkelstahl, Nieten, Aluminiumblechen und eines tragbaren gasbetriebenen Kompressors für die Nietpistole. Keiner der Piloten des Flying Doctors Service wollte das Risiko eingehen, nach South Island fliegen, aber sie waren bereit, uns kostenlos nach Loiengalani zu bringen. Denis war dem Beispiel seines Vaters gefolgt und hatte die Herausforderung einer Landung auf der Felsenpiste gemeistert. Er wollte uns in Loiengalani abholen und nach South Island fliegen. Nach all den Martern hatte ich wieder Vertrauen geschöpft und war zuversichtlich, dass ich schon bald wieder mein Flugzeug fliegen würde und die verfluchte Insel vergessen könnte.

Colin und ich ergatterten Plätze in einer Maschine der Flying Doctors, die einen Routineflug nach Lodwar unternahm, etwas westlich vom Turkanasee. Uns in Loiengalani abzusetzen bedeutete für den Piloten keinen großen Umweg. Während des dreistündigen Fluges fiel kein einziges Wort. Ich fühlte mich unbehaglich in Colins Gegenwart, obwohl ich ihn inzwischen mochte. Ich wusste, dass ihm mein zügelloser Enthusiasmus, den seine schweigsame Art auf irgendeine Weise aus mir herauskitzelte, zuwider war. Sein gedrungener Körper und sein kampflustig vorgerecktes Kinn, seine angespannte und unnachgiebig wirkende Haltung verrieten die Enttäuschung darüber, dass es Denis war, der meine Dankbarkeit gewonnen hatte, und nicht er. Unter der schroffen Art, die er an den Tag legte, spürte ich eine Gutmütigkeit, an die man fast überhaupt nicht herankam. Es war, als wenn die ganze Welt diesen Wesenszug einfach nicht bemerkte – irgendwie gelang es ihm, ihn zu verstecken. Aber Krystyne hatte ihn durchschaut. »Er ist ein Mann, der in jeder Frau mütterliche Gefühle weckt«, hatte sie gesagt. Ich wusste nur, dass ich total auf seine Fähigkeiten und sein Urteilsvermögen angewiesen war, ganz gleich, was er von mir dachte.

Schon lange waren die Ströme von Turkana-Flüchtlingen in die nördliche Wüste verschwunden. Die Rebellen hielten sich noch immer in den Bergen versteckt, außerhalb der Reichweite der Soldaten, die zu einem längeren Aufenthalt in Loiengalani verdammt waren. Wolfgang, ein Bier in der Hand, empfing uns, als wären wir hohe Würdenträger aus Nairobi. Die South-Island-Saga hatte sich für Wolfgang als ein finanzieller Segen erwiesen und seinem einsamen Leben wieder Sinn verliehen. Denis wartete schon, als wir eintrafen. Seine Cessna 206 stand bereit, um uns und eine weitere Ladung von Ausrüstungsgegenständen und Nahrungsmitteln auf die Insel zu fliegen.

Als Denis für den Landeanflug in die Querlage ging und ich mein Flugzeug auf dem Plateau entdeckte, machte mein Herz einen Freudensprung. Es sah flugbereit aus. Nichts weniger als ein Wunder konnte die schwer beschädigte Maschine, die ich vor zehn Tagen zurückgelassen hatte, wieder auf die Beine gestellt haben. Wir landeten und gingen zu ihr hinüber. Das Fahrwerk war, mit Seilen aus Sisalfasern, die in einem undurchschaubaren Netz aus komplizierten Knoten ineinander verschlungen waren, am Rumpf befestigt worden. Eine geniale und anscheinend haltbare Arbeit. Colin umkreiste das Flugzeug und inspizierte das Werk, ohne ein Wort zu sagen.

»Nehmt es wieder auseinander. Wir fangen von vorne an«, lautete schließlich sein Kommentar, und nachdem er mit dem Handrücken über seine schweißnasse Stirn gefahren war, wischte er sich die Hände an seinen Shorts ab. Denis, dem seine Stellung in Bezug auf Colin bewusst war, akzeptierte dieses harte Urteil, ohne aufzumucken. Während der nächsten zwei Stunden wurde das Flugzeug in den Zustand vor der Reparatur gebracht, bis es, demoliert und seiner Eleganz beraubt, wieder vollkommen untauglich war, sich in die Lüfte zu schwingen.

Dann machte sich Colin mit einer Blechschere daran, den Bauch des Flugzeuges aufzuschneiden (der Teil des Rumpfes, an dem das Fahrwerk befestigt ist), und schuf eine klaffende Wunde. Während

Gruppenbild nach der Landung in der Salzpfanne von Shaba, Kenia

Schattenspiele über dem Delta des Luala River, Kongo

Der majestätische Teleki-Krater, Turkanasee

Goldene Sanddünen in der Namibwüste

Zebras in der Serengeti

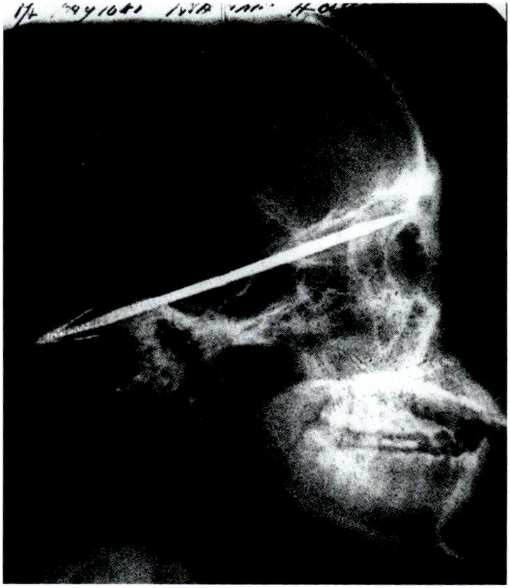

Ein Patient der Flying Doctors, der mit einem Pfeil im Schädel in eine *outreach clinic* kam – und überlebte.

Rendille-Familie vor ihrem Zuhause

Hütte in der Nähe von Marsabit, Kenia

Weihnachtsessen auf South Island, Turkanasee, Kenia

Kamele am Rande der Chalbi-Wüste, Kenia

Bruchlandung auf der Vulkaninsel South Island, Turkanasee

Landung am Strand von Lamu, Kenia

Himba-Mädchen vor unserer CF-WMJ

Meine Frau und ich am Malawi-See, Tansania

seiner unerbittlichen Attacke auf den Rumpf, bei der er nicht einwandfreie Teile entfernte, glich er einem Chirurgen, der die Brust eines Patienten öffnet, die voller Krebsgeschwüre ist. Zweifel führten zu größeren und tieferen Schnitten. Ich konnte kaum hinsehen. Während er Denis' Konstruktion zerlegte, fragte ich mich, ob es Colin insgeheim Vergnügen bereite, die Maschine in den vorherigen, fluguntauglichen Zustand zurückzuversetzen. Es gab wenig, was wir tun oder sagen konnten, denn Colins Autorität war absolut. Seine Erfahrung und sein Geschick bei der Reparatur von Flugzeugen waren unanfechtbar, und so blieb uns nichts anderes, als seine knappen Anweisungen zu befolgen und den Mund zu halten.

Der Nachmittag verging, und die mörderische Hitze von South Island zwang uns in die Knie. Nirgendwo gab es ein Zeichen von Leben. Die flimmernde heiße Luft, die von den heißen Lavafelsen aufstieg, verzerrte die Konturen der Landschaft. Gelegentlich wurde eine fünfminütige Pause eingelegt, in der wir im Schatten der Tragflächen saßen und Wasser tranken. Ansonsten arbeiteten wir schweigend; es kam höchstens zu einem einsilbigen Wortwechsel, wenn irgendein Teil benötigt oder ein Werkzeug gesucht wurde. Es war zu heiß, um sich zu unterhalten, und so konzentrierten wir uns auf die Reparaturarbeiten. Die afrikanischen Helfer hatten ein Gerüst aufgebaut, mit dem das Flugzeug abgestützt werden sollte, sobald das Fahrwerk entfernt war. Irgendwann trat Colin einen Schritt zurück, um seine Arbeit zu bewundern. Der nackte Rumpf sah nun aus wie ein halb aufgefressener Kadaver.

»So«, sagte er zufrieden, »jetzt können wir es wieder zusammenbauen.« Er wischte sich erneut die Hände am Hinterteil seiner Shorts ab und verlangte nach der Nietpistole. Jetzt änderten sich Arbeitstempo und Arbeitsrhythmus. In der Phase des Wiederaufbaus nahm Colin bei jedem einzelnen Schritt sorgfältig Maß, prüfte und überprüfte Nahtstellen, Verstärkungen und Oberflächen. Es war ein

Privileg, ihn bei der Arbeit zu beobachten; die Art, wie er seinen Winkelstahl einsetzte, war originell und überschritt das Vorstellungsvermögen und die handwerklichen Fähigkeiten eines durchschnittlichen Flugzeugmechanikers bei Weitem. Die systematische Aufmerksamkeit, die er jedem Detail schenkte, und sein Wissen um die Belastungen, denen die einzelnen Bauteile ausgesetzt waren, ließen das Genie in ihm erahnen.

Ein Flugzeugrumpf besteht zu über 90 Prozent aus leichtgewichtigen Materialien, die eher formgebend sind, als dass sie die Funktion hätten, die mit dem Fahrwerk verbundenen strukturellen Belastungen auszuhalten. Wie die geodätischen Kuppeln von Buckminster Fuller zeichnet sich die Form eines Flugzeugs durch eine integrale und sich selbst tragende Bauweise aus, die in der Lage ist, die ungewöhnlich hohen Belastungen zu absorbieren, denen die Gesamtstruktur ausgesetzt ist. Im Falle eines Flugzeuges bildet tatsächlich die Form das Fundament. Das ganze Gewicht eines Flugzeuges wird von dem Bereich getragen, der direkt mit dem Fahrwerk in Verbindung steht, und genau dieser Bereich war stark beschädigt.

Colins Herausforderung bestand also darin, das Fahrwerk so zu befestigen und zu stabilisieren, dass die Konstruktion das volle Gewicht der Maschine aushalten konnte, und gleichzeitig darauf zu achten, dass er die fragile Struktur des Rumpfes nicht zerstörte. Es war, als würde man versuchen, die tragenden Teile für das Fahrwerk an einer Eierschale zu montieren. Colin verriet nicht, wie er beabsichtigte, diese anspruchsvolle Aufgabe zu meistern. Er machte sich einfach an die Arbeit und wies uns hin und wieder an, zwischen der überall verstreuten Ausrüstung nach einem Werkzeug zu suchen, den Generator anzuwerfen, einen Winkelstahl zuzuschneiden oder Aluminiumbleche auf abgedeckte Rumpfteile zu nieten. Ansonsten zog er es vor, in Stille zu arbeiten und uns zu ignorieren.

Während unserer ersten drei Tage auf der Insel variierte der Tagesablauf kaum. Eine halbe Stunde vor Sonnenuntergang packten wir das Werkzeug zusammen, verstauten es unter einer Plane und kletterten dann den Hang hinunter zum Strand, um schwimmen zu gehen. Einer von uns schob Wache und hielt nach Krokodilen Ausschau, während die anderen in das trübe, aber herrlich erfrischende Wasser sprangen. Ich erinnerte mich daran, dass Peter Beard ein Foto besaß, das in der Nähe von Loiengalani aufgenommen worden war. Darauf war ein Krokodil zu sehen, aus dessen Magen das Bein eines Mannes entnommen wurde. Es war also nicht ungefährlich, in diesem Gewässer zu schwimmen.

Im Turkanasee gibt es mehr Krokodile als an irgendeinem anderen Ort in Afrika. Die heimliche, kaum wahrnehmbare Annäherung dieser Reptilien konnte zu einem plötzlichen Ausbruch von geballter Energie führen, die das Wasser brodeln ließ, während die Kiefer das ahnungslose Opfer umklammerten und unter Wasser zogen, um es zu ertränken. Die Vorstellung, von einem Krokodil gefressen zu werden, war abscheulich und höchst widerwärtig. Doch die Turkana gingen erstaunlich gelassen mit dieser Gefahr um, obwohl der See dafür berüchtigt war, dass jedes Jahr viele Menschen von Krokodilen getötet oder verstümmelt wurden. Die Konsequenz war, dass wir nie lange im Wasser blieben.

Das Seewasser war nicht trinkbar, aber es war immerhin so sauber, dass es zum Kochen benutzt werden konnte. Nach unserem Bad füllten wir einige Plastikbehälter damit und schleppten diese den Hang hinauf, während der Abend zur Nacht wurde. John und Joseph, unsere afrikanischen Helfer, entzündeten ein Feuer, dessen züngelnde Flammen Lichter über das Geäst einer einsamen Akazie tanzen ließen.

Im Schatten dieses einzigen Baumes der Insel hatten wir unser Lager errichtet. Zwei große, über ein Gestänge gespannte Planen waren alles, was wir brauchten; unter einer lagerten Nahrungsmittel, Werkzeug sowie das Kurzwellen-Funkgerät, und unter der anderen schliefen wir. Unsere einzige tägliche Mahlzeit bestand aus gebackenen Bohnen und warmem Bier.

Die abendlichen Gespräche drehten sich oft um den Flying Doctors Service, um Geldangelegenheiten, Klüngeleien und um Personen innerhalb der Organisation. Nachdem diese Themen erschöpft waren, begann die unvermeidliche Diskussion über den politischen Verfall Kenias und über die endemische Korruption, die sich wie eine Seuche im Land ausbreitete. Kenias politische Lage war beunruhigend. Wahlen standen bevor, und während die Opposition gespalten war, reagierte die korrupte Regierungspartei von Präsident Daniel arap Moi mit brutaler Härte auf leiseste Anzeichen von Widerstand und Unruhe. Das Ergebnis waren zahlreiche Zwischenfälle, die mit einem Blutvergießen endeten. In einem Fall hatte die Polizei die anglikanische Kathedrale in Nairobi gestürmt und nicht nur Flüchtlinge, sondern auch den Erzbischof verprügelt. Der allgemeine Verfall des Landes war ein Thema, das besonders Menschen wie Colin und Denis beschäftigte, die ihre Lebensplanung auf Kenias fragwürdiger Zukunft aufbauten. Denis, der noch jung war, glaubte optimistisch, dass die Dinge sich schon regeln würden, doch Colin betrachtete sich als Opfer der Umstände und regte sich darüber auf.

Die Stimmen wurden leiser, wenn wir uns hinlegten und in den Himmel blickten. Ich dachte über mein Leben in Afrika nach. Obwohl wir erst seit fünf Monaten in Kenia waren, erschien mir der Gedanke an eine Rückkehr in die Geschäftswelt Torontos als zunehmend abwegig. Doch dieses Thema sollte mich in den nächsten zwei Jahren immer wieder beschäftigen. Unsere Augenlider wurden schwerer, als einer nach dem anderen verstummte und Gedanken an die Zukunft in den Schlaf hinüberglitten.

Colin arbeitete praktisch pausenlos, von Sonnenaufgang bis Sonnenuntergang, und am vierten Tag war die Maschine flugbereit. Sie war zwar mit hässlichen Narben übersät, glich aber ansonsten ihrer früheren Erscheinung, zumindest, was die Form anbelangte. Aber war sie wirklich flugtauglich? Es war mein Flugzeug, und ich war der Pilot. Wieder einmal war es an mir, das zu entscheiden.

Colin hatte ernsthafte Bedenken in Bezug auf die Backbord-Tragfläche. Bei der Vermessung der Distanzen zwischen den Spitzen der Steuer- und der Backbordtragflächen und dem Heck hatte er eine Abweichung von 1,2 Zentimetern festgestellt. Das ließ darauf schließen, dass der Holm des Backbordflügels verbogen, angebrochen oder ganz gebrochen war. Es war unmöglich, sich über die Art des Schadens klar zu werden, ohne die Verkleidung der Tragfläche zu entfernen, und für eine Reparatur würden Ersatzteile aus Nordamerika benötigt.

Colin tigerte auf und ab, und seine Augen suchten auf der Oberfläche des Flügels nach dem kleinsten Hinweis auf einen internen Schaden. Mithilfe eines Zahnarztspiegels spähte er durch die Inspektionsschlitze, auf der Suche nach gebrochenem oder verbogenem Metall. Die Konsequenzen einer Fehleinschätzung wären dieses Mal wahrscheinlich fatal. Es würde fast unmöglich sein, den Verlust einer Tragfläche während des Fluges zu überleben. Das Flugzeug würde einfach vom Himmel trudeln. Colin war ein eingetragener, erfahrener Flugzeugmechaniker und hatte einen Ruf zu verlieren. Würde die Maschine, nachdem er sie zum Start freigegeben hatte, aufgrund eines strukturellen Schadens abstürzen, wäre seine Karriere beendet. Die Konsequenzen, die ich, als Pilot, zu tragen hätte, waren absehbar. Es war russisches Roulette.

Als mein Flugzeug noch auf der Seite lag, war es den Fischern gelungen, Treibstoff aus den Tanks abzusaugen. Sie hatten nur das übrig gelassen, was für ihren Schlauch unerreichbar gewesen war.

Unseren Berechnungen zufolge würde der verbliebene Treibstoff, plus dem Rest, der sich in dem Kanister für den Generator befand, für einen Flug von 20 bis maximal 25 Minuten reichen. Die Flugdauer von South Island bis Loiengalani betrug ungefähr 16 Minuten, ich durfte also keine Fehler machen.

Leider war das Terrain, von dem ich starten würde, nicht eben. Auf den ersten 30 Metern gab es keine Neigung, aber dann fiel die Piste über eine Strecke von 200 bis 250 Metern hin ab, bevor sie, seitlich an einem Hügel, steil wieder anstieg. Um den Hügel zu meiden, musste ich in dem Moment, in dem das Flugzeug abheben würde, eine scharfe Rechtskurve fliegen. Die Maschine würde sich dann über einer Klippe befinden, deren steile Felswand 30 Meter tief in den See abfiel.

Dieses Mal stand ich nicht unter dem Druck, starten zu müssen, bevor es dunkel wurde. Um die Distanz genau abzumessen, schritt ich die Startbahn ab. Dabei untersuchte ich jeden Quadratzentimeter des Bodens. Die Räder meines Flugzeuges mussten sich von der Piste lösen, bevor das Gefälle begann. Dann würde ich die Zeit und die nötige Höhe gewinnen, um allmählich in die Querlage zu gehen und über den See zu fliegen. Um von einer 140 Meter langen Rollbahn abheben zu können, musste ich einen Blitzstart hinlegen, mit Vollgas und ohne Klappen zu setzen. Sobald ich die Stelle erreichte, an der das Gefälle begann, wollte ich die Klappen auf 20 Grad ausfahren und den Steuerknüppel langsam nach hinten ziehen.

Als ich ins Cockpit stieg, bemerkte ich, dass ich weiche Knie hatte. Zum ersten Mal, seit ich mit der Fliegerei begonnen hatte, nahm ich deutlich wahr, dass ich mich vor einem Start fürchtete. Ich weiß noch, dass ich dachte: »Bleib ruhig, du weißt genau, was du zu tun hast. Konzentriere dich. Dieses Mal darfst du keinen Fehler machen.«

Ich warf den Motor an und führte systematisch einen Check durch: die Magneten, Trimmung, Instrumente, und Schalter – alle

Anzeigen waren im grünen Bereich, und die Ruder waren freigängig. Ich prüfte alles ein zweites Mal, um ganz sicher zu gehen und um Zeit zu gewinnen, da mein Adrenalinspiegel gestiegen war. Ich rollte bis an den Rand der Böschung, wendete die Maschine und war startklar. Es ist nicht leicht, eine Cessna 180 auf dem Boden zu manövrieren, da, durch das kleine Heckspornrad, die Nase des Flugzeugs nach oben gerichtet ist, was die Sicht auf die Piste behindert. Während ich noch versuchte, über die Nase hinweg die Richtung zu peilen, reckte Colin beide Daumen in die Luft. Ich spürte die Anwesenheit der anderen, die ihre Augen auf mich geheftet hatten und darauf warteten, dass die Maschine zu rollen begann. Nie hatte ich mich so allein gefühlt. Nichts war in diesem Augenblick wichtiger als ein geglückter Start von South Island.

Ich gab Vollgas und übte gleichzeitig vollen Druck auf die Bremsen aus, um das Flugzeug auf der Stelle zu halten. Der Motor kreischte, und die Drehzahl stieg auf 3100 Umdrehungen pro Minute. Die Maschine schüttelte sich und vibrierte, als der Propeller an den Bremsen zerrte wie ein Rennpferd, das angespannt darauf wartet, dass sich die Startbox öffnet. Ich warf einen letzten Blick aus dem Seitenfenster und sah Colin, der ein paar Schritte zurückwich, um dem Sand zu entkommen, den der Propeller aufwirbelte. Mit pochendem Herzen, die Instrumente im Auge, verringerte ich den Druck auf die Bremsen, dann beugte ich mich zum Gashebel vor und begann mit dem Start.

Ich war schockiert, als die Maschine auf den ersten zehn Metern langsamer rollte als erwartet. Der Gedanke an einen weiteren Fehlstart blitzte in mir auf, dann wurde das Flugzeug allmählich schneller. Ich lehnte mich zurück, griff nach dem Hebel für die Klappen, und brachte ihn, als ich die Kuppe erreichte, hinter der das Gefälle begann, in eine 20-Grad-Stellung. Dann zog ich gefühlvoll den Steuerknüppel zurück. Das Timing war perfekt. Die Maschine stieg wie ein Vogel, der sich von Thermik nach oben tragen lässt. Ich hatte genügend Zeit, um über dem Wasser eine sanfte Rechtskurve einzuleiten, die mich aus dem blendenden Sonnenlicht in den Schatten führte, nordwärts, nach Loiengalani. Dann sichtete ich die liliputanerhaften Gestalten meiner Gefährten; sie schützten ihre Augen mit den Händen vor der grellen Sonne und verfolgten meine Flugbahn über das Jademeer.

Die nächsten 15 Minuten wurden von dem Gefühl der Erleichterung darüber bestimmt, dass ich wieder in der Luft war. Die Bergung meines Flugzeuges bestätigte auf irgendeine Weise meine Daseinsberechtigung in Afrika. Der Crash, jetzt nur noch ein kleiner Rückschlag, hatte gezeigt, dass ich zwar ein Mensch war, der Fehler machte, aber auch, dass ich in der Lage war, diese wieder auszubügeln. Fliegen war eine ernsthafte Angelegenheit, die volle Konzentration erforderte. Überheblichkeit war hier fehl am Platz.

Ich setzte in Loiengalani auf, landete so weich wie möglich und wartete dann zufrieden in der Gluthitze des Cockpits auf die Ankunft der anderen. Jetzt hatte ich Zeit, um über meine Abenteuer auf South Island nachzudenken und, wichtiger noch, über die Art, mit der Krystyne mich aufgemuntert und mein Selbstvertrauen gestärkt hatte. Sie war während der ganzen Dauer meines dreiwöchigen Albtraums ein Leuchtfeuer des gesunden Menschenverstandes gewesen. Als ich so reglos dasaß, wurde ich von einer solchen Woge des Wohlgefühls erfasst, wie ich es noch nie erlebt hatte.

Das Dröhnen einer weiteren Maschine, die sich im Landeanflug befand, läutete eine Feier in Wolfgangs Bar ein. Danach tankten wir unsere Flugzeuge für den Rückflug nach Nairobi auf. Mit einer kleinen Handpumpe saugten wir Wolfgangs Notreserve aus Zweihundertliterfässern. Jede Maschine tankte die Hälfte des Vorrates, genug für den Rückflug zum Wilson Airport. Wir verabschiedeten uns ein letztes Mal von Wolfgang, schwangen uns in einem Tandem-Start in die Lüfte und stiegen, auf der Suche nach unbewegten Luftschichten, auf eine Höhe von 12.000 Fuß. Im gleißenden Sonnenlicht des frühen Nachmittags fragte ich mich, ob dies wohl mein letzter Blick auf South Island sein würde. Dann verschwand die düstere und unheilvolle Insel unter meiner Steuerbord-Tragfläche.

Die Reparatur meines Flugzeuges im Hangar des Flying Doctors Service sollte viereinhalb Monate dauern. Als die Verschalung des Backbord-Flügels entfernt war, entdeckte man, dass der hintere Holm tatsächlich gebrochen war, und dass nur die Aluminiumverkleidung diesen Teil der Tragfläche zusammengehalten hatte. Eine starke Turbulenz hätte den Hauptholm auseinanderreißen können, und dann hätte sich der Flügel vom Rumpf gelöst. Außerdem fand man in der Kurbelwelle des Motors einen Haarriss, der zu einem katastrophalen Motorversagen hätte führen können. Es war wohl am besten, über diese ernüchternden Tatsachen nicht weiter nachzudenken.

Der berühmte Speer, den ich Kipsoi abgekauft hatte, prangte nun über der Tür des Gemeinschaftsraumes der Piloten, als Andenken an unsere Zeit in Afrika. Die Kosten für die Wiederherstellung meines Flugzeuges überstiegen weit den Preis, den Kipsoi gefordert hatte: ein paar tausend Schillinge – und einen Rundflug.

8 Leben in Nairobi

Nach unserer Rückkehr nach Nairobi wurde unser alltägliches Leben immer wieder durch Ausflüge in verschiedene Teile des Landes bereichert. Aus den Wochen unseres Aufenthalts in Afrika waren schnell Monate geworden. Die Zeitungen berichteten von der Weigerung Präsident Bill Clintons, Soldaten nach Bosnien zu entsenden. Doch unser Zeitmesser war die Regenzeit, die kam und ging wie Herbst, Winter, Frühling und Sommer in nördlichen Klimazonen.

Ich arbeitete fünf Tage die Woche beim Flying Doctors Service. Krystyne, die ohne ein bestimmtes Ziel nach Nairobi gekommen war, wollte ein eigenes Projekt in Angriff nehmen, eines, das mit Afrika zu tun hatte und das sie faszinieren würde. Es dauerte nicht lange, bis sie etwas gefunden hatte. Sie begann, sich für afrikanische Perlen zu interessieren, die schon bald zu einer Leidenschaft wurden.

Über viele Jahrhunderte fanden Millionen von Perlen, die gegen Sklaven, Gewürze und Elfenbein eingetauscht wurden, ihren Weg nach Afrika. Sie kamen über die alten Handelswege Arabiens, aus Portugal, Venedig, vom indischen Subkontinent und aus so fernen Ländern wie China. Die Afrikaner hatten lange mit Perlen gehandelt und sie als Schmuck getragen. Sie hatten Ohrringe aus ihnen gemacht, Armbänder, Halsketten, und Kopfschmuck, und sie auf ihre Kleiderstoffe gestickt. Einige Perlen stammen aus der Zeit vor Christus und sind Zeugnisse der Geschichte von Migrationen, die kreuz und quer über den Kontinent stattfanden. Perlen sind die Fußspuren von Religionen: Islamische Gebetsperlen folgen zum Beispiel dem Pfad des Islam von Arabien durch ganz Nordafrika.

Das englische Wort *bead* leitet sich von dem angelsächsischen *bede* her, was Gebet bedeutet. In Afrika war es den meisten Frauen nicht gestattet, persönliche Habe zu besitzen, außer Perlen. Mit ihnen betrieben sie auf scharfsinnige Weise Tauschgeschäfte und schufen so eine Art Währung, die den Handel in den Suks von Nordafrika erleichterte. Die Kaurimuschel wurde das Finanzinstrument des Sklavenhandels, auf dessen Höhepunkt man einen guten Sklaven für einige Kilo Kaurimuscheln erstehen konnte. Kaurimuscheln waren auf dem afrikanischen Kontinent allgegenwärtig und schmückten die säkularen und religiösen Besitztümer von Stämmen, die tief in den Dschungeln Zentralafrikas lebten.

Krystyne interessierte sich besonders für islamische Gebetsperlen, auch *Yussr*-Perlen genannt. Sie werden aus Schwarzen Korallen hergestellt und mit Silbernägeln beschlagen, welche die Perlen mit komplexen Mustern zieren. Schwarze Korallen, die sehr selten geworden sind und deren Wert gestiegen ist, stammen aus dem Roten Meer. Händler transportieren das, was heute noch zu finden ist, in Dhaus vom Jemen nach Dschibuti, von wo aus die Perlen südwärts nach Nairobi wandern. Krystyne fand sie in Leinensäcken, die, zu großen Haufen aufgetürmt, in den Hinterzimmern von asiatischen *dukas* (Läden) lagen, am Biashara, dem Markt in der Innenstadt Nairobis. Nach und nach vergrößerte sich Krystynes Wissen über ihre Herkunft und ihren Wert. Sie kreierte eine Kollektion von Halsketten, die sowohl aus islamischen Gebetsperlen als auch aus antiken Silberperlen, die vor über einem Jahrhundert von jüdischen Silberschmieden im Jemen angefertigt wurden. Einige dieser *Yahudi*-Perlen wurden um das Jahr 400 v. Chr. hergestellt.

Obwohl Freunde protestierten, weil sie es für gefährlich hielten, verließ Krystyne jeden Morgen den Nairobi Club und machte sich auf den Weg. Groß, silberhaarig, ohne Handtasche oder Schmuck am Körper, schlenderte sie durch Scharen von Menschen, die sich auf der N'gong Road drängten, und ging dann den Hügel hinunter ins Zentrum der Stadt.

Diejenigen, denen sie unterwegs immer wieder begegnete, betrachteten sie bald als festen Bestandteil ihrer allmorgendlichen Routine: der Barbier, der unter freiem Himmel im Park arbeitete, und dessen Stuhl unter dem Gummibaum stand, an dem auch sein Spiegel hing, die Leute im Maasai-Café, wo sie einen Kaffee trank, der Verkäufer in dem leuchtend orangeroten Wellblechkiosk, der geröstete Maiskolben und gebratene Bananen zum Frühstück servierte, und die indischen Ladenbesitzer beim Regency Hotel, mit denen sie plauderte. Krystyne spazierte über die Banda Street, um die Moschee herum und stolzierte an den Müllbergen und den Bettlern in der Nähe des Stadtmarkts vorbei, bis sie den Biashara erreichte. Hier, am asiatischen Markt, wo sich die *dukas* dicht aneinanderdrängten, wurde der Handel professioneller betrieben als in den afrikanischen Bezirken Nairobis. Die Geschäfte waren gepflegter und die Konkurrenz härter.

Krystyne lernte die Besitzer kennen, gewann ihr Vertrauen und begann ernsthaft zu handeln. Sie verbrachte Stunden in den Hinterzimmern ihrer Läden, wühlte sich durch das Angebot von Perlen und schlürfte süßen Tee. Sie hörte sich geduldig ihre Klagen über die unfaire Behandlung der Asiaten vonseiten der Regierung an, über die Zunahme von gesetzlichen Bestimmungen, über die höheren Steuern und den Mangel an Touristen.

Krystynes offenes, bezauberndes Wesen gewann die Herzen der Ladenbesitzer, und je mehr Schwarze Korallen sie kaufte, umso loyaler wurden ihre Lieferanten. Sie beauftragte ihr Personal, die Perlen zu säubern, zu polieren und nach ihren Ideen zu Ketten aufzufädeln. Bald darauf wurde ihre Kollektion in Toronto und in New York verkauft. Ihre Suche nach Nachschub an Schwarzen Korallen führte sie schließlich zur Quelle, in den Jemen, den wir später öfter besuchten. Am Ende unseres Aufenthaltes hatte Krystyne in Nairobi einen Ruf erlangt, und bald war sie auch in New York für ihre originellen Designs und für die Verwendung seltener Perlen bekannt. Nach unserer Rückkehr nach Nordamerika wurde ihre Kollektion im New Yorker Nobelkaufhaus Bergdorf Goodman ausgestellt und verkauft.

Krystynes Interesse für Perlen brachte uns auch mit der asiatischen Gemeinde in Kontakt, einer geschlossenen Gesellschaft, die isoliert und defensiv ist und gewissermaßen in einem permanenten Belagerungszustand lebte. Asiaten und »Farbige«, ein Euphemismus für Inder, haben lange die Klasse der Kaufleute in Ostafrika repräsentiert. Die Briten haben sie von Indien nach Afrika gebracht, weil sie um die Mitte des 19. Jahrhunderts für den Bau der Eisenbahnstrecke von Mombasa nach Kampala Arbeitskräfte brauchten. Ihr Aufenthaltsrecht blieb jedoch von Anfang an stark eingeschränkt. In Uganda wurden sie sogar gewaltsam gezwungen, das Land zu verlassen, und so hatten sie während der Herrschaft des empörenden Terrorregimes von Idi Amin ihre Häuser und Geschäfte verloren.

Die Asiaten, von Natur aus Händler, etablierten sich schnell, nachdem die Briten das Land verlassen hatten, und wurden die Kaufleute Nairobis. Historisch gesehen, betrachteten sie sich als den Afrikanern überlegen, und sie behandelten ihre schwarzen Angestellten schlecht. Als die Afrikaner die politische Macht erlangt hatten, begannen sie, sich an den Asiaten zu rächen, und nahmen jede Gelegenheit wahr, um ihnen das Leben so schwer wie möglich zu machen. Der Rassenhass zwischen diesen beiden Parteien überstieg den Hass, der die Beziehung von Schwarzen und Weißen kennzeichnete und der heute nichts weiter zu sein scheint als eine verblasste Erinnerung an die Kolonialzeit.

Wir lernten mehrere asiatische Familien kennen, die uns zu sich nach Hause einluden. Aus Vertrauensverhältnissen wurden Freundschaften, und bald verstanden wir die Ängste einer Minderheit, die in einem unruhigen politischen Klima lebt. Zwei von unseren asiatischen Bekannten – einer war in der Baubranche tätig, der andere besaß ein Hotel – trugen immer geladene Pistolen bei sich.

Krystyne und ich fühlten uns in Nairobi zu Hause. Das Personal des Nairobi Clubs, die Kollegen beim Flying Doctors Service, die Besitzer der asiatischen *dukas* und selbst die ständig im Ausland lebenden Beamten von Hilfseinrichtungen – sie alle spielten eine immer wichtigere Rolle in unserem Leben. Wir gewannen Freunde, machten Bekanntschaften und hatten ein gesellschaftliches Leben in Nairobi, waren also weitaus mehr integriert als durchreisende Touristen. Und, was ebenfalls von großer Bedeutung war: Unser Leben erlaubte uns, den Diener, der frühmorgens den Tee servierte, in ein Gespräch zu verwickeln, mit dem Rampenpersonal beim Hangar zu reden, mit den Männern, die Krystyne engagiert hatte, um die Perlen für ihre Ketten zu polieren, und mit den Kellnern der Restaurants, in denen wir häufiger verkehrten. Ihr tiefes Interesse an unserem Wohlbefinden war schmeichelhaft und liebenswert – ein verblüffender Gegensatz zu Toronto, wo der Inhalt eines Wortwechsels sich eher auf das Geschäftliche bezieht als auf die Personen. Die Stunden vergingen langsamer in dieser freundlichen Welt, die Krystyne und mich einander näherbrachte, und in der wir, auf kaum spürbare Weise, Bekanntschaft mit der menschlichen Seele Afrikas machten, in der unendliche Schönheit und herzzerreißende Traurigkeit miteinander verschmolzen sind.

Unser Leben in Nairobi steigerte in gewisser Weise unser Selbstvertrauen, denn wir lernten, die Herausforderungen zu meistern, die sich aus der Tatsache ergaben, dass wir unabhängig und auf uns selbst gestellt waren. Krystynes allmorgendliche Ausflüge zum Biashara, ihre Besuche des Maasai-Marktes an jedem Dienstag und meine alltäglich Fahrt zum Wilson Airport wurden zu festen Bestandteilen unseres Lebens, das schlicht und harmonisch war. Kanada schien sehr weit weg zu sein. Von zu Hause kamen nur selten Briefe; wir sehnten uns nach Post von unserer 19-jährigen Tochter, die in Montreal Kunst studierte und ein bisschen rebellisch war. Ihrem persönlichen Moralkodex entsprechend missbilligte sie jede Art von Kommunikation, insbesondere mit ihren Eltern. Wir ertrugen das anstandslos, aber es war ein empfindlicher Punkt in unserem sonst so zufriedenen Leben in Afrika.

Den Flying Doctors Service zu reorganisieren war keine unangenehme Aufgabe. Sie überforderte nicht meine Kenntnisse und Erfahrungen im kaufmännischen Bereich und war in bestimmter Hinsicht befriedigender als mein Job in Toronto, wo ich ein größeres Unternehmen geleitet hatte. Das Personal widmete sich seinen Aufgaben mit Leidenschaft und fühlte sich zu etwas Höherem berufen, als nur für sich oder für Aktionäre Geld zu machen. Ihre Einstellung hatte während der zwei Jahre in Kenia zur Folge, dass ich einen Transformationsprozess durchlief und meine persönlichen Ziele neu ordnete. Ich kam zu neuen Einsichten bezüglich des Themas ›Hilfe für Entwicklungsländer‹, wie diese verwaltet werden sollte und von wem. Das war ein völlig anderes Gebiet als die kaufmännische Welt, in der ich mich auskannte.

Und trotzdem gelang es mir nicht, meinen Geschäftssinn gänzlich abzuschütteln. Ich hatte immer noch einen Hang dazu, Taten an Ergebnissen zu messen, in Kategorien wie Erfolg und Misserfolg zu denken und korrigierend einzugreifen. Diese Haltung war beim Flying Doctors Service eher weniger vorhanden; es bestand die Tendenz, Verantwortungen und Verantwortlichkeit – insbesondere Verantwortlichkeit in finanzieller Hinsicht – durcheinanderzubringen. Eines meiner ersten Ziele war, die Verwaltung der Fonds vernünftiger zu gestalten und zwischen dem Service, der alle Kosten für medizinische Evakuierungen trug, und der Society, welche die Einnahmen kontrollierte, zu vermitteln. Doch die Society beharrte weiterhin stur auf ihrer Eigenständigkeit, obwohl sie nach ihren Statuten dazu verpflichtet war, den Service zu unterstützen, und das machte es mir praktisch unmöglich, die finanzielle Unabhängigkeit des Flying Doctor Service zu erreichen.

Die AMREF-Vorstandssitzung, bei der ich meine Empfehlungen präsentieren sollte, fand im Februar 1997 statt. Die Regenzeit war gekommen und gegangen, und die drei oder vier Monate währende Dürreperiode hatte das Land fest im Griff. Selbst die üppigen Blumenbeete von Karen, dem wohlhabenden Vorort von Nairobi, waren vertrocknet und gelb. Rasensprenger kämpften tapfer, aber sie waren kein Gegner für die tropische Sonne, die Tag für Tag gnadenlos auf das Gras brannte. Die Wasservorräte der Stadt waren in gefährlichem Maße geschrumpft, denn das Masinga-Reservoir auf dem nördlichen Plateau war ausgetrocknet und wirkte wie eine riesige verschorfte Wunde. Häufige Stromausfälle in Nairobi – sechs oder sieben pro Tag – ließen den Preis für benzinbetriebene Generatoren in die Höhe schnellen. Ruhelosigkeit hatte sich im Land breitgemacht, denn die Dürre grub ihre Klauen tiefer und tiefer in den Boden. Kenia war verdorrt und litt.

Störche mit gelben Schnäbeln kreisten hoch über den N'gong-Bergen. Auf toten Ästen saßen reihenweise Geier, wie Mönche mit Kapuzen, die in Stille beteten. Staub und Fliegen wirbelten unterschiedslos durch die Luft. Jeden Morgen blickte das Auge der Nation gen Himmel und suchte nach ersten Anzeichen von Regen. Die Trockenzeit und das Warten schienen endlos zu sein.

Die Sitzung geriet beinahe zu einer Katastrophe. Ich hatte Mike vorgeschlagen, den Vorstandsmitgliedern meinen Plan bezüglich der Verschmelzung von Service und Society vor dem Treffen vorzulegen. Aber Mike hatte sich dagegen entschieden, in der Hoffnung, einen politischen Sturm vermeiden zu können; die Society würde den Plan sicher bis aufs Messer bekämpfen.

Ich verlor den Mut, als das Vorstandstreffen nach und nach außer Kontrolle geriet. Die emotional geführte Auseinandersetzung wurde immer giftiger. Der Vorsitzende Bethuel Kiplagat, ein eleganter Afrikaner und geborener Diplomat, versuchte vergeblich, einen Kompromiss zu finden. Es ging um die Frage des potenziellen Verlustes von Eigenständigkeit der Society. Man wollten nicht zulassen, dass ihre lange Geschichte so einfach vom Tisch gewischt wurde. Kiplagat schlug die Bildung eines Ausschusses vor, der nach einer Lösung suchen sollte. Der modifizierte Geschäftsplan sollte dann bei der nächsten Vorstandssitzung in sechs Monaten erneut vorgelegt werden. Das war ein vernünftiger Vorschlag, obwohl die Chancen auf eine Einigung gering waren und ich nicht ein halbes Jahr lang tatenlos herumsitzen wollte. Die Unentschiedenheit des Vorstandes trieb mich zur Verzweiflung.

Ich schlug vor, dass der Vorstand meinem Plan in seinen Grundzügen zustimmen sollte, falls eine Vereinbarung über eine Zusammenarbeit mit der Society zustande käme. Zu meiner Überraschung wurde dies akzeptiert. Die Society widersprach nicht, denn sie hatte ja immer noch die Möglichkeit, die Fusion durch ein absolutes Veto zu verhindern. Und so stimmte der Vorstand einem Vorschlag zu, der bestenfalls unklar war. Doch für mich war eine bedingte Übereinkunft besser als eine klare Ablehnung oder eine Verzögerung von sechs Monaten, denn das hätte für mich bedeutet, Afrika sofort und somit verfrüht zu verlassen. Ich konnte nur hoffen, dass allein die Dynamik des in Gang gesetzten Prozesses noch vor der nächsten Vorstandssitzung die Verschmelzung bewirken würde.

Mit der eingeschränkten Zustimmung des Vorstandes bewaffnet, begann ich mit der Reorganisation des Flying Doctors Service. Jim hatte die Anweisung erhalten, zwei überzählige Flugzeuge zu veräußern, die bereits voll abgeschrieben waren. Er erzielte einen Preis von 300 000 Dollar und bekam eine große Anzahlung, von der ein neues Zentrum für die Flying Doctors gebaut werden konnte. Das Gebäude sollte direkt hinter dem Hangar errichtet werden und Platz bieten für die Schwestern, Funkgeräte, Piloten, Verwaltungsbüros und für den ambulanten Dienst. Jim eröffnete ein separates Bankkonto und organisierte, dass der Flying Doctor Service als gesonderte Kostenstelle geführt wurde. Dann machte er sich daran, nach einem Architekten und einer Firma zu suchen, die den Bau des neuen Zentrums für medizinische Evakuierungen durchführen sollten.

Der alte Hangar würde gründlich gesäubert und anschließend weiß und dunkelgrün gestrichen. Ganze Lkw-Ladungen von altem Schrott wurden entfernt, und nach einigen Wochen waren die Räumlichkeiten kaum wiederzuerkennen. Optimistisch gestimmt, reservierten wir in den Bauplänen Räume für die Society, im Vertrauen darauf, dass man eines Tages einlenken und der Vereinigung mit dem Service zustimmen würde. Das Personal freute sich, und selbst Colin Davies, der nicht mehr beim Service angestellt war, musste zugeben, dass die Verbesserungen beeindruckend waren. Schon im Laufe des nächsten Monats wurde das Fundament für das medizinische Evakuierungszentrum gegossen. Das Tempo, mit dem die Arbeiten vorangingen, war wirklich eine Besonderheit; ein so schnelles Vorankommen war in Afrika äußerst selten zu beobachten.

In diesen Tagen war ich sehr damit beschäftigt, Besprechungen mit dem Architekten und dem Bauleiter abzuhalten, die neuen Aktivitäten des Buchhalters Stephen Mugungo zu überwachen und Jim und Mike Gerber über den Stand der Dinge zu informieren. Mikes Zustimmung zur Führung separater Bankkonten durch Jim beendete schließlich den Zwist zwischen Jim und dem Finanzdirektor von AMREF. Überall war Optimismus spürbar. Die Strukturen des Flying Doctor Service waren nun übersichtlich und effizient, und sobald die Society, wie erhofft, der Fusion zustimmte, würde der Service nicht länger ein Verlustbringer für AMREF sein.

Im Laufe der Monate schlossen wir mit vielen Afrikanern aus unterschiedlichsten Gesellschaftsschichten Freundschaft. Diese warmherzigen und freundlichen Menschen waren fast ausnahmslos entschiedene Patrioten, die an die Wiederauferstehung des afrikanischen Kontinents glaubten. Dies galt für äußerst kultivierte als auch für sehr einfache, ungebildete Afrikaner. Besonders beeindruckt waren wir vom Personal des Nairobi Clubs, denn die Angestellten zogen uns mit der Zeit immer tiefer hinein in die emotionalen Wirren ihres Daseins.

Der Nachtwächter Elijah, der hinter dem Empfangstresen zu Hause war, brach als Erster das Eis. Er plauderte gerne und informierte uns freudig über den neusten Skandal, in den ein Klubmitglied verwickelt war, oder über Intrigen innerhalb der Verwaltung. Sich wiederholende Malaria-Attacken ließen ihn ständig schwitzen, und er zupfte immer an seiner schlecht sitzenden, verschmutzten Kleidung herum, die an seinem umfangreichen Körper hing wie Wäsche an der Leine. Er hatte zwar kein Geld, dafür aber eine Frau und sieben Kinder, die »landeinwärts« wohnten. Er war ein hingebungsvoller Adventist des Siebenten Tages und verbrachte Stunden damit, in der Bibel zu lesen. Elijah glaubte, dass Gott eines Tages seine finanziellen Probleme lösen würde. Wenn wir ihm Geschenke für seine Kinder brachten, zeigte er sich jedes Mal dankbar, reagierte aber dennoch verhalten. Einmal, als er sich nicht länger zurückhalten konnte, fragte er uns, ob wir nicht etwas für *ihn* hätten. Ohne zu zögern, schenkte ich ihm meine billige Sonnenbrille. Aus seinen Augen strahlten Dankbarkeit und die Überzeugung, dass dies der

Beginn einer langen und einträglichen Freundschaft war. Der Gedanke daran, dass er sieben Kinder hatte und eigentlich kaum für sich selbst sorgen konnte, war beunruhigend. Aber er war reizend und sanftmütig und hörte nie auf, über seine Kinder zu reden, obwohl er seine Frau nie erwähnte.

Im Nairobi Club ließ es sich gut leben, abgesehen von dem Essen. Nicht nur, dass man sich in Schale werfen musste, auch die Mahlzeiten waren ungenießbar. Im Klub wurde auf altbritische Weise gekocht, im Stil »der letzten Jahrhundertwende«: graues, zu lange gesottenes Fleisch in dicker, mehliger Bratensoße mit matschigem Gemüse. In der großen Küche, die dafür ausgelegt war, Hunderte von Mahlzeiten zuzubereiten, roch es nach Kohle, saurer Milch und ranzigem Fett. Der Koch, ein Afrikaner mit französischer Kochmütze und Herr über schlecht gelaunte Mitarbeiter, bereitete am Tag nicht mehr als zwölf Gerichte zu. Der höhlenartige Speisesaal, der nur von ein oder zwei Mitgliedern regelmäßig besucht wurde, war öde und trostlos. Und so hatten wir es uns bald zur Gewohnheit gemacht, in einem der sechs oder sieben akzeptablen Restaurants Nairobis zu Abend zu essen. Zu Anfang fanden wir es ermüdend, jeden Abend auswärts essen zu müssen, doch dann machten wir ein Ereignis daraus, mit dem wir unseren Tag beendeten.

Wir mussten vorsichtig sein. Bei Nacht war Nairobi gesetzlos, zwielichtig und gefährlich. Der Innenstadtbezirk stand weit offen und lud das Verbrechen ein. Die leeren, unbeleuchteten Straßen gehörten streunenden Hunden, Obdachlosen und den Prostituierten. Sie riefen den Insassen der wenigen Wagen, die durch die Seitengassen kreuzten wie Geier, die sich durch einen alten Kadaver picken, ein munteres »Darling, Darling!«, zu. Nur die Benachteiligten zogen nachts durch die Straßen der Innenstadt.

Ein paar sogenannte First-Class-Hotels beanspruchten den Raum im Zentrum der Stadt. Diese isolierten Oasen mit ihren Neonlichtern, hohen Eingangshallen und marmornen Portalen kämpften um die Aufrechterhaltung des Mythos, dass Nairobi immer noch eine internationale Stadt war. Türsteher verbargen ihre Waffen, wenn sie Touristen aus Taxis halfen und sie durch die unsichtbaren Gefahren der afrikanischen Nacht geleiteten. Innen eilten Pagen hin und her, Restaurants bewirteten ein paar wenige Gäste, und in Bars auf den Zwischenstockwerken saßen cocktailtrinkende Geschäftsleute, die aufreizend gekleidete Prostituierte beäugten.

Doch in Nairobis Discos tobte das Leben, und der unverwechselbare afrikanische Beat hämmerte bis spät in die Nacht hinein. Mit jungen Leuten gefüllt, pulsierten sie von sexueller Energie. Besonders die afrikanischen Frauen liebten es, zu tanzen. Gelegentlich trotzten junge weiße »Kenianische Cowboys«, die eine gute Zeit haben wollte, den abweisenden Blicken der schwarzen Besucher. Ihr plötzliches Auftauchen brachte die Aussicht auf Geld mit sich, was die Prostituierten veranlasste, den Träumen und dem Geprahle ihrer schwarzen Begleiter den Rücken zu kehren, und das konnte blutige Auseinandersetzungen provozieren, die im Krankenhaus von Nairobi oder auf der Milimani-Polizeiwache endeten. Das New Florida, eine Disco, die sich über einer Texaco-Tankstelle an der Ecke Loinange und Banda Street befand, wurde von Einheimischen das »Mad House« genannt. Sie war der beliebteste Tanzklub und bot eine Mitternachtsshow mit barbusigen Tänzerinnen in einem Wirbel aus Federn, die an die Folies Bergères erinnerten. Diese Show galt als kulturelles Ereignis.

Nach dem Essen fuhren Krystyne und ich gewöhnlich zur Hotelbar 680, um dort ein Glas Baileys Irish Cream zu genießen, bevor wir in die düstere Atmosphäre des Nairobi Clubs zurückkehrten. Die Bars in der Innenstadt galten als gefährlich und waren meistens wie ausgestorben. Wir waren allein, bis auf die zwei oder drei Prostituierten, die am Tresen hockten. Lucy, eine von ihnen, war

Stammgast in der 680-Bar. Sie war mittleren Alters und nicht besonders hübsch. Sie freundete sich mit uns an, interessierte sich aber hauptsächlich für Krystyne, die in ihren Augen eine »feine Dame« war. Lucy beschwerte sich regelmäßig darüber, dass das Geschäft so schlecht lief, was zum einen am Kundenmangel lag und zum anderen an der Polizei, die immer gefährlicher wurde. Die Cops warteten, bis die Mädchen aus den Autos ihrer Kunden stiegen, begannen sie zu schlagen und hörten erst auf, wenn sie ihnen ihr Geld überlassen hatten.

Einmal fragte ich Lucy, welche Freier ihr die liebsten seien – das heißt, welche Nationalität? Sie sah mich mit einer hochgezogenen Augenbraue an und nahm einen tiefen Schluck aus ihrer Literflasche mit warmem Tusker. Dann schlug sie die Beine übereinander, zog ihren kurzen, roten Rock etwas tiefer und beugte sich so weit vor, dass ihr Gesicht nur noch ein paar Zentimeter vom meinem entfernt war.

»Die Engländer sind grrrrauenvolle Liebhaber …«, lautete die Antwort, »aber sie laden dich zum Essen ein, und das Wichtigste ist, du wirst bezahlt.« Sie lehnte sich in ihrem Stuhl zurück, setzte ein breites Grinsen auf und sah zu den anderen hinüber, die das bestätigen sollten. Aber die starrten nur mit abwesendem Blick zurück, gelangweilt. »Dann sind da die Asiaten. Sie laden dich nicht zum Essen ein, aber es geht schnell. Du musst wie der Teufel kämpfen, um dein Geld zu bekommen, aber am Ende bezahlen sie.« Lucy steckte eine lose Strähne ihrer Perücke hinters Ohr und holte tief Luft. »Die Afrikaner sind die Schlimmsten. Kein Essen. Sie hören nicht auf, die ganze Nacht nicht. Und frühmorgens kriegst du einen Stoß in die Rippen. ›Hey‹, sagt der Kerl dann. ›Bei der Arbeit wird nicht geschlafen!‹ Außerdem wirst du meistens nicht bezahlt.«

Irgendwann fuhr Krystyne für drei Wochen nach Kanada. Ihrer Mutter ging es nicht gut, und zudem war ein Jahr vergangen, seit sie unsere jüngste Tochter das letzte Mal gesehen hatte. Ich blieb in Nairobi. Auf dem Weg zum Restaurant La Trattoria, wo ich mit Freunden zum Essen verabredet war, hörte ich jemanden meinen Namen rufen. Es war Lucy.

»Hi, Scott. Wo ist Krystyne?« Sie schwang ihre Handtasche, als sie näher kam.

»Hallo, Lucy. Krystyne ist in Kanada und kommt Montag zurück. Gehst du in die 680-Bar?« Meine Frage wurde ignoriert. Sie stand da, mit einer Hand an der Hüfte, womit sie ihre Absichten klar zum Ausdruck brachte.

»Scott, willst du, dass wir zusammen ein bisschen Spaß haben, ja?« Sie dachte nicht an Treuebruch, für sie war das nur eine Gelegenheit, Geld zu verdienen, die man beim Schopf packen musste – besonders in dieser Zeit des Kundenmangels. Ich lächelte.

»Ich gehe essen, Lucy.«

»Kein Problem, ich warte auf dich.« Ich lehnte ab, doch sie schien nicht im Mindesten verärgert. Als wir uns in der folgenden Woche trafen, war sie sogarhoch erfreut. Lucy begrüßte uns wie alte Freunde – insbesondere Krystyne.

Krystyne und ich erforschten Teile Nairobis, die in den Ausflugsplänen von Normaltouristen nicht vorkamen. Über einige dieser Orte sagte man, dass es zu gefährlich sei, sich zu Fuß dorthin zu wagen, besonders, wenn man allein war. River Road war so ein Ort. Die Straße war für brutale Verbrechen bekannt, die weit über bloßen Diebstahl hinausgingen. Selbst die Polizei mied diese Straße. Eine japanische Touristin, die sich dorthin verirrt hatte, wurde am helllichten Tage beraubt und man hatte ihr die Kleider vom Leib gerissen. Als sie im Schockzustand nackt am Straßenrand lag, bedeckte sie eine Afrikanerin mit einem *kikoi,* einem Schultertuch. Die Behörden hatten in keiner Weise auf Anrufe reagiert und jede Hilfe verweigert.

In der Nähe der River Road, in der Dubois Street, befand sich das berüchtigte Hotel East End. In diesem Etablissement, das wir ab und zu besuchten, wurde unregulierter Handel getrieben. Westafrikaner aus Ghana, Elfenbeinküste und aus dem Senegal, die große Säcke voller Waren mitbrachten, stiegen dort ab. Die jungen Männer, die zwei Wochen lang in kleinen, luftlosen Zimmern hausten, schliefen und aßen zwischen Schnitzereien, Perlen und Textilien, die sie als Großhändler feilboten. Die vergitterte Eingangstür wurde von einer alten, zahnlosen Frau bewacht, die sehr misstrauisch und wachsam war.

Wir verbrachten viele Samstagnachmittage damit, uns durch einen Wirrwarr von Gütern zu graben, die bis zur Decke gestapelt waren. Es war eine Ali-Baba-Welt, vollgestopft mit Artefakten, Perlen, Masken, seltsamen Medikamenten und Messern für Beschneidungen, die zwielichtige Verkäufer an den Mann bringen wollten, deren Preise fielen, während wir, auf der Suche nach Schwarzen Korallen, von Zimmer zu Zimmer gingen. Hitzige Streitereien, bei denen geschubst und gedrängelt wurde, signalisierten, dass es Zeit war, zu gehen.

Auch Eastleigh war eine Gegend, die der brave Tourist meiden sollte. Dort gab es einen großen Somali-Markt, pulsierend und farbenfroh, auf dem es von Menschen wimmelte und der von Waren überquoll, die über den Wilson Airport ins Land geschmuggelt worden waren. Krystynes guter Ruf als Kundin in Biashara verschaffte uns eine Spezial-Eskorte, die uns durch das Labyrinth der Seitengassen geleitete, an Ständen vorbei, an denen lebende Hühner und Ziegen verkauft wurden. An anderen wurden Gewürze, Nüsse und eine Geleemasse angeboten, ein klebriges, süßes Dessert, das wabbelnd und zitternd auf Regalen stand, die mit einem Raureif aus Puderzucker überzogen waren. Selbstbewusst drängelte sich Krystyne durch ein Meer von flatternden blauen und weißen Dschellabas, vorbei an Stapeln von Kurzwaren und einem kunterbunten Durcheinander von Haushaltswaren. All das war in den erstickenden Qualm der Kochfeuer gehüllt, der über den Markt hinwegzog und der den illegalen Handel mit gestohlenen Gütern verschleierte.

Wir standen vor einer winzigen Tür, die sich einen Spaltbreit öffnete und den Blick auf Mandelaugen freigab, die tiefer waren als Träume und uns in eine andere Welt einluden. Wir wurden an vielfarbigen Bahnen von fließender Seide und Baumwollstoffen vorbeigeführt, die von Türen herabhingen, und gelangten in einen Innenhof, in dem Dutzende von verschleierten Musliminnen saßen. Hände, die in schwarzen Handschuhen steckten, reckten sich empor, dünne Handgelenke waren mit goldenen Armbändern geschmückt, und an Fingern prangten zahllose goldglitzernde Ringe, die zum Verkauf standen. Winkende Hände und schmeichelnde Rufe in Suaheli sollten den Augenkontakt herstellen. Es war unmöglich, Verkaufsgespräche zu vermeiden. Ein Zögern provozierte nur frenetische Appelle und nicht nachlassende Eindringlichkeit, die allmählich unseren Widerstand brachen, bis wir schließlich den ungewollten Kauf tätigten.

An den Montagabenden stand ich regelmäßig auf einem der Squash-Plätze des Nairobi Clubs, wo sich lebhaft miteinander konkurrierende Inder und Afrikaner trafen. David Huntington, mein Freund von den Vereinten Nationen, begleitete mich manchmal, aber er war eher ein Zuschauer als ein Spieler. Die Montage boten Neulingen Gelegenheit, sich zu integrieren, und so lernte ich alle Spieler kennen und wurde allmählich akzeptiert. Die Inder nahmen das Spiel ernster als die Afrikaner; es ging um Stolz und gesellschaftliche Stellung. Der Abend endete immer mit dem gleichen Entscheidungsspiel: Peter Kyrennie, der beste Afrikaner, gegen Sanjit Ryad, den Spitzenspieler der Asiaten.

Ryads überlegene Technik erlaubte ihm, Kyrennie vorzuführen. Er hetzte ihn von einem Spielfeldrand zum anderen, um dann den entscheidenden Schlag auszuführen. Das scharfe Geräusch des aufprallenden Squashballs kündete von leidenschaftlicher Rivalität; Anfeuerungsrufe erschollen auf beiden Seiten und markierten die althergebrachte rassische Trennungslinie. Kyrennies hervorragende Kondition, die ihn im Spiel hielt, frustrierte Ryad, dem es nicht gelingen wollte, gegen den Afrikaner zu punkten. Trotzdem gewann Ryad meistens, und nur die Überzeugung, dass in der nächsten Woche ein anderes Ergebnis zu erwarten war, hielt die aufgewühlten Emotionen der Spieler und Fans in Schach – die schließlich in Strömen von Tusker allmählich verebbten.

Bei den Gesprächen, die bei dem Umtrunk nach dem Spiel geführt wurden, entlud sich oft die Frustration der afrikanischen Spieler, die alle der neu entstehenden schwarzen Mittelklasse zuzurechnen waren; die Folge waren hitzige politische Diskussionen. Die meisten der Afrikaner waren Kikuyu, Angehörige des größten Stammes in Kenia. Sie kritisierten heftig die Regierung von Daniel arap Moi, der ein Kalenjin war. Die Kikuyu, unter den Volksgruppen Afrikas vielleicht die arbeitsamste und geschäftstüchtigste, waren verärgert, weil ihre Interessen von der Regierung nicht vertreten wurden. Gleichzeitig waren sie ungemein patriotisch und glaubten an das ökonomische Potenzial des Landes. Davon überzeugt, dass ein Regierungswechsel das einzige Heilmittel für Kenias kränkelnde Wirtschaft sei, wetterten sie gegen Mois mächtige, privilegierte und korrupte Regierung. Obwohl nicht David oder ich davon betroffen waren, konnten wir sie verstehen, und das erzeugte Sympathie. Und so endeten diese Abende mit Scherzen, Neckereien und dem Klappen von Autotüren. Mehr als einmal war ich derjenige, der das Licht löschte.

Ich erinnere mich genau an diese Abende, nach denen ich, angenehm müde vom Spielen, über den Cricketplatz zu unserem Zimmer ging, das sich im zweiten Stock der Klubresidenz befand. Die kühle Brise, die durch die großen Gummibäume an der Ostseite des Platzes strich, war nach der Hitze des Tages eine willkommene Erfrischung. Über mir beleuchteten die Sterne des Südens den afrikanischen Himmel, funkelnd wie Diamanten. In dem Licht unseres Zimmers, das sich in die Nacht ergoss, sah ich Krystyne, die am Fenster saß und las oder mit irgendeinem Detail unserer Behausung beschäftigt war. Wenn ich daran dachte, wie sehr die gemeinsame Zeit in Afrika uns einander nähergebracht hatte, wie Sterne, die eine neue Konstellation gebildet hatten, empfand ich ein Gefühl tiefer Zufriedenheit.

Dass aus Monaten, die nahtlos ineinander übergingen, plötzlich ein ganzes Jahr geworden war, ließ sich nur durch das Kommen und Gehen der Regenperioden fassen, und durch die immer größer werdende Zahl von Menschen, die wir in Nairobi inzwischen kannten. David Huntington blieb einer meiner engsten Freunde, und ich erinnere mich an ein Treffen mit ihm im November 1998. Fetzen von blauem Himmel signalisierten das Ende der kurzen Regenzeit, und Nairobi stand in voller Blüte. Jacarandas, Nandibäume und Bougainvilleabüsche überfluteten die öffentlichen Gärten nahe der Nairobi-Universität mit Sturzbächen aus Farbe. Das gegenüber der Hochschule gelegene Norfolk Hotel war von lebhaften, jugendlichen Studenten umlagert, und die Strahlen der warmen äquatorialen Sonne wurden von dem gigantischen Blätterdach der Kastanienbäume gefiltert, die Lord Delamere vor dem im Tudorstil erbauten Hotel zur Jahrhundertwende gepflanzt hatte. Es war ein äußerst angenehmer Tag.

Ich parkte meinen Wagen und lief die Stufen zur Hotelveranda hoch, die ein beliebter Treffpunkt für einen Drink nach der Arbeit war. David Huntington saß ganz am Ende einer Reihe von Tischen und kritzelte etwas in eines seiner in Leinen gebundenen Tagebücher. Er wählte immer den gleichen Tisch für unser donnerstagabendliches Rendezvous.

Wegen seiner Kurzsichtigkeit hatte er sich tief über das Buch gebeugt. Eine Tolle aus welligem, blondem Haar maskierte seine Schüchternheit, unter der er die meiste Zeit seines Lebens gelitten hatte. Er sah auf, als ich näher kam, und klappte schnell sein Tagebuch zu.

»Ah, schon wieder zu spät. Ihr Kanadier seid unzuverlässig.« Um meinen nordamerikanischen Gepflogenheiten die Ehre zu erweisen, reichte er mir die Hand und begann, seine neueste Geschichte über die Inkompetenz der Vereinten Nationen zu erzählen. Ich hörte kaum zu, winkte den Ober herbei und bestellte ein kaltes Tusker. Dann unterbrach ich ihn.

»Wie geht's dir? Nein, verrate es nicht«, sagte ich mit einem Lächeln. David und ich tauschten gerne Geschichten über Hilfsprojekte in Afrika aus, die schiefgelaufen waren. Dieses Thema war nahezu unerschöpflich. Es war ein harmloser und amüsanter Zeitvertreib, doch da die Geschichten sich häuften, bekam er einen deprimierenden Beigeschmack. Schließlich konnten wir kaum die Tatsache leugnen, dass auch wir ein Teil dieser »Hilfe-Industrie« waren. Hilfe schien entweder eine Einnahmequelle für diejenigen zu sein, die halfen, oder die Korruption bei denjenigen zu begünstigen, die danach strebten, die Zuteilung von Hilfsgütern oder Geldern zu kontrollieren. Aus dem, was wir als unschuldige Patzer von wohlmeinenden Helfern interpretierten, wurde in der darauffolgenden Woche oft genug ein öffentlicher Skandal.

Das internationale Pressekorps in Nairobi verhielt sich zynisch und täuschte Interesse und Bereitschaft zur Zusammenarbeit mit den NGOs vor, um an gute Storys heranzukommen. Zur Zeit der Katastrophen in Ruanda und Somalia war es schwer zu unterscheiden, wer heuchlerischer war – die Presse bei ihrem Versuch, sensationelle Schlagzeilen zu produzieren, oder die Hilfsorganisationen, die jede Gelegenheit nutzten, sich zu profilieren.

Eine der größeren Fehlleistungen, von denen David mir erzählte, ging auf das Konto der Italiener, die 1982 versucht hatten, am Westufer des Turkanasees, in der Nähe von Ferguson's Gulf, eine Fischfabrik mit Tiefkühltechnik zu errichten, komplett mit einem Kai und motorisierten Fischerbooten. Der See ist voller Nilbarsche, sehr proteinreicher Fische; das größte registrierte Exemplar wog 149 Kilo. Laut Plan sollten die Tiere dem Turkana-Stamm als Nahrung dienen, und die überzähligen Fische wollte man in Trockeneis verpacken und zum Verkauf nach Nairobi transportieren. Leider hatte man nicht berücksichtigt, dass die Turkana Fleischesser waren und für Fisch kaum etwas übrig hatten, und, was noch mehr ins Gewicht fiel: Die heiße Wüstensonne ließ das Wasser verdunsten, sodass sich der See jedes Jahr um circa 250 Meter weiter von seiner vorherigen Küstenlinie zurückzog.

Der einzige Zufluss des Turkanasees ist der Omo River, der den äthiopischen Bergen entspringt. Normalerweise sammelt sich das Wasser aus dieser Region im Tanasee und fließt von dort in den Blauen Nil bis in den Sudan und nach Ägypten. Nur circa alle zehn Jahre sammeln sich ungewöhnlich große Wassermengen im äthiopischen Hochland, die dann auch nach Süden in den Omo River abfließen und so den Wasserpegel des Turkanasees wieder dramatisch erhöhen.

Krystyne und ich waren einmal über Ferguson's Gulf geflogen und hatten uns gewundert, als wir die große Ruine einer rostenden Fabrikanlage und den über einen Kilometer langen Kai erblickten, der sich, in dem verzweifelten Versuch, das Wasser zu erreichen, über treibenden Sand erstreckte – ein Denkmal für die Inkompetenz westlicher Hilfsorganisationen.

»Italienische Unfähigkeit, ja, aber zumindest war das Unterfangen nicht ganz so verrückt wie das Projekt der GTZ (Deutsche Gesellschaft für Technische Zusammenarbeit)«, merkte David an. »Die haben Millionen in ein landwirtschaftliches Projekt gesteckt und wollten den Rendille beibringen, wie man Gemüse anbaut.« Die GTZ hatte einen Ort in der Nähe von Marsabit für den Sitz ihres Lehrzentrums gewählt, nachdem man dort Bodenproben entnommen und diese sorgfältig untersucht hatte. Die Rendille, ein Nomadenstamm, tauchten auf, nahmen an den Kursen teil, kassierten ein geringes Entgelt dafür, dass sie den Lehrgang absolviert hatten, pflanzten ihr Gemüse an und zogen dann weiter, um frisches Weideland für ihr Vieh zu suchen. Das ungeerntete Gemüse verrottete.

Petra, die Frau von Peter Allmendinger, der eine Segelflugschule in Mweiga unterhielt, war Mitarbeiterin der GTZ. Ich hatte den Eindruck, dass Petra für dieses Programm verantwortlich war, und nahm mir vor, sie bei unserem nächsten Besuch danach zu fragen.

Als es dazu kam, sprach sie offen über den Fehlschlag. Unglaublicherweise wollten die Deutschen noch einmal den Versuch machen, die Rendille davon zu überzeugen, Farmer zu werden. Als ich einwarf, dass es nicht logisch sei, einen Nomadenstamm lehren zu wollen, wie man Gemüse anbaut, zuckte sie nur mit den Schultern und sagte: »Hören Sie, wir schicken Berichte nach Deutschland, aus denen die Unsinnigkeit des Projekts klar hervorgeht, aber in der Zentrale ist man anderer Meinung. Man schickt uns weiterhin Geld, und, offen gesagt, ohne diese Mittel könnten wir uns unseren Lebensstil nicht leisten. Ohne die Unterstützung der GTZ würden wir nicht zurechtkommen, denn die Einkünfte, die Peter mit dem Segelflug-Klub erzielt, sind zu gering. Wir müssten nach Deutschland zurückkehren und alles aufgeben, was wir uns hier aufgebaut haben.«

Am schärfsten kritisierte David jedoch die Missionare in Afrika. Ihre Anwesenheit schien ihm ohne jeden Wert zu sein. Besonders verabscheuungswürdig waren seiner Ansicht nach die neu eingetroffenen amerikanischen Evangelikalen – Baptisten, Zeugen Jehovas, Pfingstgemeinde. Viele von ihnen nutzen Afrikas erbärmliche Lage, um in den Vereinigten Staaten Spenden zu sammeln. Ich wandte ein, dass man die außergewöhnlichen Bemühungen einzelner Priester und Nonnen nicht vergessen dürfe, die noch immer im Northern Frontier District wertvolle Dienste leisteten. Viele dieser Individuen waren wirklich außergewöhnliche Menschen, die einsam und unter extrem schwierigen Bedingungen engagiert und hart arbeiteten.

»Scott, das ist ein armseliger Wettbewerb zwischen religiösen Sekten. Dieses aggressive Bekehrertum ist in der heutigen Zeit vollkommen inakzeptabel«, antwortete er und wurde noch erregter. Es war richtig, dass diese Leute die Afrikaner durch die Verteilung von Nahrungsmitteln und gebrauchter Kleidung dazu brachten, ihre Gottesdienste und Schulen zu besuchen. Die Geschenke erzeugten nach und nach eine Abhängigkeit von der Mission. Der Viehbestand der betroffenen Stämme, der ihr einziger Reichtum war und der ihre Unabhängigkeit garantierte, schrumpfte allmählich, wenn das Weideland, das die Mission umgab, abgegrast war. Ich hatte es mit eigenen Augen gesehen. Diese Siedlungen waren zu menschlichen Müllgruben verkommen.

Aber er gab Ausnahmen. Ich berichtete David von so einem Fall. »Was ist mit den Nonnen in Wamba? Sie nehmen Mädchen aus verschiedenen Stämmen auf und bilden sie zu exzellenten Krankenschwestern aus.« Die Absolventen der Schwesternschule in Wamba waren das Rückgrat der medizinischen Infrastruktur Kenias. Einige von ihnen arbeiteten beim den Flying Doctors, und sie waren genauso kompetent wie Ärzte – wenn nicht noch fähiger. Ohne sie konnte der Flying Doctors Service nicht existieren.

Krystyne hatten in der Woche zuvor die Mission in Wamba aufgesucht. Wir hatten ein junges Pokot-Mädchen mitgenommen, das unbedingt dort zur Krankenschwester ausgebildet werden wollte, und das Kloster der Consolata-Schwestern, die einem katholischen Frauenorden angehörten, hatte uns tief beeindruckt. Völlig auf sich gestellt, lebten die Nonnen, die ihr Leben Gott und ihrer Berufung zur Krankenschwester gewidmet hatten, im Norden Kenias. Inmitten der rauen Landschaft, die abgelegen und ungastlich war, hatten die »Bräute Christi« eine kleine Gemeinde aufgebaut. Sie hatten nach Wasser gebohrt, ihr Kloster, eine Kapelle und ein Krankenhaus gebaut und Gärten angelegt, und sie waren sowohl vom Staat als auch von dem Gründerorden in Rom finanziell unabhängig.

Aus der Luft sah ich zunächst die Landebahn, eine verlängerte Sandstraße, die zum Kloster führte. Kaum waren wir gelandet, pressten sich schon Kindergesichter gegen die Fenster des Flugzeugs. Am Klostertor drückten wir auf den Knopf einer altmodischen Türglocke und warteten. Als uns die Assistentin der Oberin über einen makellosen Weg entgegeneilte, sah sie in ihrem wehenden Habit ein wenig aus wie ein Haubenkranich.

Die gepflegten Blumenbeete im Innenhof des Klosters waren voll von blühenden Azaleen und Rosen, die auf wundervolle Weise in geometrischen Mustern angeordnet waren und an eine italienische Villa denken ließen. Über die Gartenpfade huschten Nonnen, die anscheinend völlig vergessen hatten, dass sich das Kloster mitten in einer steinigen Wüste befand, weit von der Zivilisation entfernt.

Wir hatten uns und das sechzehnjährige Pokot-Mädchen der Mutter Oberin vorgestellt, einer würdevollen italienischen Nonne, die mit ruhig und gemessen sprach. Sie war erst 20 gewesen, als sie vor 35 Jahren in Kenia eingetroffen war, und hatte den größten Teil ihres Lebens in Afrika verbracht. Der Consolata-Orden gestattete ihr alle fünf Jahre zwei Wochen Urlaub, damit sie ihre Familie in Italien besuchen konnte. In diesem Jahr hatte sie Sonderurlaub bekommen, weil ihre krebskranke Mutter im Sterben lag.

Die Oberin prüfte das Schulzeugnis unserer Kandidatin und schüttelte langsam den Kopf. Die Noten waren nicht gut genug. Wenn das Mädchen in Wamba aufgenommen werden wollte, musste sie ihr letztes Schuljahr wiederholen. Ich erklärte, dass die Eltern sich ein weiteres Schuljahr nicht leisten könnten, und bat darum, eine Ausnahme zu machen, da unser Schützling einen guten Charakter hatte und wild entschlossen sei, Krankenschwester zu werden.

Doch die Mutter Oberin war unnachgiebig. Es hatte wenig Sinn, sie in ihrem eigenen Kloster auf die moralische Verantwortung der Kirche hinzuweisen. Sie nahm mich zur Seite und erklärte mit fester Stimme, dass, wenn das Mädchen wirklich so entschlossen sei, wie ich gesagt hatte, sie alles daran setzten würde, um nächstes Jahr wiederzukommen – mit guten Noten. Als wir die Oberin mit dem eisernen Willen verließen, war der Pokot-Teenager etwas bedrückt, und ich fühlte mich ein wenig zurechtgestutzt.

Die Sonne schien auf unseren Tisch, als ich David von unserem Abstecher nach Wamba erzählte. Er wollte noch ein Bier und versuchte, die Aufmerksamkeit des Kellners auf sich zu lenken, hatte aber keinen Erfolg.

»Ein Kellner für die ganze Veranda, das ist doch lächerlich.« Davids Gereiztheit warf einen Schatten auf unser Treffen. Wir wurden still. Die Lokalität füllte sich, und die Gästeschar wurde immer lebhafter. Zwei Haidada-Ibisse flogen im Tiefflug über die Veranda und krächzten ihr prähistorisches »Harrar, harrar, harrar« – ein immerwährendes Geräusch der Spätnachmittage Nairobis.

»Scott, was mich ärgert, ist die selbstsüchtige Haltung vieler Hilfsorganisationen. Das ist schlimmer, als keine Hilfe zu leisten.« David beugte sich vor und umklammerte den Tisch, als wenn er seine These damit untermauern wollte. »Ich bin zunehmend davon überzeugt, dass die Afrikaner ihre Probleme nur selbst lösen können. Die Initiativen von Nichtafrikanern sind selten erfolgreich.«

Der einsame, schweißgebadete Kellner, tat sein Bestes, um mit dem Ansturm von neuen Gästen Schritt zu halten, aber je mehr er sich bemühte, umso weniger gelang ihm das. Es sah so aus, als müssten wir uns auf eine lange Durststrecke gefasst machen.

»Dein Wamba-Beispiel ist eine Ausnahme, und der Flying Doctors Service natürlich auch«, lächelte David. »Aber auch der Service hat interne Probleme, und trotzdem schafft es eure Organisation, eine der anerkanntesten NGOs Nairobis zu sein. Vielleicht, weil 90 Prozent der Beschäftigten Afrikaner sind.«

»Das ist wahr«, antwortete ich. »Aber die Gelder kommen aus dem Ausland, und das kann für all jene NGOs zu einem Problem werden, die versuchen, ihre Unabhängigkeit gegenüber den Regierungen aufrechtzuerhalten. Sie sind vollkommen auf öffentliche und private Spenden aus der Heimat angewiesen, um ihre Aktivitäten zu finanzieren.«

Geldbeschaffungs-Aktivitäten sind mit eigenen Schrecken behaftet, die oft die eigentlichen Hilfsprojekte überschatten. Es ist schockierend, dass NGOs niemandem gegenüber rechenschaftspflichtig sind. Jedes Jahr werden enorme Summen für Spendenwerbungs-Programme ausgegeben, um Geld zu beschaffen. Das Fundraising wird zum Selbstzweck, und der starke Wettbewerb bei der Kapitalbeschaffung verleitet die NGOs dazu, die Wahrheit über ihre Aktivitäten im Einsatzgebiet zu schönen. Da keine unabhängigen Rechnungsprüfungen durchgeführt werden und keine Rechenschaftspflicht besteht, kommt es dazu, dass einige NGOs sich in betrügerische Machenschaften verstricken, Gelder veruntreuen und den Wert ihrer Aktivitäten übertrieben darstellen.

David hatte noch mehr auszusetzen. »Vergiss nicht, die afrikanischen Regierungen machen sich auch schuldig. Sie drohen NGOs mit der Ausweisung, ja, faktisch erpressen sie NGOs, die sich, mit Hilfe von Spenden aus dem Westen, hier niedergelassen und sich einen Ruf geschaffen haben. Und natürlich werden viele NGO-Hilfsprogramme von afrikanischen Scheinfirmen durchgeführt, und ein paar Leute mit guten Beziehungen profitieren davon.« Nach einer kurzen Pause sagte er: »Oh Gott, wie sind wir bloß in diese Art von Geschäft hineingeraten?«

Die Herausforderung ist viel größer, als nur zu bestimmen, in welchem Umfang Afrika Hilfe braucht. Die Art der Unterstützung, über welchen Zeitraum und unter welchen Bedingungen – das sind die wirklich schwierigen Fragen. Um sie zu beantworten, muss sich der Westen wirklich engagieren, sein Wissen und das Verständnis bezüglich der Afrikaner erweitern und ihre Geschichte, ihre Stammesstrukturen, die Traditionen und Kulturen studieren. Der Westen hat fatalerweise versäumt, sich die Zeit zu nehmen, zu einem tieferen Verständnis zu gelangen; stattdessen hat er den Kontinent und seine Probleme mit bloßen Lippenbekenntnissen abgespeist. Das emotionale Engagement, das notwendig wäre, wird einfach nicht aufgebracht. Es geht eben nicht um die vitalen Interessen der westlichen Welt.

Langsam formulierte ich meine eigenen Ansichten bezüglich des Themas Hilfe für Afrika. Ich war von der Prämisse ausgegangen, dass der Westen moralisch verpflichtet sei, Afrika zu helfen, von einer Verantwortung, die über geopolitische und ökonomische Interessen oder die Probleme der Immigration hinausgeht. Es ist eine tiefere, viel wesentlichere Verantwortung, eine, die bis an die Wurzeln des Menschseins heranreicht: Es ist ein spiritueller Imperativ, der fordert, an der universellen Last der Menschheit und der Erlösung von ihr teilzuhaben. Aus diesen psychologischen und spirituellen Gründen kann sich der Westen nicht leisten, Afrikas Misere zu ignorieren.

Ich erzählte David, dass ich mich glücklich schätzte, nicht als karriereversessener Berufshelfer nach Afrika gekommen zu sein, sondern mit der romantischen Vorstellung, dass Hilfe etwas bewirken kann. Er sagte, dass das zwar edel, aber auch naiv sei und dass ich, in Bezug auf die korrumpierenden Einflüsse der Hilfe in Afrika, noch viel zu lernen hätte. Er hatte vermutlich recht, aber zum Glück war aus mir noch kein Zyniker geworden. Im Gegenteil, ich blieb hoffnungsvoll und optimistisch der Ansicht, dass Hilfe etwas verändern könnte, und dass der Westen die moralische Verpflichtung hatte, diese Veränderungen zu bewirken. David und ich hatten beide eine innige Liebe zu Afrika entwickelt, doch Davids tieferes Verständnis der Probleme des Kontinents entsprang der Verzweiflung, und mir war es bislang gelungen, diesen Zustand zu vermeiden.

Endlich gelang es uns, Augenkontakt mit dem Ober herzustellen, ihn herbeizuwinken und zwei weitere Biere zu bestellen. Erst jetzt bemerkte ich Davids Siegelring, der in den letzten Strahlen der Sonne glitzerte. Seine schmalen Hände und sein langes Haar ließen ihn eher wie einen Poeten aussehen als wie einen Bürokraten der Vereinen Nationen. Er war sensibel und empfindlich und stellte höchste Ansprüche an sich – Ansprüche, von denen er nicht hoffen konnte, sie jemals zu erfüllen. Seine Karriere war eine Enttäuschung und seine Ehe schwierig; es lag ihm viel daran, nützlich zu sein, und er wollte unbedingt in Afrika bleiben.

Das Bier wurde serviert. David streckte seine langen, dünnen Beine unter dem Tisch aus und war jetzt, da das kühle Tusker in Reichweite stand, entspannter. Auf der vollen Veranda tummelte sich eine Mischung aus Studenten und neu angekommenen Touristen. Ein paar Prostituierte hatten sich gegenüber von unserem Tisch postiert und versuchten halbherzig, unsere Aufmerksamkeit zu erregen.

»Und, gibt es eine Alternative?«, wollte ich wissen und lehnte mich zurück. »Sollen wir einfach zusammenpacken, abreisen und Afrika an seinen Problemen ersticken lassen?«

«Ja, vielleicht«, sagte er wehmütig. »Das wäre für diejenigen, die hier leben, vielleicht das Beste.«

»Das kann nicht dein Ernst sein«, antwortete ich ungeduldig.

Wir hatten alte Fragen aufgeworfen, auf die es keine Antworten gab. In den Augen des Westens war Afrika ein hoffnungsloser Fall – das war eine deprimierende, nicht zu leugnende Tatsache. Was meine eigene Erfahrung betraf, so schien mir, dass – wo immer ich auch hinsah – der Stoff, aus dem Afrikas Gesellschaft war, zerfaserte. Korruption und Gesetzlosigkeit waren zu permanenten Bestandteilen der politischen und institutionellen Landschaft geworden. Was konnte der Westen tun? Konstruktive Hilfe wurde in vielen Fällen als Einmischung empfunden. Helfen war zu einer teuflisch verzwickten Sache geworden.

David sah auf die Uhr und erhob sich sofort von seinem Stuhl. »Hör mal, es tut mir leid, aber ich muss mich auf den Weg machen.« Er winkte den Ober herbei und stopfte gleichzeitig den hinteren Teil seines Hemds in die Hose. »Oh Gott, ich komme zu spät. Amanda hat für heute Abend ein paar Typen von den Vereinten Nationen eingeladen, und ich habe versprochen, ihr beim Kochen zu helfen. Sie ist eine furchtbar schlechte Köchin«, fügte er noch hinzu. Er bezahlte die Rechnung und sah mich lächelnd mit seinen hellblauen Augen an. »Nächste Woche bist du dran, Scott.«

Er winkte zum Abschied, als er sich seinen Weg durch die sich drängenden Leute bahnte, die auf einen freien Tisch warteten. Inzwischen bebte das Norfolk Hotel vom Gelächter einer trinkfreudigen Menschenmenge. Auf den Tischen standen leere Bierflaschen wie Soldaten bei einer Parade. Ich beobachtete David, als er über die Straße ging und sich die blonde Haartolle aus der Stirn wischte. Er drehte sich ein letztes Mal um und winkte, bevor er verschwand. Ich sah ihn nie wieder. Er starb an jenem Wochenende bei einem Autounfall, als er allein über den Naivasha Highway nach Nairobi zurückfuhr. Acht Tage später reiste Amanda nach England ab. Sie kehrte nie wieder nach Afrika zurück.

9 Wochenend-Safaris

Fast jedes Wochenende starteten wir mit unserem reparierten Flugzeug, Charlie Foxtrot Whiskey Mike Juliet, und machten Ausflüge in alle Landesteile, insbesondere nach Nordkenia. Wir hatten uns angewöhnt, auf unserem Weg nach Norden auf einer kleinen Graspiste zwischenzulanden. Sie lag unweit von Mweiga, wo sich der sechzehn Mitglieder starke Segelflugklub von Peter Allmendinger befand. Dort beobachteten wir, wie Segelflugzeuge sich wie Schwäne in die Luft erhoben. Sie wurden mithilfe eines alten Ford-Lkws gestartet, der sie an einem Drahtseil über den ganzen Platz zog. Hoch über uns glitten ihre langen Tragflächen durch den tiefblauen Himmel von Aberdare. Wohnwagen standen aufgereiht am Rande des Platzes, Kinder spielten Fangen, und Mütter blickten himmelwärts, um sich zu vergewissern, dass ihre Männer noch in der Luft waren.

Bei unserem zweiten Besuch saß ich das erste Mal selbst in einem Segelflugzeug und war überrascht, wie sensibel es auf die geringsten Luftbewegungen reagierte – ganz anders als meine Maschine. Am Spätnachmittag fuhr uns Peter mit seinem rostigen VW zum luxuriösen Aberdare Country Club. Nachdem wir als Gäste registriert waren, trank Peter noch ein Bier mit uns, bevor er sich auf den Rückweg zu seinem Haus machte, das außerhalb von Mweiga lag.

Das Klubhaus war ein weitläufiges, altes Gebäude aus grauem Stein, das sich bemühte, die aristokratische Grandeur seiner früheren Klubmitglieder aus der Kolonialzeit aufrechtzuerhalten. Jetzt war es mit reichen indischen Familien gefüllt, die Ferien machten. Auf der offenen Veranda saßen Mütter an Tischen und unterhielten sich laut, während die Männer in Zweier- oder Dreiergruppen leise Gespräche darüber führten, wo man Geld investieren sollte.

Kinder in Sonntagskleidung tobten auf üppigen grünen Rasenflächen herum, die von acht fest angestellten Gärtnern gepflegt wurden. Prächtige Stauden von Trompetenlilien und Bougainvilleabüsche, die in allen Schattierungen des Sonnenuntergangs oder in Orange- und Magentatönen blühten, rundeten das Bild eines Gartens im englischen Stil ab, der von alternder Eleganz war. Bienenfresser und Mausvögel flogen in die Hecken hinein und heraus, und auf dem langen, abfallenden Rasen schritten Golfspieler auf und ab, vorbei an nervös trippelnden Warzenschweinen und neugierigen Pavianen, die kühne Annäherungsversuche machten.

Plötzlich hing eine schwere Gewitterwolke über dem Mount Kenya, die das Land mit schwerem Regen peitschte. Gäste eilten unter das von steinernen Säulen gestützte Dach der Veranda, wo nach bester englischer Tradition Tee und Buttergebäck serviert wurden. Weiße Tischtücher flatterten nervös in scharfen Windböen, die von der Savanne den Hang hinaufzogen. Dann verschwanden die Regenwolken übergangslos hinter den Aberdare-Bergen, und das ganze Hochland erstrahlte in einem flammenden Sonnenuntergang, der den mit Schäfchenwolken überzogenen Himmel färbte.

Eine abendliche Kälte kroch über den Boden. In einer Höhe von 2500 Metern kühlte sich die Luft schnell ab, obwohl der Aberdare Country Club nur einen Grad vom Äquator entfernt lag. Im Hauptgebäude knisterten Holzfeuer in großen, offenen Kaminen. Gäste versammelten sich, um vor dem Essen etwas zu trinken, redeten mit freudig erregten Stimmen, glücklich darüber, im Urlaub zu sein und die Sorgen in Nairobi gelassen zu haben. Es war warm und behaglich – fast wie in Kanada, es fehlte nur der Schnee.

Im Laufe unseres ersten Jahres in Afrika waren Krystyne und ich zu fast allen Nationalparks Kenias geflogen: in den Regenwald von

Kakamega, zum Wüstenberg von Marsabit und in die Amboseli-Ebene, in die unendlich große Masai Mara und zur Küste des Indischen Ozeans. Wir haben jede Ecke des Landes besucht, einige Flugabenteuer und ein paar durchaus brenzlige Situationen erlebt.

Am Osterwochenende 1998 flogen wir zum Shaba-Nationalpark, der sich am südlichen Rand des Laikipia-Plateaus befindet. Die Reifen des Flugzeugs setzten auf einer Sandpiste auf, die durch Regen teilweise ausgewaschen war, und schleuderten lose Steine und Matsch gegen die Unterseite der Tragflächen. Das Geräusch war entnervend, aber wir landeten sicher und hielten schließlich in der Nähe eines Flusses.

Ich hatte zwar auf South Island eine Bruchlandung hingelegt, doch inzwischen hatte ich das Gefühl, die Buschfliegerei in Afrika im Griff zu haben. Ich hatte mich an die überraschend auftretenden vertikalen Luftströmungen gewöhnt, an das Landen auf Sandpisten und das Fliegen ohne Navigationshilfen, bei dem ich mich vom GPS und von geografischen Merkmalen leiten ließ. Meine Cessna 180, ein Tail Dragger, war das ideale Buschflugzeug für Afrika: Es ist stabil gebaut, verfügt über einen starken Motor, über Ballonreifen und hat ein kleines Spornrad am Heck, das problemlos über raues Gelände holpert.

Minuten nach unserer Landung hielt ein Landrover an der Piste. Zwei Afrikaner in makellosen Khaki-Uniformen eskortierten uns zum Shaba-Camp. Von einer Halbwüste umgeben, lag der Park 1200 Meter tiefer als der Aberdare Country Club, und die Luft war heiß. Aber die Temperaturen waren dennoch weitaus erträglicher als die Hitze, die wir bei vorhergehenden Safaris im Northern Frontier District erlebt hatten.

Später an diesem Nachmittag verließen wir das Camp, um am Larisoro River entlang zu gehen, einem Nebenfluss des größeren Ewaso N'giro, der in der trockenen Savanne des Laikipia-Plateaus im Sand versickerte. Antilopenherden, die sich durch unsere Anwesenheit nicht stören ließen, zogen durch das trockene Gestrüpp entlang des Flussufers. Shaba war kein offizieller Wildpark, wurde aber wie einer verwaltet und von privaten Wächtern vor Wilderern geschützt. Gäste wurden angewiesen, innerhalb der Grenzen des Camps zu bleiben, es sei denn, sie waren in Begleitung eines offiziellen Führers mit einem Pkw unterwegs.

Krystyne und ich verließen das Camp durch das Haupttor. Da wir keinen Wächter sahen, gingen wir einfach vorsichtig am Hochufer des Flusses entlang. Wir hatten einen freien Blick auf das trübe Wasser und auf das Flachland, das sich bis zu den Bergen von Maralal erstreckte. Schläfrige Krokodile, halb mit Schlamm bedeckt, säumten den unteren Teil des Ufers und warteten auf nichts ahnende Beute. Ein Schwarm Kuhreiher flatterte flussaufwärts und ließ sich dann in Büscheln vertrockneten Elefantengrases nieder, das in der Nachmittagsbrise wogte.

Auf dem toten Ast eines Aralienbaumes, der über den Fluss ragte, erspähte ich durch mein Fernglas einen zinnoberroten Hauben-Zwergfischer. Vorsichtig stellte ich das Glas scharf. Plötzlich, ohne jede Vorwarnung, kam ein Elefantenbulle aus dem Akaziengebüsch, das direkt vor uns lag, und trottete auf uns zu. Krystyne griff nach meinem Arm und erstarrte. Sie war weiß wie ein Bettlaken und vollkommen sprachlos. Und dann, als würde sie unter Strom stehen, machte sie kehrt und rannte schneller, als ich es für möglich gehalten hatte.

Ich blieb reglos, bewegte keinen Muskel, denn ich hatte erkannt, dass der Wind aus seiner Richtung kam und dass uns der Elefant, trotz Krystynes panischer Reaktion, noch nicht bemerkt hatte. Der alte Bulle war mit Narben bedeckt, und ein Ohr hatte einen tiefen Riss. Offensichtlich war er nicht mehr Teil einer Herde. Aus der Nähe wirkte er riesig; er fraß, kam näher und hatte mich immer noch nicht wahrgenommen. Sein massiver Körper knickte Bäume, als wären sie Zweige. Wie gebannt von seinem scharfen Geruch und den lauten Fressgeräuschen stand ich da und wartete.

Auf der anderen Seite des Flusses stand ein Samburu-Mann. Er dachte, dass ich mir der Gefahr nicht bewusst war, und wedelte wie verrückt mit den Armen, um mich zu warnen. Bedächtig und behutsam zog ich mich zurück. Ich fand Krystyne hinter dem Tor des Camps wieder; sie war völlig außer Atem und entschlossen, die sichere Zone nicht mehr zu verlassen, obwohl man uns für die geplante Safari am nächsten Morgen bewaffnete Wächter und Fahrzeuge versprochen hatte.

Einmal, als Krystyne in Kanada war, um ihre Mutter zu besuchen und unsere Tochter, die an der Concordia University in Montreal studierte, erhielt ich einen Anruf von Chris Field. Chris, ein Zoologe, war ein exzentrischer Freund, der in Nanyuki lebte, nördlich von Mount Kenya. Im Alter von 22 Jahren hatte er seinen ersten Forschungsauftrag erhalten; damals hatte er in Birmingham das Verhalten von Ratten untersucht. Kurz darauf fand er sich in Uganda wieder, wo er sich den Wanderameisen widmete, und zwei Jahre später begann er mit einem Projekt, das über einem Zeitraum von 16 Jahren lief und zum Ziel hatte, Kamele in Südkenia anzusiedeln. Er war mit einer bezaubernden Somalierin verheiratet, die er in Waijir kennengelernt hatte, einer Stadt in der nordöstlichen Wüste Kenias, und Krystyne war die Patin seiner ältesten Tochter. Chris schlug mir vor, ihn auf einer dreizehntägigen Kamel-Safari zu begleiten, durch die Chalbi-Wüste und die berüchtigte El-Kajarta-Schlucht an der Ostseite des Mount Kulal. Wir würden im Freien schlafen, umgeben von Fledermäusen, Vipern, Skorpionen und uralten Elefantenknochen. Ich mochte Chris Field sehr und konnte seine romantische Zuneigung zu Afrika gut verstehen; in dieser Hinsicht waren wir verwandte Seelen. Die Einladung hatte etwas ungemein Verlockendes, und so sagte ich sofort zu.

Auf der Safari sollten uns zwei weitere Personen begleiten: Vater Sean, ein irischer Priester, und Gunter Schramm, ein deutscher Mitarbeiter eines Hilfsprojektes. Beide engagierten sich für den Pokot-Stamm im Nordosten Kenias. Ich war Gunter in Peter Allmendingers Segelfliegerklub bei Mweiga begegnet. Chris Field kannte die beiden gut; er hatte sie davon überzeugt, dass die Pokot Kamele halten sollten, um die Dürreperioden besser überstehen zu können. Die Abhängigkeit von Rindern hatte den Stamm schon oft an den Rand einer Katastrophe geführt.

Wie sich bald herausstellte, hatte Vater Sean seinen Missionsposten nicht verlassen können, da sein Vertreter nicht aufgetaucht war. Ich war enttäuscht, denn er war dafür bekannt, ein äußerst unterhaltsamer Mensch zu sein. Und auch Gunter tauchte nicht an dem verabredeten Treffpunkt in Nairobi auf – kein Anruf, keine Nachricht.

Nachdem ich 24 Stunden lang gewartet hatte, setzte ich mich in meinen Nissan und machte mich auf den Weg nach Nanyuki. Miglia, der Fahrer aus Loiengalani, der uns letzte Weihnachten zum Il-Molo-Stamm am Turkanasee gebracht hatte, begleitete mich. Der arme Kerl war in einer bedauernswerten Lage. Wolfgang, der ihm drei Monatslöhne schuldete, hatte ihm gesagt, er müsse nach Nairobi kommen, wenn er sein Geld haben wollte. Als er dort eintraf, hatte Wolfgang sich bereits Richtung Küste abgesetzt, und Miglia hatte keinen Schilling in der Tasche und konnte nicht mehr nach Hause zurück. Ich hatte ihm etwas Geld gegeben und ihm angeboten, ihn bis Nanyuki mitzunehmen, und dafür hatte er mir geholfen, Nahrungsmittel zu beschaffen und das Auto zu packen. Miglia musste unbedingt vor Neumond nach Marsabit, da er heiraten wollte, und Rendille-Hochzeiten können nur bei Neumond stattfinden.

Es irritierte mich, dass Gunter nicht aufgetaucht war. Er wollte einen Wagen mit Vierradantrieb beschaffen, mit dem wir von Chris Fields Haus in Nanyuki nach Nogorinit fahren wollten, um dort, südlich von Baragoi, die Kameltreiber zu treffen. Nördlich von Isiolo war so ein Fahrzeug unbedingt notwendig, denn die Straßen dort waren nach der Regenzeit mit normalen Pkws nicht befahrbar.

An diesem Abend erfuhren Chris und ich, dass Gunter versucht hatte, mich im Nairobi Club anzurufen, aber das hatte man mir nicht ausgerichtet. Offensichtlich hatte er uns verpasst. Sein kleiner Sohn hatte Amöbenruhr, er blutete stark und musste in ein Krankenhaus. Nun versuchte Gunter verzweifelt, einen Flug nach Deutschland für ihn zu organisieren, was bedeutete, dass Chris und ich die Safari allein unternehmen mussten.

Wir debattierten lange darüber, wie wir zu den Kamelen und ihren Treibern kommen sollten, mit denen wir uns nicht in Verbindung setzen konnten. Da wir keine andere Möglichkeit sahen, mussten wir Geld ausgeben, was wir beiden nicht hatten, und Jamie Roberts, der einen kleinen Charterflugbetrieb in Nanyuki hatte, bitten, uns nach Nogorinit zu fliegen. Wir waren jetzt zwei Tage überfällig und hofften, dass die Kameltreiber noch dort waren. Unsere ursprünglichen Anweisungen hatte ihnen ein Bote, unser Koch, zu Fuß überbracht – aber das war zehn Tage her, und wir hatten keine Rückmeldung bekommen.

Als wir eintrafen, waren die Kamele und die Treiber immer noch vor Ort, sie hatten geduldig und unbeirrt auf uns gewartet. Nach einer regnerischen Nacht machten wir uns auf unsere dreizehntägige Wanderung durch die Ndoto-Berge Richtung Mount Nigiro; dann wollten wir die Halbwüste durchqueren, um zur Ostseite des Mount Kulal zu gelangen. Wir waren erleichtert, endlich unterwegs zu sein.

Chris war davon überzeugt, dass ein Marsch durch die Berge interessanter wäre, als auf direktem Wege durch die Chalbi-Wüste zu stapfen. Was mich an seiner Idee reizte, war die Möglichkeit, die El-Kajarta-Schlucht zu sehen, die nach H. Rider Haggard ein Naturwunder war. Dreihundert Meter hohe Felswände säumten einen Fluss, der zur Regenzeit ein reißendes Wildwasser war, und von dem in der Dürreperiode nur ein trockenes Bett übrig blieb. Nur in der Nähe der Quelle waren dann noch einige Gumpen mit brackigem Wasser zu finden. In der Trockenzeit waren diese Becken die einzigen Wasserquellen in einem Umkreis von mehr als hundert Kilometern.

Die Chalbi-Wüste erstreckt sich nach Norden und Osten, während die Kaisut-Wüste direkt südlich vom Mount Kulal liegt. Um während der Dürre an Wasser zu kommen, musste jedes lebende Wesen hinauf in diese Schlucht, auch alle wilden Kreaturen, Beute- und Raubtiere gleichermaßen, und die Rinder und Ziegen der Rendille, nur Elefanten waren dort nicht mehr anzutreffen. Der Weg dahin ist lang und tückisch, wie die überall verstreut liegenden Knochen von Tieren beweisen, die verdurstet oder an Erschöpfung gestorben waren. Die Schlucht ist so steil und eng, dass Feinde nicht aneinander vorbei können, ohne miteinander konfrontiert zu werden, und sie ist voll von Vipern, Kobras, Fledermäusen und Pavianen, die sich alle in dem undurchschaubaren Gewirr einer dichten und dunklen Vegetation verbergen.

Chris hatte die Schlucht auf eine Weise beschrieben, die mich überzeugte. Wir mussten einfach dorthin.

Wir gingen neben den Kamelen her, die acht bis zehn Stunden pro Tag unsere Ausrüstung trugen – die Strecke, die wir dabei zurücklegten, war beachtlich. Chris war seit 22 Jahren in Afrika, ich konnte also viel von ihm lernen. Er war gut in Form, enthusiastisch und machte sich keinerlei Sorgen um seine Sicherheit.

Wir passierten unruhige Gebiete, in denen sich Armee und Banditen permanent bekämpften (in einem kleinen Dorf waren kurz vor unserer Ankunft drei Menschen getötet worden). Zu unserer Sicherheit nahmen wir einen jungen Samburu-Krieger mit, der mit einem tschechischen Halbautomatikgewehr bewaffnet war, das er für 30 000 Kenianische Schilling (15.- $) von einem Somali gekauft hatte. Nachts hörten wir Schüsse, aber wir löschten vorsichtigerweise alle Lichter und erlebten keine unangenehmen Zwischenfälle.

Die Berge von Ndoto waren spektakulär, sie ähnelten dem Gebirge bei Maralal, in dem Krystyne, Serge und ich nach dem Abenteuer am Turkanasee eine Nacht verbracht hatten. Den ganzen Tag zu gehen und dabei immer die gleichen Landschaftsmerkmale vor Augen zu haben, war für uns, die wir im hochmobilen 21. Jahrhundert leben, eine eigenartige Erfahrung. Wir durchquerten viele ausgetrocknete *luggas,* Flussbette, die ihren Ursprung in den Bergen haben und in die Wüste enden. Dies barg eine Gefahr, da sie urplötzlich Wasser führen konnten, wenn es im Hochland regnete. Ein seltsames Grollen kündigte dann eine Flutwelle an, die Geröll, Bäume und Schlamm mit sich riss und mit erschreckender Wucht herabdonnerte. Das Wasser konnte genauso schnell wieder verschwunden sein, wie es gekommen war, und das *lugga* trocknete wieder aus.

Insgesamt gesehen hatten wir mit dem Wetter Glück. Die Regensaison war gerade vorbei, aber die Wolken waren noch schwer von Feuchtigkeit. Fast jede Nacht erlebten wir Schauer, doch im Allgemeinen waren sie leicht. Nur in zwei Nächten hat es wirklich gegossen. Ich war froh, dass ich in letzter Minute daran gedacht hatte, mein Zelt mitzunehmen, das mir ein wenig Schutz bot, obwohl bei den heftigen Niederschlägen das Wasser durch den Zeltboden drang.

Die Wüste war nach einem Regenguss wie verzaubert. Blumen aller Art in jeder vorstellbaren Farbe – *Gloriosa superba,* die Ruhmeslilie, Bürzeldorn und Spinnenblumen in sattem Gelb, Mauvetönen und Weiß – sprossen über Nacht aus dem Wüstensand und entfalteten ihre ganze Pracht. Es war, als wenn der Regen das Dasein transformiert hatte; jedes lebende Ding begann hektisch zu wachsen und durchlief alle Prozesse von der Geburt bis zum Tod in drei Wochen, bis die Trockenheit zurückkam. Der Regen sorgte nur für einen kurzen Aufschub, bevor die mörderische Hitze der Sonne den endlosen Kreislauf von Werden und Vergehen wieder in Gang setzte.

In der Wüste herrschte eine gespannte Atmosphäre, die mich auf seltsame Weise faszinierte; jede Existenz hing an einem seidenen Faden, befand sich in einem Zustand von fragiler Balance.

Die kurze Zeit, in der wir auf Safari waren, verging schnell. Aus Tagen wurden Nächte, die wieder in Tage mündeten, und unser tägliches Programm wurde bald zu einer Lebensweise. Die Nächte waren unvergesslich, wie anscheinend jede afrikanische Nacht. Wenn wir in der Wüste am Feuer saßen, unter einem sternengesprenkelten Himmel, das Schnauben der Kamele im Hintergrund, schwebte über allem eine Aura der Magie.

Wir redeten bis spät in die Nacht hinein, über unsere Vergangenheit und darüber, wie wir uns unsere Zukunft erträumten, und natürlich über unsere Frauen, denen wir göttliche Züge verliehen, wie Männer es tun, die in freundschaftlicher Verbundenheit unter sich sind.

Wir waren in Nogorinit unter dem Kreuz des Südens aufgebrochen, und der Große Wagen deutete auf den Polarstern, dem es nicht gelang, über den Horizont zu klettern. Der Hale-Bopp-Komet rückte am frühen Abend auf spektakuläre Weise von Westen her ins Blickfeld, und der Mond schien hell bis Mitternacht und wurde jede Nacht schlanker, bis er einem Krummschwert glich.

Mehr als zu irgendeinem anderen Zeitpunkt wurde mir auf dieser Safari bewusst, wie wichtig der Aufenthalt in Afrika für Krystyne und mich war. Ich erkannte, wie sehr wir uns in Toronto festgefahren hatten, wie leer das unaufhörliche Karrierestreben war. Gott sei Dank, dass wir diese Pause eingelegt hatten.

Das Leben hat so viel zu bieten. Man braucht nur Vorstellungskraft und Energie, um seine Träume zu verwirklichen. Ich schwor mir, das nie aus den Augen zu verlieren, komme, was da wolle. Natürlich fragte ich mich, was die Zukunft bringen würde: Wo wir wohnen würden, was wir beruflich tun könnten. Unergründbare Gedanken, ohne Gewissheit. Dort draußen in der Wüste waren solche Fragen weniger drängend, und so ließ ich sie einfach unbeantwortet. Ich war sicher, dass die Zukunft sich der göttlichen Vorsehung gemäß entfalten würde.

Während wir durch unterschiedlichstes Terrain zogen und so viele sternenklare Nächte erlebten, musste ich unvermeidlich an Krystyne denken. Immer wieder sagte ich mir, dass es ein großes Glück war, sie als Gefährtin und Frau zu haben. In gewissem Sinn war sie mein Polarstern.

Teil drei

10 Gefangen in Tansania

Unter Druck gesetzt würde ich zugeben, dass ich unsere Position kannte, bevor wir landeten. Das GPS, ein satellitengesteuertes Navigationsinstrument, zeigte sie bei einer maximalen Abweichung von 30 Metern genau an. Ich könnte also kaum behaupten, versehentlich in tansanischen Luftraum eingedrungen zu sein. Krystyne und ich flogen an einem Samstagmorgen durch einen wolkenlosen Himmel über der Masai Mara, und unter uns zogen Herden von Wild durch die weite Savanne. Es war nur ein Tagesausflug, denn am Abend waren wir in Nairobi mit offiziellen Vertretern der CIDA (Canada International Development Agency) zum Essen verabredet.

Wir kreisten über offenem Grasland am Ufer des Mara River, dem Grenzfluss zwischen Kenia und Tansania. Es war Mittagszeit. Kein Mensch weit und breit. Das Gelände war ein idealer Landeplatz – unwiderstehlich! Mit ausgefahrenen Klappen segelten wir unbemerkt in den Serengeti-Nationalpark.

Das hohe Gras teilend und nach Kaffernbüffeln Ausschau haltend, bahnten wir uns den Weg zu den schnell fließenden Wassern des Mara River, der nur knapp 100 Meter von unserem Flugzeug entfernt war. Eine kleine Herde von Grantgazellen kreuzte unseren Weg und blieb stehen, um uns zu mustern. Hinterbeine stampften und Schwänze zuckten, bevor die Tiere in einem Dickicht aus Akazienbäumen nahe der Flussbiegung verschwanden. Die Sonne brannte unnachgiebig auf den roten Boden, der noch feucht war vom morgendlichen Regen. Wolken von weißen Schmetterlingen stiegen aus dem Gras empor, die sich mit leuchtenden Flügeln von den sanften Brisen der Mittagsluft tragen ließen.

Wir breiteten unser Essen auf warmen Steinen am Rande des Flusses aus. Der Pegel war saisonbedingt hoch, und während das schokoladenbraune Wasser wirbelnd und strudelnd an uns vorbeirauschte, brachen sich Sonnenstrahlen auf seiner gewellten Oberfläche. Am anderen Ufer saß ein wollnackiger Storch in dem Geäst eines Johannisbrotbaumes; ohne zu zwinkern, starrte er uns, die unerwarteten Besucher, aus perlenförmigen Augen an. Wir hörten das Schnauben und Grunzen von Flusspferden, die weiter oben am Fluss Wasserlilien fraßen. Der Nachmittag gehörte ganz uns.

Plötzlich war Bewegung in dem hohen Gras. Wir bekamen Gesellschaft. Als sich vier uniformierte Männer mit AK-47-Gewehren uns näherten, ahnte ich, dass der Tag anders verlaufen würde als geplant. Die tansanischen Wildhüter, bewaffnet und misstrauisch, wollten wissen, woher wir kamen. Was hatten wir in diesem Sperrgebiet der Serengeti zu suchen?

Ich begrüßte sie höflich, während sie uns vorsichtig einkreisten. »Was für ein schöner Tag«, lautete mein zweiter Versuch, doch sie antworteten nicht. Schließlich sprach der Wildhüter, der uns am nächsten stand.

»Was tun Sie hier?«, wollte er wissen. Sein Gewehr hielt er mit beiden Händen in Bereitschaft.

»Oh, wir machen nur ein Picknick am Fluss.« Ich versuchte, möglichst liebenswürdig zu sein.

Unsere Bemühungen, nonchalant und freundlich zu bleiben – wir boten ihnen sogar an, unser Essen mit ihnen zu teilen –, beschwichtigten sie nicht. Ihre Fragen wurden immer eindringlicher. Das Verhör förderte unaufhaltsam Probleme zutage, die über bloße Verstöße gegen Regeln und Vorschriften hinausgingen. Wir hatten keine Pässe und weder eine Lande- noch eine Überflugerlaubnis, keine Zugangsberechtigung für den Park, keine Ausreisepapiere von Kenia und keinen Flugplan. Was machten Kanadier, die in Kenia lebten, in Tansania? Wie war ein im Ausland registriertes Flugzeug, das vorübergehend in Kenia angemeldet war, ohne Genehmigung nach Tansania gekommen? Wir waren offensichtlich keine Bedrohung, aber unser illegales Eindringen schien eine Untersuchung durch eine höhere Instanz notwendig zu machen. Die Wildhüter wiesen uns an, sie nach Fort Lamai zu begleiten, das einen drei Kilometer langen Fußmarsch vom Fluss entfernt war.

Die vier Betongebäude und das halbe Dutzend Lehmhütten, aus denen Fort Lamai bestand, waren von einem vier Meter hohen Zementwall umgeben, dessen oberer Rand von Glasscherben und Stacheldraht gesäumt war. Das verschlossene stählerne Tor am Haupteingang war breit genug, um Fahrzeuge passieren zu lassen; eine weitere Tür blieb geöffnet, konnte aber im Falle eines Angriffs schnell verriegelt werden. Das Fort war von außen uneinnehmbar, und der innere Bereich wurde von bewaffneten Soldaten bewacht.

Wir wurden in einen fensterlosen Raum geführt, in dem wir stundenlang festgehalten und befragt wurden. Der Parkaufseher entschied dann, unseren Fall mit seinem Captain zu besprechen, der in einer Kleinstadt namens Negoti stationiert und nur über Kurzwellen-Funk erreichbar war. Alle Augen richteten sich auf das antike Funkgerät, das ein alter Mann in Zivilkleidung bediente, dessen zerknautschtes Gesicht mit dem formlosen Mund aus Kautschuk zu sein schien. Da er zusammenhangloses Zeug murmelte und unfähig war, unsere Geschichte wiederzugeben, mussten Sachverhalte ständig wiederholt werden, was die Verwirrung steigerte. Die Aussicht, schnell wieder freigelassen zu werden, schwand, als die träge verstreichende Zeit in den Nachmittag mündete.

Die Luft war schwer und feucht. Schmeißfliegen summten um uns herum und klebten in der lähmenden Hitze an unseren Händen und Gesichtern. Soldaten dösten unter der einsamen Akazie in der Mitte des kleinen Innenhofs. Ein paar schmutzige, ungekämmte

Kinder – sie stammten aus den Familien der Soldaten – kamen barfüßig hinter der winzigen Funkerhütte hervor und glotzten. Sie hielten einen sicheren Abstand zu uns, ihre zerlumpte Kleidung hing an mageren, unterernährten Körpern. Wir versuchten, uns mit ihnen zu verständigen, aber sie sprachen kein Englisch, blieben stumm und reagierten nicht auf freundliche Gesten. Wir konnten kaum etwas anderes tun, als zu warten.

Der Negoti-Captain tat sich schwer, unsere Lage auf der Basis der gefunkten Informationen einzuschätzen. Das Fort Lamai fiel in seinen Zuständigkeitsbereich, lag aber in einem abgelegenen, nicht zugänglichen Teil der Serengeti, in dem selten Probleme auftauchten, die seine Intervention notwendig machten. Typischerweise verhielt er sich ausweichend, bis er schließlich anordnete, dass wir der tansanischen Polizei übergeben werden sollten. Aber wo war die Polizei? Der lokale Polizeichef saß in Ikoma, 96 Kilometer entfernt. Bewaffnete Wächter sollten uns dort hinbringen, doch es gab keinen Wagen im Fort, und niemand konnte uns sagen, wie lange es dauern würde, bis der Lkw aus Ikoma kommen würde, um uns abzuholen.

Das war zu viel. Wir mussten wieder initiativ werden. Ich ließ die Wachen wissen, dass es unsinnig sei, uns nach Ikoma zu schicken, und dass wir beabsichtigten, zu unserem Flugzeug zurückzukehren. Mit leiser Stimme sagte ich Krystyne, sie solle mir folgen, dann ging ich entschlossen auf das Haupttor zu. Wir hatten noch keine zehn Schritte gemacht, als den Soldaten im Hof befohlen wurde, das Tor zu schließen. Mein fruchtloser Versuch, einen würdevollen Abgang zu machen, brachte uns hinter Schloss und Riegel.

Meine erste Sorge galt unserer Verabredung mit Mike Gerber und dem kanadischen Direktor der CIDA. Das Treffen war auf meine Bitte hin arrangiert worden. Irgendwie musste ich Mike von unserer Notlage in Kenntnis setzen. Doch unsere gesellschaftlichen Verpflichtungen interessierten die tansanischen Wildhüter wenig, in deren Augen wir immer verdächtiger wurden. Ich konnte sie dennoch überreden, mir zu gestatten, dass ich ihr Funkgerät benutzte. Doch zu meinem Entsetzen musste ich feststellen, dass der Sendequarz nur eine einzige Frequenz zuließ, die für die tansanischen Wildhüter reserviert war – wahrscheinlich eine Sicherheitsmaßnahme gegen mögliche Rebellen-Aktivitäten.

Die Hitze ließ uns apathisch werden. Der oberste Parkaufseher hatte das Interesse verloren und war verschwunden. Nun waren wir mit seinen Wildhütern allein, denen er befohlen hatte, uns zu bewachen. Der Tag verging jetzt im Schneckentempo, nur die Fliegen waren aktiv. In Afrika verbringt man übermäßig viel Zeit damit, mit geistesabwesenden Handbewegungen gottverdammte Fliegen zu verscheuchen. Sie summen in konzentrischen Kreisen herum, lassen sich auf unbedeckten Körperteilen nieder, bleiben einen Augenblick lang sitzen und starten dann zu einem sinnlosen Flug, um gleich darauf wieder zurückzukehren.

Unsere Lage, die sich offensichtlich unserer Kontrolle entzog, beunruhigte uns. Aus dem Abendessen in Nairobi schien nichts zu werden, denn es wurde immer wahrscheinlicher, dass wir diese Nacht in Gefangenschaft verbringen würden. Ich versuchte, die Erlaubnis zu erhalten, das Kurzwellen-Funkgerät in meinem Flugzeug zu benutzen.

»Ich lasse meine Frau hier, und Sie geben mir eine bewaffnete Eskorte mit, die den Funkkontakt überwacht«, schlug ich vor. Die Plausibilität meiner Bitte fand bei den Wildhütern keinen Widerhall, sie blieben stur. Ich sprach mit dem Parkaufseher, der mysteriöserweise wieder aufgetaucht war und nun in der Funkerhütte stand. Er zögerte, da er unseren gesellschaftlichen Status nicht genau einschätzen konnte; vielleicht waren wir wichtige Leute. Immerhin besaßen wir ein eigenes Flugzeug. Nervös lenkte er ein und befahl zwei von seinen Wildhütern, mich zu begleiten.

Es gelang mir, Judy zu erreichen, eine der Krankenschwestern der Flying Doctors, aber unser Kontakt war nur kurz. Wenn der Motor nicht läuft, erschöpft ein Kurzwellen-Funkgerät die Batterie sehr schnell, und mir war nicht erlaubt worden, ihn anzuwerfen. Obwohl Krystyne als Pfand im Fort geblieben war, hätte man das als einen Fluchtversuch betrachtet. Judy kapierte jedenfalls schnell, dass Mike Gerber unsere Gäste allein unterhalten musste.

Der Spätnachmittag ging in die Dämmerung über. Als ich wieder ins Fort kam, saß Krystyne auf den steinernen Stufen vor der Funkerhütte und las in einem tansanischen Reiseführer, den sie vor unserer Abreise aus Nairobi in ihre Tasche gestopft hatte. Von dem Lkw aus Ikoma war immer noch nichts zu sehen. Für diese Nacht saßen wir also in Fort Lamai fest. Eine Flucht war ausgeschlossen, da der Zementwall und die verschlossenen Stahltore von Soldaten bewacht wurden. Als die Sonne hinter dem westlichen Wall versank, kroch eine abendliche Kühle über den Hof. Wir trugen nur Shorts und T-Shirts, und die Aussicht auf eine kalte Nacht ließ uns unseren nachlässigen Umgang mit Kleidung bereuen.

Der Parkaufseher führte uns zu einem anderen Zementbau, in dem wir nächtigen sollten. Außer einem Feldbett, das in einer dunklen Ecke der Zelle stand und in dem Halblicht kaum sichtbar war, gab es keine Möbel. Unmengen von toten Fliegen bedeckten den Boden. An der Decke wimmelte es von Fledermäusen. Leise Quieklaute deuteten darauf hin, dass ein großes Kommen und Gehen durch die Ritzen im Dach herrschte. Der Gestank ihrer Exkremente war überwältigend; unser einziger Trost war, dass die Tiere Schwärme von Malaria-Moskitos vertilgten. Hinter dem Wall schrie ein Baumschliefer, als unsere kleine Welt von der äquatorialen Nacht umfangen wurde.

Eine junge Frau, die eine Laterne in der Hand trug, erschien mit einem Korb auf dem Kopf, in dem sie eine Schüssel mit gebratenem *manioc* (Kochbanane) und eine Kanne heißen Tee transportierte. Wortlos stellte sie uns beides vor die Füße, dann nahm sie ihre Laterne und überließ uns wieder der Dunkelheit. Ohne Licht saßen wir auf der Treppe vor unserer Zelle und aßen das klebrige *manioc* mit den Fingern. Die nächtlichen Geräusche im Buschland, die aus geringer Entfernung kamen und laut waren, konkurrierten mit den leisen Stimmen der Wildhüter, die sich am anderen Ende des Forts um ein Feuer versammelt hatten.

»Und was machen wir jetzt?«, fragte Krystyne.

»Ich glaube, wir sollten uns mit dem Aufseher anfreunden«, lautete meine Antwort. »Er ist intelligent, und offensichtlich möchte er eine Konfrontation vermeiden. Vielleicht kann er uns sagen, was uns in Ikoma erwartet.« Ich war zuversichtlich, da er mir gestattet hatte, mein Hochfrequenz-Funkgerät zu benutzen.

»Scott, wieso geraten wir immer in solche Situationen?«, fragte Krystyne mit melancholischem Unterton.

»Schatz, wir sollten uns jetzt darauf konzentrieren, wie wir hier rauskommen, okay?« Was hätte ich anderes sagen können? Ich hoffte, dass ihre Frage nicht mehr so relevant sein würde, wenn wir wieder zu Hause wären. Außerdem waren wir im Laufe des letzten Jahres zu vielen wundervollen Orten in Afrika geflogen, und meistens hatte sich kein Zwischenfall ereignet.

Wir beendeten unsere Mahlzeit und machten uns auf die Suche nach dem Aufseher. Da es keine Fluchtmöglichkeit gab, hatte man uns unbewacht gelassen. Wir konnten uns innerhalb des Forts frei bewegen, und so ertasteten wir uns nun einen Weg durch die Dunkelheit. Mit ausgestreckten Händen schlichen wir an den rauen Zementwänden der Gebäude entlang, bis wir zu einem kleinen Fenster kamen, durch das wir den Aufseher sahen, der im Schein einer Paraffinlampe las. Erschreckt durch unser Klopfen, stand er sofort auf, bat uns hinein und servierte uns Tee. Er war äußerst bescheiden eingerichtet, aber seine Behausung war gemütlich und sauber. Dies zeugte von einem disziplinierten Charakter, was ungewöhnlich war für jemanden, der auf einem einsamen Posten mitten im Busch festsaß, ohne Bedienstete und ohne Frau.

»Ich hoffe, wir stören Sie nicht«, eröffnete ich.

»Nein, keineswegs.« Er stopfte hastig Papiere in eine eselsohrige Aktenmappe. Ich habe gerade an meinem monatlichen Bericht gearbeitet, aber das eilt nicht, denn ich habe ohnehin keine Möglichkeit, ihn zum Hauptquartier zu schicken.« Ich bemerkte, dass bereits fünf oder sechs Berichte in der Mappe waren; sie zeigten alle eine tadellose, fast akribische Handschrift. Schnell fügte er hinzu: »Mein Name ist Robert Mugali.«

Wir stellten uns ihm formell vor, und es dauerte nicht lange, da erzählte er uns seine Lebensgeschichte und etwas über die Einsamkeit im Fort. Er war seit drei Jahren hier, ohne Unterbrechung. Seine Verlobte und er wollten im September heiraten; die Hochzeit musste schon zweimal verschoben werden, da man seine Dienstzeit verlängert hatte. Robert sehnte sich danach, nach Arusha, seinem Zuhause, zurückzukehren, um dort zu heiraten und eine Familie zu gründen. Er machte sich Sorgen, weil seine Verlobte ihm seit zwei Monaten nicht mehr geschrieben hatte. Schüchtern, höflich und gebildet, glich er mehr einem Professor als einem Parkaufseher. Er führte ungern das Kommando, zog es vor, sich nicht unter seine Männer zu mischen, und schon kleinste Entscheidungen bereiteten ihm Kopfzerbrechen. Sein ausweichendes Verhalten hinsichtlich unserer Situation und seine Weigerung, darüber zu spekulieren, was uns bei der tansanischen Polizei widerfahren könnte, waren nicht gerade beruhigend.

Es war 23:00 Uhr, und wir unterhielten uns immer noch, als wir das Fahrzeug aus Ikoma kommen hörten, dessen Ankunft von lauten Rufen der Soldaten begleitet war, die verwirrt nach dem Schlüssel suchten, um das Tor zu öffnen. Die Scheinwerfer des Lkws durchdrangen die Nacht, während die Reifen über den Erdweg walzten, der zum Fort und schließlich vor die Hütte des Aufsehers führte. Der Fahrer und zwei Soldaten, alle drei noch Teenager, klopften an die hölzerne Tür. Obwohl es Soldaten von niedrigem Rang waren, erstarrte Robert; die Rolle, die er zu spielen hatte, und unsere Anwesenheit in seiner Privatwohnung machten ihn nervös. Er servierte ihnen Tee, und dann wurde im Singsang des Suaheli über lokale Ereignisse getratscht.

Wir wünschten Robert und seinen Männern eine gute Nacht schlüpften zurück in die Dunkelheit unseres kleinen Zimmers. Dort lagen wir auf einer mit Gras gefüllten Matratze stumm Arm in Arm, umgeben von Fledermäusen, Moskitos und den Geräuschen des Buschs. Wir blieben lange wach, fast die ganze Nacht, sprachen über unsere prekäre Lage und darüber, wie wir uns aus ihr befreien könnten, ohne dass unsere Bewacher das Gesicht verlieren würden. Als der Dschungel still wurde, kam endlich der Schlaf, und der Klang von fernen Männerstimmen verlor sich in den Stunden des frühen Morgens.

Als die ersten Sonnenstrahlen über den Betonwall lugten und Fliegen sich auf den Fledermausexkrementen der letzten Nacht niederließen, rollte unser Laster aus dem Fort hinaus. Krystyne saß zwischen dem Fahrer und einem Soldaten, während ich, von zwei Soldaten mit geladenen Gewehren flankiert, auf der Ladefläche stand. Die Morgenluft war erfrischend kühl.

Wir rumpelten und schlingerten über einen dunklen, lehmigen Boden, als der Lastwagen am Ufer des Mara River entlang kroch. Die Fahrbahn, uneben durch Baumwurzeln und Auswaschungen, verschwand gelegentlich spurlos und zwang uns, quer durch das wilde Terrain zu fahren. Die feuchte, unter der Morgensonne dampfende

Erde roch nach Melasse und nassem Gras. Es war noch nicht acht Uhr.

Der Lärm, den unser Fahrzeug machte, scheuchte Massen von Wildtieren auf. Impalas sprangen über das hohe Gras, Zebras reckten überrascht die Köpfe, wichen nervös mit wachsamen Augen zurück, bereit, auf ein Signal hin loszugaloppieren. Grünmeerkatzen schwangen sich durch das Geäst der Baumwollbäume, die sich am Ufer des Mara gen Himmel reckten. In diesem abgelegenen Teil der nordwestlichen Serengeti waren die Tiere meist ungestört. Unser plötzliches Auftauchen löste Alarm aus: Dikdiks, Grant- und Thompsongazellen und kleine Antilopen gerieten in Panik, liefen auseinander und suchten nach einem Versteck. Das Trompeten von Elefanten begleitete unsere Fahrt durch ein höchst abwechslungsreiches Gebiet von Savannen, Buschland und Wäldern. Ohne es zu wollen, beschenkten uns unsere tansanischen Bewacher mit einer individuellen Safari durch einen einzigartigen, naturbelassenen Teil Afrikas, die einen Touristen ein Vermögen gekostet hätte.

Sobald wir aus der Serengeti heraus waren, wandten wir uns nach Süden und fuhren über eine staubige Sandstraße Richtung Ikoma, das 65 Kilometer entfernt war. Die ausgefahrene Piste wand sich durch eine hügelige Landschaft, die nur spärlich mit Gras, Dornengestrüpp und Akazien bewachsen war. Wir bekamen keine anderen Fahrzeuge zu Gesicht und nur wenige von Menschen bewohnte Bauten. Gelegentlich fuhren wir an einer *manyatta* (kleine Siedlung) vorbei, die aus Lehmhütten mit konischen Grasdächern bestand und von einem *boma* (Dornenzaun) umgeben war, hinter dem Rinder, Ziegen und halbnackte Kinder zu sehen waren. Sie wandten uns ihre Köpfe zu, wenn wir vorbeifuhren, und wenn ich mich umdrehte, konnte ich sie noch lange dort stehen und uns nachstarren sehen, während sich lange Staubfahnen auf das Buschland herabsenkten.

Als wir zwei Stunden später den Außenbezirk einer Stadt namens Mugumu erreichten, änderte unsere Eskorte offensichtlich ihren Plan. Statt durch den Ort zu fahren, bog der Lkw plötzlich links ab, wich ein paar erschreckt krächzenden Hühnern und neugierigen alten Männern aus und fuhr auf den Hof der Polizeiwache von Mugumu. Als wir schwitzend und mit Staub bedeckt ausstiegen, erklärte man uns, das dies kein unplanmäßiger Zwischenstopp war: Das Protokoll erforderte, dass wir dem Polizeichef vorgeführt wurden, bevor wir nach Ikoma weiterfuhren. Doch der Polizeichef war nicht anwesend, also kletterten wir wieder auf den Laster und machten uns auf den Weg zu seiner Behausung, einer Lehmhütte, die am Ufer eines kleinen Flusses in herrlicher Umgebung stand.

Der Polizeichef war ein hochgewachsener Mann mit einem riesigen Bauch. Er war in ein Tuch gehüllt, das so groß war wie ein Vorhang. Wir wurden eingeladen, auf einem alten, durchgesessenen Sofa Platz zu nehmen, während er den Soldaten zuhörte, die ihm auf Suaheli die Geschichte unseres unerwarteten Eindringens in den tansanischen Luftraum erzählten. Ihre Stimmen wurden lauter, als die verschiedenen Versionen der Soldaten sich widersprachen, was eine hitzige Debatte über Einzelheiten zur Folge hatte. Plötzlich und ohne jede Erklärung wurden wir angewiesen, wieder in den Wagen zu steigen, zurück zur Wache zu fahren und dort auf die Ankunft des Polizeichefs zu warten – die nach seinem Frühstück erfolgen sollte.

Die Stunde, in der wir auf den Treppen vor der Wache saßen und warteten, verging nur langsam, und die Passivität und der Mangel an Kommunikation strapazierten unsere Geduld.

»Was, glaubst du, geht hier vor?«, wollte Krystyne wissen.

»Das weiß ich nicht, aber die Warterei macht mich allmählich verrückt.« Ich sprang auf, um auf und ab zu gehen.

Mein Flugzeug stand 65 Kilometer entfernt unbewacht auf freiem Feld, und ich machte mir Sorgen, dass es demoliert werden könnte. Und bei diesem Tempo sah ich es schon kommen, dass wir eine weitere Nacht als Gefangene in Tansania verbringen würden. Je länger wir in diesem Land bleiben mussten, umso komplizierter würde unsere Lage werden. Jeder Schritt führte uns tiefer in einen bürokratischen Morast.

»Wir müssen sie irgendwie davon überzeugen, dass wir unschuldig sind. Und wir müssen ihnen verständlich machen, dass es auch für sie das Beste ist, wenn sie uns einfach zurückfliegen lassen.« Während ich das sagte, wusste ich, dass dies nicht einfach werden würde. »Ist das nicht merkwürdig?«, dachte ich laut. »Die Polizei in den weniger entwickelten Ländern hat größere Schwierigkeiten, wenn sie es mit Unschuldigen zu tun hat, als mit Schuldigen. Wenn man schuldig ist, wird man ins Gefängnis geworfen, und das rechtfertigt dann eine mächtige Polizeitruppe. Im Falle der Unschuld wird die Polizei handlungsunfähig, daher sucht man entschlossen nach Beweisen für eine Schuld, die notfalls auch fingiert werden. Lass uns hoffen, dass es nicht das ist, was hier gerade vorgeht.«

Krystyne lächelte und wurde sarkastisch. »Warum bekennen wir uns nicht einfach schuldig und befreien sie damit aus ihrer Zwickmühle? Unsere Landung war immerhin illegal. Wir würden eine Strafe zahlen und könnten dann wegfliegen.« Bevor ich antworten konnte, fuhr der Polizeichef, der jetzt eine Uniform trug, mit einem gelben Suzuki-Motorroller auf den Hof. Uns völlig ignorierend, ging er an uns vorbei und betrat die Wache. Alle anwesenden Polizisten nahmen sofort Haltung an.

Innerhalb von ein paar Minuten wurden Krystyne und ich in das Büro des Polizeichefs gerufen, das überquoll von großen Stapeln brauner Aktenorder und gelben Papieren, die in Drahtkörben lagen. Im Gegensatz zu seinem ungezwungenen und lässigen Auftreten vor zwei Stunden war das Gebaren des Polizeichefs jetzt äußerst formell. Sein Assistent stand in Habtachtstellung hinter uns, als würde er allein die Decke stützen. Der Chef hielt uns einen kurzen Vortrag über Art und Umfang seines Zuständigkeitsbereichs und schickte uns dann zum Verhör in separate Räume. Ein junger Polizist, der kaum Englisch sprach, notierte sowohl Fragen als auch Antworten auf Suaheli. Die beeideten Aussagen mussten auf allen vier Rändern jeder einzelnen Seite unterschrieben werden. Zum Glück hatte ich in weiser Voraussicht eine Geschichte mit Krystyne abgestimmt, die unsere Landung in Tansania rechtfertigte. Und so vertraute ich nicht grundlos darauf, dass unsere separat gemachten Aussagen einer genauen Untersuchung standhalten würden.

»Ein plötzlicher Anstieg der Ladedrucktemperatur zwang uns zu einer Notlandung, da wir das Öl kontrollieren mussten ...« Ich fragte mich nur, ob Krystyne sich an den Begriff »Ladedrucktemperatur« erinnert würde, da sie keine Ahnung hatte, was Ladedruck in Bezug auf Motoren bedeutete. Die Verhöre wurden in höflicher Form geführt, waren aber dennoch hart. Fast zwei Stunden lang wurden wir eindringlich befragt. Das mühsame Protokollieren aller Fakten auf einem schmutzigen Schreibblock, in den sorgfältig vier Blätter Kohlepapier eingefügt waren, zog sich immer weiter in den Nachmittag hinein.

Der zweite Tag in Gefangenschaft verstrich, und es war offensichtlich, dass niemand eine Ahnung hatte, was mit uns geschehen sollte. Wer war für uns zuständig: die Wildhüter, die Polizei, die Einwanderungsbehörde oder die Armee? Der Polizeichef wollte unbedingt den Rat seines Vorgesetzten per Telefon einholen, aber die Leitungen waren tot. Diese *muzungus* waren in Tansania eingefallen, ohne Ankündigung, ohne Einladung und ohne Dokumente, und nun waren sie zu einem echten Problem geworden. Er wollte unbedingt mit einer höheren Instanz sprechen und ließ uns in einem Tonfall des Bedauerns wissen, dass wir zu warten hätten.

Die Vorstellung, uns in die Schlange der energielosen, zerzausten Wiederholungstäter einreihen zu müssen, die sich auf dem Korridor vor dem Büro des Chefs gebildet hatte, war wenig verlockend. Dieser Ort roch nach Hoffnungslosigkeit. Wir wollten den Versuch machen, den Polizeichef mit einer freundlichen Unterhaltung für uns zu gewinnen. Schon bald nannten wir uns beim Vornamen, und Krystyne und ich zeigten Verständnis für sein Problem, eine Frau und acht Kinder mit einem erbärmlichen Gehalt durchzubringen, das nur zeitweise gezahlt wurde. Er hieß Israel. Alle paar Minuten hob er zerstreut den Hörer seines altmodischen Telefons ab, nur um festzustellen, dass die Leitung immer noch tot war. Schließlich wurde ihm klar, dass eine Kommunikation via Telefon nicht in Frage kam. Er verkündete, dass er uns nach Tarime begleiten würde – eine Distanz von 190 Kilometern –, um dort seinen Boss persönlich sprechen zu können.

Der Tank des Lkws war leer, und es gab kein Geld, um Benzin kaufen zu können. Die Probleme, die mit unserer Anwesenheit verbunden waren, verschlimmerten sich. Ich bot an, den Kraftstoff zu bezahlen, vorausgesetzt, man würde Kenianische Schillinge akzeptieren. Israel und der Fahrer machten sich auf den Weg und befahlen dem widerwilligen Tankwart, ihnen Benzin für nutzlose Kenianische Schillinge zu verkaufen, die man nur in dem 1280 Kilometer entfernten Daressalam in Tansanische Schillinge umtauschen konnte.

Endlich kehrte der Wagen mit gefülltem Tank zurück, und wir sprangen an Bord. Israel quetschte sich auf den Vordersitz neben Krystyne. Sein massiger Körper drückte sie und den Fahrer zur Seite, dessen Schulter aus dem Fenster hinausragte. Krystyne, die den Knüppel der Gangschaltung zwischen den Beinen hatte, gab es auf, schickliches Verhalten vorzutäuschen. Ich nahm wieder meinen Stehplatz auf der Ladefläche ein, von dem aus ich Einblick in das Führerhaus hatte. Wie zuvor war ich von bewaffneten Soldaten eingerahmt. In eine Wolke aus Staub gehüllt, rollten wir aus Mugumu hinaus.

Tarime befindet sich in der Nähe des Viktoriasees. Dort hoffte Israel seinen Boss zu finden, den Bezirkspolizei-Inspektor von Tarime. Ich wurde noch gereizter, als wir immer weiter ins Landesinnere von Tansania fuhren. Die Wahrscheinlichkeit, dass wir ohne unser Flugzeug aus Tansania abgeschoben würden, wurde mit jedem Kilometer, den wir uns von dem Landeplatz entfernten, größer. Ich wusste, dass ich mein Flugzeug nie wiedersehen würde, wenn man uns außer Landes brächte. Daher war ich fest entschlossen, dies zu verhindern, obwohl mir bewusst war, dass es mit der Höflichkeit, mit der man uns bisher behandelt hatte, sofort vorbei sein würde, wenn es zu einer Auseinandersetzung käme.

Die rote Lateritstraße nach Tarime war ein Waschbrett, und die vielen Furchen und Schlaglöcher ließen uns nur im Schneckentempo vorankommen. Gelegentlich wurde aus der Straße eine Sandpiste, und provisorische Konstruktionen aus Baumstämmen und altem Bauholz ächzten unter dem Gewicht unseres Lasters, wenn wir über Behelfsbrücken holperten. Die enge Fahrbahn war von Fußgängern bevölkert, die schlammigen Bächen auswichen, die über die rote Tonerde flossen. Je mehr wir uns den Ufern des Viktoriasees näherten, umso üppiger wurde die Vegetation, die aus dem Dschungel herauskroch und erst an den Straßenrändern haltmachte. Überlastete Ochsen, die mit Leinensäcken voll Mais bepackt waren, trotteten gleichgültig an der Seite eines endlosen Stroms von Menschen dahin, die auf dem Weg zum Markt waren.

Lachende und schwatzende Frauen, die in kunterbunt bedruckte *kikois* (Sarongs) gehüllt waren und *totos* (Babys) auf den Rücken hatten, säumten die Straße. Sie trugen ihr persönliches Hab und Gut anscheinend mühelos auf dem Kopf, aber auch Bananenstauden, Fische, und sogar Möbelstücke. Wie Statuen drehten sich langsam nach uns um, und auf ihren verwirrten Gesichtern erschien ein breites Grinsen, das makellos weiße Zähne freilegte.

Ich konnte durch das Rückfenster der Fahrerkabine Krystyne sehen, die pausenlos auf Israel einredete, der praktisch auf ihrem Schoß saß. Sie erzählte ihm, dass wir wichtige kanadische Staatsbürger seien, die eine Sonderbehandlung verdienten, dass ihr Ehemann eine hohe Position beim Flying Doctors Service bekleidete – wie die meisten Beamten in Afrika kannte auch Israel die Flying Doctors – und dass wir enge Freunde des kanadischen Botschafters für Tansania und Kenia seien. Israel hörte fasziniert zu, hielt aber gleichzeitig stur an seiner Verantwortung fest, unbeeindruckt von der Rechtschaffenheit seiner Gefangenen.

Vier nicht enden wollende Stunden waren vergangen, ohne dass wir eine Pause eingelegt hatten. Die verrostete Federung des Wagens bewirkte, dass er bei allen Schlaglöchern und Furchen schaukelte und ruckte. Wir waren nur noch von dem Wunsch beseelt, endlich in Tarime anzukommen. Wir fuhren durch zahlreiche kleine Siedlungen, vorbei an Strohdächern, kleinen Kochfeuern und sahen Menschen, die alltägliche Hausarbeiten verrichteten.

Kleine Kinder, großäugig und begeisterungsfähig, rannten neben dem Laster her und schrien «How are you?« und »Everyone stand up!« (englische Phrasen, die sie in der Schule gelernt hatten). Auf spindeldürren Beinen glitschten und schlitterten sie barfuß über den schmierigen Boden, und hielten, flink wie Ziegen, das Tempo so lange wie nur möglich. Wir winkten ihnen und verteilten entlang unserer Strecke Lächeln und Wohlwollen. Und so ging es weiter, bis das rote Band der Straße sich durch die grünen Hügel wand, von denen aus man die geschäftige Stadt Tarime sah.

Der zentrale Markt von Tarime umschloss einen chaotischen Busbahnhof, auf dem es von Menschen vom Lande wimmelte, die kaufen und verkaufen wollten. Außer ein paar prahlerischen Regierungsgebäuden und einigen Läden und lauten Bars war Tarime kaum mehr als ein Slum aus Lehmhütten, in dem es keine richtigen sanitären Anlagen und keinen Strom gab. Große Diesellastwagen jaulten und dröhnten die Hauptstraße hinunter und schickten Staub- und Abgaswolken in die vielköpfige Menge. Tarime lag in der Mitte der nördlichen Mara-Region, dem Kaffeepflanzerland, das die Lkw-Fahrer verköstigte, die Kommerz und Krankheiten in das Gebiet brachten.

Der Bezirkspolizei-Inspektor war nicht zu finden. Wir hatten fast 24 Stunden lang nichts gegessen und waren hungrig, und so überredeten wir Israel, am örtlichen Hotel zu halten und dort einen Imbiss zu nehmen, den ich von meinen restlichen Kenianischen Schillingen bezahlen wollte. Er war einverstanden. Krystyne hatte die freundschaftlichen Bande und das Vertrauensverhältnis so weit gefestigt, dass wir nun bei allen Entscheidungen mitreden durften, außer wenn es um unsere Freilassung ging.

Wir saßen im Innenhof des Paradise Regained Hotels um einen Tisch herum. Israel und seine Männer tranken Bier und diskutierten Nigerias Chancen bei der bevorstehenden Fußball-Weltmeisterschaft. Krystyne und ich bestellten Hühnchen mit Reis und Coca-Cola. Wir konnten den Koch mit seiner schmutzigen Schürze im hinteren Teil des Restaurants sehen, der, keine sechs Meter von unserem Tisch entfernt, das Huhn schlachtete. Er fixierte das Tier mit einem Fuß und versetzte ihm dann einen Hieb gegen den Kopf. Als sich ein Geysir aus Blut über seinen Arm und die Schürze ergoss, begann unsere nun kopflose Mahlzeit zu flattern. Außer uns schenkte ihm niemand Beachtung.

Es war Sonntag, und uns wurde gesagt, dass der Bezirkspolizei-Inspektor nicht in der Stadt sei. Er war mit seiner Familie aufs Land gefahren. Als wir ihn über ein Funktelefon erreichten, weigerte er sich, uns zu treffen, und befahl Israel, uns dem Tansanischen Ministerium für Einwanderung zu übergeben. Wir werteten das als Rückschlag, denn ein Einwanderungsbeamter war befugt, uns zu deportieren, und dann hätten wir keine Gelegenheit mehr, das Flugzeug zu holen.

Nach dem Essen stiegen wir wieder in den Laster und machten uns auf die Suche nach dem Einwanderungsbeamten. Ich betete, dass auch er nicht verfügbar sein möge. Für uns war es das Beste, wenn wir unter Israels Aufsicht blieben, denn er war nicht dazu autorisiert, uns auszuweisen, und hatte gleichzeitig nicht die Mittel, um für uns zu sorgen. Wenn er uns nicht jemandem übergeben konnte, musste er uns freilassen.

Die Einwanderungsbehörde war so fest verschlossen wie eine Konservendose, und weit und breit war keine Amtsperson zu sehen. Aber Israel hatte den Namen des Beamten und beschloss, ihn in den Bars von Tarime zu suchen. Als wir durch die letzte der verrauchten, nach schalem Bier stinkenden Kaschemmen gelatscht waren, war offensichtlich, dass es niemanden gab, an den er uns weiterreichen konnte. Israel war deprimiert und gab sich geschlagen.

Die Sonne versank hinter den Mugani-Hügeln, die im Westen das Umland von Tarime säumen. In der Hauptstraße hatte sich eine große Zahl von Menschen versammelt, die von *matatus* vom Markt nach Hause gebracht werden wollten. Als sie dort in endlosen Schlangen warteten, die Hände voll mit pinkfarbenen Plastiktüten voller Obst und Gemüse, wirbelten dichte Staubwolken über ihre Köpfe. Ein paar *matatus*, randvoll mit Fahrgästen, starteten mit Vollgas von der Bushaltestelle und hinterließen eine Mischung aus Dieselabgasen und Staub. Kleine Jungen rannten barfuß durch den Verkehr und schoben mit Stöcken Miniaturmodelle von Motorrädern und Autos vor sich her – geniale Handarbeiten aus Draht und Zinn. Auf dem Boden lagen verrottendes Obst und Plastiktüten verstreut, der Bodensatz des Marktplatzes. Verkäufer versuchten, Restbestände an Nachzügler zu verhökern, die den langen Marsch nach Hause antraten – eine vertraute Szene, die sich überall in Afrika hätte abspielen können.

Israel war mit einigen drängenden Fragen konfrontiert. Wo sollten wir übernachten, wie sollte er uns verpflegen? Der Weg nach Mugumu war lang. Sein Fahrer und die Soldaten hatten Hunger und wollten zurück zu ihren Familien. Er war kurz davor, in Panik zu geraten. Ich hielt den Zeitpunkt für gekommen, die Initiative zu ergreifen und nahm ihn beiseite.

Nachdem ich ihm einen Arm um die Schulter gelegt hatte, schlug ich vor, dass wir gemeinsam überlegen sollten, was jetzt zu tun sei. Es war unwahrscheinlich, dass er den Einwanderungsbeamten fand, bevor es dunkel wurde, so viel war schon mal klar. Er hatte kein Geld und keine Unterkunft für sich und seine Männer. Noch schwerer wog, dass der Bezirk Tarime nicht in seine Zuständigkeit fiel. Die einzig vernünftige Lösung schien also, sofort zum Flugzeug zurückzukehren. Er könnte dann die Maschine inspizieren, um festzustellen, dass sich keine Waffen und keine Schmuggelware an Bord befinden, unsere Landung als Notfall darstellen und uns die Rückkehr nach Kenia gestatten. Und danach könnten er und seine Männer beruhigt nach Mugumu zurückfahren.

Ich würde seinen Namen beim kanadischen Botschafter erwähnen, der die tansanischen Behörden davon in Kenntnis setzen würde, wie zuvorkommend wir behandelt worden seien und wie gut er diese äußerst schwierige Situation gehandhabt habe. Nur teilweise überzeugt, zögerte er, und in diesem Moment machte Krystyne einen genialen Vorschlag, der die Entscheidung zu unseren Gunsten ausfallen ließ.

»Wir machen Fotos von Ihnen, Israel, während Sie das Flugzeug inspizieren. Für Ihre Unterlagen«, warf Krystyne enthusiastisch ein.

Ihr Vorschlag brachte die entscheidende Wendung. Hätte Israel es sich je träumen lassen, dass einmal Schnappschüsse an der Wand seines Büros hängen würden, die ihn und ein beschlagnahmtes Flugzeug zeigten? Auf jeden Fall wollte er unser Flugzeug gerne sehen. Er nickte nachdenklich. Seine zaghafte Entscheidung hatte den gewünschten Effekt auf seine Männer, die sofort auf den Lkw sprangen und sich auf ihr Zuhause freuten.

Wir waren müde bis auf die Knochen. Unser Fahrer hatte fast neun Stunden hinter dem Steuer gesessen und kaum eine Pause gemacht. Vor uns lagen drei Stunden Fahrt und eine anstrengende Strecke, und die letzten 30 Minuten mussten wir bei Dunkelheit unseren Weg finden. Aber die überraschende Wendung unserer Lage bewirkte, dass wir uns wieder frisch und energiegeladen fühlten. Nur Israel hegte noch leise Zweifel. Jetzt, wo wir in Richtung Freiheit fuhren, ging es darum, unerwartete Rückschläge zu vermeiden.

Die nächsten drei Stunden waren ein Rennen gegen die Zeit. Würden wir das Flugzeug erreichen, bevor es zu dunkel war, um zu starten? Nach einer weiteren Nacht im Fort Lamai oder in der Polizeiwache von Mugumu wäre ganz sicher mit neuen Anweisungen von einem übergeordneten tansanischen Beamten zu rechnen. Unser Fahrer, der die Dringlichkeit spürte, fuhr wie ein Besessener. Er saß über das Lenkrad gebeugt und wich in letzter Sekunde Schlaglöchern aus, die tief genug waren, um den Wagen außer Gefecht zu setzen und unsere Flucht zu verhindern. Die Lichtkegel unserer Scheinwerfer, die zunächst nur schwach auf der zernarbten Piste zu erkennen waren, durchdrangen bald schwankend und ruckartig die zunehmende Dunkelheit. Wir näherten uns Fort Lamai, fuhren daran vorbei und auf direktem Wege zu unserer Maschine, querfeldein durch Gestrüpp und taubedecktes Gras.

Abendschatten breiteten sich wie eine Decke über die Serengeti aus. Wir hielten längsseits am Flugzeug, das noch immer dort stand, wo wir es vor zwei Tagen verlassen hatten. Ein sichelförmiger Mond ging auf, der ein trübes Licht auf den Wald am anderen Ende des Feldes warf. Geisterhafte Schatten von Wildtieren, die auf dem Weg zum Fluss waren, glitten kaum wahrnehmbar durch das hohe Gras – oder täuschten uns unsere Augen im Halblicht? Jedenfalls war es zu dunkel, um gefahrlos auf der kurzen Strecke zu starten, aber noch eine Nacht in den Händen unserer Bewacher war undenkbar.

Ich bat Israel, auf die andere Seite des Feldes zu fahren und den Wagen dort so zu parken, dass seine Scheinwerfer das letzte Drittel unserer Startbahn beleuchteten. Ich brauchte eine Markierung, damit ich beurteilen konnte, wann wir abheben mussten, um die Bäume am Rande des Feldes sicher zu überfliegen. Es gab keinen Spielraum für Fehler und keine Zeit für Höflichkeiten.

Nachdem ich den Propeller per Hand angeworfen hatte, winkten wir Israel und seinen Soldaten eilig. Ein kurzer Instrumentencheck zeigte, dass alle Anzeigen im grünen Bereich waren. Der Lkw war das Feld zur Hälfte hinuntergefahren, als er plötzlich wendete und auf uns zugerast kam. Israel sprang aus der Führerkabine, rannte auf das Flugzeug zu und in einem Abstand von wenigen Zentimetern an dem laufenden Propeller vorbei. Ich sah ihn schon in zwei Hälften geteilt, wie eine reife Mango, und uns, wie wir jahrelang in einem tansanischen Gefängnis schmachteten. Ich rief etwas, um ihn zu warnen, und versuchte krampfhaft, die Treibstoffzufuhr für den Motor zu unterbrechen. Israel erreichte das Cockpitfenster und brüllte atemlos: »Was ist mit den Fotos?«

»Oh Gott, die Fotos!«, rief Krystyne.

»Dafür haben wir keine Zeit mehr.« Ich war am Rande der Verzweiflung.

»Die müssen wir uns nehmen, Scott. Wir haben es versprochen.«

Wir kletterten also ins Freie und machten Fotos von Israel, der sich neben die Maschine stellte und dann im Cockpit Platz nahm, die Kopfhörer aufsetzte und aufmerksam alle Flugzeugdokumente prüfte. Wir versprachen, ihm die Bilder zu schicken, was wir zwei Wochen nach unserer Rückkehr von Nairobi aus taten. Während Israel zufrieden zum Laster zurückging, bereiteten wir uns auf den heiklen Start von einer kurzen Piste vor.

Der schwere Wagen rollte wieder über das Feld, und wir warteten schweigend, bis er an der richtigen Stelle stand. Dann drückte ich den Gashebel voll durch und trat auf die Bremsen. Der Motor erwachte zum Leben; Sekunden später begannen die Räder zu rollen, und die Propellerblätter droschen das lange Gras. Die Grasschnipsel behinderten unsere Sicht, als wir durch die Windschutzscheibe starrten, um rechtzeitig Tiere zu erkennen, die eventuell unseren Weg kreuzten. Die Maschine holperte über den Boden und wurde schneller, als wir auf den vom Lkw beleuchteten Teil zurollten. Ich zog den Knüppel zurück und hoffte, so den Widerstand des Flugzeuges unter Ausnutzung des *ground effects* zu verringern – ein geringer Auftrieb, der dadurch entsteht, dass die Tragflächen Luft in Richtung Boden drücken. Das Stall-Warnhorn blökte wie eine Kuh, die kurz davor ist, geschlachtet zu werden, und kündigte einen bevorstehenden Strömungsabriss an. Doch als wir durch das vom Lkw gespendete Licht rollten, hob die Maschine wundersamerweise ab, flog einen knappen Meter über die Wipfel der Gummibäume hinweg und schwirrte hinauf in den Nachthimmel. Als wir uns über dem Fluss in die Kurve legten, konnten wir ein Hochgefühl nicht unterdrücken. Die Lichter des Lastwagens verschwanden unter dem grünlichen Leuchten der Steuerbord-Tragfläche. Ich blickte zu Krystyne hinüber. Worte waren nicht notwendig. Wir hatten Glück gehabt, großes Glück – vielleicht unverdientermaßen.

Die Nacht hatte den wundervollen Kontinent Afrika unter ihre Fittiche genommen, und der mit Sternen geschmückte Himmel trug einen Neumond durch seine unendlichen Gefilde. Das Flugzeug schien durch die Nacht getragen zu werden, als würde es schweben: Gewicht, Auftrieb, Luftwiderstand und Schubkraft befanden sich in vollkommener Harmonie. Das schlafende Land unter uns war lichtlos. Wir flogen schweigend, waren in die getrennten Welten unserer Gedanken versunken. Als wir an diesem Abend gemeinsam im Cockpit saßen, schätzte ich Krystynes Nähe, die Wärme ihres Körpers, mehr als jemals zuvor.

11 Flügel aus Sonnenlicht

Im März 1998 war das neue Gebäude des Flying Doctors Service weitgehend fertig, und alle Mitarbeiter waren äußerst motiviert. Mike Gerber rief mich im Hangar an und bat mich um ein Treffen in seinem Büro. Ich hatte keine Ahnung, worum es ging. Sein Vorstand wollte sich in jenem Monat noch in der neu eröffneten AMREF-Zweigstelle in Südafrika treffen. Mike hatte sie noch nicht gesehen, und fragte mich, ob ich nicht dort hinreisen könnte, um die Geschäftsräume zu inspizieren und mit dem neuen Manager Konzepte zu diskutieren. Da ich ohnehin nach Südafrika fliegen wollte und wusste, dass Krystyne begeistert sein würde, war ich schnell einverstanden. Mike schlug vor, dass wir mit einer kommerziellen Luftlinie fliegen sollten, hatte aber nichts dagegen einzuwenden, dass ich Charlie Foxtrot Whiskey Mike Juliet den Vorzug geben wollte.

Wir planten, über die Ostküste von Tansania und Mosambik nach Südafrika zu fliegen, wo wir hofften, unseren Fotografenfreund Serge Pétillon zu treffen. Er hatte vor, mit uns durch Namibia und Botswana zu reisen. Danach beabsichtigten Krystyne und ich über Zentralafrika nach Simbabwe und Malawi zu fliegen und schließlich über Tansania nach Kenia zurückzukehren.

Ich begann sofort damit, Überflug- und Landegenehmigungen für acht verschiedene afrikanische Länder zu beantragen. Eine Woche später hatte ich erst eine Antwort. Wenn solche Anträge auf ganz normalem Wege gestellt werden, reagiert die afrikanische Bürokratie langsam, wenn überhaupt. Wir debattierten darüber, ob wir ohne die notwendigen Genehmigungen fliegen sollte oder nicht. In Afrika verfügen selbst kleine Beamte über große Befugnisse. Unzureichende oder nicht vorhandene Dokumente können an einer Grenze zu unerwarteten Schwierigkeiten führen – wie wir bereits erfahren hatten –, die für korrupte Beamte oft äußerst gewinnbringend sind. Die Telefonate und Faxe der vier darauffolgenden Tage brachten nur eine weitere Überflugerlaubnis. Uns blieb nichts anderes übrig, als loszufliegen und unser Glück zu versuchen.

An einem Montagmorgen rollten wir mit unserem Flugzeug, das voll beladen war mit Nahrungsmitteln für den Notfall, Wasser und unseren persönlichen Dingen, auf die Startbahn 14 zu. Minuten später glitten wir über die Weite der Athi-Ebene dahin, Richtung Tansania.

Die Dürre hatte das Land noch fest im Griff. Am weit entfernten Horizont hüllten große Gewitterwolken die Aberdares in dicke, graue Wolle, vollgesogen mit Feuchtigkeit. Nervöse Böen peitschten die sich nach Regen sehnende Savanne. An der nördlichen Grenze zu Tansania führte uns ein langsamer Steigflug über die Berge der Machako-Region. Es war ein berauschendes Gefühl wieder in der Luft zu sein, weit weg von dem Staub und Schmutz Nairobis, nur wir beide, ganz für uns.

In einer Höhe von 13000 Fuß flogen wir durch sich auftürmende Gipfel weißer Kumuluswolken. Jeder Sicht beraubt, führte uns unser Kurs vorbei an den zerklüfteten Felswänden nördlich der Machako-Berge. Doch nachdem wir die südlichen Hänge hinter uns gelassen hatten, fanden wir uns plötzlich unter klarem Himmel wieder und konnten nun die Amboseli-Ebene überblicken, die sich, flach wie ein Brett, bis ganz zum Indischen Ozean erstreckte.

Hinter uns, in Dunst gehüllt, ragte der Kilimandscharo auf, Afrikas größter Berg, der sich 5894 Meter über den Meeresspiegel erhebt. Wirbelnde Winde rasten über die Leeseite des Bergmassivs, die kraftvolle Turbulenzen verursachten – schwierige Flugbedingungen für eine kleine Maschine.

Krystyne hatte den Kilimandscharo noch nie gesehen, obwohl wir schon drei Mal in einem Abstand von 24 Kilometern an seinen höchsten Gipfel, dem Uhuru, vorbeigeflogen waren, allerdings durch dichte Wolken. Wir konnten damals nicht einmal Teile des Massivs erkennen. War dieser schneebedeckte Berg, der nur zwei Grad vom Äquator entfernt lag, das Fantasieprodukt eines Hexenmeisters? Krystyne war nicht die Erste, die seine Existenz in Frage stellte: Ein christlicher Missionar war 1849 der erste Weiße, der den Kilimandscharo erblickte und der sich dann mit der Skepsis der Royal Geographic Society konfrontiert sah, welche die Existenz des Giganten nicht anerkennen wollte. Erst 40 Jahre später, als Hans Meyer den Uhuru (Suaheli für Freiheit) bezwang, wurde der Kilimandscharo auf den afrikanischen Landkarten verzeichnet.

Wir trimmten das Flugzeug für einen Sinkflug von 13 000 Fuß auf Meeresspiegelhöhe und begaben uns in das schweißklebrige Daressalam. Die Luftfeuchtigkeit lag bei 98 Prozent, und die Flughafengebäude waren von Schimmelflecken überzogen. Der Monsun hatte tropische Stürme über den Indischen Ozean getrieben, und die Straßen der Stadt ertranken in Flüssen von rotem Matsch. Der Geruch von Schimmel und verrottendem Gemüse hing in der Luft, erstickend und klaustrophobisch. In Daressalam herrschten der Verfall und die Müdigkeit einer Stadt, die von den Tropen misshandelt wird.

Doch der Abend war auf gewisse Art verzaubert. Die Sonne ging über dem Indischen Ozean unter, schöner als auf einem Ölgemälde von Monet. Wir spazierten schweigend am Wasser entlang, blieben an einem Freiluft-Fischmarkt stehen und beobachteten die Aufräumarbeiten, bevor er schloss. Holzkisten, deren Fischgestank Fliegen anlockte, stapelten sich neben provisorischen Ständen. Einige letzte Käufer wanderten ziellos an den Theken vorbei, ohne auf den Matsch oder den Abfall zu achten, der an ihren Füßen klebte. Verkäufer, die auf einen Handel in letzter Minute hofften, priesen ihre Waren an.

Wir standen auf einer Sandbank und blickten aufs Wasser, als der Abend begann, das schwindende Licht zu absorbieren. Weicher Nebel trieb von einer zornigen Wolkenbank auf das Land zu. Die Fischer packten ihre Sachen zusammen, teilten sich eine letzte Zigarette und schlenderten gemächlich über den Uferdamm, bevor sie sich auf den Weg nach Hause machten. Wir blieben, so schien es uns, noch eine lange Zeit, sprachen über unser Zuhause und die Familie und über das, was uns nach unserer Rückkehr nach Kanada erwarten würde. Uns war allmählich bewusst geworden, dass wir ein großes Stück unserer Herzen an Afrika verloren hatten und dass dieser Kontinent, wie kein anderer in der Welt, immer an uns zerren würde.

Am nächsten Tag folgten wir in einer Höhe von weniger als 150 Fuß der Küstenlinie Mosambiks. Meile um Meile flogen wir über knochenweiße Strände. Erst vier Sunden später landeten wir in Pemba vor einem kleinen, weißgewaschenen Gebäude. Es beherbergte einen verschlafenen Wächter, der uns erzählte, dass unser Flugzeug das erste seit drei Wochen sei und dass es im Umkreis von einigen Kilometern weder ein Hotel noch ein Taxi gebe. Er bot an, mit seinem chinesischen Fahrrad loszuflitzen und mit dem Lastwagen seines Bruders zurückzukommen. Wir sollten es uns inzwischen im Schatten einer Palme bequem machen und warten.

Wenig später klapperte der Lkw den steilen Hügel hinauf, vollgeladen mit Mangos und neugierigen Afrikanern, die unbedingt die frisch eingetroffenen *muzungus* begutachten wollten. Wir fuhren 20 Kilometer die Küste hinunter und gelangten schließlich zu einem Strandhotel, das noch im Bau war. Das Zimmer, das uns gezeigt wurde, roch nach frischem Zement, die Tür hatte kein Schloss und von der Decke baumelte ein Geflecht von nicht angeschlossenen Drähten.

»Vergiss nicht«, erinnerte ich Krystyne, auf deren Gesicht sich ein Hauch von Missbilligung abzeichnete, »in Afrika sollte man das Unerwartete erwarten.«

»Gibt es noch ein Hotel in der Nähe?« Sie konnte sich mit dem einzigen in der Umgebung verfügbaren Zufluchtsort nicht anfreunden.

»An der Straße habe ich keins gesehen. Aber mach dir nichts draus. Wir sollten hier nicht den Nachmittag vertrödeln. Lass uns zum Strand runtergehen!«

»Wo ist der Strand?«, wollte Krystyne wissen, die immer noch unser Zimmer inspizierte. »Oh Gott, es gibt kein Wasser!« Sie stand vor einem Waschbecken mit nicht angeschlossenen Wasserhähnen. In diesem Moment klopfte es an der Tür. Davor stand ein junges Mädchen mit einem Plastikeimer voll milchigem Wasser.

»Der Zimmerservice«, verkündete ich lachend. »Finde dich damit ab, dass wir hier übernachten.«

Die Nachmittagssonne verlieh den Palmblättern, die den weißen, gerippten Strand beschatteten, einen goldenen Schimmer. Ein einsamer Fischer stand in einem Einbaum, der auf dem türkisfarbenen Meer schaukelte und schwankte. Unbeaufsichtigte Kinder spielten am Strand. Vier afrikanische Mädchen, gerade schon Teenager, die Meeresmuscheln verkaufen wollten, näherten sich uns vorsichtig. Beine, Hüften und Hinterteile schwingend, imitierten sie tanzend und lachend Erwachsene. Bei jedem Kauf ernteten wir kokette Blicke und freudiges Gelächter, bis wir halb von Muscheln bedeckt waren. Krystyne kramte Schreiber, Lippenstifte, Lidschatten und andere Schätze hervor, die in ihrer Handtasche begraben lagen. Doch die zunächst zaghafte Freundschaft wurde besitzergreifend – die Mädchen klebten an uns wie Fliegen, waren unerbittlich, bis sie am Abend von wichtigtuerischen Kellnern verscheucht wurden, denen ihre Kapriolen ein wenig zu weit gingen.

Ungefähr 320 Kilometer weiter südlich landeten wir nahe der Ilha de Moçambique, einer Insel-Festung, die im 17. Jahrhundert von den Portugiesen erbaut wurde. Die Portugiesen hatten im frühen 15. Jahrhundert als erste Europäer die ostafrikanischen Gestade erreicht. Vor ihrer Ankunft hatten Araber und Inder schon jahrtausendelang an der Küste des Indischen Ozeans mit Gewürzen, Perlen und Kaurimuscheln gehandelt und sich mit weißem Gold (Elfenbein) und schwarzen Sklaven bezahlen lassen.

Die Portugiesen hatten ihre Siedlung auf der Ilha de Moçambique mit großen Blöcken aus Kalkstein erbaut, die sie auf dem Festland zugeschnitten und dann auf die Insel transportiert hatten. Aber die Gebäude, inzwischen nur noch von Afrikanern bewohnt, waren jetzt in einem traurigen Zustand und reparaturbedürftig. Gelegentlich brach ein Dach ein, was oft tödliche Folgen hatte und auf der Insel eine Diskussion darüber auslöste, ob es weise war, in Steinhäusern zu leben. Panik breitete sich in solchen Fällen auf der Insel aus, und alle Häuser wurden für ein paar Monate evakuiert – bis der Aberglaube verblasste und die Bewohner wieder zurückkehrten.

Die überwältigende Hitze bewirkte, dass die Stadt gegen Mittag schläfrig wurde. Erwachsene machten dann ein Nickerchen hinter geschlossenen Fensterläden, die mit wunderschönen schmiedeeisernen Rahmen einfasst waren: Kunsthandwerk, das noch von den Portugiesen stammte. Nur die Kinder spielten in dieser Zeit noch hinter den dicken Mauern der alten Häuser, welche die gepflasterten Straßen säumten. Trotz der Hitze spürte ich plötzlich das Verlangen, mich zu bewegen.

»Macht es dir etwas aus, wenn ich ein bisschen joggen und schwimmen gehe?« Die vielen Flugstunden hatten mich ruhelos gemacht.

»Nein, Schatz, geh nur«, antwortete Krystyne. »Ich warte hier auf dich.« Als ich sie verließ, las sie ein Buch auf einer Steinbank unter einem großen Maulbeer-Feigenbaum, dessen enorme Zweige den kleinen Platz mit Inseln aus Schatten bedeckten. Am westlichen Strand lief ich über zahllose zerbrochene Muscheln, die in den rosafarbenen Sand gepresst waren. Eine steife Brise sorgte für Gischt über den Wellenkämmen. Reihen von hölzernen Einbäumen säumten den Strand wie Olivenkerne, die sorgfältig auf einem Tellerrand aufgereiht waren. Die salzige Luft war köstlich kühl.

Am Nordende der Insel stieß ich auf die steinerne Brüstung einer alten portugiesischen Festung. Als sich die Portugiesen auf dem Höhepunkt ihrer Macht befanden, hatte eine 500 Seelen starke autarke Gemeinschaft hinter diesen Mauern gelebt, fast 15 000 Kilometer von ihrer Heimat entfernt. Die Festung, 1740 im klassischen Stil erbaut, verfügte innen und außen über einen drei Meter dicken Schutzwall aus quadratischen Steinen und über eine Reihe von miteinander verbundenen Türmen. Diese Trutzburg hatte diverse Belagerungen überstanden, dank eines raffinierten Netzwerkes von Aquädukten, mit dem Wasser in zwei gigantischen unterirdischen Zisternen gesammelt wurde.

Die alten Zisternen versorgten immer noch einen Großteil der Inselbewohner mit Süßwasser. Jeden Morgen versammelten sich dort Frauen und Kinder, um sich zu waschen und Trinkwasser zu holen. Ein menschlicher Konvoi schlängelte sich in beiden Richtungen über den Pfad, der zur Stadt führte, und Frauen trugen große Plastikeimer auf ihren Köpfen. Ich setzte mich und beobachtete die Kinder, wie sie ins Wasser sprangen und wieder herauskamen; schwarze, nasse Haut glitzerte im Sonnenlicht, schlanke Gliedmaßen waren perfekt geformt.

Der Rest der Festung war menschenleer. Die mit Zinnen versehenen Mauern waren von Unkraut und Rankgewächsen überwuchert, aber die ursprüngliche Anordung der Bauwerke war immer noch erkennbar. Auch die Fundamente von zwei Kapellen waren sichtbar –

eine für die Offiziere, die andere für die gemeinen Soldaten. In der Festung hatte es auch getrennte Krankenhäuser gegeben und eine Schmiede, in der immer noch gesenkgeschmiedete Kanonenkugeln zwischen Haufen von Müll herumlagen. Verrostete und zerbrochene Werkzeuge und Waffen waren seit dem Tag unberührt geblieben, an dem die Portugiesen nach dreihundertjähriger Besatzung abgezogen waren.

Mehrere Jahre vor unserer Ankunft war ein kleines Kontingent von portugiesischen Soldaten zurückgekehrt, um am Nordende der Festung eine kleine Gedächtniskapelle zu errichten. Die leere Kapelle steht auf dem Rande eines Felsens, an dem sich die Wellen des Meeres brechen; sie ist ein eindrucksvolles Denkmal, das an die Zeit der Portugiesen in Afrika erinnert.

Auf der Ilha de Moçambique wohnten wir in einem kleinen Gästehaus, das einem japanischen Unternehmer namens Hiromi gehörte. Seine Frau und seine unbestimmbare Zahl von Kindern verbrachten ihre Tage damit, sich gegenseitig Beleidigungen an den Kopf zu werfen. Hiromi mischte auf der Insel bei allen gewinnbringenden Aktivitäten mit, auch bei politischen. Er hegte den grandiosen Plan, sich von der Renamo, der politischen Partei des Landes, zum Präsidentschaftskandidaten nominieren zu lassen.

Hiromi wurde unser Führer, Freund und Ratgeber. Durch ihn lernten wir die wenigen weißen Inselbewohner kennen, die alle ausgesprochene Individualisten waren: den dänischer Kurator des örtlichen Museums und dessen japanische Frau, ein ernsthaftes französisches Paar, das Anthropologie studierte, und einen alten Mann mit einem Hemingway-Bart, der von allen »der Doktor« genannt wurde. Der Doktor thronte permanent auf einem Barhocker und erfreute arglose Leute, die ihm ein Bier spendierten, mit seinen lasziven Geschichten. Die Insel wurde von einer seltsamen Mischung von Afrikanern, Portugiesen und Weißen aus verschiedenen Teilen der Welt bewohnt, die anscheinend alle in Harmonie zusammenlebten.

Bald wurden wir Hiromis Gesellschaft müde und wollten unsere Reise fortsetzten. Er bestand darauf, uns zum Flugzeug zu fahren, aber vorher musste er uns noch seine neueste Geschäftsidee präsentieren: Meeresschnecken. Sie wurden in der Gegend gezüchtet und getrocknet, und er beabsichtigte, sie in Containern nach China zu exportieren, wo sie äußerst gewinnbringend als Aphrodisiakum verkauft wurden. Doch Hiromi fehlte das Startkapital, und so bot er mir an, auf Halbe-halbe-Basis sein Partner zu werden. Die Tatsache, dass ich ein Flugzeug besaß, war für ihn wie ein Empfehlungsschreiben. Ich sollte das Kapital bereitstellen, und er wollte die Meeresschnecken beschaffen. Ich bewunderte seine Begeisterungsfähigkeit, erklärte ihm aber, dass meine Tage als Investor vorbei seien und dass er sich woanders nach einem Partner umsehen müsse.

Es war unser siebenter Tag im Flugzeug. Wir flogen unter schnell dahinziehenden Kumuluswolken hindurch, die vom Indischen Ozean her auf die verlassene Küste Mosambiks zuströmten. Weiße Brecher formten wellenförmige Muster auf den feinkörnigen Stränden. Vom Monsun angefachte Passatwinde, *kazakazi* genannt, schieben von April bis November mit Frachtgut beladene Dhaus vor sich her, welche die afrikanische Küste bis nach Kilwa hinunterfahren. Danach, pünktlich wie ein Uhrwerk, ändert sich das Wetter, und die *kuzis* blähen die gesetzten Segel mit wütenden Windstößen und treiben die Dhaus zurück nach Nordosten, bis nach Arabien.

Wir hatten die Küste Mosambiks nun zur Hälfte überflogen. Ein gewaltiges, fruchtbares Delta erstreckte sich weit ins Binnenland, bis zum Horizont. Dort gab es weder Menschen noch Vieh. Das Land war verlassen, von der Tsetsefliege verwüstet.

John Reader schreibt in seinem Buch *Africa*: »Die Tsetsefliege ist ein Blut saugender Überträger von mikroskopisch kleinen Parasiten, sogenannten Trypanosomen, die in den Blutkreislauf des Wirts gelangen. Sind sie erst einmal dort, brechen sie das Immunsystem auf, indem sie ihren antigenen Charakter durch massive Reproduktion permanent verändern. Auf diese Weise entsteht bei Menschen und Hausvieh die »Schlafkrankheit«. Diese kleine Fliege und die Malaria übertragende Anophelesmücke haben einen entscheidenden Einfluss auf die demografische Entwicklung des afrikanischen Kontinents.«

Das satellitengesteuerte GPS der Maschine zeigte, das wir uns auf 15 Grad südlicher Breite befanden. An diesem Punkt zog sich die Küstenlinie plötzlich nach Südosten zurück. Wir entschieden uns westwärts zu fliegen, also landeinwärts über das Delta bis zu der kleinen Stadt Quelimane, die zirka 65 Kilometer von der Küste entfernt an den Ufern des Luala River lag. Die Maschine glitt über eine Mischung von Wasser und dichter grüner Vegetation. Sonnenstrahlen, die vom sumpfigen Wasser reflektiert wurden, attackierten die Windschutzscheibe, bis sich Quelimane langsam am Horizont abzeichnete, dessen Silhouette in einem dunstigen Licht schimmerte.

Quelimane war über alle Maßen deprimierend. Die Stadt stank nach Müll. Plastiktüten und Papierfetzen wirbelten in den leeren und mit Abfällen übersäten Straßen durch die Luft. Armut hielt das Herz der Stadt eng umschlungen; es war, als ob eine Seuche den Ort befallen hätte. In der Innenstadt, entlang der Hauptgeschäftsstraße, fanden wir düstere Überreste des sozialistischen Systems, das Mosambik einst gefördert hatte: halb leere Schaufenster mit billigen Joggingschuhen, kitschigen Badezimmerarmaturen oder mit Synthetikbekleidung, die geschmacklos zur Schau gestellt wurde. Aufgeplatzte Betongullys waren voller Schlamm, verstopft und unbrauchbar. Schlaglöcher hatten viele Straßen unbefahrbar gemacht. Die Polizei hatte das Stadtzentrum aufgegeben und es der Gesetzlosigkeit überlassen. Wir hatten noch nie etwas so Verwahrlostes gesehen.

Das beste Hotel verlangte 275 Dollar pro Nacht für einen Raum, in dem aus einer lärmenden Klimaanlage rostfarbenes Wasser auf einen fleckigen Teppich tröpfelte, der nach Moder roch. Schlecht verlegte Fliesen hatten sich im Badezimmer vom Boden abgelöst. Es gab kein warmes Wasser, und Waschbecken und Badewanne hatten keinen Stöpsel. Sich zu beschweren hatte wenig Sinn. Der Besitzer lebte in Maputo und schenkte seiner Geldanlage nur insoweit Aufmerksamkeit, als er einmal wöchentlich die Bareinnahmen abholte.

Wir wanderten durch die Straßen von Quelimane und legten in einem kleinen, schmuddeligen Café eine Pause ein, um eine Cola zu trinken. Nur ein paar vereinzelte Fußgänger schlurften an uns vorbei. Ab und zu ratterte ein Laster die Hauptstraße hinunter und rülpste schwarzen Dieselqualm in die feuchte Luft. Plötzlich wurde das schleppende Geschäft des Cafés belebt, als zwei teure Landrover davor hielten, auf deren Türen das Logo der Vereinten Nationen prangte. Die jungen Fahrer, die ihre Sonnenbrillen lässig in die Stirn geschoben hatten, kamen durch die Eingangstür, als ob ihnen alles gehörte. Diese »Hilfe-Leister« waren in Afrika hoch bezahlt. Sie lebten in luxuriösen Quartieren am nördlichen Ende der Stadt, fernab von dem Schmutz der Slums, und waren laut und arrogant – ein deprimierend vertrauter Anblick.

Ich spürte den fast unwiderstehlichen Drang die beiden zur Rede zu stellen und sie in aller Öffentlichkeit auf ihr unkultiviertes Benehmen hinzuweisen, als sie den Wert und Preis von Dingen diskutierten, die für den Afrikaner, der am Nebentisch saß, unerschwinglich waren. Ihre Umgebung nicht beachtend, taten sie so, als wäre Afrika eine lästige Pflicht – etwas, das man ertragen musste, ohne Respekt oder Verständnis.

Ironischerweise betrachteten die Afrikaner die Privilegien, die diese beiden genossen, schlicht als eine Laune des Glücks. In ihren Augen hatte das nichts mit Rassendiskriminierung, eingebildeter Überlegenheit oder Bildung zu tun. Die Weißen waren einfach als Erste zur Geldquelle gelangt, und es war Schicksal oder Pech, dass die Afrikaner in stehenden Gewässern gelandet waren. Dies war einer der Gründe für die Tendenz vieler Afrikaner, das »Big-Daddy-Syndrom« zu kultivieren, die Vergötterung des weißen Mannes, der das Glück hatte, Geld und Macht zu besitzen. Und diese Haltung begünstigte diktatorische Regierungen und unverhohlene Korruption.

Wir verbrachten nur eine Nacht in Quelimane. Am nächsten Morgen folgten wir dem Luala River zurück zur Küste. Der Fluss mäanderte durch das Delta wie eine große Python, die sich durch Grasflächen schlängelte und zielstrebig dem Meer näherte. Ein paar Einheimische, Fischer in Einbäumen, winkten uns, als wir über ihre Köpfe hinwegflogen. Schwärme von weißen Reihern, aufgeschreckt von dem Motorlärm, erhoben sich aus dem Marschland und zogen einige Kreise, bevor sie sich wieder in ihren Nestern niederließen. Ansonsten schien das Land unter uns leer zu sein.

An der Küste wandten wir uns nach Süden, flogen über den Hafen von Beira und entlang einer öden Küstenlinie, bis wir die Insel Bazaruto erreichten, einen beliebten Erholungsort für reiche Südafrikaner. Krystyne hatte Bazaruto auf der Karte mit einem gelben Marker hervorgehoben, ein Zeichen dafür, dass Interesse bestand.

»Gut, lass uns landen und eine Nacht dort verbringen.«

»Können wir uns das leisten?« Krystynes Lächeln war nicht ganz echt.

«Nein«, antwortete ich und begann mit dem Landeanflug.

Bazaruto war im Grunde nicht mehr als ein Streifen von treibendem Sand, mit Palmen und Stechginster bedeckt. Doch die Insel war auch atemberaubend schön und zugleich sehr teuer. Im Zentrum dieses aquamarinen Paradieses lag das Bazaruto Island Resort, in dem erlesene Gäste aus Südafrika fürstlich bewirtet wurden.

Am südlichen Ende der Insel befand sich eine Landebahn aus Sand, unterbrochen von ein paar Flächen mit trockenem Gras. Aus der Luft sahen dort wir zwei Flugzeuge vom Typ Islander, die übergroße Ballonreifen hatten. Ich kreiste in geringer Höhe, um mir ein Bild von der Beschaffenheit der Piste zu machen, die mir verdächtig nach weichem Sand aussah. Ich konnte ein paar Piloten erkennen, die uns mit sichtlichem Interesse beobachteten. Quälende Bilder von South Island und vom Turkanasee zogen an meinem inneren Auge vorbei. Einer der Piloten reckte die Daumen in die Höhe, und so legte ich mich für den Endanflug in eine Kurve und landete ohne Schwierigkeiten.

Wie sich zeigte, wurde Bazaruto seinem Ruf als Spielplatz für die Privilegierten vollauf gerecht. Rosahäutige Geschäftsmänner lagen mit ihren schlanken, braun gebrannten Freundinnen am Pool, rekelten sich faul in der Sonne und schlürften exotische Cocktails, die ihnen schwarze Kellner in absurden Uniformen servierten. Gesprächsthema war die Politik Südafrikas – aus der Sicht des weißen Mannes, geprägt von Vorurteilen und Bitterkeit. Unterwürfig, geduldig und ohne Neid oder Groll bediente das afrikanische Personal die Gäste; die Schwarzen waren dankbar für die Jobs, die ihnen erlaubten, ihre Familien, die in dem schmutzigen Dorf südlich des Resorts lebten, versorgen zu können. Von Klingendraht und Hunden beschützt, konnten die verwöhnten Gäste des Bazaruto Island Resort es sich leisten, in Bezug auf Afrikas heikle Themen gleichgültig zu bleiben.

Krystyne und ich wurden dieser Szene bald überdrüssig, und so verließen wir das Urlaubsparadies für einen spätnachmittäglichen Spaziergang an den einsamen, kilometerlangen Stränden im Norden der Insel. Der Sand, fein wie Puderzucker, ausgeblichen und wellig von der Brandung, fühlte sich unter unseren Füßen an wie Filz. Tausende von Krabben staksten vor und zurück und vollführten einen langsamen Tanz, bevor der Strand wieder von Schaum überzogen wurde.

Krystyne sah strahlend aus in dem sanften Licht. Sie nahm meine Hand. Dieser Augenblick war voller Zärtlichkeit, schwebend, wie Nebel über dem Meer, wenn die Gezeiten wechseln. Möwen jagten in den Schatten der Dämmerung. Am Horizont zogen weiße Wolken über den düsteren Ozean. Wir gingen schweigend, bis die Meeresbrise nachließ, und machten uns erst auf den Rückweg, als die Dunkelheit hereinbrach.

Hoch auf einem Hügel durchdrang ein Leuchtturm die Nacht mit Lichtblitzen. Wir stiegen die hölzernen Stufen hinauf und bahnten uns einen Weg durch den Stechginster bis zu dem steinernen Turm, in dem sich hoch über uns eine gigantische Fresnel-Linse lautlos drehte und gebrochene Lichtstrahlen über den Ozean schoss.

Mit den Rücken an die Steinwand gelehnt beobachteten wir, wie die ersten Sterne am Nachthimmel erschienen. Unter uns sahen wir die zwei Seiten Afrikas: die Kochfeuer, die in dem Dorf der Afrikaner flackerten, und das elektrische Licht im Bazaruto Island Resort, Seite an Seite, jede mit ihrer menschlichen Fracht aus Träumen und unberührt von dem Dasein der anderen. Was war das an Afrika, das so menschlich war, so unglaublich schön, dass es einem fast das Herz brechen konnte?

Der Morgenhimmel war wolkenlos. Der Landrover des Resorts, bei dem man die Türen entfernt hatte, schwankte und schlitterte über die Sandstraße zu dem kleinen Flugplatz. Der Fahrer setzte uns und unser Gepäck ohne irgendwelche Höflichkeiten neben unserer Maschine ab. Unser luxuriöser Aufenthalt war vorüber.

In der Ferne hörten wir ein kleines, einmotoriges Flugzeug, das sich vom offenen Meer her der Insel näherte. Es war eine Piper Club, deren Motor Öl verlor, das über die Motorabdeckung floss, und am äußeren Ende der Steuerbord-Tragfläche flatterte ein zerrissenes Stück Leinenstoff. Die Piper kreist einmal über der Piste und landete dann, leicht und elastisch wie ein Kinderwagen, auf dem Sand. Bekleidet mit einer Khakikluft und einem Schlapphut, kletterte ein weißer Südafrikaner mit wildem Blick aus dem Cockpit.

»Haben Sie zufällig ein bisschen Motoröl?«, fragte er, bevor ich eine Chance hatte, hallo zu sagen.

»Ja«, sagte ich und hoffte, er würde nicht mehr als einen Liter brauchen. Es würde nicht leicht sein, Motoröl nachzukaufen, bevor wir in Johannesburg ankamen. »Wie viel brauchen Sie?«, fragte ich vorsichtig. »Ich heiße übrigens Scott, und das ist meine Frau Krystyne.« Wir schüttelten uns die Hände.

»Paul Dutton. Freut mich, Sie kennenzulernen. Zwei Liter würden reichen. Können Sie die entbehren? Dieses Baby verbrennt mehr Öl als Treibstoff. Die Dichtringe sind hinüber, und ich kann mir es nicht leisten, sie zu ersetzen.«

»Und wieso fliegen Sie dann nach Bazaruto?« Ich konnte den Gedanken nicht unterdrücken, dass ihn eine Übernachtung auf der Insel mehr kostete als ein neuer Satz Dichtungsringe, aber ich gab ihm die zwei Liter.

»Oh, ich zähle die Dugongs, die hier an der Küste leben.« Er nahm das Öl und griff nach seiner Brieftasche, um es zu bezahlen.

»Vergessen Sie' s. Ich helfe Ihnen gern.« Einen Moment lang war er peinlich berührt, aber er nahm mein Angebot an. »Was ist ein Dugong?«

»Dugongs sind Meeressäuger, und in dieser Gegend sind sie kurz davor, auszusterben.« Paul füllte das Öl in den Motor. »Wenn nicht irgendwas geschieht, gibt es hier bald keine mehr.« Das Überleben dieser Tiere war zu Pauls Lebensinhalt geworden. Alles Geld, das er zur Verfügung hatte, gab er für die Erforschung der Dugongs aus – und nun war seine eigene Existenz bedroht – zumindest in finanzieller Hinsicht.

Paul war in Durban, Südafrika, gestartet und 550 Kilometer weit die Küste hochgeflogen. Er war große Strecken über dem offenen Meer geflogen, ohne Sicht auf das Festland, und das mit einer Maschine, die Öl verlor. Aber dieser Umstand schien ihn kaum zu irritieren. Er hatte bisher nur drei der sieben Dugongs gesehen, von denen man annahm, dass sie vor der Küste Nachwuchs aufzogen.

»Sie fliegen nicht zufällig nach Durban?« Er hoffte, dass wir ihm bei seiner Zählung behilflich sein würden.

»Nein, wir wollen über Maputo direkt nach Johannesburg«, antwortete ich. »Und von dort aus fliegen wir nach Durban, aber beide Strecken über Land.« Er bestand darauf, dass wir ihn Durban besuchen sollten. Als wir später seiner Einladung folgten, verbrachten wir einen herrlichen Abend mit ihm und seiner Frau, die er ebenfalls dazu gebracht hatte, ihn in seinem Kampf für den Schutz der Natur zu unterstützen. Einige Monate später hörte ich in Nairobi, dass Paul Dutton mit seinem Flugzeug abgestürzt war, dass er aber seine Dugong-Forschung an Bord eines Frachters, der die Küste von Mosambik hinauf und hinab fuhr, unbeirrt weiter betrieb.

Von Bazaruto aus flogen wir nach Maputo, früher Lourenço Marques, der Hauptstadt Mosambiks, arm und von seinen portugiesischen Gründervätern verlassen. Die Stadt ist schön, auch wenn sie ein wenig hoffnungslos wirkt. Mit ihren breiten Alleen, die von Straßencafés gesäumt sind, hat sie die den Charme einer alten europäischen Stadt. Maputo, auch als Delagoa Bay bekannt, verfügt über Mosambiks ältesten und wichtigsten Seehafen. Der Handel dort floriert, doch die Seitenstraßen sind voll von ungelernten Arbeitslosen und bettelnden Kindern, eindeutige Anzeichen für den

Niedergang der Stadt. Wir blieben nur eine Nacht. Als wir am nächsten Tag aufbrachen, verließen wir Ostafrika und den Indischen Ozean. Unsere Maschine schwang sich in die Lüfte, wandte sich westwärts, der Nachmittagssonne entgegen, und flog über das östliche Vorgebirge der Drakensberge nach Südafrika.

12 Südafrika

Südafrika war ein Kulturschock. Ein befreundetes Paar aus Johannesburg hatte uns angeboten, bei ihnen zu wohnen, doch am Abend unserer Ankunft ging bei ihnen niemand ans Telefon. Wir wunderten uns darüber, dass sie unerreichbar waren, da wir wenige Tage zuvor noch telefoniert hatten. Unsicher, was wir tun sollten, nahmen wir ein Taxi und fuhren zum nächsten Holiday Inn.

Am nächsten Morgen erfuhren wir, dass zwei schwarze Jugendliche unsere Gastgeberin aus dem Auto gezerrt, sie ausgeraubt und ihr in die Brust geschossen hatten, als sie auf dem Nachhauseweg an einer roten Ampel hielt. Die Täter hatten sie am Straßenrand liegen lassen. Trotz starker Blutungen hatte sie es geschafft, zur nächsten Telefonzelle zu kriechen und die Polizei anzurufen – war aber nur auf einen Anrufbeantworter gestoßen. Drei Weiße hatten sie aufgelesen und zu einer Polizeiwache gefahren. Dort hatten die Männer sie einfach vor der Tür abgesetzt, weil sie nicht in die Angelegenheit verwickelt werden wollten. Ihr Ehemann, völlig aufgelöst und nicht in der Verfassung, Besuch zu empfangen, hatte sich in dem Krankenhaus bei ihr einquartiert. Wir konnten kaum etwas anderes tun, als ihn unseres Mitgefühls zu versichern und ihm Mut zuzusprechen. Seine Frau wurde wieder gesund, aber für uns war es ein schockierender Empfang in Johannesburg.

Trotz eindringlicher Warnungen des Portiers entschieden wir uns, zu Fuß zum nahegelegenen Einkaufszentrum zu gehen, um dort in einem englischen, im Pseudo-Tudor-Stil gehaltenen Pub ein Bier zu trinken und Würstchen zu essen. Eine Bande von alternden Hells Angels aus Deutschland saß an der Bar. Die Kerle gafften die

Kellnerin an, die sich über die Aufmerksamkeit, die ihr zuteil wurde, zu freuen schien – was das lüsterne Verhalten ihre Bewunderer noch weiter anstachelte. Diese Männer mittleren Alters in Leder, der Überfall auf unsere Gastgeberin und der grelle Materialismus des Einkaufszentrums irritierten uns. War dies das Afrika, das wir zu kennen glaubten? Das moderne, nüchterne Johannesburg schien weit entfernt zu sein von der ewigen Schönheit Ostafrikas.

Unsere Laune besserte sich, als wir am nächsten Morgen den Herausgeber der Zeitung *The Sunday Independent* kennenlernten. Als John Battersby, dessen Adresse wir von einem gemeinsamen Freund erhalten hatten, uns an der Tür seines Hauses begrüßte, trug er eine zerknitterte Hose und ein kariertes Hemd. Sein breites, sympathisches Gesicht war zerfurcht von dem Alkoholkonsum der letzten Nacht und von zu wenig Schlaf. Die kraftlose Strähne, die ihm in die Stirn hing, verdeckte intelligente Augen unter melierten Augenbrauen.

Sein Händedruck war herzlich, und sein freundliches Auftreten bewirkte, dass wir uns sofort wohlfühlten. Sein Haus war ein konventioneller Flachbungalow, typisch für die weißen Stadtteile Johannesburgs; Podeste machten die Wohnräume, die von einem schmalen Flur abgingen, vielgestaltig. Es war eine willkommene Abwechslung für uns, wieder einmal in einem Haus zu sein, in dem es bequeme Stühle gab, Zeitschriften und Gemälde. Erfreut akzeptierten wir seine Einladung, den Tag mit ihm zu verbringen und eine Tour durch Johannesburg und Pretoria zu machen.

John hatte in Bezug auf Südafrika kluge und interessante Ansichten. Das Land war ein Pulverfass, und nur das Wunder Nelson Mandela verhinderte, dass es explodierte. Die Anhörungen der Wahrheits- und Versöhnungskommission fanden gerade unter Mandelas Vorsitz statt, und sie waren nicht, wie von der weißen Hardliner-

Opposition prophezeit, zu einer Hexenjagd entartet. Der würdevolle Verlauf dieser Anhörungen hatte nicht nur die Welt in Erstaunen versetzt und beeindruckt, sondern selbst die fanatischsten Vertreter der Apartheid. Trotzdem war Südafrika ein brodelnder Kessel voller Frustrationen. Generationen von Schwarzen waren gezwungen worden, in Townships zu leben, und die Aufhebung dieser Restriktion hatte sofort zu unglaublich hohen Arbeitslosenzahlen geführt.

Kriminalität war ein großes Problem. John meinte, dass sich die Zustände noch verschlimmern würden. Südafrikas Geschichte war von Brutalität geprägt; durch Anwendung von Gewalt war es während der Apartheid gelungen, das Verbrechen in den Grenzen der Townships zu halten, aber nun breitete es sich wie eine Infektionskrankheit auf die weißen Viertel aus und lag offen zu Tage. Südafrika durchlief einen von de Klerk initiierten, heiklen Transformationsprozess – von einer durch die weiße Minderheit mit eiserner Faust ausgeübten Kontrolle zur Teilhabe der Schwarzen an der Macht und einer freieren Gesellschaft unter Mandela.

Während wir uns unterhielten, schlich sich ein blondes, barfüßiges Mädchen ins Wohnzimmer und ließ sich frech auf Johns Schoß fallen. Die junge Frau war Anfang zwanzig, trug zerrissene Jeans und ein knappes Oberteil. Sie warf ihr Haar zurück und fragte John, ob er einen Cappuccino wolle. Die junge Primadonna, die sich ihrer sexuellen Ausstrahlung durchaus bewusst war und sehr verzogen zu sein schien, nahm keine Notiz von uns. Peinlich berührt stellte John sie uns vor. Katrina war Norwegerin und die Tochter der besten Freundin seiner Frau. Sie und ihre Freundin Elisabeth wohnten bei John, dessen Frau sich gerade in Kapstadt aufhielt. Obwohl die Mädchen schon seit drei Tagen in Johannesburg waren, hatten sie sein Haus noch nicht für eine Minute verlassen.

Katrina und ihre Begleiterin wollten mehr von Südafrika sehen, und wir spürten, dass John sie gerne in jemandes Obhut geben wollte. Er fragte, ob wir sie nicht mit nach Kapstadt nehmen könnten. Es fiel uns schwer, nein zu sagen. Wir erklärten den Mädchen, dass es im Flugzeug sehr eng werden würde und dass wir vier oder fünf Tage für die Reise zum Kap einplanten, weil wir Durban und die »Wilde Küste« sehen wollten.

Ihre Begeisterung war jedoch ansteckend, und so befreiten wir John von seiner Bürde und starteten zwei Tage später mit unserem Flugzeug, das nun mit den beiden neuen Passagieren und ihrem Gepäck vollgestopft war. Das Wetter war unbeständig und drückend. Eine zinnfarbene Wolkenbank hing über dem Osten von Johannesburg und drohte mit Regen, und so dirigierte uns der Fluglotse nach Süden, über die wogenden Hügel von Osttransvaal. Das smaragdgrüne Patchwork aus Feldern unter uns, das an Irlands Süden erinnerte, war von Farmen, Leichtindustrie-Anlagen und wohlhabenden, gepflegten Dörfern durchsetzt, die ihren Reichtum dem fruchtbaren Land und den billigen Arbeitskräften zu verdanken hatten. Für die Weißen, die Geld hatten, war das Leben in Afrika nahezu unverändert. Nur die Zukunft war bedrohlich.

Da ein Schlechtwettergebiet vor uns lag, hatte Krystyne, bevor wir uns den Gewitterwolken näherten, in weiser Voraussicht zu den IFR-Streckenkarten und den Anflugkarten gegriffen, die detaillierte Informationen für die Landeprozedur in Durban enthielten.

Als wir auf die Drakensberge zuflogen, verschlechterten sich Wetter und Flugbedingungen rapide. Die Sicht war gleich null. Ich erbat von dem Fluglotsen in Durban die Freigabe für einen Instrumentenanflug. Er sagte, ich solle mich auf eine Landung nach Instrumentenflugregeln in Durban vorbereiten, wo die Wolken in geringer Höhe über der Piste hingen. Die Turbulenzen wurden immer unangenehmer. Die freudige Erregung der Mädchen war inzwischen verflogen; mit finsteren Mienen und blassgrünen Gesichtern saßen sie schweigend und reglos auf den Rücksitzen.

Beim Anflug auf Durban mussten wir über die Küstenlinie und über das äußere Funkfeuer hinausfliegen, um nach dem vorgeschriebenen Wendemanöver die Landebahn 23 anzusteuern. Da ich ohne Sicht flog, warf ich noch einmal einen Blick auf die Anflugkarte und prägte mir die Landedaten ein: Minimumhöhen über Grund, Zeit und Entfernung vom Funkfeuer zur Schwelle und das Fehlanflugverfahren. Regen trommelte auf die Frontscheibe, und die Maschine wurde von unberechenbaren Böen, die mit ungebändigter Kraft von der Küste heranwehten, hin und her geworfen. Das war »dirty flying«, wie es im Pilotenjargon heißt; die Wolkendecke hing auf der minimalen Anflughöhe, was in Durban 225 Fuß über dem Boden bedeutete. Da unsere Sinkrate 500 Fuß pro Minute betrug, würde ich, nachdem wir aus den Wolken herauskämen, 22 Sekunden haben, um die Piste zu sichten und die Landung durchzuführen.

Der Höhenmesser sank unter 2000 Fuß über dem Meeresspiegel, und als wir das ungerichtete Funkfeuer überflogen, schwang die Nadel des Funkpeilgeräts auf 180 Grad und zeigte zum Heck der Maschine. Ich betätigte die Stoppuhr, und der Sekundenzeiger begann mit dem Countdown zur Landebahnschwelle. Bei einer Anfluggeschwindigkeit von 100 Knoten hatten wir noch eine Minute und 45 Sekunden bis zum Aufsetzen. Als wir 800 Fuß über dem Boden waren und ich immer noch nichts sehen konnte, begannen meine Hände feucht zu werden. Ich wusste, dass zu beiden Seiten unseres Anflugpfades die Gebäude der Stadt aufragten. Außerdem hatte ich seit fast einem Jahr keinen Instrumentenanflug bis runter auf »Minima« durchgeführt und hatte das Gefühl, vollkommen aus der Übung zu sein.

«Sag's mir, wenn du den Boden siehst«, brüllte ich zu Krystyne hinüber, die durch das Fenster starrte.

»Ich sehe nichts«, antwortete sie nervös, »überhaupt nichts.« Das Altimeter zeigte weniger als 650 Fuß und fiel beständig weiter. Es war schwierig für mich, das Flugzeug in einer stabilen Lage zu halten, da immer wieder heftige Regenschauer auf den Rumpf prasselten. Ich war vollauf damit beschäftigt, die Maschine zu steuern, und balancierte gleichzeitig die Anflugkarte auf meinen Knien, überprüfte meine Berechnungen, behielt die Instrumente und die Stoppuhr im Auge und bediente das Funkgerät.

»Siehst du jetzt irgendetwas?«, rief ich wieder.

»Nichts, gar nichts ...«, antwortete Krystyne mit dünner Stimme.

»Bist du sicher? Wir sind fast unten ...« Wir waren jetzt 450 Fuß über dem Boden. Noch ein paar Sekunden, und ich würde den Landeanflug abbrechen müssen. »Halt mich auf dem Laufenden, auch wenn du nichts siehst«, bat ich sie. Wir verloren immer weiter an Höhe.

»Ja ... Okay, ich kann ihn erkennen ... den Boden!«, platzte es aus ihr heraus. »Direkt unter uns. Jetzt sehe ich ihn.«

»Oh Gott, wir sind zu hoch!«, brüllte ich und nahm Gas weg.

Die Landebahn war 200 Fuß unter uns. Ich war genau auf Anflugkurs, aber 100 Fuß zu hoch und hatte kaum noch Zeit, die Maschine ausschweben zu lassen, da die Gefahr bestand, dass ich über die Piste hinausschoss. Ich setzte die letzten 10 Grad Klappen, nahm Gas weg und ließ das Flugzeug auf die verbleibenden 130 Meter Landebahn sinken. Die Räder berührten den Boden, und wir kamen 15 Meter vor dem Flughafenzaun zum Stehen. Es war zwar keine elegante Landung, aber wir waren unten. Langsam rollten wir zur Rampe. Als wir ausstiegen und über den Asphalt eilten, wurden wir von Regen und Wind gepeitscht. In einem kleinen mobilen Container warteten wir unverständlich lange auf die Flughafenbeamten und den versprochenen Transport ins Stadtzentrum.

Durban war zu dieser Jahreszeit so feucht, kalt und stürmisch wie die Seehäfen an der Südküste Englands im Winter. In der Stadt regnete es in Strömen. Der Wind pfiff durch die Stromkabel über unseren Köpfen, die an ihren Halterungen zerrten, wie Takelage während eines Orkans. Wallende Wolkenbänke zogen vom Kap herauf, angetrieben von der gewaltigen Kraft eines Sturmes, der über dem südlichen Ozean tobte.

Wir buchten Zimmer im Balmoral Hotel, einem mehrstöckigen Gebäude mit einer höhlenartigen Empfangshalle, die mit Inseln aus nachgeahmten Art-déco-Möbeln kitschig dekoriert war. Weniger als ein Dutzend Leute wanderten dort herum, wie verirrte Seelen auf einem leeren Bahnhof. Das Hotelpersonal war den Gästen zahlenmäßig zwei zu eins überlegen. Als wir uns ins Gästebuch eintrugen, betraten die Hells Angels, denen wir drei Tage zuvor in Johannesburg begegnet waren, das Foyer.

Am Nachmittag ließ der Regen nach, bis es nur noch nieselte. Wir streiften durch die Innenstadt, besuchten das Heimatmuseum, gingen einmal um den Hauptplatz herum und landeten schließlich auf dem Indischen Markt. Große Leinentücher überdachten Imbissbuden und Stände; das Wasser, das sich auf ihnen gesammelt hatte, tropfte auf durchweichtes, auf Holzkisten gestapeltes Gemüse. Müde und entmutigte Händler, die nur noch nach Hause wollten, packten ihre Waren zusammen. Wie sich herausstellte, hatte Durban im Winter wenig zu bieten, außer der Aussicht auf ein Essen mit unserem neuen Freund, dem Dugong-Zoologen Paul Dutton und seiner Frau. Die norwegischen Mädchen waren von Durban weitaus mehr angetan als wir. Sie hatten fast die ganze Nacht in einer der vielen Discos der Stadt getanzt. Als sie in den frühen Morgenstunden in das Hotel staksten, waren sie davon überzeugt, dass Durban eine der aufregendsten Städte Afrikas sei.

Am nächsten Morgen, als wir unseren Flug nach Süden fortsetzen wollten, klarte der Himmel auf. Die Mädchen hatten nur wenig geschlafen und waren nicht in bester Form. Bald sackten ihre Köpfe auf die Schulter der jeweils anderen und blieben dort, bis wir Port St. John an der Mündung des Umngazi River erreichten.

Die Quelle des Umngazi liegt hoch in den Drakensbergen. 600 Meter über dem Indischen Ozean bahnt sich das Wasser seinen Weg durch eine enge Schlucht. An der Mündung des Flusses befindet sich das Dorf Port St. John in prekärer Lage auf einem schmalen Streifen aus Schlick, der den nördlichen Ausläufer der »Wilden Küste« darstellt, einen abgelegenen, felsigen Küstenstreifen, der weder per Straße noch mit dem Boot zugänglich ist.

Der einzige Landeplatz weit und breit ist ein Plateau, das 650 Meter über der Stadt thront. Das eine Ende der Piste wird von der Umngazi-Schlucht begrenzt, das andere von einer Klippe, die über den Indischen Ozean hinausragt. Der Anflug wird zudem durch plötzlich auftretende und vollkommen unvorhersehbare Aufwinde erschwert, die eine ganz normale Landung in eine wilde Achterbahnfahrt verwandeln.

John Costello, unsere Kontaktperson dort, saß in einem Landrover und beobachtete interessiert unsere Landung, um im Falle eines Absturzes den genauen Verlauf der Ereignisse schildern zu können. Wir rollten zu seinem Fahrzeug, ich schwang mich aus dem Cockpit und überreichte ihm spontan eine Flasche billigen Brandy, die seit unserem Abflug in Nairobi im hinteren Teil der Maschine herumgerollt war. Er war sprachlos – einerseits durch diese unerwartet großzügige Geste, andererseits durch den Anblick Katrinas, die sich, um Aufmerksamkeit zu erregen, spärlich bekleidet aus dem Flugzeug schälte.

Johns Frau betrieb das einzige Hotel am Ort, in dem wir saubere und schöne Zimmer vorfanden. Trotz des eiskalten Wassers, verursacht durch den Antarktischen Zirkumpolarstrom, der bis Port St. John hinaufreicht, machten sich die Mädchen sofort auf den

Weg zum Strand, um schwimmen zu gehen. Ihre weißen Körper, die an Figuren aus chinesischem Porzellan erinnerten, wirkten in der Brandung fragil und verletzlich. Krystyne und ich saßen auf der Hotelveranda und redeten mit John und dessen Frau. Johns kaum verhohlenes Interesse an Katrina richtete sich auf ihren blassen Körper, der in den sich brechenden Wellen hin und her tänzelte, nervös wie ein junges Fohlen.

John war ein überaus sympathischer Mann, ein weltbekannter Ozean-Fliegenfischer, dessen geselliges Naturell ihm viele Freunde beschert hatte. Er war im Umkreis von 100 Kilometern der Einzige, der ein Handy hatte, das er an seinem Gürtel wie eine Pistole trug, und er verbrachte seine Tage mit kleinen Besorgungen.

Als John und ich am nächsten Morgen in seinem Landrover saßen, klingelte sein Handy. Ein Reporter aus Durban wollte Informationen über ein Schiff, das 32 Kilometer von Port St. John entfernt vor der Küste auf Grund gelaufen war. Konnte er Einzelheiten liefern? John war verblüfft, denn er wusste nichts davon. Die Straßen von Port St. John führten ins Landesinnere und ließen die Küste unerschlossen; daher schlug ich vor, dorthin zu fliegen. Er stimmte begeistert zu, und so rasten wir über die Serpentinenstraße zu unserem Landeplatz. Während der Fahrt kamen noch mehr Anrufe, einer aus Johannesburg von der *Sunday Times*. Man bot uns Geld, wenn wir Fotos liefern würden. Ein anderer kam von der Bergungsmannschaft; sie wollten uns und das Flugzeug für zwei Tage anheuern.

Eine Viertelstunde später kreisten wir über einem 12 000-Tonnen-Frachter, der direkt vor der Küste gestrandet war. Der Bug war stark eingedrückt. Das Schiff war auf ein Felsenriff gelaufen, das Ausläufer einer Klippe war, die sechs Meter aus dem Wasser ragte. Der Frachter musste das Riff mit voller Fahrt gerammt haben. Die Mannschaft war vom Bug auf die Klippe geklettert und stand dort eng zusammengedrängt, während die Wellen unter ihnen gegen den Fels brandeten. Wir flogen bei starkem Wind in einer Höhe von sieben Metern eine Serie von Achterfiguren über das Deck, und John schoss einige Fotos durch das geöffnete Fenster des Cockpits.

Das Schiff wogte in der Brandung auf und ab, was zur Folge hatte, dass der Rumpf allmählich zermahlen wurde. Niemand kam ums Leben, aber die Hubschrauber brauchten 15 Stunden, um die Männer von der Klippe zu bergen. Auf dem Rückflug verkaufte John über sein Handy die Fotos an die *Sunday Times* von Johannesburg; ein Handel, der sehr zu unserer Freundschaft beitrug.

Inspiriert von seinem Erfolg als Pressefotograf, redete John an diesem Abend pausenlos über seinen Plan, ein internationales Fliegenfischerturnier auszurichten. Mit jedem Schluck Brandy wurden seine Ideen grandioser. Gegen Mitternacht waren er und ich die einzigen Gäste an der Bar. Krystyne und die Mädchen hatten sich in ihre Zimmer zurückgezogen und hatten mich, der ich nur halbherzig zuhörte, mit Johns Fliegenfischerturnier-Träumen allein gelassen. Die abendliche Brise war zu einem sanften Luftstrom verebbt, der den Ozean unter einem noch nicht ganz vollen Mond kräuselte. Port St. John lag schlafend auf der schmalen Küstenlinie, hinter der sich Afrika in der Dunkelheit drohend abzeichnete.

Als der Brandy zur Neige ging, stand ich auf, wünschte John eine gute Nacht und machte mich durch den Garten auf den Weg zu unserem Quartier. Unerwartet sah ich Katrina durch das Fenster ihres Zimmers, die nackt auf ihrem Bett kniete. Die Deckenlampe beleuchtete ihre schlanke Figur, als sie ihr Haar vor dem Spiegel bürstete, der über dem Regal am Kopfende ihres Bettes hing. Hatte sie das Fenster und die Vorhänge absichtlich offen gelassen? Es war vielleicht albern, aber ich dachte sofort an John, und es tat mir ein wenig leid, dass er diesen Anblick verpasste.

John hatte uns einen Flug über die Transkei nach Somerset East vorgeschlagen, einer Kleinstadt, die im Vorgebirge der Sneeuberg Mountains liegt. Er hatte uns als zahlende Gäste bei seinem Freund Bill Brown einquartiert, der dort eine Farm besaß. Da wir wenig vom Binnenland Südafrikas gesehen hatten, stimmten wir gerne zu. Somerset East verfügte über einen selten genutzten Flugplatz, und John war überzeugt, dass wir dort landen könnten, obwohl er trotz einiger Telefonate keine verlässlichen Informationen erhielt. Wir entschieden uns, das Risiko einzugehen.

Der Platz war nicht instand gehalten worden und hatte weder Markierungen, eine erkennbare Landebahn, noch einen Luftsack. Das Gras war so hoch, dass die Maschine fast darin verschwand, sobald die Räder den Boden berührten. Während wir gut 60 Meter über die Piste rollten, konnten wir nur wenige Meter weit sehen. Wie ein gigantischer Mähdrescher schleuderte der Propeller Grasschnipsel und Samen in alle Richtungen, was eine Gruppe von Afrikanern in Erstaunen versetzte, die sich in der Nähe aufhielten.

Ich bat Katrina vorauszugehen und uns zum Rand des Flugplatzes zu führen; sie sollte auf Felsbrocken und Löcher achten, die eine Gefahr für das Fahrwerk bedeuteten. Katrina bot einen komischen Anblick, als sie in ihrem Minirock vor dem Flugzeug herstolzierte und dabei einen geschlossenen Schirm hoch über ihren Kopf hielt. Sie führte uns bis zu einem Zaun, wo das Gras von angepflockten Ziegen kurz gefressen worden war. Mit weit aufgerissenen Mündern starrten uns die Afrikaner an, und die jüngeren unter ihnen stießen anlässlich unserer Ankunft Laute des Entzückens aus.

Wir kletterten aus dem Cockpit, verschlossen das Flugzeug und überließen es einem Mann in Stammeskleidung, der die Maschine gegen Bezahlung bewachen wollte. Gefolgt von einer lärmenden Horde afrikanischer Kinder gingen wir zur Straße hinüber, um dem Fahrer eines geparkten Lkws nach Bill Brown zu fragen.

«Well, I'm yer mun (Tja, ich bin der Richtige).«Er hatte einen merkwürdigen Akzent, der teils schottisch, teils südafrikanisch klang. »I'm pleased ta meech yah. Are yah the Griffins that's com'n to stah with us? (Freut mich, Sie kennenzulernen. Sind Sie die Griffins, die bei uns wohnen werden?)«Ein knappes Grinsen erschien auf seinem wettergegerbten Gesicht. Dass er zufällig dort war, als wir landeten, schien ein rätselhaftes Ereignis zu sein, etwas, das wir während unserer Zeit in Afrika öfter erlebt hatten.

Bill Brown war ein schottischer Südafrikaner der siebten Generation, dessen Farm acht Kilometer außerhalb von Somerset East lag. Es war das gepflegteste landwirtschaftliche Anwesen, das ich je gesehen hatte: tadellose Zäune, silberfarben gestrichene Tore, blühende Gärten, Hilfskräfte in blauen Overalls, aus Ziegelsteinen gemauerte Unterkünfte für die »Diener«, der ganze Hof sauber und strahlend. Bill und sein Bruder Alastair bewirtschafteten aneinander angrenzende Farmen, die sich über ein weites Tal erstreckten, das von Ausläufern der Sneeuberg Mountains begrenzt wurde. Ihr Urgroßvater Robert Brown hatte ein Bewässerungssystem geschaffen; das aus den Bergen abfließende Wasser wurde in einem Reservoir am Eingang des Tales gesammelt und in das System gespeist. Ein riesiges Schaufelrad beförderte es in Schleusenkanäle, die das ganze Tal durchzogen. Es war ein Meisterwerk der Ingenieurskunst, das dafür sorgte, dass beide Farmen üppig grün waren und reiche Ernten sowie große Schafherden hervorbrachten. Im Vergleich zu den mageren Gehöften ihrer afrikanischen Nachbarn war es wahrhaft ein Garten Eden.

Aber Bill Brown war ein von Sorgen geplagter Mann. Er fürchtete, von den lokalen Behörden enteignet zu werden – und er hatte Grund dazu. Gegenwärtige Trends in der afrikanischen Politik deuteten darauf hin, dass es früher oder später zu einer legalen oder illegalen Enteignung kommen würde. Warum sollte dieses wertvolle Land in den Händen von zwei weißen Männern bleiben, während Hunderte von Menschen in ihrer Umgebung in Armut lebten? Die Tatsache, dass die beiden und ihre Familien über Generationen hinweg den Boden urbar gemacht, ein Bewässerungssystem gebaut und die Farm bewirtschaftet hatten, zählte nicht. Die Weißen schienen immer das gute Land zu besitzen, und die verarmten Schwarzen mussten sich mit ausgedörrten Böden begnügen.

Der Gedanke daran, sein gesamtes Erbe zu verlieren, verfolgte Bill Brown, raubte ihm den Schlaf und grub tiefe Falten in seine Stirn. In seinen blauen Augen stand die Angst eines Mannes, der weiß, dass ihm nur noch wenig Zeit bleibt. Wie sehr er auch versuchte, seine Dämonen unter der Last harter Farmarbeit zu begraben – die Aussicht darauf, sein Land könnte in wirtschaftlich unrentable Parzellen aufgeteilt werden, war ein Schreckgespenst, das ihn schier in den Wahnsinn trieb. Er klammerte sich verzweifelt an die vage Hoffnung, dass das Schicksal ihm irgendwie erlauben würde, das Land an seinen Sohn weiterzugeben.

Wir saßen an dem Familientisch aus Eichenholz, den Bills Ahnen von Schottland nach Afrika mitgebracht hatten. Auf der Anrichte standen dampfende Platten mit warmem Essen, frisch von der Farm, das Produkt harter Arbeit von gottesfürchtigen Menschen. Ich sollte das Tischgebet sprechen; es gelang, mir etwas in Latein in Erinnerung zu rufen – ein Relikt meiner Internatserziehung.

Bill erzählte, dass sein Urgroßvater 1850 das gigantische Schaufelrad in England in Auftrag gegeben hatte. Es war, in Einzelteile zerlegt, per Schiff nach Afrika versandt worden. Von Port Elizabeth hatte man die Fracht mit Ochsenkarren 240 Kilometer weit über die Sneeuberg Mountains transportiert, über eben jenen unwirtlichen Gebirgszug, den wir an diesem Tag überflogen hatten.

Flugzeuge faszinierten Bill schon sein Leben lang; es war ein Interesse, dem er schon als Junge hatte nachgehen wollen. Ich bot an, ihn über seine Farm zu fliegen, was ihn hellauf begeisterte. Er genoss es besonders, als wir im Tiefflug über das Gästehaus hinwegsausten, in dem seine Frau ihre alljährliche Blumen-Party gab. Uns trennten dabei nur fünf Meter von den Wipfeln der Bäume, die um das Haus herumstanden. Angesichts der Geschwindigkeit, mit der wir dicht über den Boden rasten, war er aufgeregt wie ein Junge, der schulfrei bekommen hatte. Wir donnerten einige Male über das Tal seinen Vorfahren, flogen Achterfiguren und kurvten in akrobatischen Flugmanövern durch Bündel von Sonnenstrahlen.

Seine Begeisterung für Flugmechanik, die natürliche Begabung bei der Bedienung der Steuerelemente und sein Interesse für die Navigationsinstrumente lenkten ihn von seinen Sorgen ab. In diesen wenigen Stunden sah er jünger aus, als er war. Bill hatte noch nie in seinem Leben Urlaub gemacht; er war in seinem Alltagstrott gefangen und versuchte, eine verhängnisvolle Zukunft abzuwenden, die ihm und seiner Familie alles zu nehmen drohte, was ihnen lieb und teuer war.

Etwas Unheilschwangeres lag in der Luft. Obwohl Bill sich auf übermenschliche Weise bemühte, das Erbe seiner Vorfahren zu erhalten, glitt es ihm aus den Händen. Ein neues Afrika war im Entstehen, und es verdrängte schnell das alte, das ihm vertraut war. Die drohende Enteignung seiner Farm war in Somerset East bereits zum Gesprächsthema geworden. Schon hatten sich erste Auswanderer aus der Stadt auf einem Feld vor dem Tor seiner Scheune niedergelassen. Bill schwor, bis zum bitteren Ende Widerstand zu leisten, doch für den Fall, dass er alles verlieren würde, wollte er einfach weggehen und nichts mitnehmen, außer einem gebrochenen Herzen.

Nach dem Tee spazierte ich einen Pfad hinunter, der hinter die Scheune und auf eine kleine Anhöhe führte. Dort lag, unter dem Flüstern der Pinien, der Familienfriedhof. Grabsteine aus Granit zeugten von der Lebensspanne von Browns, Stricklands und Turners. Am Fuße des Hügels mäanderte ein kleiner Forellenbach still durch ein Feld aus Farnen und verschwand in einem Weidenwäldchen. Am anderen Ufer trottete in einiger Entfernung eine Schafherde gemächlich zur Farm seines Bruders. Glocken klangen weich von ferne durch das Tal. In den tiefen Schatten des Spätnachmittags lag der Ort vollkommen friedvoll und so ungestört, wie er es seit Generationen war.

In Afrika waren Leben und Treue von jeher etwas Vergängliches. Wer das vergaß, riskierte es, unglücklich zu werden. Die Zeit arbeitete gegen Bill Brown, und er wusste das. Seine persönliche Tragödie wartete unter den flüsternden Pinien, während die Nacht verstohlen durch das Tal heranschlich, voller Angst vor dem Morgen.

Die letzten Flüge nach Kapstadt, mit einer Zwischenstation in Plettenberg Bay, nahmen zwei Tage in Anspruch und waren ereignislos, bis wir nördlich der Swartberg Mountains in schlechtes Wetter gerieten. Dichte Bänke von Ozeannebel schoben sich über das Land und die Berghänge hinauf. Die feuchte Luft kühlte sich schnell ab, und damit wuchs die Gefahr der Vereisung. Fast übergangslos begann sich auf den Vorderkanten des Propellers und der Tragflächen Raureif anzusammeln. Ich bat den Fluglotsen um Erlaubnis, tiefer gehen zu dürfen. Es war gefährlich, mit Eis beladen und ohne Sicht über bergiges Terrain zu fliegen. Der Lotse lehnte mein Anliegen ab. Eine niedrigere Flughöhe würde uns unter die erlaubte MEA (Mindeststreckenhöhe) bringen.

Unsere Passagiere auf den Rücksitzen erwachten plötzlich, als sie ahnten, dass ihr Wohlbefinden in Gefahr war. Unterhalb der MEA zu fliegen war ein Verstoß gegen die Instrumentenflugregeln, aber wir mussten unbedingt auf eine niedrigere Höhe mit wärmeren Temperaturen absinken. Die Außentemperatur lag knapp über dem Gefrierpunkt. Ich musste einfach nur 800 Fuß tiefer gehen, aber die Regeln waren unumstößlich.

Die Maschine wurde schwerer, da sich immer mehr Eis ansammelte. Ich justierte die Fluglage, um zu kompensieren, hob die Nase des Flugzeuges an und vergrößerte den Anstellwinkel. Doch dies führt letztlich zu einem Strömungsabriss, und dann gerät die Maschine ins Trudeln.

Es war Zeit, die Regeln zu brechen. Die Vorschriften zur Einhaltung der MEA beinhalten einen Sicherheitsspielraum, nach dem eine Mindesthöhe von 1000 Fuß über dem höchsten Hindernis zulässig ist. Ich drückte den Knüppel nach vorn, sank um 800 Fuß und gewann 2 Grad Celsius, genug, um das Eis abzutauen.

Eisklumpen lösten sich vom Propeller und schlugen gegen den Rumpf. Nach zehn Minuten hatte das Flugzeug wieder seinen normalen Anstellwinkel, was mir erlaubte, auf die vorgeschriebene Flughöhe von 8000 Fuß zurückzukehren. Langsam begann sich das Eis neu zu formieren, und so war ich wieder gezwungen, für vier oder fünf Minuten in wärmerer Luft zu fliegen. Wir setzten diese nervenaufreibende Achterbahnfahrt fort und unterschritten jedes Mal, wenn sich gefährlich viel Eis angesammelt hatte, die vorgeschriebene MEA ohne Sicht um 800 Fuß.

Ich wusste, dass es nicht unkompliziert sein würde, auf dem Flughafen von Kapstadt zu landen. Die südafrikanischen Fluglotsen standen schon lange in dem Ruf, nicht einfach zu sein, insbesondere, wenn sie es mit nicht professionellen Piloten zu tun hatten. Ich bereitete die Maschine auf einen Instrumentenanflug vor. Erst jetzt fiel mir die Warnleuchte an meinem Gleitweg-Empfänger auf, was bedeutete, dass das Gerät defekt war. Der Gleitweg-Empfänger ist ein Teil des ILS (Instrumenten-Lande-System). Mittels einer Reihe von Fadenkreuzen liefert es wichtige Informationen über die Sinkgeschwindigkeit und den Anflugwinkel einer Maschine beim Anflug auf die Landebahnschwelle. Den Ausfall eines ILS-Instrumentes hatte ich noch nie erlebt. Jetzt musste ich Anflug und Landung mit den noch verbleibenden Instrumenten durchführen. Mein Nacken begann, sich zu verspannen.

Der Ausfall eines ILS-Instrumentes ist an sich keine Katastrophe; dadurch vergrößert sich nur die Arbeitslast für den Piloten. Krystyne, die sich der Situation bewusst war, bat die Mädchen, still zu sein, und ich informierte den Fluglotsen, dass mein ILS defekt war und dass sich an unserer Maschine bei einer Höhe von 8000 Fuß Eis ansammelte. Aus dem Funkgerät kam eine lakonische Antwort.

»Charlie Foxtrot Whiskey Mike Juliet, was soll das bedeuten? Wollen Sie einen Notfall melden?«

»Negativ«, gab ich zurück. Dies war kein Notfall. Ich wollte dem Fluglotsen nur klarmachen, dass ich alle Hände voll zu tun hatte und auf seine Hilfe hoffte. Normalerweise würde der Fluglotse unter solchen Umständen einen Piloten leiten oder ihm Kompasskurse zuweisen, um ihn zur Landebahn zu führen. Aber ich hatte kein Glück. Zugegeben, es herrschte reger Luftverkehr in diesem Gebiet – vielleicht zu viel für eine individuelle Betreuung?

»Charlie Foxtrot Whiskey Mike Juliet, Sie sind freigegeben für Star Greyton Two Alpha, Anflug auf Landebahn 01. Informieren Sie Kapstadt, wenn Sie Delta 20 passieren, Vektor Romeo India.« Das war eine Freigabe für einen vollen Instrumentenanflug ohne Sonderbehandlung. Als Pilot war ich vollkommen auf mich gestellt. Entweder ich meldete einen Notfall, oder es wurde von mir erwartet, den Anflug so wie jede Verkehrsmaschine durchzuführen, in der es eine vollständige Besatzung, Ersatzinstrumente und Bordcomputer gibt, die auf dem neusten Stand sind. Ich wiederholte die Anweisungen, trimmte die Maschine und begann mit dem Sinkflug.

Die Nadel des automatischen Peilgeräts schwang auf 180 Grad und zeigte auf das Heck des Flugzeugs, was bedeutete, dass ich das Delta-Funkfeuer überflogen hatte. Unsere Position war präzise, obwohl die Sicht gleich null war. Es hatte keinen Sinn, sich über das

Verhalten des Fluglotsen aufzuregen; ich musste mich konzentrieren und den Anflug mit den verbleibenden funktionstüchtigen Instrumenten bewältigen. Und so wischte ich mir die Hände an meinen Hosenbeinen ab, griff nach dem Steuerknüppel, ließ meine Augen über alle Instrumente wandern und hielt die Maschine auf Kurs.

Plötzlich blitzten die weißen Lichter der Landebahn in kurzen, explosionsartigen Intervallen durch die sich teilenden Wolken. Unsere Position war korrekt, als die Landebahn in Sicht kam, und Sekunden später befanden wir uns am Boden. Als wir von der Piste rollten, fuhren wir an den enormen Tragflächen einer Boeing 747 vorbei. Die Maschine hatte auf unsere Ankunft warten müssen, um die Rampe verlassen zu können. Ihre Lichter blinkten durch die peitschenden Regenböen. Das war mein zweiter Instrumentenanflug bis runter auf »Minima« innerhalb einer Woche.

Als Krystyne und ich am nächsten Morgen allein am Frühstückstisch saßen, belauschten wir unabsichtlich die Unterhaltung zweier Piloten in Uniform.

»Hast du gestern über Funk den Kanadier gehört, der sich mit einer Cessna 180 im Anflug auf Kapstadt befand?« Ein junger Kopilot plauderte bei einer Tasse Kaffee mit seinem Flugkapitän. »Die Flugleitung hat es dem armen Kerl so schwer wie möglich gemacht. Sein ILS-Empfänger war defekt, und der Lotse hat sich geweigert, ihn zu leiten, wenn er keinen Notfall erklärte. Ziemlich brutal. Das ist typisch für diese Burschen.«

Der Ältere blieb stumm, als wenn er an etwas anderes dachte, bevor er fast geistesabwesend antwortete: »Eigentlich müsste man sich fragen, was er bei diesem Wetter da oben zu suchen hatte.« Ich tat so, als hätte ich diese Bemerkung nicht gehört und schickte die schwache Andeutung eines Lächelns in Richtung Krystyne. Sie hat mir nie verraten, was sie in diesem Augenblick dachte.

13 Diamanten und Blut

Kapstadt war so schön, wie wir es uns vorgestellt hatten. In vieler Hinsicht glich es Vancouver – es war wohlhabend, sauber und von einer fantastischen Landschaft umgeben. Wir nahmen uns ein Taxi und fuhren direkt zur AMREF-Niederlassung vor den Toren der Stadt, um für Mike Gerber die Tauglichkeit der Räume für sein Vorstandstreffen zu prüfen. Die Büros waren schlicht und auf ansprechende Weise mit Plakaten geschmückt, auf denen Krankenschwestern zu sehen waren, die Patienten versorgten, und Afrikaner, die Afrikanern halfen – indem sie Brunnen bohrten, Moskitonetze aufhängten oder vor Aids warnten. Der Konferenzraum war klein, aber ich war mir sicher, dass der Vorstand mit einem guten Eindruck abreisen würde. Das Personal plante, afrikanisches Essen zu servieren, unter anderem Ziegenfleisch und *ugali*: ein in Afrika allgegenwärtiger Brei aus Maismehl und Wasser, der sehr beliebt ist. Ich rief Gerber an und sagte ihm, dass er an seinem Plan festhalten solle, das Vorstandstreffen dort abzuhalten, und dass alles glattgehen würde.

Wir trennten uns in Kapstadt von den norwegischen Mädchen. Unglücklich über die Aussicht, bei ihren ältlichen Verwandten übernachten zu müssen, äußerten sie lebhaft den Wunsch, mit uns weiterzureisen. Aber wir hatten ihr narzisstisches Verhalten satt und sehnten uns danach, allein zu sein. Als sie wegfuhren, warf uns Katrina durch das Rückfenster einen Handkuss zu und machte mit beiden Armen eine theatralische Geste. Wir hatten Adressen ausgetauscht, hörten aber nie wieder etwas von den beiden, obwohl sie inbrünstig beteuert hatten, mit uns Kontakt halten zu wollen.

Unsere dritte Woche seit der Abreise aus Nairobi begann. Wir waren die Küste Ostafrikas hinuntergeflogen und hatten dabei insgesamt 4800 Kilometer zurückgelegt. Nun planten wir, von Kapstadt aus an der Atlantikküste Richtung Norden zu fliegen, über die Diamanten- und Skelettküste nach Angola, und wir wollten einen Zwischenstopp machen und ein paar Tage in Namibia verbringen.

Namibia, das einst zu Südafrika gehört hatte, ist eine Region mit entlegenen Wüsten und einer trostlosen Küste und mit vulkanischen Felsformationen, die über drei Milliarden Jahre alt sind. Das Land ist seit 1990 unabhängig. Zuerst hatten es die Portugiesen okkupiert, dann, bis zum Ersten Weltkrieg, die Deutschen, und zuletzt unterstand es der südafrikanischen Regierung. Es wurde wegen seiner reichhaltigen Bodenschätze ausgebeutet – Zink, Uran, Kupfer und Blei – und ist noch heute eine der weltweit ergiebigsten Quellen für alluviale Diamanten. So war das Land ein profitables Besitztum für Ausländer, die gierig den Reichtum des Landes kolonial und multinational ausbeuteten. Die Interessen der San oder »Buschmänner«, der Khoi Khoi und der Bantu wurden von ihnen missachtet. Der in Namibia begrenzt vorhandene landwirtschaftlich nutzbare Boden wurde damals in 6000 Farmen aufgeteilt, die von der Apartheid-Regierung Südafrikas ausschließlich weißen Siedlern überlassen wurden.

Die Schwarzen wurden in Reservate gesteckt und durch eine Kombination von Erlassen und steuerrechtlichen Vorschriften zu harter Arbeit in der Bergbau-Industrie gezwungen. Angetrieben durch eine schier grenzenlose Gier erreichten die Ungerechtigkeiten ein heute kaum noch vorstellbares Maß. Damit wurde die Saat für eine Rebellion derer gesät, die nichts zu verlieren hatten. Widerstandsbewegungen, so wie die South West Africa People's Organization (SWAPO) und die Democratic Turnhalle Allianz (DTA) formierten sich, unterstützt von marxistisch orientierten Gruppen aus

Staaten wie Angola oder Kuba. Landeseigene Organisationen wurden von den Vereinten Nationen, von den Vereinigten Staaten und von der Sowjetunion manipuliert; die darauffolgenden Auseinandersetzungen konnten erst nach langwierigen Verhandlungen beigelegt werden, die letztlich zur Unabhängigkeit Namibias führten.

Aber das Land wird trotz seiner Eigenständigkeit weiterhin wegen seiner reichen Mineralvorkommen, insbesondere wegen der Diamanten, auf multinationaler Ebene ausgebeutet. Die Diamentenvorkommen des Landes gehören zu den ergiebigsten der Welt. Diese Edelsteine, die in der westlichen Welt als Zeichen der Liebe und Zuneigung betrachtet werden, haben eine blutige Schneise in die Geschichte des Landes geschlagen.

Wir flogen die Atlantikküste hinauf nach Alexander Bay, Namibias Importhafen, der direkt an der Mündung des Oranje River liegt. Das grelle Sonnenlicht, reflektiert vom Wüstensand, hatte den Himmel ausgewaschen und einen milchigen Dunst hinterlassen. Baucontainer umgaben die schmale Piste, die unter dem Treibsand kaum auszumachen war. Der Sand wirbelte herum und rieselte in die kleinsten Ritzen, heftete sich an flatternde Plastikplanen, welche die Fenster bedeckten, kroch unter den Türen der provisorischen Büros hindurch und in Akten, die von gelben Papieren überquollen. Die Luft war voll von dem Staub der umherwehenden Körner. Es schien, als ob nur die knotigen Kakteen, die ständig dem Wüstenwind ausgesetzt waren, den unablässig schmirgelnden Sand überlebten.

In der Flughafenhalle marschierten schwer bewaffnete Soldaten an uns vorbei, gelangweilt und unfreundlich. Die Beamten betrachteten unsere überraschende Ankunft mit Misstrauen. Wieso waren wir mit einem Privatflugzeug in diesen einsamen Teil des Landes geflogen? Uns war heiß, wir waren durstig, daher fragten wir, ob wir eine Flasche Wasser kaufen könnten. Aber es war kein Wasser erhältlich, und zudem hatte man wenig Verständnis für unsere mangelnde Vorsorge.

Unrasierte, knallhart wirkende weiße Vorarbeiter beaufsichtigten Gruppen von schwarzen Arbeitern mit gesenktem Blick und schleppendem Gang – Männer, die man zu lange an die Kandare genommen hatte. Die Atmosphäre war gespannt, und die Sicherheitsmaßnahmen schienen lückenlos. Als wir im Hauptgebäude die Zollformalitäten erledigten, quetschten sich ein Dutzend Bauarbeiter in einen angrenzenden Container, wo sie ausgezogen und durchsucht wurden – das routinemäßige Ende einer Schicht.

Die Region um Alexander Bay, eines der weltweit ergiebigsten Gebiete für Diamanten, ist das Territorium der De Beers Company und ein Privatstaat innerhalb des Landes. Diamanten sind der wesentliche Grund für die Anwesenheit des weißen Mannes in dieser Gegend. Das ist seit 150 Jahren so, und in dieser Zeit haben sich Abgründe schlimmsten menschlichen Fehlverhaltens aufgetan.

In dem dicken Schlamm des Oranje reisen die Diamanten fast 1300 Kilometer unter Wasser, von Kimberley bis zum Atlantik, und werden nach und nach an die Diamantenküste gespült. Die Rohdiamanten liegen am Strand und warten nur darauf, aufgehoben zu werden, doch sie gehören De Beers. Dem Unternehmen gehört hier alles; es herrscht über das Land, betreibt die Minen, beaufsichtigt die Arbeiter, stellt das Management und ist Herr über den Gesetzesvollzug. Wachmannschaften von De Beers patrouillieren am Strand; sie haben Anweisung, sofort auf Eindringlinge zu schießen. Es gibt viele Geschichten von halb verrückten Deserteuren, ehemaligen Angestellten und Abenteurern, die es riskiert hatten, auf der Jagd nach Reichtum die Abwehrmaßnahmen des Unternehmens zu unterlaufen. Vor der Küste patrouillieren schwer bewaffnete Boote mit Froschmännern, deren Besatzungen geradezu darauf versessen sind, auf der Stelle für Recht und Ordnung zu sorgen.

John Reader berichtet, wie der Diamantenrausch im März 1869 in der Nähe von Hope Town begann, als ein Eingeborener einen großen Diamanten fand, der 83 Karat wog. Der Edelstein wurde später als »Stern von Afrika« bekannt, und der Fund setzte eine fieberhafte Suche nach Diamanten in Gang. Das Zentrum der Suche war Kimberley, einst ein stiller Ort, in dessen Umgebung viele Nebenflüsse, wie der Vaal, in den Oranje fließen. Die Viehhirten und Nomaden, die dort vor dem Eintreffen des weißen Mannes jahrhundertelang ein friedvolles Leben geführt hatten, wurden mit einer alles übertreffenden Habgier und den aus ihr resultierenden Verwüstungen konfrontiert. Heute okkupieren die größten Diamantenminen Südafrikas ihre Heimat.

Reader erklärt, dass »Diamanten sich unter Kratonen bilden, massiven Gesteinsplatten, die enormen Druck auf Kohlenstoff ausüben, wodurch bei großer Hitze Diamanten entstehen, die durch Eruptivschlote an die Erdoberfläche transportiert werden. Das Kaapvaal-Kraton, das sich über einen großen Teil Südwestafrikas erstreckt, hat sich vor über drei Milliarden Jahren gebildet. Es ist bis zu 160 Kilometer tief und eines der größten Kratone der Welt. Sein Gehalt an Diamanten ist unvergleichbar hoch. Die Kimberley-Region war und ist – mit den Goldminen von Witwatersrand – das wohl reichste Bergbaugebiet der Erde.«

Unvermeidlich führte die Verlockung durch die unsagbaren Reichtümer dazu, dass sich die Buren gegen die Briten auflehnten, die eigene und kollidierende Gesetze zu Eigentums- und Schürfrechten in Bezug auf Ländereien erlassen hatten, die man den Afrikanern einfach genommen hatte.

»Die Buren und später auch die Briten brauchten Arbeitskräfte, um die Minen zu betreiben. Den männlichen Schwarzafrikanern wurde nicht nur ihr Land geraubt, sie wurden auch von ihren Familien getrennt und in die Sklaverei getrieben. Man hielt sie in schwer bewachten Lagern, in denen nicht weniger als 30000 Arbeiter eingepfercht waren, die gerade einmal 10 Schilling die Woche erhielten. Sie wurden von einer brutalen Polizeitruppe überwacht, welche sich auf den Diamond Trade Act von 1882 stützte – ein Gesetz, das verabschiedet worden war, um die Ansprüche der Minenbetreiber zu legitimieren, insbesondere jene von Cecil Rhodes.

Der Einsatz von Zwangsarbeitern ermöglichte es, noch geringere Löhne zu zahlen und die Arbeitszeit auszudehnen. Kleinsten Regelverstößen begegnete man mit einer willkürlichen Justiz, die von De Beers initiiert und manipuliert wurde, was zu übermäßig vielen Strafgefangenen führte. »Die Gefangenen von De Beers«, so schreibt Reader weiter, »mussten sich in den Durchsuchungshäusern ausziehen und wurden danach nackt in ihre Zellen geschickt, wo sie sich unter einer Decke verkriechen konnten. Am Ende seiner Strafe wurde jeder Mann für fünf Tage in seine Zelle gesperrt, wo man ihm klobige Handschuhe angelegte, die er nicht abnehmen konnte. Auf diese Weise wollte man alle Diamanten aus ihm hinausbefördern, die er vielleicht in der Hoffnung verschluckt hatte, sie nach seiner Freilassung verkaufen zu können.«

Wir erklärten den Beamten in Alexander Bay – es waren Angestellte von De Beers –, dass wir beabsichtigten, entlang der Küste Namibias nach Norden zu fliegen. Man wies uns an, eine Mindesthöhe von 1500 Fuß über dem Boden nicht zu unterschreiten. Andernfalls würde man uns abschießen, ohne uns eine zweite Chance zu geben. Diese Warnung hallte in unseren Köpfen nach, als wir zu unserem Flug über die graue Atlantikküste starteten.

Weit unter uns sahen wir Planierraupen der Firma De Beers über leere Strände kriechen. Sie schoben Berge von Sand vor sich her und wirkten wie monströse Krabben, die im Auf und Ab der Gezeiten den Strand durchsuchen. Riesige Gittersiebe, durch die Sand rieselte und die wie verlängerte Flügel von prähistorischen Vögeln wirkten, rotierten langsam am Saum des Ozeans. Mit kleinkalibrigen Maschinengewehren bestückte Kanonenboote pflügten, auf der Suche nach Eindringlingen, durch den Atlantik. Ungläubig beobachteten wir all diese Aktivitäten, während wir die Diamantenküste hinaufflogen und uns dem kleinen Seehafen Lüderitz näherten, der golden in der untergehenden Sonne schimmerte.

Als wir landeten, drohten Böen mit treibendem Sand die Beschriftungen vom Rumpf unserer Maschine zu schmirgeln. Ich ging zu einem De-Beers-Wachmann, der zusammengekauert im Tor des firmeneigenen Hangars hockte, und bot ihm ein Trinkgeld an, wenn er mir erlaubte, unser Flugzeug für eine Nacht dort unterzustellen. Er verzog sein Gesicht zu einem Grinsen, mit dem er andeutete, dass alles möglich sei. Gegen einen Orkan aus Wind und Sand schoben wir die Maschine gemeinsam in den höhlenartigen alten Hangar, in dem es ratterte und krachte, als ob ein riesiges Tier versuchen würde, aus einem Käfig auszubrechen.

Lüderitz, ein surrealistisches Relikt aus der deutschen Kolonialzeit, wurde auf nackten Felsen erbaut und ist auf der einen Seite dem kalten Atlantik, auf der anderen dem wehenden Sand der Kalahari-Wüste ausgesetzt. Straßennamen wie Bismarck, Göring und Wilhelm tragen zu der bizarren Fantasiewelt-Atmosphäre bei.

Die Einwohner der Stadt verbringen ihre Zeit damit, gegen die Wüste anzukämpfen. Sand sickert in jede Ecke des Ortes. Doch ganz gleich, auf welche Weise man sich wehrt: Wie Schneewehen kriechen die Sanddünen über Nacht heimlich heran, wälzen sich die Straßen hinunter und schmiegen sich an die Wände der Fachwerkhäuser. Der Sand ist so fein, dass er sich wie Staub ausbreitet. Umherfliegende Partikel setzen sich in Nasenlöchern, Augen und Haaren ab und lassen die Menschen fast wie Wahnsinnige erscheinen – sowohl in Bezug auf ihre Erscheinung als auch auf ihr Verhalten.

Was hält die Einwohner an diesem merkwürdigen Ort? Hat es etwas mit den Diamanten zu tun? Sind sie Nachkommen von Menschen, die sich während des Zweiten Weltkrieges hierhergeflüchtet hatten? Wie erklärt sich das Bestehen dieser kleinen deutschen Gemeinde mit ihren evangelischen Kirchen, ihrer Vielfalt an Feinkostläden und lauten Wirtshäusern?

Innerhalb von 24 Stunden hatte sich vor die großen Faltschiebetüren des Hangars, in dem ich meine Maschine gelassen hatte, eine 60 Zentimeter hohe Sandwehe geschoben. Am nächsten Tag bei heulendem Wind zur Startbahn zu rollen war eine schwierige und zeitintensive Aufgabe. Eine falsche Stellung der Querruder oder eine inkorrekte Betätigung der Bremsen, und die Tragflächenspitze würde sich heben und die Maschine auf die Seite kippen. Es ist bekannt, dass Tail Dragger am Boden schwer zu steuern sind. Als wir behutsam über den Rollweg krochen, schüttelte sich die Maschine und zog wie ein Vollbluthengst. Der Seitenwind übte starken Druck auf das Fahrwerk und die Steuerseile aus und spannte sie so straff wie Klaviersaiten.

Beim Start war ich gezwungen, die volle Breite des Rollwegs zu nutzen, eine Distanz von knapp 30 Metern. Das Flugzeug zog sich in den böigen Gegenwind hoch und sauste nur wenige Zentimeter über eine Sanddüne am Ende der Startbahn hinweg. Die Wüste unter sich lassend, schoss es auf den Böen empor, wandte sich nach Norden und flog in einem tiefblauen Himmel Richtung Windhoek.

Je weiter wir ins Inland flogen, umso höher wurden die Dünen unter uns. Berge von Sand nahmen massive Formen an, glichen prähistorischen buckeligen Säugetieren, die durch die Wüste trampelten. Eine Gischt aus wehendem Sand erhob sich von den Gipfeln der Dünen und trieb die Kalahari immer tiefer in das Zentrum Afrikas. Quer zu unserem Kurs zogen sich gezackte Schluchten durch die Wüste. Dieser Teil der Erdkruste, unberührt und im Laufe von 500

Millionen Jahren hart geworden, enthielt ursprüngliche Geheimnisse der Schöpfung. Nichts bewegte sich, außer dem Wind. Ein Licht aus alter Zeit schwebte über dem Land, das auf den Ursprung der Dinge hindeutete.

Wir flogen zwei Stunden, ohne ein sichtbares Zeichen von Leben zu entdecken. Erstaunt bemerkte ich, dass Krystyne unser letztes Wasser trank.

»Hey, du trinkst unsere Notreserve«, protestierte ich.

»Ich weiß, ich weiß«, antwortete sie, »aber ich bin so durstig. Ich fülle sie wieder auf, sobald wir in Windhoek sind.«

»Wenn wir in der Wüste landen müssen, reicht das Wasser jetzt nicht mal mehr für 24 Stunden«, gab ich zu bedenken. Krystyne warf mir einen schuldbewussten Blick zu. Sie wusste, dass ein zwei- oder dreitägiger Marsch durch die Wüste ohne genügend Wasser ein katastrophales Ende nehmen konnte.

»Nur noch einmal nippen, dann ist es genug.« Sie nahm einen großen Schluck aus der Plastikflasche.

»Okay, aber sind wir uns einig, dass bei einem Notfall der Rest mir gehört?«

»Ach, Scott, jetzt sei nicht so. Ich hör ja schon auf.«

»Na schön. Wir teilen uns den Rest und sterben gemeinsam.«

»Scott!« Hastig schraubte sie den Verschluss auf die Flasche.

Der Motor dröhnte gleichmäßig und ohne Aussetzer. Sein tiefes Brummen glich dem konstanten Knurren einer großen Dschungelkatze. Nach so vielen Flugstunden war mir sein Laufgeräusch vertraut; bei kleinsten Schwankungen wäre mein Blick prüfend über die Anzeigen der Instrumente gewandert: Ölstand, Temperatur, Treibstoffgemisch, Ladedruck und Drehzahl. Über der Wüste wurde der Motor heiß, und die Anzeigen stießen an die Obergrenzen der Bereiche für sicheren Betrieb. Wenn sogar auf 7000 Fuß noch

43 Grad Celsius herrschen, werden vor dem Start die Motorabdeckungen abgenommen, um für zusätzliche Belüftung zu sorgen.

Ich sah zu Krystyne hinüber. Als ich mich vorbeugte, um die Instrumentenbeleuchtung einzuschalten, nahm ich ihren unverwechselbaren Duft inmitten der warmen Ausdünstungen im Cockpit wahr. Es war schön, dass wir zusammen waren, allein im Lichtschein der Instrumente, auf einem Nachtflug über der Kalahari, der uns immer näher an Windhoek heranbrachte.

Windhoek bedeutet in Afrikaans »windige Ecke«. Die Sonne steht hoch über den sauberen Straßen, die von Bäumen und Blumenbeeten gesäumt sind. Leuchtend bemalte Straßenbahnen rollen auf den Hauptstraßen durch einen wohlgeordneten Verkehr. Polizisten in Uniform stehen auf altmodischen Podesten unter gelbgrünen Schirmen und dirigieren die Autos mit dem unerschütterlichen Durchsetzungsvermögen alter Lehrerinnen. Zuvorkommende Fußgänger flanieren ohne Eile redend und lachend an Schaufensterfronten vorbei. Die wohlorganisierte und aufgeräumte Stadt vermittelt ein Gefühl von deutscher Ordnung und Disziplin.

Namibias Bevölkerung – das Land hat nur 1,6 Millionen Einwohner – scheint den Wandel vom Polizeistaat zu einem demokratischen System, das auf Recht und Ordnung basiert, erfolgreich bewältigt zu haben. Im Vergleich zu anderen afrikanischen Ländern hat man den Eindruck, dass die verschiedenen Rassen hier in Harmonie leben. Vielleicht war die Unabhängigkeit eine willkommene Rettung aus alten Missständen. Doch bei näherer Betrachtung entdeckten wir, dass die Herzen der deutschen Bevölkerung noch immer nicht frei von Vorurteilen sind. In einer Zeitschleife gefangen, bedauert diese Minderheit, dass die politische Macht den Schwarzen übergeben wurde. Bissige Kommentare kamen über die Lippen unserer Zimmerwirtin, eines weißen Ladeninhabers und des Besitzers des Hangars. Da wir Interesse zeigten, waren sie alle sofort bereit, Außenstehenden ihre ganz privaten Ansichten mitzuteilen. Unter der scheinbaren Ruhe von Windhoek verbirgt sich eine rassistische Verbitterung, auf die man in allen Teilen Afrikas stößt, in denen die Macht an die schwarze Mehrheit abgetreten wurde.

Krystyne und ich saßen in einem Restaurant namens Roxy's und fragten uns, ob Serge Pétillon zu dem Rendezvous auftauchen würde, das wir vor eineinhalb Monaten in Nairobi ausgemacht hatten. Seitdem hatten wir nichts von ihm gehört. Er wollte von Harare hierherfliegen, acht Tage lang mit uns Namibia erforschen und dann, sobald wir die Viktoriafälle erreichten, nach Swasiland zurückkehren. Wir hätten uns keine Sorgen machen müssen. Ein paar Minuten später als vereinbart schob sich Serge, wie ein Boxer nach vorn gebeugt, in unser Blickfeld. Er trug eine Lederjacke und ein rotes Halstuch, war gebräunt und unrasiert und glich einem Ganoven aus einem Film von Sergio Leone. Er hatte ein paar wichtige Utensilien in einer Leinentasche verstaut, und an seiner Schulter hing ein Fotoapparat – mehr Gepäck hatte er nicht.

Erfreut über unser Wiedersehen setzten wir uns an einen Tisch, bestellten Bier und tauschten Geschichten über unsere Abenteuer aus, die wir nach unserem Abschied in Nairobi erlebt hatten. Nachdem Serge von Swasiland erzählt hatte, bedauerten wir, dass wir dieses Land ohne Zwischenstopp überflogen hatten. Er schlug vor, dass wir ihn dorthin begleiten sollten, aber wir wollten nach Norden, zurück nach Kenia, und Swasiland hätte einen zu großen Umweg bedeutet. Wir breiteten die Karte von Namibia auf dem Tisch aus und diskutierten unseren Plan, gemeinsam in die Kalahari zu fliegen. Einige Runden Bier später saßen wir immer noch dort; die Schatten des Nachmittags streckten sich in den Abend, und hell erleuchtete Straßenlaternen tanzten vor unseren Augen. Irgendwie war es uns jetzt egal, dass wir den Tag verbummelt hatten.

Wir mussten das Cockpit aufräumen, um für Serges massige Gestalt Platz auf dem Rücksitz zu schaffen. Eine dritte Person bedeutete, dass wir unsere Ausrüstung anders verstauen mussten, was sich zunächst so anfühlte, als würde jemand in unsere Privatgemächer eindringen. Das Cockpit war unser Zuhause geworden, jeder Winkel war vertraut und wurde von uns genutzt, und die Veränderungen waren schmerzhaft.

Unser nächstes Ziel war das Sossusvlei in der Namibwüste. Dort gab es die höchsten Sanddünen der Erde und ein ökologisch geführtes Gästehaus namens Kala Kuena, das von einem italienischen Pärchen betrieben wurde.

Der kurze Flug von Windhoek war heiß und unruhig. Wir flogen weniger als 350 Fuß über dem Boden und immer wieder durch thermische Aufwinde, die von dem heißen Boden der Halbwüste aufstiegen. Krystyne und ich, die wir Turbulenzen in niedriger Höhe gewohnt waren, nahmen diese Achterbahnfahrt für den Anblick der vulkanischen Gesteinsformationen gerne in Kauf. Doch Serge wurde luftkrank – was seinem gallischen Stolz arg zusetzte – und so waren wir gezwungen, in ruhigere Luftschichten aufzusteigen.

Der uns beschriebene Landeplatz im Sossusvlei war schwer auszumachen, was uns irritierte. In dem grellen Licht der Wüstensonne fanden wir nirgendwo einen Hinweis auf eine Piste. Wir waren uns sicher, dass unsere Navigation korrekt war, und kreisten über der angegebenen Stelle, waren aber unsicher, ob wir wirklich landen sollten. Doch Serge war in einem miserablen Zustand, ihm war speiübel, wir mussten also runtergehen.

Ich hatte vor unserem Abflug die Landekoordinaten für das Sossusvlei per Telefon erhalten. Vielleicht hatte ich sie mir falsch notiert, denn wir befanden uns direkt über einer Salzpfanne, die möglicherweise ein ehemaliger Wüstensee war. Jedenfalls sahen wir keine Markierungen, die auf eine Landebahn hinwiesen. Ich fuhr die

Klappen aus, verringerte die Geschwindigkeit und hoffte, dass die Oberfläche so hart war, wie sie uns aus der Luft erschien. Als wir den Boden berührten, rollten die Räder über den Untergrund, als wenn er aus Beton wäre. Nachdem der Motor und die Instrumente ausgeschaltet waren, öffneten wir die Türen, stiegen aus und standen in einem Backofen. Die Stille war unheimlich.

Es gab kein Anzeichen von Leben, und es schien, als wenn wir auf dem Mond gelandet wären. Selbst durch unsere Sonnenbrillen tanzte der Horizont in einer gigantischen Luftspiegelung vor unseren Augen, die sich in der blendenden Sonne wellte und verzog. Ratlos und von der Hitze überwältigt standen wir vor der Maschine und warteten. Ich verglich die Koordinaten ein drittes Mal mit dem GPS und kam zu dem Ergebnis, dass wir uns, bei einer möglichen Abweichung von knapp 100 Metern, am vereinbarten Treffpunkt befanden. Ich fürchtete, dass bei den extremen Temperaturen Dämpfe in der Treibstoffleitung entstehen und der Motor wahrscheinlich nicht wieder anspringen würde. Es konnte also sein, dass wir bis zum Abend in der Salzpfanne festsaßen.

Serge, der sich inzwischen erholt hatte, deutete auf eine Staubfahne am Horizont. »Unser Taxi«, sagte er mit schwacher Stimme, obwohl das Fahrzeug sich von uns wegzubewegen schien.

»Glaubst du wirklich, die haben gemeint, dass wir in diesem Niemandsland landen sollen?« Krystyne war skeptisch. »Sollten wir nicht versuchen, auf uns aufmerksam zu machen?« Ich hatte Leuchtraketen dabei, doch die wollte ich nur in einem wirklichen Notfall benutzen. Leuchtraketen waren schwer zu ersetzen, und es konnte sein, dass ich sie während meines Rückfluges nach Kanada brauchte.

»Lasst uns noch einen Moment warten«, schlug ich vor. »Wir können ihnen immer noch hinterherfliegen.« Ich hatte meine Bedenken verdrängt, dass der Motor eventuell nicht anspringen würde. Während ich sprach, schwang der Landrover herum und kam auf uns zu. Minuten später schüttelten wir Angelo die Hand, dem italienischen Fahrer, dessen breites Grinsen sein staubbedecktes Gesicht teilte.

»Entschuldigt, dass ich zu spät komme«, sagte er atemlos. »Wir schlagen vor, dass ihr euer Flugzeug aus Sicherheitsgründen hier lasst.« Er fuhr sich mit dem Unterarm über die Brauen und fügte der Mischung aus Schweiß und Kalk auf seiner Stirn nur noch mehr Staub hinzu.

»Wir haben uns über diesen Landeplatz gewundert«, ließ ich ihn wissen. »Ich dachte, dass man uns die falschen Koordinaten gegeben hätte.«

»Es ist der richtige Platz, keine Sorge. Niemand weiß, dass euer Flugzeug hier steht, daher ist es hier sicherer als beim Gästehaus.« Mühelos schwang er unsere Taschen in den Wagen. »Wir hatten in der Vergangenheit Probleme«, erklärte Angelo. »Einmal haben wir die Querruder einer Maschine auf einer Lehmhütte gefunden. Man hatte sie als Dach verwendet. Aber hier draußen sieht niemand das Flugzeug. Also dann, können wir fahren?«

Wir stiegen in den Landrover und überquerten die Salzpfanne. Dann schlängelte sich der Wagen um eine drei Kilometer lange Senke herum, die bei einer Sturzflut entstanden war. Angelo fuhr wie ein Wilder. Der alte Landrover schlingerte von einer Seite zur anderen und wirbelte dabei einen Tornado aus Staub auf. Als wir das Sossusvlei erreichten, waren wir mit weißem Staub bedeckt; nicht einmal eine Dusche konnte seinen Geschmack beseitigen.

Kala Kuena hatte sechs Einbett-*bandas*, die nicht weit von dem großen Salon und dem Speiseraum entfernt lagen. Die Gebäude waren aus lokalem Stein und roter Erde gebaut und selbst aus einer Entfernung 200 Metern kaum als solche wahrnehmbar. Die Räume waren attraktiv gestaltet und im Kontrast zu der glühenden Hitze der Wüste angenehm kühl. Wir waren die einzigen zahlenden Gäste; außer uns hielten sich nur Alberto, seine Frau Maria und ein Freund der beiden in dem Anwesen auf. Alessandro Leospo war Professor für Archäologie an der Universität von Turin. Die drei hießen uns willkommen wie Familienmitglieder.

Nach dem Essen saßen wir auf großen Kissen auf der Veranda und genossen unter den Sternen die kühle Wüstenluft. Professor Leospo, der eine weiße Leinenkluft trug, rieb sich seine nackten Füße und rauchte Pfeife, während er über Afrika sprach. Sein dichtes weißes Haar und seine Stimme, die einem Theaterschauspieler gut angestanden hätte, unterstrichen die Autorität eines Universitätslehrers.

»Professor, Sie kennen ganz sicher das Ägyptische Museum in Turin«, eröffnete ich das Gespräch.

»Natürlich«, antwortete er. »In Turin gibt es die weltweit wichtigste Sammlung ägyptischer Antiquitäten außerhalb von Kairo – was wenig wertgeschätzt wird, mit Ausnahme von ein paar Ägyptologen. Haben Sie das Museum besucht?«

»Ja. Unglücklicherweise wurde das Haus in dieser Zeit renoviert, und viele Abteilungen waren geschlossen. Aber das, was ich gesehen habe, war beeindruckend.«

»Sie müssen noch einmal hingehen«, insistierte der Professor. »Dort werden unvergleichliche Schätze aufbewahrt, so etwas sieht man selten.« Er verfiel in ein Schweigen und betrachtete gedankenverloren die Schönheit des Nachthimmels.

Serge fragte ihn, warum er in Afrika war. Der Professor verlagerte sein Gewicht auf die andere Seite und schob sich eines der Kissen unter die Hüfte, bevor er sprach.

»Ah, Afrika.« Seine Stimme klang wehmütig. »Hier hat alles angefangen.« Einen Augenblick lang schien es, als wäre das alles gewesen, was er zu sagen hatte. »Wissen Sie, Afrika ist der älteste Kontinent der Erde, alle anderen Kontinente sind von hier in einer

Reihe tektonischer Verschiebungen abgetrieben.« Das rote Glühen seiner Pfeife durchdrang die Nacht. »Afrika ist unser Ursprung, von der ersten Gesteinsbildung bis zu den ersten Zeichen tierischen Lebens. Nicht weit von hier liegen die Anfänge der menschlichen Evolution, die erst vor fünf Millionen Jahren begann. Denken Sie mal darüber nach.« Er schwieg wieder. Schließlich merkte er an: »Afrika ist unser Erbe. Wir stammen alle von der afrikanischen Eva ab.«

»Von wem?«, flüsterte Krystyne.

»Das alte Testament spricht von Adam und Eva, und dennoch stammt die ganze Menschheit von einer afrikanischen Eva ab – unsere evolutionäre Mutter. Der Ursprung jedes lebenden Menschen kann durch genetische DNA zurückverfolgt werden bis hin zu einer einzigen afrikanischen Frau, die vor ungefähr 150 000 Jahren gelebt hat. Diese afrikanische Eva war damals natürlich nicht die einzige lebende Frau, aber alle anderen Linien, außer ihrer, sind nach und nach ausgestorben.«

»Ich kenne einige Leute, die ziemlich sauer wären, wenn sie das hören würden«, kommentierte Serge trocken.

Professor Leospo ignorierte ihn und fuhr fort: »Die ersten *Homo sapiens* verließen Afrika erst vor 100 000 Jahren, doch ihre direkten Vorfahren wanderten fünf Millionen Jahre vorher über den afrikanischen Kontinent. Anthropologische Funde in Laetoli, Tansania, und Turkana, Kenia, sind drei bis vier Millionen Jahre alt.« Er lehnte sich in seine Kissen und blickte in den Himmel. »Sie fragen, warum ich nach Afrika gekommen bin? Ich bin hier, um mehr über mich zu lernen.«

Der Professor hörte wieder auf zu sprechen, und auch wir schwiegen. Über seiner Schulter hing das Kreuz des Südens am Himmel, dessen Längsachse zum Südpol zeigte. Ich fragte mich, ob es in der südlichen Hemisphäre auf die gleiche Weise navigatorisch genutzt wurde wie Polaris, der Polarstern, in der nördlichen. Oder weckte es nur romantische Gefühle?

»Warum, denken Sie, hat Afrika so viele Probleme?«, meldete sich Serge wieder zu Wort. »Gibt es historische oder kulturelle Gründe, die eine Erklärung für die anscheinend hoffnungslose Lage liefern, in der sich der Kontinent heute befindet?«

Maria, die ins Haus gegangen war, kam mit einer Flasche Wein zurück. Der Professor beugte sich vor, um in dem Halblicht, welches durch die offene Tür auf uns fiel, das Wiederauffüllen seines Glases zu beaufsichtigen. Sie ließ die Flasche in Serges Reichweite stehen, der sich wenig Mühe gab, seine Liebe zum Rotwein zu verbergen. Maria drehte sich um, verschwand wieder im Haus und überließ uns den Sternen und den Betrachtungen des Professors.

»Ja, natürlich gibt es Gründe«, antwortete er. »Einiges ergibt sich direkt aus den geologischen Besonderheiten dieses Kontinents. Man vergisst leicht, wie groß Afrika ist. Gleichzeitig sind nur weniger als 10 Prozent des Bodens in hohem Maße fruchtbar. Der Rest des Kontinents ist nur von einer dünnen Krume bedeckt, die nicht in der Lage ist, mehr als ein paar Mal hintereinander Ernten hervorzubringen. Die Sonne verbrennt das Land, und der Regen bleibt aus oder kommt in Sturzbächen und schwemmt die oberste Bodenschicht weg. Es ist also schon schwierig, Nahrungsmittel für den eigenen Lebensunterhalt zu erzeugen, und dieser Umstand hat wiederum Einfluss auf die Bevölkerungsdichte. Wir denken, dass Afrika dicht bevölkert ist, aber hier leben weniger als ein Viertel so viele Menschen wie in den meisten nördlichen Ländern. Nur in der Region der großen Seen, in den Hochländern von Äthiopien, in Teilen des Kongobeckens, am Nil und auf einem schmalen Steifen von Südwestafrika gibt es Böden, die in die Lage sind, mehr Menschen als ein paar Nomaden und Viehhirten zu ernähren.«

Der alte Mann lehnte sich auf die andere Seite und stopfte das Kissen nun unter seinen Arm. »Zwischen Bevölkerungsdichte und dem, was wir gesellschaftliche Entwicklung nennen, besteht ein enger Zusammenhang«, fuhr er fort, immer noch an seinem Kissen herumnestelnd. »Sehen Sie, Menschenkonzentrationen führen zu Spezialisierung, und Spezialisierung führt zu Innovationen. Aber Gesellschaften, die damit beschäftigt sind, das Lebensnotwendigste zu produzieren, können sich den Luxus der Innovation nicht leisten; sie sind von Natur aus konservativ und stecken ihre Energien in den Überlebenskampf.« Er hielt inne, um seine Pfeife wieder in Brand zu setzen, und suchte in seinen Hosentaschen nach Streichhölzern.

»Haben Krankheiten nicht mindestens so viel mit sozialen Strukturen wie mit gesellschaftlicher Unterentwicklung zu tun?«

»Ja«, antwortete er, »aber auch da besteht ein Zusammenhang. Die Tsetsefliege und die Malariamücke brüten überwiegend in den wenigen fruchtbaren Regionen Afrikas, sodass selbst die Gebiete, die viele Menschen ernähren können, permanent von Krankheiten heimgesucht werden.«

»Afrika leidet unter dem Fluch, der über Kain gekommen war«, bemerkte ich.

»Ja, das fürchte ich auch. Afrikas Gebrechen sind unheilbar.« Er hielt sein Weinglas in der Hand. »Als Afrikas Bevölkerungszuwachs im 18. und im 19. Jahrhundert im Begriff war, die kritische Dreiprozentmarke pro Jahr zu überschreiten, wurde der Kontinent durch den Sklavenhandel verwüstet. Allein der Kongo verlor durch die Sklaverei über neun Millionen Menschen. In der Zeit des Sklavenhandels begingen der Osten und der Westen in Afrika Menschenraub. Und heute leidet der Kontinent unter dem Fluch von Aids.«

Nach einer Pause fügte er hinzu: »Afrika hat die Seele der Welt in seiner Brust, und trotzdem ist es zum Endlager für unsere schlimmsten Albträume geworden. Es plagt unser Gewissen, doch wir, in der sogenannten zivilisierten Welt, schenken ihm wenig Beachtung und sind deshalb dazu verdammt, die Last der Schuld zu tragen.«

Ein Meteor schoss über den Himmel, verschwand hinter dem Horizont und hinterließ einen funkensprühenden Lichtschweif. Serge deutete nach oben und rief: »Eine Sternschnuppe!« Wir starrten auf den Schweif, als hätten wir einen flüchtigen Einblick in das Wirken der Schöpfung genommen, in etwas, das weit über Afrikas irdische Belange hinausging.

Krystynes Kopf war auf meine Schulter geglitten. Die Anstrengungen des Fluges, den wir an diesem langen Tag absolviert hatten, die weiche Nachtluft der Wüste und der Tonfall der Stimme des Professors hatten sie in den Schlaf gelullt. Sie hatte sich das Ende ihres Schultertuchs wie eine Decke unter ihr Kinn gestopft und erschien mir so verletzlich, als ich ihren gleichmäßigen Atem an meinem Hals spürte.

Ich erinnere mich ganz deutlich an diesen Abend, an den mit Sternen gefüllten Nachthimmel, an den Zauber der Nähe zu Krystyne, an die Gesellschaft von Serge und dem Professor und an das Gefühl, dass die Außenwelt nichts von unserer Anwesenheit wusste. Ich dachte nicht mehr an weltliche Ziele, an Toronto oder daran, was die Zukunft für uns bereithielt. Ich war vollkommen damit zufrieden, dort zu sein, unter den Himmeln, im Zentrum von Afrika, das für uns der Mittelpunkt des Universums war.

Unsere Zeit in Afrika hatte mich in meiner Überzeugung bestärkt, dass der Westen Afrika auf effektive Weise helfen muss. Der Kontinent repräsentiert unser menschliches Erbe, den Geburtsort unserer Seele. Die gegenwärtigen Hilfeleistungen des Westens sind gänzlich inadäquat, und wenn wir Afrika ignorieren, laufen wir Gefahr, unsere Menschlichkeit zu verlieren.

Der Professor stopfte seinen Tabaksbeutel in seine Hosentasche und erhob sich steif. Nach einer übertriebenen Verbeugung wünschte er uns eine gute Nacht und verschwand dann über den felsigen Weg zu seiner Behausung. Alberto und Maria waren bereits zu

Bett gegangen, und Serge und ich blickten hinauf in ein Sternenfeld. Krystyne hatte leise zu schnarchen begonnen.

»Was hältst du von dem Professor?« wollte Serge von mir wissen.

»Er ist ein bisschen theatralisch«, bekannte ich. »Das meiste, was er gesagt hat, stammt aus John Readers Buch über Afrika.«

»Ich glaube, er ist ein Scharlatan.« Serge hatte einen abfälligen Tonfall.

»Ach, komm schon, Serge, sei nicht so streng. Der Kontinent ist doch voll von kauzigen Typen, die behaupten, dass sie sich mit Afrika besonders verbunden fühlen.«

Serge ließ sich nicht beirren. «Wahrscheinlich ist er gar nicht Professor. In Italien ist doch jeder ein *dottore* oder *professore*.

Am nächsten Tag borgten wir uns den Landrover des Gästehauses und fuhren 56 Kilometer, um die gigantischen Sanddünen von Sossusvlei zu sehen, die sich 300 Meter über die Wüste erheben. Sandfahnen wehen auf den sich kräuselnden Gipfeln der massiven Dünen, die, angetrieben von unablässigen Wüstenwinden, jedes Jahr sechzig Meter über die Namib kriechen.

Unser Wagen rollte im niedrigsten Gang über den weichen Sand. Satte Violett-, Rot- und Orangetöne kontrastierten leuchtend unter der Wüstensonne. Es gab kein Anzeichen von Leben, außer den schwachen Spuren von Skorpionen im Sand und einer einsamen Oryxantilope, die, nicht weit von uns, unentschlossen im Kreis lief. Die Morgensonne pulverisierte das Land. Es war leicht, in dem Irrgarten der uns überragenden Dünen die Orientierung zu verlieren. Innerhalb von drei Stunden würden unsere Reifenspuren mit Sand überdeckt sein. Wir fuhren weiter, waren uns der verrinnenden Zeit bewusst und versuchten, uns den Rückweg zu merken.

Gegen zwei Uhr kehrten wir zur Lodge zurück. Wir hatten bereits gepackt und waren abmarschbereit, aber wir gingen noch einmal schwimmen, bevor wir uns auf den Weg zum Flugzeug machten. Alberto und der Professor waren auf einer Exkursion und suchten nach Fossilien. Maria beaufsichtigte unsere Abreise und schimpfte uns, weil wir nur so kurze Zeit geblieben waren.

»Ihr könntet eine Woche hier verbringen und hättet immer noch nicht alles gesehen«, sagte sie mit Nachdruck.

»Ich weiß, ich weiß«, antwortete ich. »Aber wir wollen zur Grenze Angolas, und wir haben wenig Zeit.«

»Ah«, protestierte sie, »das Einzige, was man in Afrika braucht, ist Zeit.«

Unser nächster Landeplatz war der Swakopmund Airport an der Atlantiklüste. Der Flughafen hatte keine klar erkennbaren Landebahnen. Alle Markierungen waren von Treibsand verdeckt, sodass die Maschinen überall landeten, auch in der Nähe des Luftsacks, den der Wind zerfetzt hatte. Piloten übermittelten ihre Positionen einfach an alle anderen Flugzeuge, die sich im gleichen Luftraum aufhielten. Dieses Verfahren birgt die Gefahr, dass es in der Luft zu Kollisionen kommt, doch alle Starts und Landungen verliefen ohne irgendwelche Zwischenfälle.

Zu unserer Überraschung waren die wenigen Hotels von Swakopmund belegt, obwohl die Straßen, Läden und Hotelhallen menschenleer waren. Wir erhielten eine Unterkunft im Haus unseres Taxifahrers, ein spärlich möbliertes Zimmer, das seiner Tochter gehörte. Serge wurde bei dem Bruder des Fahrers einquartiert, der über einem vollgestopften Antiquitätenladen wohnte, in dem alte Bücher und Relikte aus der Nazizeit gehortet wurden. Der Bruder, ein seltsamer Vogel, war von dem Gespenst der deutschen Kolonialherrschaft besessen.

An diesem Abend aßen wir in einem kleinen Restaurant gemeinsam mit dem Besitzer. Der ehemalige U-Boot-Kommandeur hatte sich gegen Ende des Zweiten Weltkrieges der Widerstandsbewegung Namibias angeschlossen und in einem Guerillakrieg gegen die Südafrikaner gekämpft. In einer kaum getarnten rassistischen Tirade ließ er sich endlos darüber aus, wie sehr es mit dem Land seit der Unabhängigkeit bergab gegangen sei. Wir waren erleichtert, als wir, nachdem wir unseren Wein ausgetrunken hatten, in das hinaustaumelten, was uns wie eine Geisterstadt erschien, in der weder Menschen noch Autos zu sehen waren. Entweder schliefen die Einwohner, oder sie hielten sich hinter den verschlossenen Fensterläden verborgen. Nur ein paar räudige Köter kreisten, auf der Suche nach etwas Essbarem, ziellos vor verschlossenen Türen, aber die Ausbeute war gering. Hunde sind in Afrika im Allgemeinen unbeliebt und werden selten gefüttert. Ihr Schicksal ist es, Seite an Seite mit anderen Glücklosen, Abfallhaufen zu durchwühlen.

Swakopmund war der letzte Ort, von dem wir wussten, dass wir dort Treibstoff kaufen konnten. Ein paar Siedlungen im nördlichen Namibia würden vielleicht Treibstoff in 200-Liter-Fässern vorrätig haben; andernfalls müssten wir auf Autobenzin zurückgreifen. Charlie Foxtrot Whisky Mike Juliet konnte zwar damit fliegen, aber es war nicht empfehlenswert, da auf die Dauer der Motor darunter litt. Auf der Suche nach Treibstoff hatten wir bis spät in die Nacht hinein Karten studiert, denn wenn wir nach Angola weiterfliegen würden, könnte es für uns knapp werden.

Inzwischen waren wir drei zu einem gut eingespielten Reiseteam geworden. Unser Tagesprogramm war flexibel, wir kannten die Interessen des anderen und hatten uns an seine Eigenheiten gewöhnt. Für Krystyne und mich gehörte Serge inzwischen zur Familie, und er war so freundlich, uns wie Gleichaltrige zu behandelt, obwohl wir beträchtlich älter waren als er.

Bei unserem Flug über die Skelettküste glitten wir nur 15 Meter über die weiße Gischt der atlantischen Brecher dahin. Der Ozean brandete gegen einen vollkommen menschenleeren Küstenstrich, an dem es, bis auf die zahlreichen Schiffswracks, die am Strand lagen, nichts zu sehen gab. Wie ließ sich die Anwesenheit dieser verlassenen Kolosse erklären, die halb im Sand vergraben lagen? Wirkten an dieser Küste, an der es keine Lichter oder andere Navigationshilfen gab, irgendwelche Gravitationskräfte auf die Seeleute ein? Eine Differenz von nur einem Grad führt nach 60 Meilen zu einer Kursabweichung von einer Meile – wer in diesem Teil der Welt nur um ein paar Grad von seinem Kurs abweicht, kann sein Schiff bei Nacht leicht auf einen dieser unbeleuchteten Strände manövrieren. Wir wandten uns landeinwärts und flogen über seltsam anmutende Gesteinsformationen, die Ausläufer des Mount Brandberg. Die von Furchen durchzogenen Felsen, die an dicken Kord erinnerten, falteten sich gegen die Wüste auf, als wenn ein riesiger Kamm durch das Gestein gefahren wäre und Adern von oxidierten Mineralien freigelegt hätte – ocker-, rost-, malven-, orangefarben und grün – eine auf das Land geworfene Jakobsmuschel.

Serge, auf dem Sitz des Kopiloten, war darauf versessen, alles zu fotografieren. »Kann ich das Fenster aufmachen?«, fragte er mich.

»Na sicher«, antwortete ich, »aber dreh das Mikrofon hinter deinen Kopf, sonst haben wir einen furchtbaren Lärm im Kopfhörer. Vorsichtig entriegelte Serge das Fenster, und ich flog eine Rechtskurve, damit er eine Herde Oryxantilopen vor die Linse bekam. Der heftige Wind, der durch das offene Fenster strömte, wirbelte lose Dinge im Cockpit herum, und Krystyne hatte alle Hände voll zu tun, sie wieder einzufangen.

»Wie lange muss das Fenster geöffnet bleiben?«, wollte sie wissen. Serge fotografierte seelenruhig weiter.

»Nur noch eine Minute«, beruhigte ich sie. Das war die einzige Situation, in der es zwischen uns dreien fast zu einem Streit gekommen wäre.

Die Sorge wegen des Treibstoffs nagte weiter an mir. Ich hoffte, im Camp Namutoni, das auf halbem Wege zur angolanischen Grenze liegt, welchen kaufen zu können. Jedes Mal, wenn wir wegen eines Schnappschusses kreisten, verbrauchten wir mehr Sprit, und außerdem erforderte das Fliegen in niedriger Höhe ein fetteres Gemisch – was die Verbrennungsrate pro Stunde erhöhte. Serges Fotos konnten uns teuer zu stehen kommen.

Beim Anflug auf Camp Namutoni sichteten wir eine kürzlich eingerichtete Schotterpiste; sie war fast eine Garantie dafür, dass dort Treibstoff erhältlich sein würde. Tatsächlich lagerten in einem Schuppen des Camps drei 200-Liter-Fässer, doch der Tank der Maschine fasst nur 120 Liter. Sobald ein Fass geöffnet wird, gehört es dem Käufer, was in unserem Falle bedeutete, dass wir 80 Liter kostbaren Sprit zurücklassen mussten. Wir füllten unseren Tank also zu einem hohen Preis, den wir allerdings gerne bezahlten.

Von Camp Namutoni aus flogen wir zum Kunene River, der an der Grenze Angolas fließt und Schlick in den Atlantischen Ozean spült. Im Laufe von einer Million Jahren hat der Kunene eine über 60 Meter tiefe Schlucht in die Landschaft gefräst. Sprunghafte Böen, die durch den Canyon rasten, zwangen uns, in ruhigere Luftmassen aufzusteigen, die aus dem violetten Dunst der Muchimba Mountains herabströmten.

Bei den Epupa-Fällen des Kunene gab es den einzigen Landeplatz, den wir seit unserem Abflug von Camp Namutoni gesichtet hatten. Die Piste war 240 Meter lang und endete an einer Felswand, die sich 300 Meter über den Platz erhob. Nachdem ich zweimal im Tiefflug über die Bahn hinweggeflogen war, hatte ich kein gutes Gefühl. War das ein Zeichen von Nervenschwäche? Es war heiß, und Serge litt wieder unter einem Anfall von Luftkrankheit. Ich flog ein drittes Mal über die Landebahn. Die Piste lag 300 Meter über dem Meeresspiegel, die Luft war also dünner und unser Flugzeug war voll beladen. Ein Start von dort würde noch gefährlicher werden als die Landung. Ich entschied, mich woanders umzusehen.

Wir kreisten über den Epupa-Fällen und sichteten drei Kilometer weiter östlich einen ebenen Platz, auf dem nur vereinzelt kleine Akazienbüsche wuchsen und der groß genug war, um zu landen. Die Räder berührten den harten Boden, und wir kletterten hinaus ins grelle Sonnenlicht. Nichts regte sich, nur das kriegerische Geräusch der Zikaden war zu hören.

Ich ließ Krystyne und Serge beim Flugzeug zurück und machte mich zu Fuß auf den Weg zu den Epupa-Fällen. Serge wollte in der Umgebung Fotos machen.

»Entferne dich nicht zu weit von der Maschine«, bat ich ihn, denn ich wollte nicht, dass Krystyne allein blieb.

»Nein, ich bleibe in der Nähe«, murmelte er und verschwand im Gestrüpp. Krystyne machte es sich unter einer Tragfläche gemütlich, um zu lesen.

Nach ein paar Kilometern traf ich auf ein kleines Lager von englischen Studenten der Oxford University. Sie befanden sich auf einer Expedition, die sie im Rahmen einer Spendenaktion durchführten. Sechs Stunden zuvor hatte sie ein Hubschrauber dort abgesetzt, ohne Kompass, mit einem Minimum an Nahrungsmitteln und einem Funkgerät für den Notfall. Ihre Aufgabe bestand darin, aus einem der »entlegensten Gebiete Afrikas« den Rückweg in die Zivilisation zu finden. Je schneller sie wieder nach Hause kamen, umso größer würde das Spendenaufkommen sein.

Ihre Überraschung angesichts eines weißen Mannes, der an ihrem improvisierten Biwak vorbeijoggte, war hörbar. Plötzlich schien das so »entlegene Afrika« nicht mehr so abenteuerlich zu sein, und das war eine Enttäuschung. Sie boten mir Tee an, und ich stattete sie mit Koordinaten aus, die ihnen vielleicht geholfen haben, ein paar hundert Englische Pfund mehr zusammenzubringen, als sonst bei einem tagelangen Fußmarsch durch dieses kaum kartografierte Gebiet Namibias herausgekommen wären.

Bei den Epupa-Fällen überredete ich einen Lkw-Fahrer, mich zum Flugzeug zurückzufahren, wo ich Krystyne und Serge in der Gesellschaft von drei barbusigen Himba-Mädchen antraf. Serge hatte die drei unter einem Akazienbaum entdeckt, unter dem sie Schutz gesucht hatten, weil die Ankunft unserer Maschine sie erschreckt hatte. Krystyne war verdutzt gewesen, als sie von ihrem Buch aufsah und Serge, mit den kichernden Mädchen im Schlepptau, auf sich zukommen sah. Sein ulkiges Gehabe hatte die Himba begeistert, und ihre anfängliche Schüchternheit war schnell verflogen und hatte einem koketten Verhalten Platz gemacht. Der Lkw-Fahrer bot an, uns zu einem kleinen Dorf bei den Epupa-Fällen zu bringen, und die Mädchen waren geknickt, weil er sie nicht aufforderte, uns zu begleiten.

Die Himba sind ein mit den Herero verwandter Volksstamm, der aus den Bantu-Migrationen in Zentralafrika hervorgegangen war, die vor über 1000 Jahren stattgefunden hatten. Die zurückgezogen lebenden Himbas führen ihren Ursprung über die mütterliche Linie auf einen einzigen weiblichen Vorfahren zurück. Sie folgen einem traditionellen nomadischen Lebensstil, und ihr sozialer Status wird durch Symbole kenntlich gemacht. Diese sind unter anderem der Kopfschmuck der Frauen, wie der einfache *erembe* oder der kunstvolle *ekori,* ein Kranz aus Ziegenleder, der von jungen Bräuten bei der Hochzeit getragen wird, und die Frisuren der jungen Mädchen. Die Himba sind freundlich und offen und haben ihre ursprünglichen Bräuche beibehalten, unbeeinflusst von den wenigen Weißen, die in den letzten Jahren Kontakt mit ihnen aufgenommen haben. Die Frauen reiben ihre Körper mit einer Mischung aus Ocker und *ghee* ein, dem Butterfett der Ziegenmilch. Auf unbefangene

Weise sinnlich und provokant tragen sie nur einen Lendenschurz und schmücken sich mit Muscheln und Armreifen aus getriebenem Metall. Sie sind schön, wohlgenährt und unbekümmert und gerne zu einem Tauschhandel bereit – schlichte Schnitzereien und Muscheln gegen Sicherheitsnadeln und Kugelschreiber.

Es gelang Serge, sich mit den Himba anzufreunden. Die Sprachbarriere überwand er mit seinem Fotoapparat und seiner einzigartigen Fähigkeit, durch Mimik zu kommunizieren. Krystyne und ich bewunderten seine natürliche Liebenswürdigkeit. Wir fragten uns, ob nicht eines der Himba-Mädchen ganz besonders anziehend auf ihn wirkte, obwohl sie alle hübsch und freundlich waren. Doch Serge, in dieser Hinsicht undurchschaubar, überließ uns unseren Fantasien und lieferte keinen Hinweis auf ein persönliches Interesse, das über den oberflächlichen Kontakt, der zu Dutzenden von Fotos führte, hinausgegangen wäre.

Als es Zeit wurde aufzubrechen, rollte ich mit dem Flugzeug versehentlich in einen Termitenhügel. Termiten sind die auf dem afrikanischen Kontinent am zahlreichsten vertretenen Lebewesen, und es gibt sie seit über 100 Millionen Jahren. Ihre Bauten sind bewundernswert; sie sind bis zu fünf Meter hoch und verfügen über ein Netzwerk von Gängen und Kammern, das in dem ganzen Hügel für gleichmäßige Temperaturen sorgt. Der Termitenhügel, in den ich hineinfuhr, befand sich direkt unter der Motorhaube und war vom Pilotensitz aus nicht sichtbar. Dennoch war er so hoch, dass der Propeller ihn seitlich streifte und rote Erde und Steine durch die Luft schleuderte, wie ein Schleifrad, das Funken versprüht. Als ich, um den Schaden zu begrenzen, die Treibstoffzufuhr unterbrach, gab es ein grauenvolles kreischendes Geräusch, wie von Metall, das über Beton gezogen wird. Die nächste Stunde verbrachten wir damit, die Ränder der Propellerblätter zurechtzufeilen, um sie wieder funktionstüchtig zu machen. Die Afrikaner, die uns dabei zusahen, waren fasziniert von dem, was sie für den Zauber des *muzungu,* des weißen Mannes, hielten.

Als wir uns in östlicher Richtung auf Sambia zubewegten, flogen wir über den Caprivizipfel, eines der merkwürdigsten Grenzterritorien Afrikas: ein langer Streifen Land, der bis in das Herz des Kontinents hineinreicht. Als die Deutschen gegen Ende des 19. Jahrhunderts in Namibia waren, hatten sie gehofft, über den Sambesi zum Indischen Ozean zu gelangen. Inmitten des europäischen Gerangels um Afrika beanspruchten die Deutschen das ganze Land, das an den Fluss angrenzte, nur um herauszufinden, dass der Sambesi nicht schiffbar war. Trotzdem behielten sie diese Gebiete. Der Caprivizipfel teilt das Königreich Lozi, in dessen Herrschaftsbereich jahrhundertelang der Oberlauf des Sambesi fiel. Das seinem König immer noch treu ergebene Volk der Lozi wurde durch die gegenwärtigen Grenzen von Angola, Namibia, Botswana und Sambia separiert. Die Lozi versuchen noch immer, die Wiedervereinigung ihrer Gebiete zu erreichen, aber die Welt hat größere Sorgen als die Restauration eines alten afrikanischen Königreichs, und so bleibt diese territoriale Anomalie bestehen.

Der Caprivizipfel führt zu den Viktoriafällen, die von Einheimischen als »Rauch, der donnert« bezeichnet werden. Das in Wellen verlaufende Tosen kann schon aus einer beträchtlichen Entfernung wahrgenommen werden, aber es nimmt erst dann eine sichtbare Form an, wenn man in die Schlucht, den tiefen Einschnitt in das schwarze Lavagestein, hinunterblickt. Der herumwirbelnde Sprühnebel ernährt eine Vielzahl von Wildblumen, die auf beiden Seiten der Wasserfälle blühen, und ließ an den Hängen der Schlucht einen Miniatur-Regenwald entstehen, der seit Dr. Livingstones erstem Besuch unverändert ist.

Wir verbrachten unseren letzten Abend mit Serge auf der Terrasse des Victoria Falls Hotels, einem 100 Jahre alten Meisterwerk kolonialer Baukunst. An der Mauer oberhalb der Veranda waren noch immer die durch Raketenbeschuss verursachten Narben sichtbar – ein Andenken an die sambischen (in jener Zeit war es noch das nördliche Rhodesien) Rebellenaktivitäten in den 60er-Jahren, in denen Ian Smith um die unilaterale Unabhängigkeit des Landes kämpfte. Das Hotel, das sich am Rande der Schlucht befindet und in dem es lebensgroße Porträts von Mitgliedern der britischen Königsfamilie zu bestaunen gibt, gleicht einer würdevollen alten Dame.

Als wir uns bei Wein und dem fernen Klang von Trommeln unterhielten, ließ Serge erkennen, dass er sich Sorgen um seine Zukunft machte. In Afrika sah er kaum Perspektiven, und zugleich gab es wenig, was ihn nach Frankreich zurückzog, außer seinen alternden Eltern. Er war frei und stand fest auf eigenen Beinen, aber in diesem Moment erschien er verletzlich. Dieser Mann schätzte unsere Freundschaft mehr, als wir geahnt hatten. Wir redeten bis spät in die Nacht hinein und versicherten uns gegenseitig, dass wir uns bald irgendwo wiedersehen würden, aber die bevorstehende Trennung machte uns das Herz schwer.

Serge war abgereist, und Krystyne und ich wunderten uns über den Luxus des, wie es uns schien, unbegrenzten Raums im Cockpit. Wir hatten in weniger als einem Monat 5000 Meilen zurückgelegt und waren in Schlangenlinien über den südlichen Teil des afrikanischen Kontinents geflogen. Die Route unseres Rückweges nach Nairobi verlief über Sambia und Simbabwe (das frühere Südrhodesien), südlich am Karibasee vorbei nach Malawi. Wunderschöne, großzügige Farmen mit gestrichenen Scheunen, gepflegten Rasenflächen, Teichen und Gärten, die elegante Kolonialhäuser umgaben, glitten unter uns hinweg, eine nach der anderen, Stunde um Stunde. Aus der Luft betrachtet glichen sich die Anwesen: In respektvollem Abstand zum Haus des weißen Besitzers gab es immer eine planlose Ansammlung von Lehmhütten mit Blechdächern, in denen die Arbeiter hausten. Es schien offensichtlich, dass hier, wie überall in Afrika, die Weißen das fruchtbare Land kultiviert und wenig für die Schwarzen übriggelassen hatten. Es war eine Situation, die den Keim der Revolution in sich trug.

Als wir uns Blantyre in Malawi näherten, zwangen uns immer wieder Gewitterwolken, von unserem Kurs abzuweichen. Es war mir nicht gelungen, im Voraus eine Landefreigabe für Malawi zu erhalten, und ich fürchtete, dass dies ein Problem werden würde. Vierzig Meilen westlich von Blantyre bat ich den Tower um Lande-Instruktionen und wurde nach meiner Freigabenummer gefragt. Ich bat um Erlaubnis, landen zu dürfen, obwohl ich keine hatte.

Es herrschte Funkstille, als der Lotse mit Lilongwe, der Hauptstadt Malawis, Rücksprache hielt. Schließlich fragte er mich, wie viel Treibstoff ich an Bord hätte – ein sicheres Zeichen dafür, dass man plante, uns die Einreise zu verweigern. Ich antwortete, dass ich noch für zwei Flugstunden Sprit hätte, genügend, um nach Harare in Simbabwe zurückzukehren. Wieder herrschte für eine längere Zeit Schweigen, während wir uns weiter dem Blantyre Airport näherten, ohne irgendwelche Instruktionen zu erhalten. Erwartungsgemäß wurde ich dann angewiesen, den Luftraum von Malawi sofort zu verlassen und nach Harare zurückzufliegen. Ich versuchte es ein letztes Mal und bat um Erlaubnis in Blantyre landen zu dürfen, da sich das Problem am Boden vielleicht leichter lösen ließe. Theoretisch gesehen brauchten wir eine Erlaubnis, um zu landen, solange kein Notfall vorlag. Zu meiner Überraschung entsprach der Tower meiner Bitte. Sobald wir unten waren, entbrannte eine Diskussion über unsere illegale Einreise. Ich blieb unerschütterlich bei dem Argument, dass man uns immerhin eine Landeerlaubnis erteilt hatte, und man gestattete uns schließlich, auf unserer geplanten Route weiterzufliegen. Dennoch erging landesweit eine Meldung an alle Flughäfen in Malawi, und Informationen über unsere jeweilige Position wurden ausgetauscht. Diesem Status trauriger Berühmtheit konnten wir während unserer ganzen Reise durch Malawi nicht entkommen, und das Flughafenpersonal begegnete uns überall mit Misstrauen.

Der Flug entlang der Ufer des Malawi-Sees war ruhig. Die Berge warfen violette und grüne Schatten auf das glasklare Wasser. Aus der Luft erspähten wir etwas, das wie ein Gästehaus aussah, und landeten auf einem Grasfeld neben einer Sandstraße. Von dort aus gingen wir eineinhalb Kilometer durch das Buschland zum Ufer des Sees.

Auf einer Lichtung entdeckten wir eine Ansammlung von Hütten aus Lehm und Flechtwerk, die in einem miserablen Zustand waren. Nackte Kinder starrten uns an, als wir uns einen Weg durch die Fischköpfe und abgenagten Maiskolben bahnten, die auf dem Pfad verstreut lagen, der an dem Gästehaus endete. In unserem Zimmer gab es weder Strom noch Moskitonetze, und es ist ziemlich sicher, dass Krystyne sich dort mit Malaria infizierte, doch die Krankheit brach erst viele Monate später in Toronto aus.

Bevor es dunkel wurde, machten wir einen Spaziergang zum Strand und paddelten mit einem verlassenen Einbaum auf den See hinaus, um den Moskitos und dem beißenden Gestank von Abfällen zu entkommen. Der flammende Sonnenuntergang über den purpurnen Bergen war so schön wie jeder andere, den wir in Afrika beobachtet hatten. Wind kam auf, nervöse Böen, und so kehrten wir zum Ufer zurück und legten uns auf den warmen Sand. Abendschatten überzogen das Land. Afrikanische Frauen, die ihre Wäsche und ihre Kinder einsammelten, trotteten langsam über den Strand und ließen uns in der zunehmenden Dunkelheit allein.

Während der nächsten zwei Tage flogen wir 700 Meilen bis nach Mbeya, erstanden Treibstoff von Missionaren, überquerten den Manyarasee und kreisten über dem Ngorongoro-Krater. Der Regen hatte die Straßen überspült, die zum Krater führten, daher gab es dort keine Touristen. Als wir über dem Rand waren, senkte ich die Nase des Flugzeugs und glitt in den Krater hinein. Dabei behielt ich die Fluggeschwindigkeitsanzeige im Auge und kalkulierte gleichzeitig den Wenderadius der Maschine. Aufgeschreckt von dem Motorlärm, liefen Scharen von Wild auseinander. Vogelschwärme stiegen aus dem Marschland auf und zogen sich zu wütenden Wolken zusammen. 45 Meter über dem Boden des Vulkans flogen wir zwei Runden in dem Krater. Dann schossen wir über den nördlichen Rand und nahmen Kurs auf den Magadisee, der an der Südgrenze Kenias liegt.

Wir waren wieder über heimatlichem Terrain, flogen das Rift Valley hinauf, über die N'gong-Berge und über das weite Hochland im Süden Nairobis. Nach 12 800 Kilometern lag der Wilson Airport vor uns, so, wie wir ihn vor fast einem Monat verlassen hatten. Wir kannten die Stimme des Fluglotsen, und das Personal des Flying Doctors Service kam aus dem Hangar gelaufen und geleitete uns zur Rampe. Es war, als wären wir nie weg gewesen, so vertraut war uns alles. Nachdem ich den Motor ausgeschaltet hatte, saßen wir schweigend und reglos im Cockpit. Eine Welle von Melancholie erfasste uns, denn dies war das Ende unseres letzten gemeinsamen Fluges in Afrika, und wir brauchten Zeit, um diese Tatsache zu verdauen. Es schien uns, dass wir noch eine lange Zeit so dasaßen und auf das Geräusch des langsam auslaufenden Gyroskops hörten. Vor der Maschine stand Stanley, der Mechaniker, und wartete geduldig auf Anweisungen.

Teil vier

14 Warten auf die Dämmerung

Unsere Rückkehr in den Nairobi Club und in den Kreis der Flying-Doctors-Kollegen war auf gewisse Weise schmerzlich, denn wir hatten nur noch knapp einen Monat in Afrika. Die Aprilregen waren warm und bargen ein süßes Versprechen. Nairobi blühte wieder, und die alternden Spuren seiner Schönheit brachen durch die Schleier von Armut und Verwahrlosung. Wir fanden es tröstlich, bekannte Gesichter in der Menge zu entdecken, wenn wir die vertrauten Straßen entlangschlenderten, vorbei an Märkten und Läden. Wie leicht würde es für uns sein, auf Dauer in das Lebens Nairobis einzutauchen. Nach zwei Jahren waren Krystyne und ich an eine Weggabelung gekommen. Entweder wir blieben und richteten uns für immer in Afrika ein, oder wir kehrten zu unseren Familien und Wurzeln in Kanada zurück. Die Entscheidung fiel uns schwer, und als sie gefallen war, wurde es Zeit, zu gehen.

Die verbleibenden Wochen wurden von Abreisevorbereitungen bestimmt. Krystyne plante, nach Paris zu fliegen, um dort eine Woche mit einer Freundin zu verbringen, mit der sie dann nach Tanger fahren wollte. Ich wollte noch etwas länger in Nairobi bleiben und meinen langen Flug nach Hause vorbereiten. Meine geplante Route verlief über Westafrika, über die Sahara und das Atlasgebirge bis nach Marokko, wo ich in Tanger Krystyne treffen wollte. Dieses Vorhaben war zeitaufwendiger und gefährlicher, als wenn ich nach Norden fliegen würde, über Äthiopien nach Ägypten und von dort aus westwärts nach Spanien. Aber mit dem Flug nach Westen würde ich die Umkreisung Afrikas vervollständigen, ein Ziel, das ich mir schon vor dem Abflug in Kanada gesetzt hatte.

Am Abend von Krystynes Abreise fuhren wir über den Mombasa Highway zum Kenyatta Airport. Krystyne starrte hinaus auf das Hochland und schwieg angesichts des bevorstehenden Abschieds. Wir würden uns nur für kurze Zeit trennen, aber die Stille war bedrückend. Sie wusste, was es bedeutete, über Westafrika zu fliegen, und hatte Bedenken. Ich zögerte, bevor ich sie zu beruhigen versuchte.

»Hey«, eröffnete ich, »ich sehe dich in Tanger. Du weißt, dass ich es schaffen werde.« Aber ihr Blick hat sich in mein Gedächtnis eingebrannt, und die Erinnerung daran ist während der Flüge über Westafrika immer wieder aufgetaucht. Später habe ich bedauert, dass ich so leichtfertig mit ihrer Sorge umgegangen war.

Die von mir gewählte Route zwang mich, den Tatsachen ins Auge zu sehen. Mir war nicht bewusst gewesen, in welchem Maße West- und Zentralafrika politisch unstabil waren. Das Risiko, dass ein korrupter Beamter aus einer Laune heraus mein Flugzeug beschlagnahmen könnte, war hoch. Die Entfernungen waren groß und die Gebiete, die ich überfliegen würde, äußerst abgelegen. Dies bedeutete, dass ich nirgendwo landen konnte und neun bis zwölf Stunden ohne Pause durchfliegen musste. Außerdem konnte ich in einem Notfall nicht auf Hilfe hoffen.

Positiv war, dass der Dschungel von Westafrika keine Gefahr für mich bedeutete. Eine einzelne Maschine auf einer Höhe von 10 000 Fuß würde kaum viel Aufmerksamkeit erregen, und für die Zeit meines Aufenthaltes auf dem Boden war es unwahrscheinlich, dass Soldaten, Rebellen oder Diebe ein Flugzeug stehlen würden, das sie nicht fliegen konnten. Nein, mechanisches Versagen und die afrikanische Bürokratie waren die einzigen Feinde, mit denen ich rechnen musste.

Die politischen Unwägbarkeiten in Westafrika variierten von Land zu Land: Uganda war sicher, aber in Zaire (seit 1997 wieder in

Kongo umbenannt) herrschten furchtbare Zustände. Nach einem Flug über Zaire müsste ich in der Zentralafrikanischen Republik zwischenlanden, um zu tanken. Dort hatte von 1965 bis 1979 der berüchtigte Kaiser Bokassa geherrscht, der seine Ex-Generäle, deren Leichen damals in Tiefkühlschränken lagerten, verspeist hatte. Nigeria war von den Vereinten Nationen auf die Liste der Sperrgebiete gesetzt worden, und Senegal und Elfenbeinküste, die früher zu Französisch-Westafrika gehört hatten, waren zwar in politischer Hinsicht sicher, doch dort gediehen Kriminalität und Gesetzlosigkeit. Meine Piloten-Kollegen bei den Flying Doctors rieten mir nachdrücklich, die bekannte und sicherere Route nach Europa zu wählen. Aber ich hielt an der Strecke über Westafrika fest – obwohl dies ganz klar ein Wagnis war.

Meine Abreise aus Nairobi hatte ich diverse Male verschoben. Lange Zeit fehlten mir Überflug-Freigaben für die meisten westafrikanischen Länder, denn ich erhielt keine Reaktion auf meine Telexe, Faxe und Anrufe. Und der Testflug mit Paolo – einem italienischen Piloten des Flying Doctors Service, der mit der Idee gespielt hatte, mich nach Kanada zu begleiten – stand auch noch aus. Paolo war charmant und abkömmlich, aber er genoss am Wilson Airport nicht gerade den besten Ruf. Jeder Pilot, der in Afrika flog, hatte einen Eintrag in seinem Logbuch, der auf einen Zwischenfall hinwies, aber einige Leute fanden, dass Paolo ein paar Einträge zu viel hatte. Doch ich mochte ihn, und ihm gefiel mein Plan, westwärts über den Kongo zu fliegen. Wir verabredeten einen Testflug für das Wochenende. Obwohl sich später herausstellte, dass er doch nicht mit mir nach Kanada fliegen konnte, half er mir sehr bei meinen Reisevorbereitungen.

Wir flogen nach Lamu, einer muslimischen Stadt an der Küste. Paolo sagte, dass er geschäftlich dort zu tun hätte. Diese Geschäftsbeziehung entpuppte sich als seine wunderschöne muslimische

Freundin, deren Familie nicht begeistert von dem Liebesverhältnis war. Alle Instrumente und das Langstrecken-Treibstoffsystem funktionierten während des Testfluges einwandfrei, die Maschine war startklar. Und das Wochenende in Lamu wurde zu einem kleinen Kurzurlaub, bevor ich den langen Flug nach Kanada antrat.

Gemeinsam mit anderen Gästen verbrachten wir einen unvergesslichen Abend auf der Veranda von Peponis Hotel im benachbarten Shela. Kerzen flackerten in einer sanften Brise, die vom Indischen Ozean herüberwehte. Das Personal, das barfuß zwischen uns umhertappte, servierte Drinks, während wir uns auf Kissen rekelten und bis spät in die Nacht hinein redeten. Es war eine gedämpfte Unterhaltung unter einem Baldachin aus Sternen in einem entlegenen Winkel am Rande des afrikanischen Kontinents, wo es friedlich und absolut zivilisiert zuging.

Meine Gedanken wandten sich dem 8000 Meilen langen Flug über Dschungel, Wüste und Ozean zu. Natürlich würde ich Gefahren ausgesetzt sein, aber darüber zerbrach ich mir nicht den Kopf. Es waren vielmehr die Möglichkeit eines technischen Versagens, die Tatsache, dass man mir riet, nicht die westliche Route zu fliegen, und Krystynes Sorgen, die mich ruhelos machten.

Die Afrikaner verabschiedeten sich auf eine wundervoll natürliche Weise von mir. Das Personal des Nairobi Clubs nahm mir das Versprechen ab, irgendwann wiederzukommen. Jims Sekretärin bat mich, ihrer Mutter aus Kanada eine Waschmaschine zu schicken. Michael, der Taxifahrer, flehte mich um Geld an, damit er sein Auto reparieren lassen konnte. Das Hangar-Personal lud mich sogar in seine Teestube zu einem zweiten Frühstück ein. Mike Gerber brachte zum Ausdruck, dass er meine Abreise wirklich bedauere, und die Piloten und Krankenschwestern ... so viele Abschiede. Zu gehen schien treulos zu sein.

Ich konnte zufrieden auf meine Arbeit für den Flying Doctors Service zurückblicken. Mein Beitrag war bescheiden, aber nicht unbedeutend. Es scheint so, als ob in Afrika weder etwas hinzugefügt noch etwas weggenommen werden kann – Veränderungen zum Guten lassen sich schwer realisieren –, aber das wusste ich von vornherein. Doch das konnte mein Interesse für Afrika nicht mindern, ganz gleich, was die Zukunft bringen würde, und dem Flying Doctors Service würde ich immer verbunden bleiben. In diesem Sinne war unser Aufenthalt in Afrika für mich eine Lehrzeit. Ich hatte humanitäre Fähigkeiten erworben, die nichts mit dem Wissen darüber zu tun hatten, wie man eine Firma führt.

Ich betrachtete das Projekt Flying Doctors Service als einen Erfolg, der nur durch mein Unvermögen geschmälert wurde, die Society zu überzeugen. Ihr Verhalten entbehrte jeder Logik, und ihre Kapriolen waren ein Ausdruck menschlicher Schwäche – etwas, das ich nie wieder unterschätzen werde. Doch trotz ihrer Widerspenstigkeit gab es vieles, was Grund zur Freude bot. Als ich abreiste, waren die Piloten, Krankenschwestern, Mechaniker und das Hangarpersonal hoch motiviert. Der Flying Doctors Service war jetzt eine besser organisierte, in sich geschlossene Einheit mit einem neuen Boss und hatte ein neues medizinisches Versorgungszentrum. Ich gab mich damit zufrieden, mein Bestes getan zu haben.

Am Morgen meiner Abreise badete Nairobi in einem herrlichen Licht. Ein klarer Himmel versprach einen ruhigen Flug. Ich stand auf der Starbahn 14 und wartete mit gemischten Gefühlen auf die endgültige Freigabe. Das Gewicht des zusätzlichen Treibstoffs machte sich bemerkbar, als die Maschine beim Startlauf über die ganze Länge der Piste rollte, bis sich die Räder endlich vom Asphalt lösten. Auf einer Höhe von 700 Fuß flog ich in einer Rechtskurve über den Nairobi Park und nahm Kurs auf die N'gong-Berge. Der

Tower verabschiedete sich, während vertraute Landschaftsmerkmale unter mir verschwanden – die Skyline von Nairobi, die Slums von Kibera, die Armeebaracken und das Kloster.

In einem weiten Bogen flog ich über das Rift Valley, den Großen Afrikanischen Graben, über den ich schon so oft geflogen war. Nichts konnte seine herbe und großartige Schönheit berühren. Ich spürte einen sehnsuchtsvollen Schmerz und fragte mich, ob ich wohl je wieder über dieses Tal fliegen würde. Ich war kurz davor, mir zu versprechen, eines Tages zurückzukehren. War das verwunderlich? Ich ließ so viel zurück, so vieles zerrte an meinem Herzen. Ich brauchte Zeit.

Mit frischem Gras überzogene Erhebungen des Tales glitten unter meinem Flugzeug hinweg. Ein roter Fleck, der schnell wieder aus meinem Gesichtsfeld verschwand, ließ auf einen einsamen Massai schließen, der seine Herde hütete. Gelangweilt hob eine Giraffe ihren Kopf, als ich mich im Tiefflug über die Akazienbäume hinwegschwang, die den Boden des Grabens bedeckten. Bald lag unter meiner rechten Tragfläche der Longonot-Krater, von Wolken verhüllt, majestätisch und erhaben. Über dem Oloololo-Escarpment kletterte ich langsam auf 9000 Fuß, und während ich hoch über die terrassenförmige Gebirgslandschaft flog, die sich bis zum Viktoriasee erstreckt, ließ ich Kenia und die Erinnerungen von zwei Jahren hinter mir.

Unter einer dichten Wolkendecke wirkte der Viktoriasee wie ein Laken aus Zinn. Der drittgrößte See der Welt diente Kenia, Uganda und Tansania als Grenze. Über der unendlichen Weite des Gewässers war kein Land mehr in Sicht. Wenn ich in dieses Wasser voller Flusspferde und Krokodile gestürzt wäre, hätte ich kaum eine Überlebenschance gehabt, aber der Motor schnurrte brav vor sich hin. Große Teile des Sees waren von riesigen Wassersalatfeldern bedeckt, die verhinderten, dass dieses graue Binnenmeer das Licht des Himmels reflektierte.

Der Entebbe Airport von Uganda, auf dem die Israelis am 4. Juli 1976 Geiseln aus einem entführten Flugzeug befreit hatten, lag auf einer Linie mit der untergehenden Sonne. Ich senkte die Nase von Charlie Foxtrot und näherte mich der schimmernden Landebahn. In dem Moment, als ich aufsetzte, ereignete sich im hinteren Teil der Maschine eine laute Explosion. Das Heckrad schleuderte Gummi- und Metallstücke über den Asphalt. Die Maschine schlingerte hin und her und war kurz davor, sich zu überschlagen, kam dann aber mitten auf der Landebahn abrupt zum Stehen. Die 1000 Kilo, die der zusätzliche Treibstoff wog, waren zu viel für ein Heckrad mit einem Reifendruck von 3,1 bar. Auf den Flügen von Kanada nach Afrika, die jeweils neun bis 13 Stunden gedauert hatten, war die Maschine durch den entsprechend hohen Treibstoffverbrauch vor den Landungen leichter geworden. Der Flug von Nairobi nach Entebbe dauerte nur drei Stunden, und so wog die Maschine beim Aufsetzen noch 500 Kilo über dem zulässigen Gesamtgewicht. Auf dem Heckrad lastete dreimal so viel Gewicht wie normal.

Da ich nicht in der Lage war, die Hauptlandebahn freizumachen, deklarierte der Tower einen Notfall. Fünf große Wagen mit heulenden Sirenen und blinkenden Warnleuchten transportierten aufgeregte Helfer zu meinem Flugzeug, und die Maschine wurde von der Piste auf die Rasenfläche geschoben. Dort stand sie nun, einsam und verlassen, aber sie war dem ankommenden Verkehr nicht mehr im Weg.

Mehrere Stunden später fand ich in dem Hangar am nördlichen Ende des Rasens einen belgischen Flugzeugmechaniker, Cousin Joles. Er half mir, das beschädigte Heckrad zu demontieren, das er für nicht reparabel hielt. Die Felge war gebrochen, und nach seiner Meinung würde sie keine weitere Landung überstehen. Cousin Joles hatte weder Ersatzteile, noch konnte er irgendwelche Vorschläge machen. Der lange Flug nach Hause schien keinen besonders guten Anfang zu nehmen.

Ich rief Jim Heather Hayes bei den Flying Doctors an, der mir für den nächsten Morgen ein Ersatzrad versprach. Jim hielt Wort. Er fand ein Heckrad auf dem Flugzeugfriedhof gegenüber vom Tower des Wilson Airports, und ein Pilot der Missions-Luftfahrt-Gesellschaft, der am nächsten Morgen planmäßig nach Entebbe flog, war damit einverstanden, es mitzunehmen und mir zu übergeben.

Inzwischen lud ich Cousin Joles zum Abendessen ein. Joles war der typische Fall eines älteren afrikanischen Arbeiters – ein Rohdiamant, den sein hartes Leben ausgelaugt hatte und der kein Geld besaß. 28 Jahre in Uganda konnten jeden Mann in die Knie zwingen. Es war schon eine Leistung, dass er die Ära Idi Amin, in der Uganda von Blut überschwemmt wurde, überlebt hatte. Joles erzählte, dass man ihn eines Tages vor ein Exekutionskommando gestellt hatte, das ihn erschießen sollte. Doch die Soldaten wurden durch irgendetwas abgelenkt, verschwanden wortlos und ließen ihn mit verbundenen Augen und an einen Pfosten gefesselt zurück. Irgendwann band ihn dann ein Fremder los. Ein andermal wurde er in seinem Haus überfallen; man hatte ihn ausgeraubt, geschlagen und in dem Glauben, er sei tot, liegen gelassen. Das Leben war in Uganda zu dieser Zeit so instabil, dass der reine Überlebenskampf zu einer Vollzeitbeschäftigung geworden war. Trotzdem hatte er nie daran gedacht, das Land zu verlassen. Wo hätte er auch hingehen sollen? Er kannte nur Uganda, und er war viel zu alt, um woanders noch einmal von vorn anzufangen.

Als früh am nächsten Morgen der Pilot der Missions-Luftfahrt-Gesellschaft über die Rampe schritt, hatte er mein Ersatzteil unter dem Arm. »Wollen Sie damit sagen, dass Sie das Problem mit dem Heckrad davon abgehalten hat, weiterzufliegen?«, fragte er und lachte lauthals, als er mir das Rad übergab – ein prophetischer Scherz, da es die falsche Größe hatte. Mir blieb nichts anderes übrig, als Cousin Joles zu überreden, das alte zu reparieren, auch wenn es nicht lange halten würde.

Ich lag nun drei Tage hinter meinem Zeitplan. Joles half mir, die Maschine in Startposition zu bringen. »Wenn das Heckrad abbricht, können Sie einfach das Blatt eines Spatens am Heck befestigen«, lautete sein Rat. »Es wird über den Boden gleiten und vielleicht besser funktionieren als die jetzige Konstruktion.«

Mein Kurs verlief nordwestlich, Richtung Albertsee, über das Ruwenzori-Gebirge und den gigantischen Dschungel von Zaire, ein unzivilisiertes und wildes Gebiet, wo es im Umkreis von 2400 Kilometern keinen Landeplatz gab, den ich in einem Notfall hätte ansteuern können. Die Konsequenzen eines mechanischen Versagens wären mit großer Sicherheit tödlich, und meine Ohren waren den ganzen Flug über auf den Motor konzentriert, um auch nur das leiseste Stottern oder kleinste Aussetzer wahrzunehmen. Wie ein Falke behielt ich die Anzeigen für Öldruck und Öltemperatur im Auge. Zu meiner Erleichterung blieben sie permanent im grünen Bereich. Der Flug über den Dschungel von Zaire würde gefährlich genug werden, aber zunächst musste ich den Albertsee und das Ruwenzori-Gebirge überqueren, was eine ganz besondere Herausforderung darstellte.

Das Ruwenzori-Gebirge, auch als »Berge des Mondes« bekannt, wurde von Ptolemäus im Jahre 200 v. Chr. als Quelle des Nils bezeichnet. Er hatte fast recht; 1937 wurde der Ursprung des längsten Flusses der Welt von dem deutschen Forscher Burkhart Waldecker entdeckt, der das Quellgebiet des Nils in den Sümpfen von Burundi vermutete, die von den Tutsi »der Kasumo« genannt werden. Dieser enorme, übelriechende Sumpf liegt vier Grad südlich vom Äquator. Eine kleine Tafel mit der Aufschrift »Caput Nili« (Anfang des Nils) bezeichnet einen der meistgesuchten Orte des 19. Jahrhunderts. Waldeckers Entdeckung wurde lange Zeit John Speke zugeschrieben, der 1862 fälschlicherweise verkündet hatte, dass der Viktoriasee die Quelle des Nils sei.

Am späteren Vormittag hatten sich dunkle und bedrohlich wirkende Kumulonimbuswolken über dem Albertsee aufgetürmt und das Ruwenzori-Gebirge verhüllt, das am Westufer bis zu einer Höhe von 4500 Meter steil in den Himmel aufragt. In dieser Region entstehen regelmäßig unerwartete Gewitterstürme, da feuchte tropische Luftmassen über den See und die östlichen Hänge des Gebirgszuges hinaufziehen, wo sie sich in den niedrigen Temperaturen, die auf großer Höhe herrschen, schnell abkühlen. Das ist ein klassisches Rezept für unvermittelt auftretende, heftige Stürme.

Mein Stormscope zeigte elektrische Entladungen von beträchtlicher Intensität an. Mir blieb nur ein schmaler Korridor zwischen zwei enormen Gewitterstürmen, die zu beiden Seiten meines Flugpfades tobten. Als ich mich dem See näherte, verdunkelte sich der Himmel. Dichter Regen prasselte laut auf meine Windschutzscheibe und raubte mir die Sicht. Ich ahnte nicht, dass die beiden Gewitter kollidierten und sich zu einem unberechenbaren Wettersystem vereinten, das sich über den ganzen See erstreckte. Der Regen strömte in solchen Massen herab, dass ich befürchtete, das Wasser könnte in die Luftzufuhrschlitze eindringen und den Motor ersticken. Während sich die Maschine durch die plötzlich auftretenden scharfen Abwinde hindurcharbeitete, zeigte das Stormscope ein eher kleines Unwettergebiet an, nicht mehr als 48 Kilometer breit. Wenn ich es also schaffte, durch das Gewitter hindurchzufliegen, würde mich auf der anderen Seite ein klarer Himmel erwarten. Aber mir stand ein äußerst unruhiger Flug bevor, der 15 oder 20 Minuten dauern würde.

Ich lenkte das Flugzeug in die dunklen Wolken, zog meine Schultergurte fester, blickte noch einmal auf die Instrumente und machte mich auf das Schlimmste gefasst. Instinktiv warf ich einen Blick durch das Seitenfenster auf die kräftigen Holme, welche die oberhalb des Cockpits angebrachten Tragflächen mit dem Rumpf verbinden. Dieses besondere Konstruktionsmerkmal der Cessna 180 erlaubt es den Tragflächen, starken Beschleunigungskräften standzuhalten. Doch die eigentliche Frage war nicht, wie belastbar das Flugzeug war, sondern ob ich in der Lage war, es in einem Gewittersturm unter Kontrolle zu halten.

Doch es gab keine Zeit mehr für Überlegungen, denn es war bereits zu spät, um noch umzukehren. Ich war mitten in dem Unwetter und erinnerte mich an die alte Fliegerweisheit »Wende nie in einem Gewitter. Halte die Tragflächen gerade und fliege einfach hindurch«. Turbulenzen hatten die Maschine fest im Griff und schleuderten sie wie ein Spielzeug herum. In einem Moment wurde die Cessna 2500 Fuß pro Minute nach oben gedrückt, und im nächsten Augenblick sackte sie mit einer beängstigten Sinkrate Richtung Erde. Permanent zuckten Blitze durch die dichten Wolken, einer nach dem anderen. Wie von einem Stroboskop wurde der Himmel durch eine Serie von hoch aufgeladenen Lichtblitzen erhellt, die vorübergehend stark blendeten. Ich blinzelte, blickte aber immer wieder in desorientierende Blitze, welche die Welt in ein Feld aus explodierendem Licht verwandelten.

Ich war kurz davor, die Kontrolle über die Maschine zu verlieren. Meine Versuche, das abrupte Steigen und Fallen mit dem Steuerknüppel auszugleichen, zeigten keine Wirkung. Die Steuerseile drohten durch die ruckartigen Bewegungen der Querruder zu reißen. Ich fragte mich, wie ein Flugzeug diese starken Stöße absorbieren konnte, ohne in der Luft auseinanderzubrechen. Irgendwelche Veränderungen der Fluglage der Maschine bewirkten, dass das Stall-Warnhorn ununterbrochen blökte. Mein Gurt saß so stramm, dass ich kaum atmen konnte

Ich ließ den Knüppel los und flog mit den Pedalen. Mit dem Steuerknüppel zu fliegen war sinnlos; nur mit den Pedalen hatte ich die Chance, die unberechenbaren Lageveränderungen der Maschine zu korrigieren. Urplötzlich auftretende, wütende Aufwinde drohten, eine der Tragflächen hochzureißen und die Maschine auf den Kopf zu drehen. Ich war im Herzen des Unwetters, die Welt außerhalb des Cockpits war pechschwarz. Dann platzte es aus mir heraus, und ich hörte meine eigene Stimme im Kopfhörer: »Oh Jesus, bitte hilf mir, das hier zu überstehen!«

Der ohrenbetäubende Lärm des Sturmes war eine psychische Belastung, die mich zusehends erschöpfte. Ich kämpfte gegen ein nagendes Gefühl der Hoffnungslosigkeit, der Resignation: Ich war verloren. Die Maschine war kurz davor, ins Trudeln zu geraten. Ich hatte bei der Beurteilung der Situation einen schweren Fehler gemacht. Das war mir jetzt klar. Wie war ich nur auf die Idee gekommen, in einen Gewittersturm hineinzufliegen?

Im Cockpit ging es drunter und drüber; unbefestigte Objekte flogen umher und wurden zu einer Gefahr. Der Erste-Hilfe-Kasten prallte gegen meinen Hinterkopf und versetzte mir einen heftigen Schlag. Ich spürte, dass ein Rinnsal aus warmem Blut sich seinen Weg hinunter zu meinem Hemdkragen suchte.

Aus den Regentropfen waren inzwischen Hagelkörner geworden, die mit der Wucht von Maschinengewehrgarben auf das Flugzeug niederprasselten. Dann hörte ich zweimal kurz hintereinander ein lautes Knallen, wie ein Schuss aus einem Gewehr; Blitze waren in den Rumpf eingeschlagen. Ich hatte keine Ahnung, wo die Blitze die Maschine getroffen hatten und welche Schäden entstanden waren. Vom Armaturenbrett aus verbreitete sich der beißende Geruch von brennender Elektronik, doch ich sah weder Flammen noch Rauch. Ich hatte die Kontrolle über die Maschine verloren.

Ich hatte meine Hände nicht mehr am Steuerknüppel und sah zu, wie er ruckartig vor und zurück schnellte, wodurch die Steuerseile der Querruder stark belastet wurden. Ich fürchtete, dass schon bei minimalen Versuchen, den Neigungswinkel zu korrigieren, die Höhenrudertrimmung sich verklemmen würde. Der Verlust eines der Steuerseile hätte mein Schicksal besiegelt. Plötzlich wurde die rechte Tragfläche mit einem gewaltigen Ruck nach oben gerissen und die Maschine legte sich komplett auf die Seite. Ich war in Gefahr, ins Rollen zu geraten und kopfüber zu fliegen. Ich hielt mit dem gegenüberliegendem Ruder dagegen, brach durch eine dicke Wolkenwand und war, zu meiner vollkommenen Überraschung, von dem Königsblau eines klaren, makellosen Himmels umgeben. Feine Nebelschwaden stiegen aus dem Dschungel Zaires auf, der grün und üppig unter der heißen Tropensonne lag und sich über 1600 Kilometer weit erstreckte.

Ich hatte das Ruwenzori-Gebirge überquert und den tobenden Sturm hinter mir gelassen. Im Cockpit herrschte ein absolutes Chaos. Eine geplatzte Mineralwasserflasche hatte ihren Inhalt wie ein Gartenschlauch über das Armaturenbrett versprüht. Der Übelkeit erregende Gestank von Treibstoff, der aus dem Ventil des Zusatztanks gedrungen war, erfüllte die Kabine. Butterkekse waren aus einer geöffneten Packung geflogen und lagen nun zwischen Karten und Papieren am Boden verstreut. Wichtige Informationen für den verbleibenden Flug – meine Treibstoffkalkulationen, die Prognosen über Windstärke und Windrichtung sowie meine Land- und Instrumentenflugkarten – lagen bei der Treibstoffpumpe auf einem Haufen. Da ich keinen Autopiloten hatte, war das Aufräumen des Cockpits eine mühsame und zeitraubende Arbeit, die eine volle Stunde in Anspruch nahm.

Doch ich war am Leben, ein wenig zurechtgestutzt und dankbar. Der Motor des Flugzeuges brummte gleichmäßig, als wenn nichts Ungewöhnliches passiert wäre. Das Stormscope hatte ein furchterregendes Crescendo aus elektrischen Kreuzen komponiert, als die beiden Gewitter sich in einem intensiven Wirbel aus elektrischer Energie und Windkraft vereinten, der seine Wut über dem Albertsee austobte. Es war Glück, reines Glück, dass es mir gelungen war, mich zwischen den beiden Unwettern hindurchzuzwängen. Nie wieder würde ich absichtlich in einen Gewittersturm fliegen.

Es erschien mir fast absurd, dass der restliche Flug so ruhig verlief. Wenn Gefahren drohten, waren sie unter dem Laubdach des leuchtend grünen Dschungels verborgen, der sich ohne Unterbrechung bis zum Horizont ausdehnte. Die Routinetätigkeiten, wie Navigation und Treibstoff-Management, schienen jetzt trivial und vertraut zu sein. Ich befand mich außerhalb der Reichweite des normalen Funkverkehrs; zuletzt hatte ich Kinshasa meine Position über Kurzwelle durchgegeben. Niemand scherte sich darum, ob ich kommunizierte oder nicht – ich war auf mich gestellt, keine Seele im Umkreis von 1000 Meilen interessierte sich für mich.

Vor mir lagen noch acht weitere Stunden Flug über einen dichten grünen Dschungel. Der Regenwald, so flach wie ein Ozean, klammerte sich an die gekrümmte Erde. Nichts deutete auf die Anwesenheit von Menschen hin. Doch dort unten lauerte Gefahr. Eine Bruchlandung in einem Dschungel war weitaus gefährlicher als in der Wüste oder auf dem Wasser. Wenn der Motor versagte, würde ich in die Bäume stürzen, und der leichte Rahmen des Rumpfes würde zusammengeknüllt werden wie Papier. Aus dem Wrack würde Treibstoff sickern, wenn es in dem dichten Geäst der Baumkronen hinge, 30 Meter über dem dunklen, unwirtlichen Dschungelboden, und es würde weder aus der Luft noch von unten her sichtbar sein. Jede Hoffnung auf Rettung wäre unrealistisch. In der Wüste könnte man versuchen, sicher zu landen und über Funk Hilfe zu holen. Eine Notlandung auf dem Wasser birgt natürlich spezifische Probleme, dennoch würde ich sie einem Sturz in einen Regenwald vorziehen – doch am besten, man denkt gar nicht darüber nach.

Den nächsten Zwischenstopp hatte ich in der Stadt Bangui in der Zentralafrikanischen Republik geplant. Dort erwarteten mich ganz andere Schwierigkeiten – afrikanische Bürokratie, nervöse, undisziplinierte und bewaffnete Soldaten und ein heruntergekommener Flughafen. Meine müßigen Spekulationen über eine Notlandung im Dschungel, in der Wüste oder auf dem Wasser verblassten angesichts dieser weitaus realeren und unmittelbaren Herausforderungen.

Ich fühlte mich schon in dem Moment unwohl, als ich aufsetzte. Vielleicht lag das an den Horrorgeschichten, die ich von Piloten am Wilson Airport gehört hatte. Einige von ihnen waren hier festgesetzt und gefangengehalten worden. Das Land war dafür bekannt, dass Mord, Vergewaltigung und Korruption an der Tagesordnung waren, und dieser Ruf machte es nicht gerade vertrauenerweckend. Schon der Flughafen hatte etwas Unheimliches an sich. Ich rollte bis zu einem baufälligen Gebäude, das am Ostende des Rollfeldes stand und von Soldaten umgeben war. Sobald ich den Motor abgestellt hatte, stürzte eine sich wild gebärdende Menge auf das Flugzeug; Gesichter pressten sich gegen die Fenster. Ich schaffte es kaum, die Cockpittür zu öffnen – und plötzlich fiel ein Schuss. Unsicher darüber, was vorgefallen war, wichen die Leute zurück.

Zwei Soldaten schlenderten auf die Maschine zu, um mich zum Flughafengebäude zu begleiten. Ich wurde in einen stickigen Raum geführt, in dem sich weitere Soldaten aufhielten. Einer von ihnen verlangte meine Papiere, die ich ihm sofort aushändigte. Sie wanderten von Hand zu Hand, bis sie einen Mann erreichten, der hinter einem Schreibtisch saß. Ich wurde aufgefordert, eine halsabschneiderische Landegebühr von 100 Dollar zu bezahlen – das war mehr als dreimal so viel wie die normale Gebühr. Ich erhob Einspruch und hielt meine Landefreigabe hoch, die einzige, die ich für ganz Zentral- und Westafrika hatte. Aber es half nichts, ich musste die Gebühr bezahlen.

Ich erkundigte mich, ob ich Treibstoff kaufen konnte, aber meine Frage wurde ignoriert. Stattdessen wollte man von mir wissen, warum ich im Land sei, was mein Reiseziel war und wem das Flugzeug gehörte. Eine kalte, feindliche Atmosphäre beherrschte den Raum. Als ich noch einmal nach Treibstoff fragte, wurde mir gesagt, dass ich am nächsten Morgen Sprit bekommen könne. Mein Instinkt sagte mir, dass ich versuchen sollte, auf der Stelle welchen zu erhalten, ganz gleich, was er kosten würde, denn ich wollte Bangui so schnell wie möglich wieder verlassen. Um einen Anreiz zu bieten, zog ich einen weiteren 100-Dollar-Schein aus der Tasche. Nach einer kurzen Debatte sagte man mir, dass innerhalb von zehn Minuten Fässer mit Treibstoff verfügbar sein würden.

Dem vorausgegangen war ein längerer Wortwechsel in einer Stammessprache, die ich nicht kannte, bei dem es lebhaft und disharmonisch zuging. Keiner der Anwesenden schien zuständig zu sein, bis ich das Geld für den Sprit zückte. Die Männer gingen auseinander, und ein kleiner, älterer Mann mit unreiner Gesichtshaut und hervorquellenden Augen beugte sich vor und nahm den Schein. Er schob einen Stift in meine Richtung und sagte etwas, das ich nicht verstand. Daraufhin begann er, sich aufzuregen, und deutete unablässig auf meine Maschine. Plötzlich wurde mir klar, dass er einen Flugplan von mir wollte, obwohl es keinen Funkverkehr mit dem Tower und keinen Dienst habenden Lotsen zu geben schien.

Gegenüber vom Flughafengebäude fuhren auf einer schmalen Asphaltstraße mit bewaffneten Soldaten vollgestopfte Jeeps hin und her. Ein anderes Fahrzeug raste aus nicht ersichtlichen Gründen die einzige aktive Landebahn rauf und runter, und die darin sitzenden Soldaten feuerten in die Luft. Als das Fass mit dem Treibstoff eintraf, wurde das Flugzeug wieder von der gleichen Menschenmenge umringt. Mir wurde keine Hilfe angeboten, als ich den Sprit von Hand in die Tragflächentanks pumpte. Zwei Soldaten wurden abgestellt, um mich zu bewachen. Wie sich herausstellte, erhielten sie zur Belohnung den Treibstoff, der nach dem Betanken meiner Maschine in dem Fass verblieb: Knapp 20 Liter.

Ich kletterte ins Cockpit, startete den Motor und rollte zur Startbahnbahnschwelle. Dabei wurde ich von einem Jeep verfolgt, der voll von grinsenden Kindersoldaten war. Der Wagen fuhr dicht an meine Seite und hielt unter der linken Tragfläche. Ich hatte keine Ahnung, was die Burschen vorhatten. Dann kam mir der Gedanke, dass sie wahrscheinlich ein Rennen mit mir veranstalten wollten.

Ich war fassungslos angesichts dieser überaus leichtsinnigen Idee. Automatisch führte ich die Vorflugkontrolle durch, während ich mir darüber klar zu werden versuchte, was jetzt zu tun sei, außer mich so schnell wie möglich in die Luft zu schwingen. Ich warf einen Blick auf die grinsenden Soldaten, die alle mit Gewehren bewaffnet waren. Unvermittelt hatte mich ein noch finsterer Gedanke im Griff: Was, wenn das Flugzeug, nachdem es gestartet war, ein allzu verlockendes Ziel darstellte?

Ich brachte den Motor auf volle Touren. Mein Herz klopfte, und meine Hände, die den Steuerknüppel umklammerten, wurden feucht. Der Jeep stand beängstigend dicht an der Maschine. Als ich die Startbahn entlang sauste, ging der Jeep in Führung und fuhr direkt vor mir auf die Mittellinie. Ich wich an den Rand der Bahn aus und wurde allmählich schneller, wollte sie aber erst überholen, wenn ich in der Luft war. Unmittelbar nachdem die Räder sich vom Asphalt gelöst hatten, ging ich stark in Schräglage und flog 90 Grad nach rechts; ich hoffte so, möglichst wenig Angriffsfläche zu bieten, und entschied mich für Geschwindigkeit statt Höhe. Ich flog mit Vollgas und hörte keine Schüsse, nur das Dröhnen des Motors. Minuten später hatte ich den Flughafen hinter mir gelassen und befand mich über den wuchernden Slums von Bangui.

Ich wandte mich nach Westen und flog in die weißgoldenen Strahlen der untergehenden Sonne. Die Kompassnadel pendelte sich langsam auf 282 Grad ein, West zu Nord. Dies war mein Hauptbezugspunkt, der fast auf einer Linie mit dem 7000 Meilen entfernten Toronto lag. Müdigkeit überkam mich. Nach meiner Einschätzung lagen noch fünf Flugstunden vor mir; den größten Teil der Strecke würde ich bei Dunkelheit fliegen. Das Land unter mir war schon von Schatten überzogen.

Ich befand mich über dem geschlossenen Baldachin des Dschungels. Der einzige Hinweis darauf, dass ich mich vorwärts bewegte, war das Brummen des Motors. Aber allmählich dünnte sich der Regenwald aus, und an den Ufern von ineinander verschlungenen Flüssen wurden vereinzelte Siedlungen sichtbar. Der Rauch von Kochfeuern verriet die Anwesenheit von Menschen unter mir. Im Halblicht konnte ich konische Hütten mit Grasdächern erkennen, die dicht an den Flussufern standen. Dem größten dieser Flüsse folgte ich über viele Meilen hinweg, dem Sanaga, der sich vom Hochland von Adamawa fast 1000 Kilometer durch Kameruns nördliche Savannen schlängelt und schließlich im Golf von Guinea mündet.

Eine dünne Wolkendecke schob sich vor die letzten Sonnenstrahlen, und das Cockpit wurde nur noch von dem weichen, bernsteinfarbenen Licht der Instrumente erhellt. Gelegentlich zuckten in großer Entfernung Blitze am Horizont. Das Flugzeug bahnte sich ruhig seinen Weg durch die hereinbrechende Nacht, die

Instrumentenwerte waren stabil, und der Fahrtmesser zeigte eine tatsächliche Fluggeschwindigkeit von 125 Knoten an. Im matten Licht der Kompassbeleuchtung blieb die Nadel fest auf meinem magnetischen Kurs, und die grün leuchtenden Zahlen des GPS kündeten von meinem Vorankommen. Seit dem Start in Entebbe hatte ich insgesamt 15 Flugstunden absolviert.

Laut Landkarte lag der Kamerunberg nur 23 Kilometer nördlich vom Douala Airport. Die Geschichte der Fliegerei ist voll von ahnungslosen Piloten, die mit dem Ungetüm kollidiert sind. Er liegt unmittelbar am Atlantik, ist über 4000 Meter hoch und somit der vierthöchste Berg des Kontinents. Jetzt lag der Riese, dessen Umrisse sich in der Dunkelheit gegen die Blitze eines entfernten Gewitters abzeichneten, direkt vor mir.

Durch die Frontscheibe sah ich die Lichter von Kameruns einziger aktiver Landebahn. In einer fantastischen Mischung aus elektrischem Licht und Straßenfeuern zogen die Außenbezirke der Stadt unter meiner Maschine hindurch. Während des Endanfluges konnte ich die Silhouetten von Menschen sehen, die aus der Dunkelheit auftauchend neben der Landebahn hin und her huschten. Ich war zu müde, um ihnen Aufmerksamkeit zu schenken. Ich wollte nur noch festen Boden unter den Füßen haben und meinen Kopf auf ein Kissen legen. Der Tower ließ mich wissen, dass es am Flughafen keinen Treibstoff gab und dass wahrscheinlich auch in den nächsten Tagen keiner erhältlich sein würde – ein großes Problem, dessen Lösung allerdings bis zum nächsten Morgen warten musste.

Am nächsten Morgen erwachte ich schweißgebadet. Ich lag in einem muffigen Raum auf einer eisernen Pritsche und hatte mich in meinem Laken verfangen. Keinen Meter von meinem Kissen entfernt kroch eine große Kakerlake über den Wasserhahn des Waschbeckens. Während ich sie geistesabwesend beobachtete, dachte ich darüber nach, wie viel Treibstoff noch in den Tanks meiner Maschine war – vielleicht genug für eine Flugzeit von einer Stunde und zwanzig Minuten, oder weniger. Mir blieben ein paar kaum verlockende Optionen: Ich konnte nach Lagos fliegen, doch der Flughafen dort galt als gefährlich. Oder ich konnte die Strecke von gestern zurückfliegen und in Yaoundé, Kamerun, landen; dafür würde der vorhandene Treibstoff gerade reichen, vorausgesetzt, dass ich keinen Gegenwind hätte. Oder ich könnte nach Äquatorialguinea fliegen und hoffen, in einem Land Sprit aufzutreiben, das weit abseits von allen ausgetretenen Pfaden lag.

Ich sprang aus dem Bett, wusch mich, schlüpfte in meine Sachen und ging die Treppe zur Hotelhalle hinunter. Der Rezeptionist lag in Unterwäsche auf einem demolierten Sofa und trank Bier. In dem kalten Licht des Tages sah das Hotel unglaublich schäbig aus, und es gab weder etwas zu essen noch zu trinken. Ich zahlte die Rechnung, schnappte mir ein Taxi und fuhr zum Flughafen. Die Beamten dort waren mir bei meiner Suche nach Treibstoff in keiner Weise behilflich. In Afrika, so rief ich mir in Erinnerung, waren Eigenständigkeit und Geduld unabdingbare Voraussetzungen für einen erfolgreichen Überlebenskampf.

Ich ging über den Asphalt zu meinem Flugzeug, ließ den Motor an und stellte die Funkfrequenz für Flüge zum Douala Airport ein. Die Piloten, die in dieser Region unterwegs waren, wussten mit Sicherheit, wo man Treibstoff kaufen konnte. Wichtig war für mich, dass er innerhalb einer Flugstunde von Douala erhältlich war. Schon nach kurzer Zeit meldete ein südafrikanischer Pilot, der sich im Anflug auf den Flughafen befand, seine Position. Eine Viertelstunde später schwang sich Tim Clark aus seiner Cessna 206 und begann, Frachtgut auszuladen.

Seiner Ansicht nach hatte ich die besten Chancen, wenn ich den 45 Minuten langen Flug nach Malabo auf der Insel Bioko unternehmen würde. Bioko gehörte zu Äquatorialguinea und lag nicht weit von meiner geplanten Route entfernt. In Malabo gab es Treibstoff in Fässern, aber Tim meinte, dass es schwierig werden könnte, die Besitzer zum Verkauf zu überreden. Er glaubte, dass der Treibstoff Schmugglern zur Verfügung gestellt wurde, die eine illegale Ein- und Ausfuhr von Waren betrieben. Von einem Flug nach Lagos riet er mir entschieden ab. Wenn ich dort landete, meinte Tim, würde mein Flugzeug beschlagnahmt werden. Und in Yaoundè gab es keinen Sprit. Derzeit war in ganz Kamerun kein Treibstoff verfügbar; Grund dafür war ein Streit zwischen der Flughafenbehörde und dem Finanzminister wegen einer Sondersteuer auf Treibstoff – aber eigentlich ging es bei dieser Auseinandersetzung um Schmiergelder.

Blieb also nur Malabo. 15 Minuten später war ich in der Luft. Mir war vollkommen klar, dass ich dort Treibstoff auftreiben und kaufen musste, denn mit dem Rest in meinen Tanks würde ich die Insel nicht mehr verlassen können. Beim Flug über die Bucht von Bonny kam die Stimme eines Kanadiers über das Funkgerät. Es war ein Hubschrauberpilot, der auf einer Bohrinsel von Mobil Oil stationiert war. Das ausgeprägte »eh« verriet ihn. Ich fragte ihn, was er von Malabo hielt, und erhielt die Auskunft, dass die Stadt selbst für afrikanische Verhältnisse ein übler Ort sei und dass ich mein Flugzeug nicht unbewacht lassen dürfe.

Ich bekam ein flaues Gefühl im Magen, als ich auf der mit Schlaglöchern übersäten Piste landete, an deren Ende eine Baracke mit Wellblechdach stand, die von dem vorrückenden Dschungel halb verdeckt war. Der ganze Flugplatz war in einem traurigen Zustand. Von dem Windsack war nur noch ein Fetzen übrig, der schlaff in der feuchten Nachmittagshitze hing. Ich rollte zum Ende der Landebahn und schaltete den Motor vor einem verwitterten Schild aus, auf dem in kaum noch lesbarer Schrift »Malabo« stand. Im Eingang der Baracke lümmelte ein unsympathischer Typ mit langen Koteletten und einer schmutzigen Wollmütze, der übellaunig dreinblickte. Er fixierte mich, als ich aus dem Cockpit stieg und auf ihn zuging.

»*Buenos días*«, sagte ich in der Annahme, dass auf der Insel immer noch Spanisch gesprochen wurde. »*Quiero comprar gaz por mi avión, por favor.*« Er sah mich mürrisch an und antwortete lakonisch: »*No hay benzene aqui.*« Der Mann blieb reglos sitzen, als ich näher kam.

»Sprechen Sie Englisch?«, fragte ich mit schwacher Stimme, aber er blieb stumm. Ich quetschte mich an ihm vorbei und stand in einem schmuddeligen Raum, in dem überall Papiere verstreut lagen, die mit Schichten von Staub bedeckt waren. Das Gebäude schien nicht mehr benutzt zu werden. »*Dónde es el capitán?*«, versuchte ich es noch mal, als ich wieder ins Freie trat. Er zuckte nur teilnahmslos mit den Schultern. Ich gab auf, ging zur Maschine zurück, startete den Motor und rollte über die Piste zu einem heruntergekommenen Hangar, dessen Falttüren halb offen standen.

Vor dem Hangar drängten sich drei Männer um eine Tonne mit brennendem Müll. Ich sagte ihnen, dass ich gekommen sei, um zu tanken, und mit dem Boss sprechen wolle. Einer von ihnen deutete mit einer Kopfbewegung zur Rückseite des Hangars, wo ich einen großen Afrikaner vorfand, der einen Overall trug. Sein Name war Emmanuel, seine Englischkenntnisse waren dürftig, und er behauptete steif und fest, dass er keinen Treibstoff zu verkaufen hätte. Lange und zähe Verhandlungen folgten.

Der Preis war nicht das Thema. Ich brauchte den Treibstoff, ganz gleich, was er kostete, und so zahlte ich schließlich drei Dollar pro Liter für Flugzeugbenzin, das sich in einem offenen 200-Liter-Fass befand – mit Sicherheit der teuerste Treibstoff in ganz Afrika. Man gab mir weder eine Pumpe noch einen Trichter und auch kein Sieb. Stattdessen erhielt ich einen Eimer und benutzte mein T-Shirt als Filter. Und so hob ich 49 Mal einen mit Treibstoff gefüllten Kübel und goss den Inhalt durch mein T-Shirt in die Tragflächentanks. In dieser Zeit versammelte sich eine Menge von Zuschauern um mich herum; etwas Bedrohliches lag in der Luft.

Es war unmöglich, den Sprit zu bezahlen, ohne dass Dutzende von Augen die Transaktion beobachteten. Minuten später zwängte sich ein hochgewachsener Afrikaner durch die Menge. Er trug eine Baseballkappe, eine dunkle Sonnenbrille und zerrissene Jeans und verlangte von mir eine Landegebühr von 150 Dollar. Die Menge drängelte sich noch näher an uns heran; die Leute wollten unbedingt sehen, wie eine größere Geldsumme den Besitzer wechselte. Die Landegebühr war unverschämt hoch, doch ich hielt es für weise, sie zu bezahlen und so schnell wie möglich zu verschwinden.

Ich drehte mich um und wollte in das Cockpit steigen, da kam eine zweite Forderung. Diesmal war es eine »Navigationsgebühr« in Höhe von 250 Dollar. Jetzt reichte es; ich weigerte mich. Die Menge wurde immer bedrohlicher und drängte sich zwischen mich und das Flugzeug. Schweißgebadet, nervös und ärgerlich wurde mir klar, dass ich mich in einer Sackgasse befand. Ich setzte auf Zeit.

»Wieso werden Navigationsgebühren erhoben, wenn es hier nicht mal Funkgeräte gibt, einen Tower oder einen Fluglotsen?«, verlangte ich zu wissen. »Wo ist der Boss? Ich werde nur an ihn bezahlen.« Die Leute waren verblüfft, hörten aber nicht auf, mehr Geld zu verlangen.

Aus einiger Entfernung hörte ich das Motorengeräusch eines Hubschraubers. Er kam näher. War das der Kanadier, den ich über Funk kontaktiert hatte? Ich schöpfte neuen Mut bei dem Gedanken, dass ich Hilfe bekommen würde und dass wir gemeinsam einen Ausweg aus der zunehmend gefährlicher werdenden Situation finden würden. Der Helikopter landete, und zwei Männer stiegen aus, die sich als Bill und Wayne vorstellten. Beide stammten aus Alberta, und keiner von ihnen sprach Spanisch. Sie waren eine Unterstützung, aber wir waren, bei einem geschätzten Verhältnis von 30 zu 3, in der Minderzahl. Bill schlug vor, den Spanisch sprechenden Repräsentanten von Mobil Oil einzuschalten. Er hieß Hernandez und wohnte irgendwo am nördlichen Ende der Insel. Das war ein vernünftiger Plan, und so stapfte ich bald darauf einen Pfad hinunter, der sich an der Küste entlangschlängelte, auf der Suche nach diesem Mann. Meine neuen Freunde blieben bei der Maschine.

Nachdem ich mehrere Leute gefragt hatte, fand ich Hernandez; er schlief in einer Hängematte in einem kleinen Palmenwäldchen am Strand. Obwohl ich seine Siesta störte, blieb er völlig gelassen. Der Rückweg zum Flugplatz erfolgte schweigend im Gänsemarsch. Sekunden nach seinem Eintreffen am Flugplatz änderte sich die Stimmung der Menge. Hernandez schwang einen Stock und teilte links und rechts Schläge aus. Er drosch mit aller Kraft auf die Horde ein und belegte sie gleichzeitig mit Flüchen, bis die Leute auseinanderliefen wie eine Meute Straßenköter. Er genoss die Konfrontation offensichtlich, schien sie als eine Art Sport zu betrachten und weigerte sich sogar, ein Trinkgeld anzunehmen. Hernandez winkte uns zum Abschied und schlenderte dann den Pfand zurück zu seiner Hängematte, während der Hubschrauber sich in einem Staubwirbel erhob und ich den sechsstündigen Flug nach Abidjan, Elfenbeinküste, antrat.

Gleich nach meiner Ankunft in Abidjan machte sich ein junger Afrikaner an mich heran. Liberté Tchande, den seine Freunde »Freedom« nannten, hoffte, mir als Chauffeur und als Fremdenführer dienen zu können. Er fuhr mich zu einem Hotel, und wir verabredeten uns für den späteren Abend, damit ich noch Zeit hatte, zu baden und ein Stündchen zu schlafen.

Abidjan war sehr lebhaft – mehr als jede Stadt in Ostafrika. Eine pulsierende Aufgereiztheit und die Vorfreude auf wilde Trinkgelage lagen in der Luft. Junge Männer waren mit rostigen Autos, auf Fahrrädern und zu Fuß unterwegs und flirteten mit Mädchen, die sich um die Feuer in den Straßen versammelten. Die sternenlose Nacht wurde von dem Licht der Feuer und der ohrenbetäubenden Musik aus tragbaren Radios verschlungen, und die jungen Leute waren high von Alkohol und Drogen. Die Stadt war in Partylaune.

Freedom fuhr einen Volkswagen, der keinen Auspufftopf hatte und der rumpelte wie eine altmodische Waschmaschine. Wir fuhren im Kriechtempo ins Stadtzentrum, vorbei an jungen Männern, die halb leere Bierflaschen in die Luft reckten. Prostituierte starrten durch die Wagenfenster und riefen: «Schätzchen, Schätzchen, du willst es, ich habe es!« Geplänkel, Beleidigungen und Schreie, durchsetzt von rüden Gesten, mündeten in abweisendes Verhalten und schließlich in Gleichgültigkeit.

Freedom murmelte irgendetwas, aus dem ich schloss, dass er seine Freundin von zu Hause abholen wollte. Wir fuhren eine halbe Stunde über Schlammstraßen, bis wir ein Bachbett erreichten. Dort mussten wir aussteigen und laufen. Die Nacht war tintenschwarz und der unbeleuchtete Weg so bevölkert, dass wir manchmal hintereinanderstehend warten mussten, damit andere vorbei konnten.

Schließlich erreichten wir Freedoms Haus, eine fensterlose rote Lehmhütte mit dem üblichen Wellblechdach. Es roch nach Abwässern. Das warme Licht einer Kerosinlampe schien auf seine jüngere Schwester, die träge auf der Türschwelle saß, um der lähmenden Hitze, die innen herrschte, zu entkommen. Freedoms Mutter hockte im hinteren Bereich des Raumes in Unterwäsche auf einer Holzkiste und nähte in dem gedämpften Licht. Sie machte keine Anstalten, ihre Blöße zu bedecken und murmelte, dass Phoebe, Freedoms Freundin, vor 20 Minuten mit Freundinnen weggegangen sei. Als wir zum Wagen zurückgingen, versicherte mir Freedom, dass wir Phoebe nicht vergeblich suchen würden. Ich war langsam mit meiner Geduld am Ende. Ich musste unbedingt etwas essen. Freedom behauptete, dass Phoebe in der Nähe sei, und tatsächlich fanden wir sie keine zehn Minuten später. Sie tanzte mit Freundinnen bei einem großen Feuer, das mitten auf der Straße brannte.

Ihre beiden Freundinnen und sie zwängten sich in den Wagen, und wir fuhren wieder durch ein Gewirr von engen Schlammstraßen zurück ins Zentrum, bis zu einem kleinen Nachtklub: »Le Colibri« lag direkt neben dem städtischen Gefängnis.

Der Klub war gerammelt voll mit Afrikanern, die auf Sofas und auf Kissen am Boden herumsaßen. Eine Jazzband spielte, geleitet von einem blinden Afrikaner, der vor einer elektrischen Orgel saß und süßliche Melodien schmachtete. Die Leute waren völlig entspannt und plauderten miteinander. Der Duft von Haschisch und Zigarettenrauch hing wie dichter Nebel über der Szene.

Freedom und Phoebe bombardierten mich mit Fragen über Kanada. War das Land so reich und gab es wirklich so viele Jobs, wie sie gehört hatten? Ich bestätigte, dass persönliches Vorankommen nicht von Korruption und politischen Beziehungen abhängig war. Ja, das Leben in Kanada war für diejenigen gut, die zielstrebig waren und über Talent verfügten. Sie hörten mit großen Augen zu und schenkten jeder Einzelheit hohe Aufmerksamkeit. Im Vergleich zu Abidjan war Kanada ein Paradies, in dem Milch und Honig flossen. Die einzige Schwierigkeit war, dorthin zu gelangen.

Unsere Unterhaltung wurde durch einen plötzlichen Applaus unterbrochen, der zu einem Crescendo aus Rufen und Geschrei anschwoll, als eine Sängerin schwungvoll den Vorhang teilte und die kleine Bühne am anderen Ende des Raumes betrat. Ihre Rastalocken fielen ihr bis über die Hüften. In ihrem hautengen Kleid erinnerte sie stark an Eartha Kitt, und obwohl ihre sinnliche Stimme nicht rein war, heizte sie mit der Show, die sie während ihrer Interpretation von »Fever« abzog, das Publikum an.

Später gesellte sich ein Komiker zu ihr, dessen Imitationen von lokalen Politikern sich mir nicht erschlossen, trotz Freedoms fieberhafter Übersetzungsversuche. Eine begeisterte Menge warf Münzen auf die Bühne, die der Komiker mit erstaunlicher Fingerfertigkeit auffing.

Wir gingen ein Haus weiter, um etwas zu uns zu nehmen: Samosas und Bier. Die ernsthafte Befragung bezüglich der Verhältnisse in Kanada ging weiter, obwohl ich allmählich genug von dem Thema hatte. Ich war mehr daran interessiert, etwas über Abidjan und ihr Leben in Afrika zu erfahren und hatte wenig Lust, Träume von Kanada zu nähren, die sie sich nicht erfüllen konnten. Wir blieben eine Weile und fuhren dann zurück zu Freedoms Behausung auf ein nächtliches Bier. Die Straßen waren jetzt noch voller als vorher; die Stadt dachte nicht daran, schlafen zu gehen, bevor der Morgen dämmerte.

In der Lehmhütte angekommen, saß ich auf dem einzigen Stuhl und wartete auf ein Bier, während Freedom und Phoebe damit beschäftig waren, die Kerosinlampe anzuzünden. Außer uns war niemand da, Freedoms Mutter und Schwester waren verschwunden. Mir wurde ein warmes Bier gebracht, und Freedom schlüpfte nach draußen, um Zigaretten zu besorgen. Ich war nach dem zehnstündigen Flug müde und beschloss, Freedom nach seiner Rückkehr zu bitten, mich ins Hotel zu fahren. Ich saß in dem flackernden Licht, hing meinen Gedanken nach und nahm meine Umgebung kaum wahr. Ohne Vorwarnung stand Phoebe plötzlich vor mir und zog sich ihr Kleid über den Kopf. Im Licht der Kerosinlampe kontrastierte ihre weiße Unterwäsche stark mit ihrer glänzenden schwarzen Haut, und dieser Anblick überraschte mich ebenso sehr wie ihr unerwarteter Auftritt. Ihre Bewegungen hatten die katzenhafte Anmut eines Panthers, und sie hielt Augenkontakt, während ich mich vom Stuhl erhob.

»Nimm mich mit nach Kanada«, flehte sie mich an und kam näher. »Ich werde für dich arbeiten.« Phoebe kam um den Tisch herum und mit ausgestreckten Armen auf mich zu. Mit einem Schlag wurde mir alles klar: Freedom und Phoebe träumten von einem Leben in Kanada und betrachteten mich als Transportmöglichkeit. Diese späte Erkenntnis verblüffte mich. Unbeirrt beugte sie sich vor, zog geschickt ihren BH aus und entblößte ihre prallen Brüste. Ich wandte mich zur Tür und fühlte mich, angesichts des Missverständnisses, das ich unabsichtlich provoziert hatte, höchst unbehaglich. Nachdem ich meine Fassung zurückgewonnen hatte, stammelte ich etwas von Schwierigkeiten bei der Einreise in Kanada, über Arbeitserlaubnisse und lange, kalte Winter, und ließ sie schließlich verwirrt und niedergeschlagen zurück.

Ich trat aus der Tür, ging um die nächste Ecke und traf dort Freedom, den zwielichtigen Architekten dieses hinterlistigen Plans. Er lehnte am Wrack eines alten Autos und rauchte lässig eine Zigarette. Da ich auf seine Versuche, das Thema Kanada noch einmal aufs Tapet zu bringen, nicht weiter einging, fuhren wir schweigend zum Hotel. Ich hoffte, dass er nicht Phoebe die Schuld für den missratenen Abend gab. Freedom war klar, das sein Plan gescheitert war und dass sein Traum von einem Flug nach Kanada sich in Rauch aufgelöst hatte, aber als wir das Hotel erreichten, war nichts von Bitterkeit zu spüren. Wir waren Freunde, was sich in der unverfälschten Herzlichkeit zeigte, mit der wir uns eine gute Nacht wünschten und uns voneinander verabschiedeten.

Welche Laune des Schicksals hatte Phoebe zu einem Leben in Armut verdammt, beeinflusst von Umständen, die sie nicht ändern konnte und aus denen sie sich befreien wollte? Und ich, ich würde zu den Sicherheiten und Privilegien, die sich mir in Kanada boten, zurückkehren. Ich fragte mich, mit welchem Recht ich einfach davonflog, in ein Leben voller Möglichkeiten, und sie und Freedom mit ihrer Sehnsucht nach Dingen zurückließ, die außerhalb ihrer Reichweite lagen. Diese flüchtigen Gedanken machten mich beklommen.

Als Nächstes lag ein zwölfstündiger Flug von Abidjan nach Dakar im Senegal vor mir, der über die südwestlichen Ausläufer der Sahara führte. Ich brauchte eine Stunde, bis ich eine Höhe von 14 000 Fuß erreicht hatte. Es war wichtig, den Treibstoffverbrauch im Auge zu behalten und auf großer Höhe zu bleiben, um weniger Sprit zu verbrennen. Bei Langstreckenflügen über eine Wüste ist man hauptsächlich mit Treibstoffverbrauch und Navigation beschäftigt. Ich berechnete Kompassabweichungen und theoretische Wegpunkte und notierte die Daten präzise auf meiner Karte.

Als ich mich der Küste näherte, wurden die wogenden Dünen allmählich von Büscheln trockenen Grases und spärlichem Buschwerk ersetzt. Durch einen Gegenwind, der über die Sahara zum Golf von Guinea hinfegte, sank die tatsächliche Geschwindigkeit über Grund unter 90 Knoten. Nach zwei Stunden hatte ich den Funkkontakt mit der Außenwelt verloren. Langsam bewegte ich mich, über Meilen von leerer Wüste hinweg, weiter und weiter landeinwärts.

Fünfeinhalb Stunden später wurde der Himmel von dem roten Dunst eines Sandsturmes verdunkelt, den der warme Saharawind in die Höhe getragen hatte. Die Sicht wurde immer schlechter, und der Geruch von Sand breitete sich in der Kabine aus. Bald hatte ich Sandkörner in den Augen, in der Nase und zwischen den Zähnen. Ich befürchtete, dass die Luftfilter verstopfen könnten und der Vergaser darunter leiden würde. Instinktiv griff ich zur Wasserflasche, um einem Flüssigkeitsmangel vorzubeugen; in großer Höhe und bei trockener Luft kommt es leicht zu einer Dehydration. Der Horizont verschwand. Ich flog nach Instrumenten, ohne Funkkontakt. Was als einfacher Flug begonnen hatte, wurde immer anspruchsvoller; alle Bezugspunkte, die jenseits der Tragflächenspitzen lagen, wurden von dem umherwirbelnden roten Sand verwischt.

Zwei weitere Stunden flog ich durch das Halbdunkel des Sandsturms. Kleine Körnchen setzten sich hinter den Treibstoffventilen ab, und der rötlich verfärbte Himmel wurde immer dunkler. Plötzlich begann die Warnlampe der Lichtmaschine zu blinken; ein Fehler bei der Stromversorgung war aufgetreten. War die Lichtmaschine defekt oder der Spannungsregler, oder hatte es hinter dem Armaturenbrett einen Kurzschluss gegeben? Das gesamte elektrische System des Flugzeugs bezog seinen Strom jetzt aus einer einzigen Batterie – einer Batterie, die nun nicht mehr von der Lichtmaschine aufgeladen wurde. Die Instrumente, die Navigationslichter und die Treibstoffpumpe für den Zusatztank würden in wenigen Minuten ausfallen.

Meine erste Sorge galt dem Treibstoff, alles andere war zweitrangig. Ich hatte 280 Liter in dem Zusatztank hinter meinem Sitz, genug für neun Flugstunden. Aber der Kraftstoff nützte mir nichts, wenn ich ihn nicht in die Tragflächentanks pumpen konnte. Die Treibstoffpumpe, die mein Mechaniker Dave McDevitt vor zwei Jahren eingebaut hatte, wurde mit Strom betrieben. Hatte die Batterie noch genügend Saft, um die Pumpe anzutreiben?

Auf den Motor des Flugzeugs konnte ich mich verlassen; der Strom, den er brauchte, wurde von einer Reihe von Zündmagneten erzeugt, die nicht von der Batterie abhängig waren. Der Motor würde mich nach Dakar bringen, wenn er nur genügend Kraftstoff bekam – sehr viel Kraftstoff. Ich stellte alles ab, was Strom brauchte, und hoffte, dass die Batterie noch genügend Kraft hatte, um die Treibstoffpumpe am Laufen zu halten. Das vertraute »Tick-tick-tick« der Pumpe deutete darauf hin, dass sie einwandfrei arbeitete. In etwa drei Minuten würde sie langsamer werden und dann allmählich verstummen. Ich konnte unmöglich einschätzen, wie viel

Sprit in die Tragflächentanks gelangen würde. Inzwischen sanken die Zeiger der Navigationsinstrumente auf null, einer nach dem anderen – selbst die Treibstoffanzeige fiel aus. Nur der Kurskreisel und der künstliche Horizont, die beide mit Luftdruck betrieben werden, lieferten noch Hinweise darauf, dass sich die Maschine durch den roten Sandnebel weiter voranbewegte.

Ich musste schnell Prioritäten setzen, die Menge des verfügbaren Treibstoffs einschätzen, die Zeit und meine exakte Position auf der Karte verzeichnen. In meinem GPS-Gerät gab es eine kleine Batterie, die mir erlaubte, meine exakte Position zu überprüfen, was bei einem Koppelnavigationsverfahren absolut wichtig war. Für eine begrenzte Zeit würde ich in der Lage sein, meine Berechnungen mit dem GPS zu vergleichen – solange die kleine Batterie noch Strom lieferte.

Ich ging meine Treibstoffkalkulation ein zweites Mal durch und stellte fest, dass der Sprit nicht bis Dakar reichen würde – und ich hatte den Punkt überflogen, an dem ich noch hätte umkehren können. Die kürzere Strecke lag vor mir. Es wäre eine grausame Ironie des Schicksals, wenn ich aus Treibstoffmangel in die Wüste stürzen würde, während zehn Zentimeter hinter mir 265 Liter Sprit im Tank hin und her schwappten. Dass ich keine Handpumpe für den Notfall hatte, mir der ich Treibstoff aus dem Zusatztank in die Tragflächentanks hätte pumpen können, war ein Thema, das ich mit Dave McDevitt diskutieren musste, sobald ich wieder in Toronto war. Ich suchte nach einem geschickten Trick, mit dem ich die drohende Kraftstoffkrise vermeiden konnte, aber mir fiel nichts ein. Die einzige Option war, höher zu fliegen, das Treibstoffgemisch magerer zu machen, um den Verbrauch zu vermindern, und zu hoffen, dass ich klare Sicht haben würde.

Eine Stunde später lieferte die GPS-Batterie keine Energie mehr. Ich war noch 450 Meilen von Dakar entfernt, hatte zu wenig Sprit und keine Möglichkeit mehr, meine Position zu überprüfen. Jetzt musste ich mich entscheiden. Ich konnte nach Westen fliegen, bis ich die Atlantikküste erreichen würde und dann Richtung Norden, so weit, wie der Treibstoff reichte. Andernfalls müsste ich meinen Weg über die Wüste fortsetzen und hoffen, dass sich das Wetter besserte und ich irgendwo landen konnte. Ich entschied mich für die Küste und die schwache Hoffnung, dass der Himmel in der Nähe des Ozeans aufklarte, was mir erlauben würde, eine Notlandung durchzuführen.

Wenn ich ohne Sicht nach Westen flog, konnte es passieren, dass ich über die Küste hinausschoss und mich auf den Atlantik hinausbewegte. Ich ging 3000 Fuß tiefer und starrte durch die Frontscheibe – nichts. Ich musste mich auf meine Berechnungen von Zeit und Entfernung verlassen und, sobald ich über dem Wasser war, auf eine Höhe von 500 Fuß runtergehen.

In den nächsten zwei Stunden wurde der Himmel allmählich klarer. Undeutlich konnte ich die schmalen Flüsse erkennen, die sich durch Mangrovensümpfe schlängelten, und schloss daraus, dass ich mich in Küstennähe befand. Aber nirgendwo war ein Landeplatz in Sicht. Ich wandte mich nach Norden, und als ich im Zickzack-Kurs der Küstenlinie folgte, erwartete ich, dass der Motor jeden Moment ausfallen würde, aber er lief ruhig und gleichmäßig weiter. Anders als bei anderen Notfallszenarien in der Luft, bei denen schnelle Entscheidungen getroffen werden müssen, hatte ich genügend Zeit, um mich angenehmen und unangenehmen Vorstellungen und Fantasien hinzugeben, bis ich in der Ferne die schwachen Umrisse von Dakar sichtete.

Der internationale Flughafen von Dakar liegt an der Spitze einer acht Kilometer langen Halbinsel, die sich westlich der Stadt um eine halbmondförmige Bucht schmiegt. Meinen Berechnungen zufolge musste mir der Treibstoff bereits ausgegangen sein. Sollte ich den

Flughafen direkt über das Wasser anfliegen oder den zehn Meilen längeren Weg entlang der Bucht wählen? Ich entschied mich für die sicherere Route, die an der Küste entlang führte, und bereitete mich auf eine Notlandung auf einer Straße oder einem öffentlichen Platz vor. Was ich jetzt brauchte, war eine große Portion Glück.

Da ich nicht mit dem Flughafen kommunizieren konnte, flog ich geradewegs auf den Tower zu, 300 Fuß über dem Boden und rechtwinkelig zur Hauptlandebahn. Ich wackelte mit den Tragflächen, um anzuzeigen, dass ich in Not war. Als ich an den Fenstern des Towers vorbeirauschte, wusste ich, dass ich von erschreckten Augen beobachtet wurde. In diesem Moment hustete der Motor, fing sich wieder, hustete ein zweites Mal und fiel aus. Der restliche Sprit war durch die Schaukelbewegungen auf die andere Seite des Tanks geschwappt und so nicht mehr zum Motor gelangt. Mein Herz pochte, als ich mich in einem steilen Gleitflug der Landebahn näherte, Tragfläche an Tragfläche mit einer anderen Maschine, die sich im Endanflug befand. Ich erinnere mich deutlich an die weit aufgerissenen Augen und den ungläubigen Blick des Piloten, der keine zehn Meter von mir entfernt war. Er hatte eine Landefreigabe erhalten und keine Ahnung, wo ich herkam und was los war. Ich machte keine Anstalten, ihm Platz zu machen. Wir bewegten uns aufeinander zu, steuerten beide dieselbe Landebahn an – doch ich hatte keinen Motor, kein funktionierendes Funkgerät und keine Wahl.

Der Lotse, dem klar war, dass ein Unfall drohte und der nicht mir kommunizieren konnte, wies meinen Nachbarn an, durchzustarten, und so konnte ich ungehindert landen. Komischerweise stellte sich heraus, dass der Pilot des anderen Flugzeugs ein Frankokanadier war, der in Dakar lebte und gerade seine Pilotenprüfung machte. Er hat mir später erzählt, dass sein Fluglehrer weitaus erschrockener gewesen sei als er und ich ihm gewissermaßen geholfen hätte, die Prüfung zu bestehen, weil er in einer gefährlichen

Situation ruhig geblieben war. Wir verbrachten den Abend zusammen, taumelten gemeinsam durch die verrauchten Bars von Dakar und erzählten uns Fliegergeschichten, die sich über Montreal oder Afrika abgespielt hatten.

15 Tanger

Der Aero Club von Dakar ist der zweitälteste Fliegerklub Afrikas, aber anders als beim Aero Club von Ostafrika (der älteste) ist das Klubhaus in Dakar und seine Ausstattung eher bescheiden. Es ist ein schachtelförmiges Gebäude mit Linoleumböden und billigen Möbeln. Auf der Rückseite des Hangars gibt es eine kleine Werkstatt für Wartungsarbeiten, die über ein paar Ersatzteile und die wichtigsten Werkzeuge verfügte – aber natürlich nicht über eine Lichtmaschine. Diese Werkstatt sollte für die nächsten drei Tage mein Zuhause werden.

Albert, der afrikanische Mechaniker, versuchte die defekte Lichtmaschine wiederherzustellen, indem er die Ersatzteile von Hand anfertigte – eine geniale Arbeit, die allerdings nur langsam voranschritt. Der Arbeitsfluss wurde immer wieder von Piloten unterbrochen, was Albert dazu brachte, das Werkzeug aus der Hand zu legen, Fertigstellungstermine nicht einzuhalten und laut zu fluchen. Ich wurde immer unruhiger. Zuerst ging die Standbohrmaschine kaputt, dann fiel der Kompressor aus, Schrauben- und Steckschlüssel in der richtigen Größe fehlten, kleine Kohlestücke waren nicht herstellbar, und im ganzen Land waren keine Ersatzteile erhältlich. Eine Lichtmaschine wieder aufzubauen ist eine anspruchsvolle Aufgabe – eine, die Stunde um Stunde dauerte.

Aus Frustration wurde Mutlosigkeit, und dann – und das war typisch Afrika –, als die Grenzen meiner Geduld erreicht waren, gab es unerwartet Anlass zu Hoffnung. Albert fand ein wertvolles Teil in einer alten Cessna, die ganz hinten auf dem Platz stand. Die Lichtmaschine ließ sich dennoch nur behelfsmäßig reparieren, wie schon vorher das Heckrad; das Ersatzteil würde wahrscheinlich nicht lange halten, aber ich würde damit bis Tanger kommen, vielleicht sogar bis Europa.

Ich lag bereits drei Tage hinter meinem Zeitplan und konnte Krystyne nicht anrufen, die in Tanger auf mich wartete. In dem Durcheinander, das während des Sturmes über dem Albertsee und bei dem Gerangel in Bangui geherrscht hatte, war ihre Nummer verloren gegangen. Ich wusste, dass sie sich Sorgen machte, konnte aber kaum etwas anderes tun, als mich zu beeilen und sie zu suchen, sobald ich in Tanger gelandet war.

Ich flog nach Norden, über Mauretanien und in die Westsahara hinein, Meile um Meile über menschenleere Wüste. Dunkles Gelb, blutiges Rot, Erdbraun und Erhebungen aus schwarzem Lavagestein durchdrangen Wellen von ruhelosem Sand. Ich wurde es nie müde, über die Wüste zu fliegen. Das subtile Spiel von Licht und Schatten, die sinnlichen Gipfel der Dünen, die, von den vorherrschenden Winden angetrieben, endlos weiterwanderten, wie Schaumberge aus Sand, die über das Land trieben. Ich war durch die Wüste gewandert, geritten und hatte sie überflogen. Ich spürte ihre Bewegungen, wie ein Seemann bei einer langen Fahrt das Meer spürt. Versunken in ihre unvergessliche Schönheit und Leere, hatte ich ihre Launen verstehen gelernt, ihre Fähigkeit, die Seele eines Menschen anzusprechen und gleichzeitig alle Spuren seiner Reise durch das endlose Sandmeer zu löschen. Die Wüste zog meine Fantasie in ihren Bann, berührte mich tief in meinem Innersten.

Nach und nach kam das Atlasgebirge in Sicht, das sich wie die Wirbelsäule eines gewaltigen Säugetiers von der flachen Erde abhob. Ich trimmte die Maschine für einen langsamen Sinkflug und bereitete den Anflug auf Marrakesch vor. Instabile Luft strömte über den vorderen Rand der Tragflächen, verwirbelt von kalten Fallwinden, die, von den Schneefeldern des Atlas, hoch über mir, herabwehten.

Ich verringerte die Geschwindigkeit, um die Ruder zu entlasten. Unter mir breitete sich Marrakesch aus, die Wüstenstadt, beleuchtet von den flackernden Lichtern der auf Allah deutenden Minarette und dem schwindenden Licht des Abendhimmels.

Marrakesch war überaus typisch für Nordafrika. Vorbei war es mit den schwarzhäutigen Frauen, die durch ihre Kleidung, ihre Figuren und Bewegungen Schönheit verstrahlten. Wie verletzte Krähen flatterten Muslimfrauen in ihren Bui-Buis durch die engen Straßen und vermieden jeden Augenkontakt. Männer saßen mit gekreuzten Beinen und schlürften Tee, rauchten Opium aus kunstvollen Wasserpfeifen (*nargilas*) und sprachen über Lokalpolitik, Geschäfte und die endlosen Familienfehden. Schelmische kleine Jungen rannten durch die Gassen, wurden von ihren Eltern geschimpft und schimpften zurück. Das tropische Schwarzafrika, das nur ein paar Hundert Kilometer südlich des Atlasgebirges und der Sahara lag, war eine andere Welt, die sich sehr von Nordafrika unterschied.

Ich nahm ein Zimmer im CTM-Hotel, das am Djemaa el Fna liegt, dem zentralen Marktplatz in der Altstadt. Stachelschwanzsegler schwirrten über die nächtlichen Umrisse der Stadt, während sich dort immer mehr Menschen versammelten. Gruppen von Männern standen eng beieinander und beobachteten milde lächelnd die müden Darbietungen von Gauklern, Schlangenbeschwörern, Akrobaten, Geschichtenerzählern und anderen Verrückten, die um Aufmerksamkeit und läppische Beträge wetteiferten.

Fast unmerklich verwandelte sich der Platz. Holzbuden wurden aufgestellt, und zusammenklappbare Tische und Stühle wurden so arrangiert, dass Freiluft-Restaurants entstanden. Speisen wurden auf Propangasherden gegart, und die Luft füllte sich mit dunklen, fettigen Rauchwolken, die über der Menge waberten. Stränge von Glühlampen, mit Strom aus tragbaren Generatoren gespeist und provisorisch an Drähten befestigt, schwankten wie trunken und warfen seltsame Schatten auf die den Platz umgebenden Mauern. Der Lärm der umherirrenden Menschen, die sich über den Platz schoben, der Geruch von Ziegenfleisch, Shish Kebab, Fisch, Würstchen und scharfen Soßen erfüllte die Luft. Konkurrierende Köche boten kritischen Kunden Kostproben an. Angespannte Gastwirte eilten zwischen Kochstellen und Tischen hin und her, überwachten die Kocharbeiten, warben um Kunden und verjagten kleine Jungen, die etwas von den mit Essen beladenen Tellern zu stehlen versuchten.

Ich ließ mich in der Menge treiben und wurde durch die engen Gänge zwischen den Tischen hindurchgeschoben, als plötzlich, ganz in der Nähe, ein Propangasbehälter explodierte, der Flammen und Funken in den Nachthimmel schleuderte. Wie wilde Derwische rannten einige der Köche schreiend durch die von Panik erfasste Menge. Ihre Dschellabas brannten, und Freunde schlugen hektisch und aufgeregt mit Lumpen auf sie ein, um die Flammen zu ersticken. Offensichtlich handelte es sich um ein alltägliches Ereignis, denn das metallische Quäken der Blasinstrumente, das rhythmische Trommeln und das Werben um Gäste setzte sich ununterbrochen fort. Der Zwischenfall wurde lediglich als Entschärfung der Konkurrenzsituation betrachtet, da es nun einen Anbieter von Speisen und Getränken weniger gab.

Am späteren Abend degenerierte das Treiben auf dem Platz zu einer manischen Ekstase aus Lärm und Gefeilsche. Kundenwerber, die auf die niedersten Schwächen von Menschen abzielten, lauerten im Schatten hinter jeder Ecke der Kasbah.

Am nächsten Morgen erforschte ich das Labyrinth der Suks hinter dem Platz. Ein Gewirr aus engen Gängen schlängelte sich durch den Markt. Kunsthandwerk aus Leder, Stoff, Holz und Kupfer wurden mir von devoten Händlern unter die Nase gehalten. Zielstrebig darauf bedacht, ihre Waren an den Mann zu bringen, ließen sie ein Nein nicht als Antwort gelten. Teppiche, Antiquitäten und Möbelstücke waren bis zur Decke gestapelt. Ladeninhaber setzten ihre Kinder ein, die mit tiefen, braunen Augen und müdem Blick flehten: »Nur ansehen ... kommen Sie herein ... Sie müssen nichts kaufen!« Die arabischen Händler, emotional, schlau und den Kunden immer bedrängend, standen in starkem Kontrast zu den schwarzafrikanischen Verkäufern, die nach einer einzigen Zurückweisung mutlos wurden, zu ergebenen Opfern des Schicksals.

Jetzt trennte mich nur noch ein Flug von Tanger und Krystyne. Purpurn schimmerte das Atlasgebirge am Horizont, Nordafrikas Mittelmeerflanke. Der ausgefranste Rand der Wüste wich uraltem Gestein, als ich auf 15 000 Fuß stieg und vier Stunden lang über schneebedeckte Gebirgszüge flog. Auf die Welt der zerklüfteten Gipfel folgte ein Meer aus gelbem Ginster, der zerzaust war von den böigen Winden, die über die Hänge des wogenden Vorgebirges hinunter Richtung Mittelmeer rauschten. Kleine Dörfer drängten sich in den Schatten zusammen. Ein schwach schimmerndes Collier aus Lichtern verband die engen Täler in der herannahenden Dunkelheit. Ich glitt über eine große, weite Ebene, sank auf die Landebahn des Flughafens und in die Arme von Krystyne, deren tiefe Erleichterung den wenigen Tagen, die wir gemeinsam in Tanger verbrachten, Intensität verlieh.

Tanger ist eine seltsame Stadt, eingeschlossen in ihre Vergangenheit, mit wenig Drang zur Zukunft. Die Römer hatten es besetzt, die Vandalen, Byzantiner, Araber, Berber, Fatimiden, Almohaden, Spanier, Portugiesen, die Briten und die Franzosen – der Ort ist mit allen Wassern gewaschen.

Nachdem Tanger Anfang des 20. Jahrhunderts zur »Internationalen Zone« erklärt worden war, geriet die Stadt auf die Bahn des Verfalls. Die Stadt wurde zum Spielplatz Europas für diejenigen, die am Rande der Gesellschaft standen und dort ihre sexuellen und finanziellen Begierden auslebten, und sie stellte ihnen alles zur Verfügung, wonach sie verlangten, und manchmal noch mehr. Irgendwann war das Maß voll, selbst den Marokkanern wurde es zu viel. 1956 verlor Tanger den Status der Unabhängigkeit; ihren einstigen Ruf und ihre Bedeutung hat sie nie wiedererlangt.

Krystyne wohnte in dem Palast von Barbara Hutton, den Freunde aus Toronto um 1990 gekauft hatten. Das Anwesen befindet sich am Rande der Kasbah, einem Netzwerk aus schmalen Gassen, die so eng sind, dass zwei Mulis kaum aneinander vorbei können, und ist ein wahres Juwel, ein Feuerwerk arabischer Schnitzkunst. Jeder Zentimeter der Wände und Decken ist mit filigranen Schnitzereien bedeckt. Rankender Wein und Blattwerk, aus Holz und Gips herausgearbeitet, umrahmten Türen, Fenster und Wände. Kühle Brisen strichen durch die Korridore, und in Innenhöfen von erlesener Schönheit spielten Sonnenstrahlen auf antiken Kacheln. Springbrunnen spien Wasser in Becken und entfachten ein Schattenspiel an Wänden und Decken. Der Ort war ein Museum islamischer Architektur und Kultur. Außer uns war niemand dort; drei Tage lang gehörte der Palast uns.

Tanger war unser Abschied von Afrika. Sicher, es war ein anderes Afrika als das, was wir kannten, fast ein anderer Kontinent. Wir hatten Freude daran, ein neues Gebiet zu erforschen, und wussten zugleich, dass bald alles zu Ende sein würde. Irgendwie fürchteten wir, mehr zurückzulassen als nur Afrika, mehr als die Savannen der Masai Mara, die Landschaften des Rift Valley oder die Wüsten im Norden Kenias. Es war eher etwas Vertrautes, das in uns war – neue Empfindungen, unbestimmt, aber deutlich wahrnehmbar. Ohne es zu bemerken, waren wir uns in Afrika nähergekommen, und nun widerstrebte es uns, die neu geschlagenen Wurzeln herauszureißen. Uns war immer bewusst gewesen, dass es uns nicht leichtfallen würde, Afrika zu verlassen, aber nun, da der Moment gekommen war, schien es, als ob wir gegen unseren Instinkt handeln würden.

Krystyne und ich trieben durch die Suks und Cafés von Tanger, spazierten über die gepflasterten Straßen bei der Moschee, wanderten an traurig blickenden Eseln vorbei und begaben uns in die Höhle der Teppichhändler, um süßen Tee zu trinken und zu verhandeln. Arm in Arm schlenderten wir am Hafen über den Kai, vorbei an einem rostigen Frachter aus Panama, dessen nächstes Ziel das Schwarze Meer war, und stiegen die abgenutzten Marmorstufen zum Freiluftmarkt hinauf, wo es nach Fisch und Tabak roch. Und die ganze Zeit über flossen die Stunden aus den Tagen und schwemmten uns, wie eine Flutwelle, an die Schwelle des Abschieds. In diesen Nächten saßen wir auf der Dachterrasse, mit Blick auf den Grand Socco, den Großen Suk, wunderten uns über das Gefühl des Verlustes und dachten an alles, was wir zurückließen. Man verliert immer etwas.

Ich erinnere mich, dass es spät war und wir Brandy tranken. Irgendwo schrie ein Baby, und in dem Hof unter uns jagte eine Katze ihre nächtliche Beute. Die Stadt schlief nie, aber in dieser Nacht schien uns ihr reges Treiben weit entfernt. »Glaubst du, es gibt da draußen irgendwo Leben?« Krystyne deutete zum Himmel. Die Luft war weich und warm.

»Mit ziemlicher Sicherheit«, antwortete ich. »Aber wahrscheinlich sind es nur unsere Seelen, die im Gleichklang mit der Bewegung der Sternbilder dahintreiben. Oder vielleicht ist es eher eine Art Vertrauen; Vertrauen darauf, dass alles möglich ist, innerhalb und außerhalb der Grenzen unseres Vorstellungsvermögens.« Wie soll man diese spirituellen Gefühle, die unter der spätnächtlichen Galaxie aus Sternen auftauchen, in Worte fassen? Momente wie dieser bleiben einem im Gedächtnis, vielleicht für immer, und unsere letzte Nacht dort, auf dem Dach Afrikas, war unvergesslich. Ich wollte, dass sie nie zu Ende ging.

Unsere Zeit war abgelaufen, unwiederbringlich vorbei. Der Abschiedsschmerz zerrte an unseren Eingeweiden. Afrika stand jetzt für unser persönliches Wiedererwachen, es hatte einen Prozess ausgelöst, war zum romantischen Prüfstein geworden und hatte uns über die weltliche Routine unseres vorherigen Lebens erhoben. Afrika hatte auf irgendeine Weise alles verändert, und wie ein Krankheitserreger hatte es uns fest im Griff. Betört von seinen Eigenheiten, hatten wir gelernt, seine Bürokratie, die Korruption und die Armut zu ertragen. Der Kontinent hatte unser Werte neu definiert. Ohne es zu bemerken, hatten wir die Taue, die uns an Nordamerika banden, gekappt und waren an ein neues Ufer getrieben. Afrikas überwältigende physische Präsenz, die von ungeheurem Ausmaß und ergreifender Schönheit war, hatte uns in ihren Bann gezogen und sich unserer Fantasie bemächtigt. Und nun verließen wir es, doch sein sinnliches und mysteriöses Wirken, mit all den verwirrten Emotionen, ließ unsere Herzen nicht los, wie ein Liebhaber, der sich weigert, einfach abgelegt zu werden.

Krystyne fuhr mich zum Flughafen. Sie wollte nicht mit mir über den Atlantik fliegen. Ich beschäftigte mich mit der Mechanik der Maschine, bis es Zeit war, Abschied zu nehmen. Wir sprachen von dem Wiedersehen in Toronto, das in nur acht Tagen stattfinden würde, und ignorierten die 7000 Meilen, die ich über Europa, Island, Grönland und über die Baffininsel bis nach Hause fliegen würde. Ich hatte Flüge durch ruhiges, aber auch schlechtes Wetter vor mir, und es bestand die Gefahr, dass der Vergaser vereiste und dass ich in arktische Gewässer stürzte. Gegenwinde machten es unmöglich, dass ich die südliche Strecke flog, über die Azoren. Der Treibstoff würde nicht ausreichen, selbst bei gefülltem Zusatztank.

Krystyne würde natürlich die Nachtflüge verpassen – die Schönheit des Nordlichts, das schimmernde Vorhänge an die arktischen Himmel zauberte, und den grenzenlosen Horizont aus treibendem Packeis, aus dem gelegentlich Eisberge aufragten, die in das schwarze Blei des offenen Meeres hinaustrieben. Sie verzichtete auf die herbe Schönheit des grönländischen Eisschildes und auf den Anblick der Schneewüste im Norden (ein Friedhof für Flugzeuge, deren Piloten die Höhe des fast 3000 Meter mächtigen Eisschildes unterschätzt hatten). Später würde ich von meinem Flug über die Spitze Grönlands erzählen, und von den blaugrünen Gletschern, die in den Uummannarsuaq-Fjord kalbten.

Wahrscheinlich würde sie es nicht bedauern, die riskanten Landungen in Narsasuaq (Bluey West One), Nuuk und Iqaluit versäumt zu haben. Der Flug, der insgesamt sieben Tage dauern würde, war alles andere als unkompliziert. Das wussten wir beide, und so hatte es keinen Sinn, sich etwas vorzumachen. Ich sah sie winken; ihre Hände wurden kleiner, als die Maschine abhob und sich der Morgensonne über dem Mittelmeer zuwandte. Ihr Halstuch flatterte im Wind, und es sah aus, als ob sie abzuheben und mir zu folgen versuchte. Ihr Bild blieb bei mir und war mir heilig, über 7000 Flugmeilen hinweg; es tauchte plötzlich auf dem 10 000 Fuß unter mir liegendem Meer auf oder unter der Steuerbord-Tragfläche, oder über dem Horizont am Ende eines Tages.

Es gab Momente äußerster Anspannung auf diesem Alleinflug. Als über der Küste Islands Vergaser und Rumpf vereisten, drohte mir tatsächlich ein Absturz in das arktische Wasser. Schneestürme zogen über den Eisschild Grönlands. Hagelkörner schlugen Dellen in die Vorderkanten der Tragflächen und in das Höhenruder. Und bei all dem ließ mich Charlie Foxtrot, mein einziger Begleiter, nie im Stich; die Maschine funktionierte einwandfrei und hielt mich in der Luft.

Mit den Nerven am Ende und erschöpft, pausierte ich nach dem dreizehnstündigen Flug von Island einen vollen Tag in Nuuk auf Grönland. Am Abend ging ich durch die Stadt und dann den Hügel hinauf, von dem aus man den Hafen überblickt, bis zur katholischen Kirche, die in der arktischen Sonne leuchtete. Ich dachte daran, die Messe zu besuchen, um eine Art Dankesgebet zu sprechen. Das Kirchentor war verschlossen, und als ich mich umdrehte, um zu gehen, kam ein Priester ans Fenster. Ich sagte ihm, dass ich auf gut Glück gekommen sei und an der Abendmesse teilnehmen wollte. Wie sich herausstellte, hielt er die Nachtwache vor Pfingsten ab, die normalerweise eine Messe einschließt. Doch dazu war die Anwesenheit mindestens eines Kommunikanten notwendig, und so zelebrierten wir die Messe gemeinsam, weit weg von den samstagabendlichen Gelagen in der Stadt, deren Geräusche durch die kühle Abendluft den Hügel hinaufwehten. Weit draußen auf dem Meer tuckerte ein Fischerboot auf die Küste zu, unter einem mit Schäfchenwolken überzogenen Himmel, der sich langsam rosa und lila färbte, als die Sonne hinter dem Horizont versank.

Und dann war da natürlich diese unvergessliche, wunderbare und erlösende Erregung, als ich in Iqaluit aufsetzte und zum ersten Male wieder auf kanadischem Boden landete. Obwohl bis Toronto noch 1500 Meilen vor mir lagen, war die Landung in Kanada ein Triumph. Jetzt blieb nur noch ein weiterer Elfstundenflug, den ein Nordwind begünstigte; über die James Bay hinweg, über den Norden Ontarios zur Georgian Bay und schließlich hinunter auf den Toronto Island Airport. Plötzlich war ich zu Hause.

Ich rollte zur Rampe des Shell Aero Center und ging zum Hangar. Wie ich vermutet hatte, fand ich dort Dave McDevitt, so, wie ich ihn vor zwei Jahren verlassen hatte. Er arbeitete an dem offenen Rumpf einer Cessna 172, und sein Werkzeug lag überall auf dem Boden verstreut. Er hob kaum den Kopf, als er sagte: »Da bist du ja wieder!«

In Anbetracht der Strecke, die ich geflogen war, und der Zeit, die ich weg gewesen war, hatte ich mir etwas mehr erwartet, aber er hatte viel zu tun und lag hinter seinem Zeitplan. Ich ließ meine Sachen im Flugzeug und ging, mit nur einem Headset in der Hand, hinüber zur Inselfähre, endlich bereit, mein neues Leben in Toronto zu beginnen.

Epilog

Während unserer zweieinhalbjährigen Odyssee durch Afrika bin ich 23 000 Meilen geflogen, über Wüsten, Dschungel, Schnee und Eis. Zweimal habe ich mit meiner Maschine den Atlantik überquert, und außerdem habe ich den afrikanischen Kontinent umrundet. Dies waren Ziele, die ich mir selbst gesetzt hatte, Ziele, die über mein Engagement für den Flying Doctors Service hinausgingen und deren Verwirklichung mir wichtig war ... doch es hat sich so viel mehr ereignet. In unserer Zeit in Afrika sind Krystyne und ich zu Einsichten gelangt, die außerhalb unserer normalen Erfahrungswelt lagen, und wir haben Seiten in uns entdeckt, die in dem alltäglichen Leben in Toronto, das von Beruf, Familie und Freunden geprägt ist, vielleicht nie zum Vorschein gekommen wären.

Doch inzwischen, wie es im Laufe der Zeit oft passiert, scheint Afrika ein verblassender Teil unserer Vergangenheit geworden zu sein; seltsam entrückt, unvergesslich, aber doch weit entfernt. Wie sollte es auch anders sein? Noch tauchen die Bilder des Lebens in Nairobi immer wieder auf, und auch die Sehnsucht nach Afrika bleibt, ist immer da, heilig und unauslöschbar. Aber sie kommt nicht mehr so oft, erscheint dann aber völlig unerwartet, wie ein Gesicht in der Menge, an das man sich halbwegs erinnert, oder wie ein wiederentdecktes Foto, das man vergessen hatte.

Ich erinnere mich, dass ich eines Abends zum Essen eingeladen war und neben einer Frau saß, die zu mir sagte: »Erzählen Sie mir von Afrika.«

Ich sah ihr in die Augen und stellte fest, dass ich nicht sprechen konnte, weil die Worte einfach nicht heraus wollten. Wie sollte ich ihr die Schönheit des Rift Valley im Dunst des frühen Morgens beschreiben? Wie sollte ich die Erhabenheit des Longonot schildern oder die Flüge über das Hochland Kenias, wenn es in den purpurnen Strahlen der untergehenden Sonne badete? Und wie sollte ich die Stille heraufbeschwören, die Wunder der Wüste, oder ihr einen Eindruck von Kameltreibern und kriegerischen Stämmen im Nördlichen Territorium vermitteln?

Wie, und das war noch schwieriger, sollte ich die Korruption erklären, die Kriminalität und Armut, die Afrikas Gesellschaft vergifteten und die ihr gleichzeitig ein menschliches Antlitz verliehen? Hätte ich vielleicht versuchen sollen, sie davon zu überzeugen, dass der Westen Afrika gegenüber moralisch verpflichtet war, ohne unbeholfen oder unhöflich zu werden? Hätten diese fragenden Augen verstanden, wie tragisch dies alles war, hätte sie das bewegt?

Aus welchem Grund hätte sie sich für die Aufgaben und Schwierigkeiten von AMREF interessieren sollen, für den hingebungsvollen Einsatz der Krankenschwestern des Flying Doctors Service, für die Gefahren, denen sich die Piloten aussetzten, die Leben und Flugzeuge für Afrikaner riskierten, denen das Leben nicht viel bedeutete? Hätte sie sich die enorme Zusammenballung von Menschen vorstellen können, die in den Slums von Nairobi ums Überleben kämpften, die Verzweiflung derjenigen, die in diesen Gettos krank waren oder hungerten?

Vielleicht hätte ich ein wenig Aufmerksamkeit erregt, wenn ich von der lieblichen, verführerischen Schönheit des Indischen Ozeans erzählt hätte, oder von den Nächten, in denen ich unter Sternen mit Freunden getrunken hatte. Ich hätte ihr vielleicht die subtile Verlockung von muslimischen Augen beschreiben können, dunkel und geheimnisvoll über dem Schleier, oder den Anblick der altertümlichen Dhaus, die von fernen Ufern kamen und mit Kleinwaffen und Gewürzen beladen vor der Monsunküste kreuzen.

Oder hätte ich einfach von meiner Liebe zu Afrika erzählen sollen, die bereits zu einer Erinnerung wurde und doch in vielem ganz präsent blieb? Von all der Mühsal, oder dem herzzerreißenden Schrei Afrikas, das seiner Menschen, seines Reichtums und seiner Kultur beraubt worden und verarmt war? Ich sah sie entschuldigend an und stammelte zu ihrem stummen Erstaunen: »Mein Herz ist in Afrika ... es ist da drüben, in Afrika.«

Dank

Das erste Buch eines Autors ist eine Expedition durch nicht kartografiertes Territorium, unterstützt durch die großzügige Hilfe von Menschen, welche die unvermeidlichen Fallen aufzeigen, die am Weg lauern, die Interesse zeigen und Zeit opfern.

Ich habe zwei Monate schreibend in Mexiko verbracht, in »Cuachalala«, mit Blick auf den Pazifik, was mir Maria Christina und Wojtek Stebelski freundlicherweise ermöglicht haben. Ramsay Derry hat Stunden damit zugebracht, die frühen Anfänge des Buches zu redigieren, und Ruth Smith, meine Assistentin, hat endlose Entwürfe abgetippt. Jim Gifford aus Toronto und Nicky Blundell Brown aus Kenia gaben mir wertvolle Ratschläge. Meine Lektoren Patricia Kennedy und Janice Zawerbny und mein Verleger Patrick Crean waren unendlich geduldig und großmütig. Andere, darunter auch Familienangehörige, die den Autor nur zu gut kennen, verhalfen ihm zu positiven Einsichten. In diesem Zusammenhang möchte ich besonders meinen Vater Tony und meinen Bruder Tim erwähnen.

Dieses Buch ist ein wahrheitsgetreuer Bericht meines Fluges nach Afrika und der zwei Jahre, die ich mit meiner Frau Krystyne in Nairobi verbrachte und in denen ich für den Flying Doctors Service gearbeitet habe. Es ist eine genaue Beschreibung aller Erlebnisse aus meiner persönlichen Perspektive; nur die Rettungsflüge wurden in eine etwas spannendere Form gebracht, um das Interesse des Lesers zu halten.

Bis auf ein paar Ausnahmen habe ich Namen nicht verfremdet, da es für diejenigen, die in dem Buch auftauchen, ohnehin sehr leicht ist, sich zu erkennen. Ich übernehme die Verantwortung für mögliche Fehler und entschuldige mich bei allen, die glauben, dass ich sie falsch dargestellt habe – es war stets meine Absicht, Afrikas Charaktere, die äußerst vielfältig sind, aus meiner Sicht so wirklichkeitsnah wie möglich zu porträtieren. Ich fühle mich noch immer allen herzlich verbunden, die für AMREF und den Flying Doctors Service arbeiten, und auch all jenen, die ich während meines zweieinhalbjährigen Aufenthalts in Afrika kennengelernt habe.

Schließlich stehe ich, wie es oft bei Autoren der Fall ist, tief in der Schuld meiner Frau Krystyne, die in diesem Buch nicht nur als eine beeindruckende Person geschildert wird – sie hat auch mit viel Geduld und tatkräftiger Unterstützung dafür gesorgt, dass es geschrieben wurde.

Scott Griffin
Toronto